ISHAMA

Bildmotive zum Cover:
oben: © arfabita – fotolia.com
Streifen: © ratselmeister – fotolia.com
unten: argus – shutterstock.com

Daniela Jodorf:
Ishama – Göttliche Geliebte
Projektleitung: Marianne Nentwig

info@j-kamphausen.de

Lektorat:
Regina Rademächers
Umschlag-Gestaltung/Satz:
Wilfried Klei
Druck & Verarbeitung:
Westermann Druck Zwickau

www.weltinnenraum.de

1. Auflage 2014

Bibliografische Information der Deutschen Nationalbibliothek

Die Deutsche Nationalbibliothek verzeichnet diese Publikation in der Deutschen Nationalbibliografie; detaillierte bibliografische Daten sind im Internet über **http://dnb.d-nb.de** abrufbar.

ISBN Printausgabe: 978-3-89901-671-0
ISBN E-Book: 978-3-89901-852-3

Dieses Buch wurde auf 100% Altpapier gedruckt und ist alterungsbeständig. Weitere Informationen hierzu finden Sie unter www.weltinnenraum.de

Daniela Jodorf

ISHAMA – Göttliche Geliebte

Roman

Steige von der Erden gen Himmel
und von dort wiederum in die Erde
und bringe die Kraft der oberen und unteren Geschöpfe zusammen,
so wirst du aller Welt Herrlichkeit erlangen:
sodann wird kein verächtlicher Zustand mehr um dich sein.

Vers 8, TABULAE SMARAGDINAE HERMETIS

Genfer Gelöbnis

Bei meiner Aufnahme in den ärztlichen Berufsstand gelobe ich feierlich: mein Leben in den Dienst der Menschlichkeit zu stellen.

Ich werde meinen Lehrern die schuldige Achtung und Dankbarkeit erweisen.

Ich werde meinen Beruf mit Gewissenhaftigkeit und Würde ausüben.

Die Gesundheit meines Patienten soll oberstes Gebot meines Handelns sein.

Ich werde alle mir anvertrauten Geheimnisse auch über den Tod des Patienten hinaus wahren.

Ich werde mit allen meinen Kräften die Ehre und die edle Überlieferung des ärztlichen Berufes aufrechterhalten.

Meine Kolleginnen und Kollegen sollen meine Schwestern und Brüder sein.

Ich werde mich in meinen ärztlichen Pflichten meinem Patienten gegenüber nicht beeinflussen lassen durch Alter, Krankheit oder Behinderung, Konfession, ethnische Herkunft, Geschlecht, Staatsangehörigkeit, politische Zugehörigkeit, Rasse, sexuelle Orientierung oder soziale Stellung.

Ich werde jedem Menschenleben von seinem Beginn an Ehrfurcht entgegenbringen und selbst unter Bedrohung meine ärztliche Kunst nicht in Widerspruch zu den Geboten der Menschlichkeit anwenden.

Dies alles verspreche ich feierlich frei und auf meine Ehre.

Erster Teil

ERWACHEN

„Mein Leben war erfüllt.
Ich suchte nicht nach Sinn oder Wahrheit,
doch die göttliche Liebe und Bewusstheit wollte,
dass ich sie erkenne.
In Dunkelheit und Leid
offenbarte sie sich mir,
und ich fand mich bereit,
sie als meine innerste Natur zu erkennen
und sie durch mich zum Wohle aller wirken zu lassen.“

Erstes Kapitel

Ich fror. Müde zupfte ich meine provisorischen Handschuhe zurecht: ein Paar alte, durchlöcherte Wollsocken – die einzigen, die ich noch besaß. Alle anderen hatte ich längst verschenkt, fortgegeben an Menschen, die sie nötiger brauchten als ich, weil sie alles verloren hatten. Und doch blieb das schmerzliche Gefühl, nicht genug getan und gegeben zu haben. Eine Müdigkeit hatte von mir Besitz ergriffen, die mich gefühllos und leer machte. Doch schlimmer noch war die Hilflosigkeit, die ich empfand. Seit Wochen war ich die Ereignisse, die mich hierher geführt hatten, jeden Tag aufs Neue im Geiste durchgegangen, hatte sie immer wieder betrachtet wie eine Kette wundersamer innerer Bilder, deren Sinn ich nicht begriff. Was ich auch versuchte, nichts vermochte der Geschichte Bedeutung oder Leben einzuhauchen – mein Leben. Frankfurt war über fünfeinhalbtausend Kilometer entfernt von Pakistan und doch so nah. Längst Vergangenheit, aber in meinen Gedanken noch immer lebendige Gegenwart.

... Nichts hatte an diesem Morgen vor drei Monaten darauf hingedeutet, dass eine Veränderung bevorstand. Der Tag in der Klinik hatte begonnen wie jeder andere zuvor. Erst in dem Moment, als ich die Patientin auf dem Behandlungstisch liegen sah, die nach einem Verkehrsunfall in die Notaufnahme eingeliefert wurde, erlebte ich etwas völlig Ungewöhnliches: intuitives Wissen. Die Patientin würde sterben, das wusste ich plötzlich mit absoluter Sicherheit. Jeder Rettungsversuch wäre nutzlos, ja falsch. Ich durfte nichts tun, damit Frieden den Tod der Frau umgab statt Hektik, Wissen statt Angst, Ruhe statt Panik und Gelassenheit statt des Gefühls medizinischen Versagens. Ich wurde ganz ruhig, extrem bewusst. Ich betrachtete mich aus einer anderen, mir völlig neuen Perspektive, beobachtend statt

involviert, neutral statt emotional. Alle Sinne – auch die inneren – waren geschärft. Ich erinnere mich noch genau an meine leise und kraftvoll gesprochenen Worte nach der Untersuchung: „Wir werden nicht operieren!"

Meine Kollegen wurden blass und sahen mich verständnislos an. „Wie, wir werden nicht operieren? Warum?"

„Weil wir für diese Frau nichts mehr tun können."

„Aber das ist absurd. Sieh dir das Protokoll des Notarztes und die Aufnahmen doch an! Ihr Kreislauf ist stabil. Wir haben nur einen kleinen Eingriff vor. Wir müssen operieren. Das ist unsere verdammte Pflicht, Ellen."

„Sie wird sterben und wir dürfen sie jetzt nicht aufschneiden! Ihr Herz wird während der OP versagen, weil der Zeitpunkt ihres Todes gekommen ist."

„Nein, sie wird sterben, wenn wir nicht operieren. Ihr Herz ist vollkommen gesund. Wie kannst du es wagen, einen Patienten aufgrund von bloßen Vermutungen aufzugeben, bevor du alles Menschenmögliche versucht hast?" Der anfängliche Unglaube meiner Kollegen wandelte sich langsam in Ungehaltenheit. Alle anderen nickten und rückten körperlich sowie emotional ein Stück von mir ab.

„Das ist erst der Anfang", dachte ich und sah mir interessiert dabei zu, wie ich mich gegen jede medizinische Vernunft und meine Kollegen stellte, weil ich der inneren Einsicht mehr vertraute als den gängigen Regeln, die ich selbst seit über einem Jahrzehnt unhinterfragt angewendet hatte. Jäh und ungebeten riss mich die Intuition aus meiner ärztlichen Routine. „Ich werde diese Frau nicht operieren, weil wir sie nicht retten können. Und ich bitte euch, mir zu vertrauen. Sie wird während der OP an Herzversagen sterben", wiederholte ich prophetisch und ohne Angst vor den Konsequenzen meiner Worte, während ich vor meinem inneren Auge das zukünftige Geschehen ebenso deutlich wahrnahm wie den gegenwärtigen Streit mit meinen Kollegen.

Eine der OP-Schwestern zögerte. Vielleicht spürte auch sie etwas Ungewöhnliches oder meine klaren, bestimmten Worte hatten die Kraft, sie zu überzeugen. Doch dann traf mich ihr hilfloser Blick. Sie zog die Schultern hoch und ließ sie wortlos fallen.

Mein Assistent reagierte ungewöhnlich ruhig und war offensichtlich um eine einvernehmliche Lösung bemüht. „Ellen! Jeder, der hierher kommt, wird operiert. Das ist sein Recht und unsere Pflicht. Nenn uns eine medizinische Indikation, die gegen eine OP spricht, und wir besprechen den Fall neu."

„Sie wird sterben. Ob wir operieren oder nicht. Reicht das nicht?"

„Nein, Ellen. Das darf uns nicht reichen, und das weißt du. Niemand kann das zu diesem Zeitpunkt mit Sicherheit wissen. Wir operieren!" Er blickte fragend in die Runde, um sich der Zustimmung der Kollegen zu versichern. Dann sah er mich an. „Bist du dabei?"

„Nein!" Das war das deutlichste und einsamste Nein, das ich je in meinem Leben gesprochen hatte. Keiner hätte mich vom Gegenteil überzeugen können. Meine innere Gewissheit besaß eine Überzeugungskraft von allerhöchster Autorität, neben der die fachliche Autorität meiner Kollegen, ja selbst die des Chefarztes, vollkommen verblasste. In diesem Moment hatte ich das Gefühl, nicht bloß zu funktionieren und meine Rolle zu erfüllen, sondern bewusst zu handeln. Ich war wach und absolut präsent und fand dadurch den Mut, eine sehr persönliche und ungewöhnliche Entscheidung zu treffen.

Die Gruppe wandte sich von mir ab und machte sich für die OP bereit. Nicht ohne vorher unseren Vorgesetzten darüber zu informieren, dass ich meine Arbeit – lebensrettende Arbeit – verweigert hatte. Niemand verstand mein Handeln oder kam auf die Idee, sich schützend vor mich zu stellen. Und das Merkwürdigste war, dass ich das auch von keinem erwartete.

Noch während meine Kollegen im OP glaubten, eine Routineoperation durchzuführen, rief der Chefarzt, Prof. Bauer, mich in sein Büro. Ich hatte ihn noch nie so wütend erlebt.

„Wie können Sie es wagen, Frau Dr. Jansen! Sie wissen, dass Ihr Verhalten Konsequenzen haben wird! Ich erwarte Ihren Bericht, bevor Sie heute das Krankenhaus verlassen. Sie sind beurlaubt, bis wir über Ihren Fall beraten haben."

Das Telefon klingelte, als ich wortlos sein Büro verlassen wollte. Noch bevor der Professor das Gespräch annahm, wusste ich, dass sich meine Prophezeiung bereits erfüllt hatte. Ich beobachtete jede seiner Regungen. Das Blut wich ihm aus dem Gesicht, und die Hand, die den Telefonhörer fest umklammert hielt, begann zu zittern. Er rang nach Luft und um Fassung. Die Wahrheit meiner Voraussage konnte mir in diesem Moment nicht helfen. Ganz im Gegenteil: Sie bedeutete das Ende meiner ärztlichen Karriere an diesem Krankenhaus ...

Ich durfte der Erinnerung nicht zu viel Raum geben, denn hier, in Muzzaffarabad im kaschmirischen Teil Pakistans, wurde ich gebraucht, hier zählten meine ganze Kraft und Aufmerksamkeit. Der Dienst begann um sechs. Jeden Morgen wunderte ich mich aufs Neue, dass der kurze, kalte Schlaf auf einem Feldbett der Bundeswehr, das aus einem deutschen Militärcamp in Afghanistan kam, überhaupt Erholung brachte. In weniger als fünf Minuten war ich mit kaltem Wasser gewaschen, umgezogen und einsatzbereit. Ich traf die Kollegen meiner Schicht im Versorgungszelt. Es gab nicht viel zu essen, doch es reichte, um nicht dauernd durch Hunger von der niemals endenden Arbeit abgelenkt zu werden. Ich nahm einen heißen Kaffee und ein mit Ghee und Zucker gefülltes Fladenbrot. Heimlich steckte ich noch drei Äpfel in meine Kitteltaschen. Sicher würde ich später jemanden finden, der seit Tagen nichts gegessen hatte.

Ich setzte mich zu Ian aus Australien, dem einzigen Kollegen, der nicht ständig von einer Aura der Melancholie umgeben war. Seine bloße Gegenwart ließ mich manchmal denken, dass die Katastrophe, der wir beiwohnten, doch ihre Sonnenseiten hatte und irgendwann enden würde. Ians Humor weckte Hoffnung in mir, die ich selbst nicht aufbringen konnte.

Doch heute wirkte auch er ernst und nachdenklich. „Ich habe letzte Nacht von Jamaika geträumt, kannst du das glauben? Stell dir vor, ich sah mich selbst im coolsten Urlaubsresort, den ich je gesehen habe. Sonne, Surfen, Flirts, Drinks – O Gott, ich wünschte, ich hätte einen Drink ... Es war das Paradies. Ich hasse mich dafür. Ich habe kein verdammtes Mitgefühl."

Ich schwieg betreten, weil auch ich mich schuldig fühlte. Natürlich halfen wir, das Leid der Verletzten zu lindern und oftmals auch den Schmerz der Hinterbliebenen. Doch wie viele Menschleben konnten wir angesichts der unvorstellbaren Zahl von Todesopfern, die täglich stieg, retten? Fühlten wir wirklich mit den Opfern einer der größten Erdbebenkatastrophen der letzten Jahrzehnte? Mussten wir nicht den Schmerz, den wir täglich miterlebten, von uns fernhalten, um überhaupt helfen zu können? Fast siebzig Prozent von Muzzaffarabad waren zerstört. Beinahe jede Familie hatte einen Angehörigen unter den Trümmern der eingestürzten Häuser verloren. Ganze Schulen waren über den wehr- und hilflosen Schülern zusammengebrochen. Mit jeder Stunde, die verstrich, schwanden die Chancen, weitere Verletzte aus den Trümmern zu bergen. Wie unbedeutend waren mein eigener Verlust und Schmerz im Vergleich dazu.

... Nachdem ich meinen Bericht nüchtern, exakt und chronologisch zu Papier gebracht hatte, war ich nach Hause gefahren, hatte mir einen Kaffee gekocht und mich lethargisch an den Küchentisch gesetzt. Dort saß ich noch bewegungslos, als Niki spätabends nach Hause kam. „Ellen. Schatz! Bist du da?“

„Hier!“

„Wo?“

„In der Küche.“ Mein Blick war ebenso leer wie meine Empfindungen, als Niki hereinkam und mich fragend ansah.

„Hast du gekocht?“

„Nein“, erwiderte ich tonlos.

„Es ist neun Uhr abends. Fehlt dir was?“

„Ich ...“ Ich konnte es Niki einfach nicht sagen.

„Was ist passiert?“ Nikis Hand strich mir sanft über Nacken und Rücken. Seine Berührung erreichte die Oberfläche meiner Haut, aber nicht meine Gefühle. Ich war wie taub, wie unter Schock.

Ich versuchte es noch einmal. „Ich ...“

„Ellen, was ist mit dir?“, fragte Niki nun sehr eindringlich und besorgt. Er kniete vor mir und sah mich beschwörend an. Ich versuchte, seinem Blick auszuweichen und die Tränen zu unterdrücken. „Ich habe heute meinen Job verloren ...“

Niki wurde bleich und rang um Fassung. „Was? Warum? Was ist denn verdammt noch mal passiert?“

„Arbeitsverweigerung!“

Der Druck seiner Hände auf meinen Knien verstärkte sich. „Du bist eine hervorragende Ärztin. Dein Chef hat dich immer protegiert. Du wirst deine Gründe gehabt haben.“

Ja, ich hatte meine Gründe, dachte ich. Doch niemand verstand oder akzeptierte sie, weil sie nicht objektiv waren. Ich hatte bei voller Einsicht in die Folgen meiner Handlung gegen jede ärztliche Ethik verstoßen. Obwohl ich gewusst hatte, dass die Frau sterben würde, hätte ich sie operieren müssen. So waren die Regeln, die ich in der festen Überzeugung, dass das in diesem einen Fall nicht richtig und notwendig war, missachtet hatte ...

Ian sah auf die Uhr. „Auf geht's!", versuchte er uns zur morgendlichen Visite zu motivieren. Wir gingen gemeinsam mit einer pakistanischen Schwester von Zelt zu Zelt, von Feldbett zu Feldbett, von Patient zu Patient. Wir mussten einfache Worte für unsere Diagnosen und Behandlungen finden, damit die Menschen uns verstanden, auch wenn die Krankenschwester sehr gut Englisch sprach. Die meisten hatten schwere Knochenbrüche und äußere Verletzungen erlitten. Einige hatten ein Bein oder einen Arm verloren, als schwere Trümmer auf sie herabgestürzt waren. Viele hatten Schädelverletzungen, Gehirnerschütterungen und Schädel-Hirn-Traumen, doch diese Verletzungen ließen sich zum gegenwärtigen Zeitpunkt nicht ausreichend behandeln, weil uns die Diagnosegeräte fehlten. Wir gingen sparsam mit den Schmerzmitteln um, trotzdem überstieg der Bedarf die vorrätigen Mittel. Seit unserer Ankunft leisteten wir rund um die Uhr Erste Hilfe. Selbst eine Woche nach dem Beben fanden die Bergungstrupps noch Schwerverletzte unter den Trümmern und brachten sie zu uns. Inzwischen behandelten wir auch Entzündungen und Folgen falscher Erstversorgung. Wir befürchteten, dass die Anzahl der notwendigen Amputationen in den nächsten Tagen drastisch zunehmen werde.

Auf jeden Kranken kamen mindestens zwei Angehörige, die betroffen und oftmals schweigend an seinem Bett saßen, weil ihr Heim zerstört war und sie keinen anderen Aufenthaltsort hatten als unser Hospital. Auf der Kinderstation lagen zwanzig Waisen, die von niemandem besucht wurden. Jeder Blick dieser dunklen, fast schwarzen Augen, die mich flehentlich ansahen, traf mein Herz in einer mir unbekannten Tiefe. Ian ging mit diesen Blicken locker um. Er scherzte mit den Kindern und klopfte den Erwachsenen jovial auf die Schulter, als kämen sie gemeinsam von einem Kricketspiel. Mir fehlte diese Lockerheit, denn ich wusste einfach nicht, wie ich diesen Menschen Mut machen sollte. Ihr Schmerz lähmte mich. Das erste Mal in meinem Leben schämte ich mich dafür, dass es mir gutging.

Ameen humpelte auf neuen Krücken auf uns zu. Ian hatte sie gestern von einem örtlichen Schreiner abgeholt, dessen Werkstatt glücklicherweise nicht vollkommen zerstört worden war.

„Dakta Mister, Dakta Misses, look, look!" Ameen drehte sich wackelig wie ein kleiner Derwisch im Kreis. Ian fing ihn just in dem Moment auf, als er hinfiel. „Vorsicht, mein Kleiner!", mahnte er. „*Muhtaat*!", wiederholte Schwester Baquiya auf Urdu. Doch sobald Ameen wieder aufrecht stand, tanzte er weiter an seinen Krücken.

Nach der Visite trafen wir uns zur Besprechung des OP-Plans. Für den heutigen Tag waren fünf OP-Stunden angesetzt. Notfälle würden spontan operiert. Zurzeit arbeiteten vier Ärzte, in 12-Stunden-Schichten zu zweit. Dazu kamen vier Schwestern aus Deutschland, Holland, den USA und Kanada sowie vier einheimische Schwestern.

Wir waren die ersten ausländischen Hilfskräfte, die sich bereits am Tag nach der Katastrophe, am 9. Oktober, auf den Weg nach Pakistan gemacht hatten. Ich war erst seit drei Tagen im Einsatz, doch es kam mir vor, als wäre ich nie woanders gewesen. Keine Erfahrung meines Lebens war je so intensiv wie dieser Nothilfeeinsatz in Pakistan.

Die Sonne ging kurz vor sechs unter, und wir arbeiteten dann mit Lampen, die über einen Generator mit Strom versorgt wurden. Die Stadt um uns herum lag im Dunkeln, nur die Lichter der Feuer, um die die Menschen am Abend zusammenrückten, flackerten im Wind. Eine Stadt ohne Licht kann beängstigend sein: Jedes Geräusch erscheint in der Dunkelheit lauter, und für viele bedeutet Dunkelheit Gefahr. Ich hingegen mochte die Dunkelheit und die menschenleeren Straßen von Muzzaffarabad. Obwohl ich nach Dienstschluss müde und erschöpft war, unternahm ich jeden Abend einen kleinen Spaziergang, um mir selbst ein Bild der Lage zu machen und dem Nothilfelager für ein paar Minuten entfliehen zu können.

Sobald das Hospital einige hundert Meter hinter mir lag, tauchten die ersten Gestalten wie Phantome aus der Dunkelheit auf. Ein Junge heftete sich schweigend an meine Fersen, und eine ältere Frau erbat etwas zu essen. Ich schenkte ihr zwei Äpfel, die ich morgens in meine Tasche gesteckt hatte. Als ich dem Jungen ebenfalls einen Apfel anbot, rannte er verängstigt fort. Wieder hatte ich das Gefühl, nichts zu geben zu haben. Im selben Moment fühlte ich mich für den Bruchteil einer Sekunde beobachtet. Mir war, als sähe mich jemand aus der Dunkelheit an, so durchdringend und intensiv, wie ich niemals zuvor angesehen worden war. Mir wurde heiß und schwindelig. War da jemand hinter mir? Kurz wollte ich etwas rufen. Doch dann schwieg ich, weil das Gefühl im selben Augenblick, als ich Luft zum Sprechen holen wollte, nachließ.

Im nächsten Augenblick war der Junge wieder da. Diesmal nahm er den Apfel schüchtern an und verneigte sich höflich. *„Shukriya, Dakta. Thank you."*

Zweites Kapitel

Ian und ich saßen am nächsten Morgen gerade bei einem hastigen Frühstück, als Schwester Baquiya in das Versorgungszelt gelaufen kam, um unser Team zu einer Eil-OP zu rufen. Auf dem Weg ins OP-Zelt gab sie uns alle notwendigen Informationen: Ein Mädchen. Etwa elf Jahre alt. Es war vor wenigen Stunden aus einem eingestürzten Laden in der Nähe geborgen worden. Mehrere Knochenbrüche. Eine Schädelverletzung. Vielleicht ein Schädel-Hirn-Trauma. Unterkühlung und Flüssigkeitsmangel.

Ich überblickte die Situation voll konzentriert, nüchtern und klar. Dies war eine Routineoperation, genauso wie die Unfall-OP in Frankfurt eigentlich alltäglich gewesen wäre. Doch anders als vor wenigen Wochen wusste ich heute, dass das pakistanische Mädchen, trotz seiner schweren Verletzungen, überleben würde. Wie war das nur möglich, fragte ich mich. Wie konnte ich plötzlich wissen, was geschehen würde? Und warum hatte in Frankfurt nur ich in die Zukunft geschaut? Warum hatte nur ich meiner Intuition vertraut und niemand sonst?

... Der Professor hatte meinen Bericht nicht akzeptiert. „Frau Dr. Jansen, sind Sie wahnsinnig? Sie wollen allen Ernstes behaupten, dass Sie zu dem Zeitpunkt, als Sie entschieden, nicht zu operieren, erkennen konnten, dass die Frau an Herzversagen sterben würde? Wer sind Sie? Gott?"

Ich blieb bei unserem Telefonat sachlich. „Professor Bauer. Ich gebe zu, dass es keine äußeren Anzeichen für meine Annahme gab. Und doch bin ich von der Richtigkeit meiner Entscheidung überzeugt."

Auch jetzt wusste ich genau, was geschehen würde.

„Dann gibt es für Sie keinen Job mehr an diesem Krankenhaus unter meiner Verantwortung, Frau Doktor. Und ich muss Ihnen sagen, dass es mir

in diesem Fall nicht einmal leidtut. Medizin ist Wissenschaft, sie ist und muss objektiv sein. Keiner von uns darf aufgrund eines diffusen subjektiven Gefühls entscheiden, ob er hilft und auf welche Weise er hilft. Die Patienten müssen sich darauf verlassen können, dass wir unter allen Umständen bis zuletzt alles für sie tun."

Ich wagte noch einen kühnen Vorstoß der Selbstverteidigung, trotz meiner Befürchtung, den Professor damit nur noch mehr zu verärgern. „Die Frau ist verstorben, Herr Professor. Mein diffuses, subjektives Gefühl, das ich Intuition nenne, war also richtig."

Es wurde sehr still am anderen Ende der Leitung. Die Stille entblößte die unausgesprochene Angst des Professors vor eben dieser unberechenbaren Intuition und der Grenze, die sie uns Medizinern aufzeigte. Nur mit Mühe ertrug ich die Kälte seines Schweigens und seiner Angst, die gleich darauf in glühende Wut umschlagen würde. Etwas sagte mir, dass ich Angst und Wut meines Gegenübers ertragen müsse, weil sie ein wichtiger Teil meiner Erfahrung seien. Erst seine heftige Reaktion machte mir bewusst, dass ich seit meiner Entscheidung, die Patientin nicht zu operieren, die Welt mit anderen Augen sah. Dieses Erlebnis hatte mich verändert. Es hatte mein Bewusstsein verändert und um eine Dimension reicher gemacht – die der Intuition.

Schon brüllte der Professor los: „Wie können Sie es wagen, so selbstgerecht daherzureden! Wer sagt uns denn, dass die Frau auch gestorben wäre, wenn Sie sofort operiert hätten? Ihre Weigerung zur Operation hat vielleicht lebenswichtige Zeit gekostet."

Professor Bauer suchte nach einer Erklärung und einem Schuldigen. Doch es gab keine rationale Erklärung für das, was vorgefallen war. Niemand war schuld am Tod der jungen Frau. Niemand hätte sie retten können. Ihr Tod machte die Grenze unserer menschlichen und medizinischen Möglichkeiten deutlich. Das war eine Herausforderung für jeden von uns. Professor Bauer jedenfalls war nicht bereit, diese Grenze zu sehen, geschweige denn, sie zu akzeptieren.

„In den nächsten Tagen geht Ihnen Ihre Kündigung zu. Wir verzichten auf ein internes Verfahren, um die Angehörigen nicht unnötig zu verunsichern. Sie können von Glück sagen, dass sie den Tod der Frau und die Umstände, die dazu führten, nicht in Frage gestellt haben."

Ich hätte von Glück reden können, aber ich war nicht glücklich gewesen. Keinen einzigen Tag seit dem Tod Patientin ...

Ian leitete die OP. Wir arbeiteten systematisch an den Verletzungen des Mädchens, das trotz der kälter werdenden Jahreszeit nur einen dünnen Salwar Kameez trug. Es musste zum Zeitpunkt des Bebens barfuß gewesen sein. Sein Körper war eiskalt und die Lippen blau gefroren.

Für einen kurzen Moment hatte ich wieder das eigenartige Gefühl, beobachtet zu werden. Ich schaute mich um. Mir war, als beobachte mich jemand durch einen Spalt im Zelt unmittelbar hinter mir.

Ian bemerkte, dass mich etwas beunruhigte. Mit einem Blick fragte er, ob alles in Ordnung sei, und ich zuckte mit den Schultern. Ich wusste es nicht. Ich fühlte mich, als ob jemand jede meiner Handlungen und emotionalen Regungen mit Röntgenaugen beobachtete. Ja, das war das eigentlich Unheimliche daran: Mir war, als wisse, wer auch immer mich beobachtete, alles über mich – Äußeres und Inneres.

„Gibt es Angehörige?“, fragte ich Schwester Baquiya, während wir uns nach mehr als zweistündiger OP gemeinsam umzogen.

„Das Mädchen war wahrscheinlich allein einkaufen. Wir wissen nicht, wo es wohnt. Wir werden es noch heute auf die Liste setzen.“

Ich nickte tonlos, als sich in meiner Magengegend wieder das Gefühl des ohnmächtigen Schmerzes aufsteigen spürte.

„Wir brauchen dringend psychologische Hilfe für die Menschen hier“, forderte ich bei unserer täglichen Besprechung.

„Haben wir bereits angefordert“, sagte Victor de Man, unser belgischer Kollege, der das Nothospital leitete. „Im Headquarter heißt es, das seien Sekundärhilfsmaßnahmen, die warten müssten. Zurzeit sei es vorrangig, Ärzte, Medikamente, medizinische Geräte, Zelte, Kochgerätschaften und Ähnliches hierher zu schaffen.“

„Und wann können wir dann mit den Spezialisten rechnen?“, fragte ich ungläubig.

Die Antwort war ernüchternd: „Frühestens in zwei, drei Wochen!“

Ich sprang auf und lief aus dem Zelt hinein in die Gassen von Muzzaffarabad. Es war später Vormittag. Menschen versuchten mit bloßen Händen, Trümmer fortzuräumen. Frauen, Männer und Kinder suchten pausenlos nach Habseligkeiten und Überlebenden. Die letzten Zahlen, die ich gehört hatte, waren schockierend: Man sprach bereits von über 40.000 Toten. Unerträglicher Verwesungsgeruch lag in der Luft. Ich hielt einen Ärmel meines Pullovers vor die Nase.

Um das Nothospital herum war kein Haus stehen geblieben. Es war lebensgefährlich, die halb eingestürzten Räume zu betreten, und doch suchten viele in der Nacht Unterschlupf zwischen den brüchigen Mauern unter maroden Decken und Dächern. Müde und erschöpft kehrte ich zum Nothospital zurück. Ian wartete im Versorgungszelt auf mich: „Setz dich, Ellen. Ich hole dir eine Suppe."

„Ich habe keinen Hunger", erwiderte ich trotzig.

„Du nimmst dir das alles zu sehr zu Herzen. Du musst versuchen, die professionelle Distanz wiederzugewinnen."

Meine Augen füllten sich mit Tränen. „Ian, das weiß ich doch. Aber ich kann nicht. Ich sehe nur Leiden, nichts als Leiden – Kranke, Verletzte, Zerstörung, Einsamkeit, Hunger, Verlust ... Ich weiß nicht, was noch alles. Ich war schon in einigen Krisengebieten und es hat mir nie etwas ausgemacht. In Afrika habe ich Hunderte von Aidskranken und -waisen behandelt, aber das war anders. Vielleicht, weil ich damals in einer anderen Situation war. Damals wusste ich, dass ich nach drei Monaten wieder in Frankfurt arbeiten würde. Jetzt weiß ich nicht einmal, ob ich nach Frankfurt zurückkehren werde."

... Seit so vielen Jahren hatte ich nur für meinen Beruf gelebt. Ich war einen 16-Stunden-Tag gewöhnt. Nun saß ich allein zu Hause, ohne Aufgabe. Tagsüber war die Wohnung leer und still. Und diese räumliche Leere und akustische Stille füllten sich binnen eines einsamen Tages mit unerträglichen Zukunftsängsten. In Frankfurt würde ich keinen neuen Job finden, war ich mir sicher. Der Vorfall hatte sich längst herumgesprochen. Ich musste mich möglichst weit weg in einer anderen Stadt bewerben. Aber Nik konnte nicht aus Frankfurt fort. Er war Partner in einem international tätigen Architekturbüro. War ich bereit, in einer anderen Stadt ohne ihn neu anzufangen? Würde unsere Beziehung das nach zehn Jahren überstehen? Konnte ich nach langer Ausbildung und erfolgreicher Tätigkeit in der Mitte meines beruflichen Lebens alles hinter mir lassen und irgendwo ganz neu beginnen? Lähmende Schwere hatte sich über mich gelegt. Nein, ich konnte nicht an einem anderen Krankenhaus arbeiten und so tun, als hätte ich nicht erlebt, was ich erlebt hatte. Was wäre, wenn dort das Gleiche geschähe? Wenn

wieder ein Patient vor mir läge, von dem ich sicher wusste, dass es nicht in meiner Macht stand, ihn zu retten?

Ich schlief schlecht und war leicht reizbar. Niki wusste nicht, wie er mit mir umgehen sollte. Er liebte mich, aber er konnte mich nicht verstehen. „Warum hast du die Frau nicht trotzdem operiert, wenn dir dein Job so viel bedeutet?", fragte er mich.

„Weil ich keine Wahl hatte, Niki!"

„Man hat immer die Wahl!"

„Nein, in diesem Fall nicht. Es war, als wäre nicht ich die Handelnde gewesen. Ich war nur der Beobachter, der staunend zusah. Ich sah mir dabei zu, wie ich wusste, dass die Frau sterben würde, wie ich entschied, nicht zu operieren, wie sich alle von mir distanzierten, wie ich wusste, dass mich das meinen Job kosten würde ..."

„So etwas gibt es nicht, Ellen."

Zwei Wochen lebte ich ziel-, plan- und hoffnungslos vor mich hin. Da kam ein Anruf von der DoctorsAid-Zentrale, die dringend nach auslandserfahrenen Ärzten für ein Krisengebiet in Zentralafrika suchte. Ich griff nach dem Strohhalm, den das Leben mir reichte, und nahm das Angebot sofort an, verpflichtete mich sogar für ein ganzes Jahr. Bisher war ich nie länger als drei Monate für DoctorsAid tätig gewesen.

Niki sah mich erschüttert an, als ich ihm überglücklich von meiner unerwarteten Chance berichtete. „Du wirst ein Jahr fort sein, Ellen. Was wird dann aus uns? Wir sind keine zwanzig mehr. Wir wollten in diesem Jahr an Kinder denken ..."

Mir war bewusst, dass diese Veränderung für unsere Beziehung zum schlechtesten Zeitpunkt kam. Doch ich versuchte, Niki Mut zu machen; Mut, den ich selbst nicht hatte. „Wir lieben uns, Niki. Wir waren schon so oft voneinander getrennt. Ich habe ein gutes Gefühl." Niki blickte skeptisch, doch er versuchte nicht, mich umzustimmen.

Meine Abreise nach Afrika war für November geplant. Doch dann kam alles ganz anders ... Ich schlief noch, an diesem Samstagmorgen um sieben Uhr, am 8. Oktober 2005, als das Telefon klingelte. Niki griff nach dem Hörer. „Hallo?! Ja, ich gebe sie Ihnen. Ellen, für dich."

„Wer?"

„Deine Ärzte!"

Müde meldete ich mich. „Jansen, ja bitte?"

„Ellen, hier spricht Madeleine. Wir haben gerade eine Notfallmeldung bekommen. Ein Erdbeben in Pakistan. Es sieht sehr schlimm aus. Wir stellen noch heute ein Team zusammen. Kannst du dabei sein?"

Ich begriff die Worte kaum, die Madeleine mit holländischem Akzent im Staccato-Ton sprach. „Pakistan? Wann fliegen wir?"

Niki sah mich ernst und besorgt an.

„Morgen früh."

„Okay!", hörte ich mich sagen. Ein einfaches kleines Wort – okay – veränderte mein ganzes Leben, und wieder sah ich mir verwundert dabei zu, wie ich es geschehen ließ ...

Sobald die Dunkelheit über die Stadt hereingebrochen war, hielt mich nichts mehr in meinem Zelt und ich suchte die Nähe der Einheimischen in den dunklen Gassen Muzzaffarabads. Es regnete nun in Strömen ohne Unterlass. In vielen Straßen liefen kleine Bäche zusammen, die meine Turnschuhe durchnässten. Doch ich lief weiter, die Kapuze meiner Regenjacke tief ins Gesicht gezogen. Heute brannten nur wenige Feuer, obwohl es kälter geworden war. Ich sah dunkle Gestalten unter jedem schützenden Häuservorsprung sitzen, zusammengerückt, um sich gegenseitig zu wärmen.

Inzwischen kannte ich mich recht gut aus und wagte mich weiter in das Labyrinth der engen Straßen vor. Plötzlich hörte ich ein grollendes Geräusch, das aus einer Gasse hinter mir kommen musste. Donner? Tosendes Wasser? Ein einstürzendes Gebäude! Ich reagierte blitzschnell und flog mehr, als dass ich lief, den Weg zurück. Da hörte ich die ersten Schreie. Frauen und Kinder riefen um Hilfe: *„Madad! Madad!"*

In wenigen Sekunden war ich zur Stelle. Überrascht sah ich, dass schon drei Helfer vor mir dort waren. Ein Mann und zwei Frauen räumten bereits Trümmer zur Seite, als ich die Unglücksstelle erreichte. Die verhüllten Gestalten bewegten sich selbstsicher, sie wirkten ruhig und konzentriert; die Situation schien sie in keiner Weise aufzuregen oder zu beunruhigen. Wie selbstverständlich nahm ich einen Platz in der Gruppe ein, half mit bloßen Händen, den eingestürzten Zugang zu einem Kellerraum freizulegen. Wir arbeiteten wortlos und präzise wie die Zahnräder eines Uhrwerkes, die perfekt ineinandergriffen. Die innere Ruhe der Fremden übertrug sich auf mich und ich räumte große Trümmer mühelos an die Seite, ohne darüber nachzudenken, ob ich überhaupt die Kraft dazu haben würde. Weil es nötig war, war es möglich. Ich bewegte mich leicht, stark und beinahe schwerelos wie die anderen. Nur ab und an verständigten wir uns untereinander durch beredte Zeichen. Innerhalb weniger Minuten hatten wir den Kellereingang freigelegt.

Eine der verschleierten Frauen kletterte als Erste vorsichtig in den dunklen Raum hinab, den ein schwaches Licht erhellte – wie das Licht eines Feuerzeugs oder eines Streichholzes. Auch dieses weißliche Licht verströmte – wie die drei fremden Helfer – eine Atmosphäre der tiefen Ruhe und des Friedens. Im Keller war es jetzt so still, dass ich meinen eigenen Atem hören konnte. Niemand weinte. Die Hilfeschreie waren längst verstummt. Erst als die Frau von unten rief, folgten ihr die beiden anderen in den Keller. Kurz beschlich mich das eigenartige Gefühl, nicht das Recht zu haben, mich diesen drei Menschen anzuschließen. Doch die Anziehungskraft, die von ihnen ausging, war stärker als meine Selbstzweifel. Als Letzte wagte ich mich in den Kellerraum, der noch immer von dem diffusen Licht erleuchtet wurde, dessen Quelle ich nicht ausmachen konnte.

Eine der Frauen kniete über einem verletzten Kind, das aus einer üblen Kopfwunde stark blutete. Ich sah nicht genau, was sie tat, aber ihre Bewegungen wirkten kundig und erfahren. Von ihr ging eine strahlende Kraft aus, die auch mich erreichte und berührte. Diese mir unbekannte Kraft war hell, leicht, kühl und stark. Sie glich dem Sog des Wassers, das über einen Wasserfall stürzt und sich in wilden Strudeln ins Tal ergießt. Sie zog mich hinab in mich selbst, hinein in mein Bewusstsein, tiefer und tiefer, bis ich mich ebenso hell, leicht, kühl und stark fühlte wie die Kraft selbst. Meine Wahrnehmung veränderte sich, wurde schärfer und klarer. Ich sah nun alle drei Helfer über den Verletzten knien. Sie führten Gesten aus, die Trost und augenblickliche Linderung brachten. Jeden Einzelnen berührten sie achtsam und liebevoll. Mir lief ein Schauer über den Rücken. Niemals zuvor hatte ich Menschen beobachtet, die sich so achtsam und bewusst bewegten.

Wir hatten eine ganze Familie gefunden: Großvater, Vater, Mutter und vier Kinder. Die Kinder waren am schwersten verletzt, weil sie unter dem Eingang gespielt hatten, als der Treppenaufgang eingestürzt war. Ihre Mutter weinte leise vor Angst, der Großvater starrte dumpf vor sich hin. Als der Mann aus der Dreiergruppe sich ihm zuwandte, erwachte der Alte aus seiner Erstarrung und begann zu weinen. Während ich meine eigenen Tränen aus den Augenwinkeln wischte, begriff ich, dass er bei dem Beben vor wenigen Tagen seine Frau verloren hatte. Der Schmerz hatte ihn versteinert, bis die Liebe dieses fremden Mannes ihn berührte und wieder zum Leben erweckte.

Ja, so war es. Die Kraft, der ich hier in diesem Kellerraum gewahr wurde, war die Kraft der Liebe, die ich nur deshalb nicht sofort erkannt hatte, weil ich sie in dieser Reinheit und Intensität noch nie erlebt hatte. Sie war so stark, dass sie jeden emotionalen Schmerz augenblicklich auflöste, jede seelische Erstarrung beendete. Sie verlangte nach nichts und linderte jede Form von Leid; sie machte diesen Ort zu einem heiligen Ort. Kleinste Gesten und Berührungen schienen hier unten Wunder zu wirken; Wunder der Heilung, die augenblicklich allen Hoffnung brachten. Auch mir.

Fast gleichzeitig erhoben sich die drei fremden Gestalten. Der Mann und eine der Frauen bauten aus Hölzern und einem Tuch eine Bahre. Behutsam legten sie eines der Kinder auf die Trage, während die zweite Frau leise und eindringlich auf die Mutter der Kinder einredete. Ich schwieg aufmerksam. Obwohl die Frau Urdu sprach, verstand ich ihre Worte. „Wir nehmen Ihren Sohn über Nacht mit. Morgen wird er wieder gesund sein!"

„Wie kann er morgen wieder gesund sein?", fragte ich mich entgeistert. „Wer sind diese Menschen, dass sie glauben, einen Jungen mit schwersten Schädelverletzungen innerhalb einer Nacht heilen zu können? Wer sind diese Menschen?", fragte ich mich immerzu.

Die drei setzten sich mit dem Kind auf der Bahre in Bewegung. Ich suchte noch einmal nach der unsichtbaren Lichtquelle, die den Keller noch immer erhellte – ergebnislos. Verwirrt, verwundert und gleichzeitig glücklich und erleichtert folgte ich der Gruppe, die nun wie eine Prozession schweigend nach draußen kletterte. Der Mann und die Frau, die den Jungen trugen, verließen den Ort durch dieselbe Gasse, durch die ich zuvor zur Unglückstelle gelaufen war. Die Frau jedoch, die als Erste den Keller betreten hatte, wandte sich an mich: „Danke! Du warst uns eine große Hilfe."

„Aber ... Ich habe doch nichts getan."

„Doch, du hast sehr viel getan."

Ich starrte sie an und versuchte herauszufinden, wer die Frau, deren Gesicht verschleiert war, sein mochte. Ich wollte sie so vieles fragen und brachte doch kein Wort heraus. Nach allem, was ich erlebt hatte, fühlte ich mich in ihrer Gegenwart plötzlich ungelenk, kindisch und dumm. Sie strahlte etwas aus, das mich mit großer Ehrfurcht erfüllte, einem Gefühl, das ich noch nie in der Gegenwart eines Menschen empfunden hatte. „Wer … Wer sind Sie?", stammelte ich dumm.

„Mein Name ist Iman."

„Ich heiße Ellen", stammelte ich.

„Ich weiß, Ellen. Geh nach Hause. Du wirst morgen gebraucht."

Ich wandte mich zum Gehen. Iman stand unbeweglich da und sah mir nach.

Ich konnte dem Impuls nicht widerstehen, mich erneut zu der geheimnisvollen Fremden umzudrehen. „Werden wir uns wiedersehen?", fragte ich ängstlich.

„Ja, Ellen. Das werden wir."

Langsam und nachdenklich ging ich zurück zum Nothospital. Vor meinem inneren Auge wiederholten sich die Bilder des eben Erlebten wie ein Film, der mich in den tiefsten Tiefen meines Seins berührte. Ich sah die drei Gestalten, die sich lautlos und leicht bewegt hatten, sah die Verletzten und die Leidenden, die durch ihre Blicke und Berührungen Linderung erfahren hatten. Ich erinnerte mich an die heilige Atmosphäre, die das nächtliche Geschehen umgeben hatte, und suchte verzweifelt nach Worten, um sie für mich erklärbar, verständlich und greifbar zu machen. Noch erfüllte mich die Liebe, die ich dort in der Gegenwart der Fremden erfahren hatte, und schenkte mir Frieden. Wie war das möglich, dass ich im Angesicht des größten Leids, das ich je erlebt hatte, Frieden fand, fragte ich mich.

Irgendwann erreichte ich mein Zelt. Als ich im Bett lag, wich das Gefühl des inneren Friedens einem Gefühl der Aufregung. Und diese Aufregung wandelte sich erneut in die Angst, die ich beim Abschied von Iman empfunden hatte. Ich musste sie und die anderen unbedingt wiedersehen. Was wäre, wenn ich sie niemals wieder treffen würde? Wäre die Erfahrung dieser außergewöhnlichen Form der Liebe auf ewig für mich verloren?

Drittes Kapitel

Ich hatte höchstens zwei Stunden unruhig geschlafen. Meine Gedanken kreisten ohne Unterlass um die wundersame nächtliche Begegnung. Die wichtige Aufgabe, für die ich hergekommen war, verblasste vollständig neben dem drängenden Gefühl, Iman unbedingt wiedersehen zu müssen.

Ian beäugte mich brüderlich besorgt, als ich mich zu ihm und Victor an den Frühstückstisch setzte. Ian war feinfühliger, als seine große körperliche Erscheinung vermuten ließ. Er spürte, dass ich innerlich aufgewühlt war, doch er stellte keine Fragen.

Auch Victor wirkte besorgt. Die Organisation des Nothospitals war der härteste Job von allen hier. „Wir brauchen dringend mehr Zelte, Decken und Öfen. Die Leute brauchen ein eigenes, stabiles Dach über dem Kopf, bevor der Winter beginnt."

Wir schwiegen betroffen, nicht wissend, ob wir rechtzeitig ausreichend Hilfe mobilisieren konnten.

„Was ist mit den Psychologen?", drängte ich erneut.

„Frühestens im November ..."

„Das ist zu spät, Victor. Die Menschen sind gelähmt. Sie sind vor Schock erstarrt. Medizinische Betreuung reicht nicht aus", sagte ich aufgeregt, obwohl ich wusste, dass Victor alles tat, was in seiner Macht stand.

Die Erinnerung trug mich zurück zur vergangenen Nacht. Ich sah Iman, den Mann und die Frau an ihrer Seite. Sie bewegten sich sicher und souverän durch den eingestürzten Kellerraum. Sie redeten kaum, taten nur wenige absolut präzise gesetzte Handgriffe – und die Verletzten erfuhren Linderung, die Traumatisierten erwachten aus der Lethargie des Schocks. Ich wünschte mir verzweifelt, Victor und Ian erklären zu können, was ich erlebt hatte. Doch mir fehlten die Worte für die Erfahrung der vergangenen Nacht. Die Hilfe, die ich in dieser Nacht erlebt hatte und von der ich ein Teil gewesen war, war so viel effektiver und heilsamer als alles, was wir hier jeden Tag unter dem Aufgebot all unserer Kräfte taten.

Victor nickte ernst. „Du hast vollkommen recht, Ellen. Ich werde noch einmal Druck machen", versprach er und erhob sich. „Zeit für die Visite, Kollegen."

Es war schon dunkel, als ich dem letzten Patienten eine Tetanus-Spritze gab. Ich aß nur eine Suppe im Stehen und lief dann hinaus in die Stadt, diesmal auf der Suche nach Iman und ihren Freunden. Weil ich nicht wusste, wo ich beginnen sollte, kehrte ich zurück zu dem Kellerraum, in dem am Abend zuvor die Familie verschüttet worden war. Leise schlich ich mich heran. Heute war der Raum von der gelben Flamme einer Kerosinlampe hell erleuchtet. Als ich hineinblickte, sah ich die Familie lachen. Ich fühlte mich wie ein Voyeur, ein aufdringlicher Eindringling, doch meine Neugier war stärker als meine angeborene Zurückhaltung. Da entdeckte mich schon eines der Kinder am eingestürzten Treppenaufgang.

„*Vahan*! Dort!" Es zeigte mit dem Finger auf mich. Es war zu spät, den Kopf zurückzuziehen und davonzulaufen. Die ganze Familie sah mich an und erkannte mich als eine der gestrigen Helfer. Ich errötete.

Der Vater stand auf und winkte mich herein. „*Aana. Come!*" Ich zögerte schüchtern. Er winkte wieder und kam auf das Kellerloch zu. Eine Leiter ersetzte provisorisch die eingestürzte Treppe. Ich überwand meine Scheu und kletterte zu der Familie herab.

„*Salam. Hello. Shukriya*. Danke", sagte ich.

Eines der Kinder brachte mir ein gefülltes Fladenbrot. Die Mutter schenkte eine Tasse Tee ein und reichte sie mir. Ich kauerte mich, wie die anderen auch, um den kleinen Ofen auf den Boden. Dann ließ ich meinen Blick über die Anwesenden gleiten. Erst jetzt sah ich den Jungen, der gestern auf der Bahre davongetragen worden war. Sein Kopf war mit einem leichten Verband umwickelt, der strahlend weiß leuchtete. Ich suchte nach Zeichen der schweren Blutung von letzter

Nacht, doch die Wunde musste vollkommen trocken sein. Verzweifelt rang ich nach Worten. Mir fiel nur das Einfachste ein. „*Thik hai*? Okay?“, fragte ich und deutete auf meinen Kopf.

Die Augen der Mutter strahlten. „*Yes. Thik hai! Okay!*“

Der Junge stand auf und lief, als wäre ihm nie etwas geschehen. Er wirkte nur noch etwas blass und schlapp. Ich konnte nicht glauben, was ich mit eigenen Augen sah. Wie war das möglich? Was hatte Iman mit ihm gemacht? Die Fragen drehten sich wie ein wildes Karussell in meinem Kopf und immer wieder gab ich mir selbst die einzige Antwort, die mir logisch erschien: „Das ist unmöglich!“

„*Who were these people? Where do I find them?*“, fragte ich aufgeregt.

Der Vater schüttelte den Kopf. Er wollte mir helfen. Aber er verstand mich nicht, oder er wusste nicht, wer Iman und ihre Begleiter waren. Es herrschte absolute Stille in dem Kellerraum. Alle Blicke richteten sich gespannt auf mich und die Tränen, die plötzlich unkontrollierbar über meine Wangen liefen. Wie ein kleines Kind wischte ich sie mit dem Ärmel meiner Jacke ab. Dann sah ich mutig, fast trotzig, in die Runde. Eines der Mädchen brachte mir ein kleines glänzendes Heiligenbildchen, um mich zu trösten. „Iman“, sagte sie. In ihren Augen war Iman eine Göttin. Was war sie für mich? Wer war sie wirklich?

Als die Mutter damit begann, die Kinder auf einem einfachen Bodenlager, das die ganze Familie teilte, zu Bett zu bringen, war es Zeit für mich zu gehen. Noch einmal zogen die Bilder der Erinnerung an den gestrigen Abend vor meinem inneren Auge vorbei. Iman und die beiden anderen, ihre Gesten, ihre Anmut, ihre innere Sicherheit, ihre Zärtlichkeit, ihre Bewusstheit und ihre Kraft ... Wieder fühlte ich diese unbeschreibliche Liebe, die sie umgeben hatte. Die Erinnerung schien sie irgendwie wachzurufen. Plötzlich füllte sie den Kellerraum wie am Abend zuvor durch Imans Gegenwart. Sie war von einer anderen Dichte als die normale Luft, leichter und doch viel komprimierter. Sie füllte den Raum und ebenso den eigenen Körper, den Geist und das Herz. Für einen Moment glaubte ich, diese Kraft als diffuses, überirdisches Licht wahrzunehmen.

Da fing ich den Blick der Mutter auf. Auch sie nahm die Liebe wahr, die uns plötzlich umgab. Bevor ich ging, berührte sie mich vertraut, wie ich es bei den pakistanischen Frauen bisher nur gegenüber ihren Schwestern beobachtet hatte.

Zurück an meinem Arbeitsplatz unternahm ich gar nicht erst den mit Sicherheit vergeblichen Versuch zu schlafen, sondern machte gleich eine nächtliche Visite im Zelt der verletzten und operierten Kinder. Mehr als die Hälfte von ihnen suchte noch nach ihren Eltern. Sie schliefen unruhig, wälzten sich hin und her. Manche wimmerten im Schlaf. Mein Herz krampfte sich angesichts dieses körperlichen und seelischen Elends zusammen. Ich versuchte, mir vorzustellen, wie sich Imans Gegenwart auf die Atmosphäre in diesem Zelt ausgewirkt hätte. Sicher wären augenblicklich Ruhe und Frieden eingekehrt. Die Kinder hätten tief und gleichmäßig geatmet, und ihre Wunden wären besser, wenn nicht gar augenblicklich geheilt.

Leise und langsam bewegte ich mich durch die Reihen der unruhig Schlafenden. Was hatte Iman getan? Was war das für eine Kraft, die sie begleitete und augenblicklich Heilung brachte? Gab es diese Kraft wirklich oder ließen mich Erschöpfung und Verzweiflung wünschen, ihr in dem eingestürzten Kellerraum begegnet zu sein? Wenn es diese Kraft jedoch – entgegen jeder Vernunft und jeder Erfahrung – wirklich gab, warum verfügte Iman über sie, Ian und ich, die perfekt ausgebildeten Ärzte, jedoch nicht? Warum stießen wir hier so unvermittelt an unsere Grenzen, während diese Katastrophe für andere nicht die geringste Herausforderung oder Ausnahmesituation zu sein schien?

Ich hatte alle Bettenreihen durchwandert, doch meine Fragen waren noch lange nicht versiegt und schon gar nicht beantwortet. Immer neue Aspekte dieses einen Erlebnisses kamen mir zu Bewusstsein. Mein Blick glitt mitfühlend und zärtlich über jedes der Kinder und kam immer wieder zu dem Mädchen, das ich am Tag zuvor operiert hatte. Es schlief ruhig und tief. Nur manchmal stöhnte es im Schlaf leicht auf.

Es war schon weit nach Mitternacht, doch ich verspürte nicht die leisesten Anzeichen von geistiger Müdigkeit, nur mein Körper wurde langsam schwer und meine Beine begannen zu schmerzen. Ich setzte mich auf einen kalten weißen Plastikstuhl, der in einer Ecke des Kinderzeltes stand, doch meine Augen glitten weiter mitfühlend über die schlafenden Kinder, und in meinem Geist suchte ich nach der Lösung des Rätsels, das mir die Begegnung mit Iman aufgegeben hatte. Auch ich wurde nun langsam ruhiger. Die Gedanken entschleunigten sich, rasten nicht mehr hintereinander her wie wilde, ungezähmte Pferde. Was ist Heilung eigentlich, dachte ich plötzlich, und dieser eine Gedanke stach so klar und deutlich aus allen anderen hervor wie eine beleuchtete Straße aus Tausenden von dunklen Wegen. Ja, das war die eine wirkliche Frage, die mir die magische Begegnung im Keller stellte. Was war Heilung? Diese eine elementare Frage hatte ich mir in dieser Klarheit und Nüchternheit bis heute nicht gestellt, obwohl sie doch die Grundlage meines Berufes war. Aber nicht nur ich hatte sie mir nie gestellt, auch Lehrer, Professoren, Ausbilder und Kollegen hatten mich nie gefragt, was ich für die wirkliche Ursache von medizinischen Heilungserfolgen hielt. Und plötzlich war ich sicher, dass auch sie sich diese Frage nie in aller Konsequenz gestellt hatten und deshalb die Antwort nicht kannten.

Als unsere deutsche Schwester wie üblich um sechs die Kinder weckte, fand sie mich schlafend auf dem unbequemen Stuhl. „Dr. Ellen, was machen Sie denn hier? Haben Sie etwa die ganze Nacht bei den Kindern verbracht?"

„Irene!" Ich streckte mich. Jeder einzelne Knochen meines Körpers machte sich schmerzhaft bemerkbar. „Ich konnte nicht schlafen und habe noch einmal nach den Kindern gesehen. Ich hatte das Gefühl, sie brauchten jemanden."

„Die Kinder müssen lernen, allein mit ihrer Situation fertigzuwerden, und Sie müssen auf sich Acht geben. Sie brauchen Ihre Kraft tagsüber beim Operieren. Ich kann Ihnen gerne heute Abend ein Schlafmittel geben."

Obwohl Schwester Irene scheinbar fürsorglich sprach, hörte ich eine eigenartige Kälte in ihrer Stimme, die mich erschreckte. Ich fröstelte und stand auf. „Danke, Schwester Irene. Das wird nicht nötig sein."

Victor führte den Ärztetross an, der fast im Gleichschritt zur Visite in das Kinderzelt marschierte. Einige wenige Eltern hatten sich inzwischen eingefunden. Sie hatten ihre vermissten und vielleicht sogar tot geglaubten Kinder erst an diesem Morgen auf den Listen, die wir am Nothospital aushängten, identifiziert. Die Eltern wirkten äußerlich ruhig und sahen uns ehrfürchtig an, doch ich glaubte hinter der kontrollierten Fassade Beunruhigung und Angst zu erkennen. Sie begegneten hier einer fremden Welt: die ausländischen Ärzte, die sie nicht verstanden und die ihre Weltsicht nicht kannten; die Höhe der Behandlungskosten, die sie niemals aufbringen konnten; die Angst, ihre Kinder vielleicht doch noch zu verlieren oder von uns gebeten zu werden, das Nothospital zu verlassen, das einzige Dach über dem Kopf, das sie im Moment hatten. Ich fühlte mit diesen Menschen, teilte für einen emotionalen Augenblick ihre Sicht auf uns und ihre Sorgen, als ich Schwester Irenes taxierenden Blick auffing. Sie sah mich kurz durchdringend an und blickte dann kalt durch mich hindurch.

Wir gingen von Patient zu Patient. So machten wir am Bett des gestern operierten Mädchens Halt. Victor sah sich die Unterlagen an und fragte Ian nach dem Verlauf der OP und seiner Prognose. „Das sieht aber schon sehr viel besser aus, Ian", bemerkte er.

Ian untersuchte das Mädchen sehr genau. Ich hielt mich im Hintergrund und beobachtete die Szene. „Tatsächlich, die Wundheilung sieht sehr gut aus. Fast wie nach einer Woche und nicht wie nach einem Tag."

Mir wurde heiß und ich errötete, denn mir war sofort klar, dass diese unglaubliche Verbesserung des Gesundheitszustandes unserer kleinen Patientin in irgendeinem Zusammenhang mit meinem nächtlichen Besuch im Kinderzelt stehen musste. Ich versuchte, mich hinter Schwester Baquiya zu verstecken, um nicht in den Fokus der allgemeinen Aufmerksamkeit zu geraten, doch dann hörte ich Schwester Irenes Stimme: „Dr. Jansen war heute Nacht bei den Kindern."

Sie schien eine sehr feine Antenne für meine Ängste zu haben und sie gnadenlos für alle sichtbar machen zu wollen. Es traf mich wie ein Schlag, als sich alle Blicke fragend auf mich richteten. Die schmerzhafte Erinnerung an meinen letzten Arbeitstag in Frankfurt flammte auf. Wieder – genau wie in Frankfurt vor wenigen Monaten – betrachteten mich alle mit diesem Blick aus Unverständnis und Unglauben.

Ich habe nichts getan, wollte ich zu meiner Verteidigung sagen. Ich habe nur hier bei den Kindern gesessen und mich gefragt, was

Heilung ist und was sie bewirkt. Ich bin gestern einer Kraft begegnet, die scheinbar augenblicklich die stärksten Verletzungen heilt. Ich kann es selbst kaum glauben, obwohl ich es mit eigenen Augen gesehen habe. Ich habe sie in anderen gesehen und nur versucht, ihr Wesen zu verstehen – wie sie wirkt und wie man sie nutzt. Ich weiß rein gar nichts über diese Kraft, ich bin nicht Herrin über sie ... Doch alle diese Gedanken konnte ich nicht aussprechen. Niemand hätte sie verstanden. Alle hätten mich für verrückt erklärt. Und so schwieg ich. Meine Erleichterung war unbeschreiblich, als Ians Humor mich erlöste: „Ellen, ich wusste gar nicht, dass du so eine Wirkung auf Kinder hast ...“

Viertes Kapitel

Schwester Irenes offenkundige Ablehnung verunsicherte mich und löste einen tiefen Schmerz in mir aus, der mein Herz umklammerte und sich in mir festzusetzen begann wie der Schmerz einer Wunde, die man nicht hinreichend gereinigt hatte. Gemeinsam mit Victor, Ian und Schwester Baquiya betrat ich nach der Visite das Besprechungszelt und kämpfte mit der Verletzung und der Wut darüber, dass mich Irenes Verhalten so sehr berührte. Plötzlich war es wieder da, das Gefühl, beobachtet zu werden. Glasklar, rein und völlig unberührt von allen Ereignissen fühlte ich die Bewusstheit des reinen Sehens auf mich gerichtet. Reflexartig blickte ich mich auch diesmal suchend nach einer Person um. Doch wie immer war auch hier niemand außer meinen Kollegen, die sich offenbar nicht beobachtet fühlten.

Panik ergriff mich. Bildete ich mir das alles nur ein? War ich dabei, verrückt zu werden? Stand ich kurz vor einem Nervenzusammenbruch? War das Gefühl, beobachtet zu werden, eine Dissoziation, eine Abspaltung von mir selbst? Mir wurde schwindelig. Mein Herz begann vor Angst zu rasen. „Beruhige dich, Ellen!", sagte ich beschwichtigend zu mir. Ich begann, bewusst langsam zu atmen, versuchte, den Kontakt meiner Füße zum Boden zu spüren. Das war ein alter Trick aus den Anfängen meiner medizinischen Karriere. Mein erster Anatomie-Lehrer hatte ihn uns beigebracht, als während der ersten Sezierlektionen die Studenten reihenweise ohnmächtig wurden. Und tatsächlich, die Erdung wirkte. Der Schwindel löste sich auf, mein Herz schlug ruhiger.

Doch die beobachtende Präsenz war noch immer in unverminderter Stärke gegenwärtig. Vorsichtig wagte ich, mich ihr zu nähern, und versuchte für einen Augenblick, mit ihren Augen zu sehen. Es gelang mir jedoch kaum, denn diese Art der Betrachtung war mir völlig fremd. Sie war so kraftvoll und energiegeladen, dass ich wieder ein Gefühl des entwurzelnden Schwindels spürte. Doch es verflog rasch und ich schaffte es irgendwie, zu entspannen, loszulassen und die Bewusstheit zuzulassen. In diesem Moment sah ich mit den Augen dieses reinen beobachtenden Bewusstseins. Nichts, das ich je erlebt hatte, glich diesem Zustand, und doch war ich sicher, die Welt das erste Mal so zu sehen, wie sie wirklich war: unverstellt von meinen Vorstellungen, Wünschen, Hoffnungen und Ängsten. Ich betrachtete alles durch Augen, die völlig klar und absichtslos waren; bereit, jede Erfahrung so hinzunehmen, wie sie war – in sich vollständig und richtig in einem größeren Zusammenhang, der mir unendlich erschien. Ich sah Victor mit diesem Bewusstsein, spürte seine Sorgen und seine ganz persönliche Motivation, hier zu sein. Ian war hier, um seinem Vater zu beweisen, dass er mehr als ein flapsiger Junge war, der nichts ernst nahm. Schwester Baquiya hatte seit zwei Tagen kaum etwas gegessen, weil sie pausenlos arbeitete und nie an sich dachte.

Wie ein Fisch aus dem Wasser tauchte ich aus dem beobachtenden Bewusstsein wieder auf. Plötzlich war alles wie zuvor. Die innere Wand war wieder undurchsichtig, doch das beobachtende Gewahrsein blieb präsent.

Sobald die Besprechung vorbei war, lief ich ins Versorgungszelt und holte Schwester Baquiya einen Kaffee mit viel Zucker und ein gebuttertes Fladenbrot. Als ich ihr beides brachte, sah sie mich erstaunt und dankbar an.

Die Arbeit kostete mich heute viel weniger Kraft als sonst. Sie geschah eher automatisch als gewollt, eher selbstverständlich als durch jeglichen Aufwand eigener Willenskraft. Wir schafften zwei Operationen mehr als gewöhnlich und Ian scherzte selbst während einer schwierigen Beckenoperation ununterbrochen über meine übersinnliche Fähigkeit, scheinbar über Nacht kleine Kinder zu heilen. Ich selbst war trotz der Kraft und der eigenartigen Erlebnisse dieses Morgens innerlich vollkommen ruhig und ausgeglichen. Zum ersten Mal, seit ich meinen Job verloren hatte, war ich wieder im emotionalen Gleichgewicht.

Ich nutzte die kurze Mittagspause, um Niki anzurufen. Seit ich in Pakistan war, hatten wir nicht oft miteinander gesprochen. Ich hatte zu wenig Zeit und vermied das Gespräch mit ihm, weil ich mich bis heute unverstanden fühlte. Niki glaubte, dass meine Entscheidung für den Nothilfeeinsatz bedeute, unsere Beziehung sei mir nichts mehr wert. Ich hatte die neue Rolle abgelehnt, die er mir wohlmeinend als Alternative zu meinem alten erfüllten Berufsleben angeboten hatte: Ehefrau und Mutter. Er war verletzt, fühlte sich verraten und verlassen und gab mir die Schuld für diese Empfindungen.

Ich erreichte ihn um halb neun in seinem Büro. Er trank gerade den ersten Kaffee und las die Morgenpost. „Niki! Ich bins, Ellen!"

„Ellen!" Er freute sich.

„Ich vermisse dich", sagte ich aufrichtig.

Er mauerte. „Hier ist die Hölle los. Wir haben wahrscheinlich den Zuschlag für das neue Messegebäude in Frankfurt."

„Gratuliere!" Meine Kraft schwand. Niki war mir plötzlich vollkommen fremd. Sein beruflicher Erfolg berührte mich nicht. Er wirkte emotionslos, kalt und distanziert.

„Wir arbeiten Tag und Nacht und doch kommen immer neue Verletzte zu uns. Es nimmt einfach kein Ende."

„Ihr macht das schon. Ihr seid gut ausgebildet und ausgerüstet", gab er nüchtern zurück.

„Wir brauchen mehr Zelte und Heizöfen für die Obdachlosen. Der Winter beginnt bald."

„Soll ich mich darum kümmern?"

„Das würdest du tun?" Mein Herz schlug schneller vor Freude. Er war also doch bereit, meinen Weggang zu akzeptieren und sich für meine Sache einzusetzen.

„Ich habe da ein paar Kontakte. Aber ich kann dir nichts versprechen!"

„Danke, Niki."

„Ich muss los. Wir haben gleich eine Besprechung."

„Nik!"

„Ja?"

„Ich liebe dich."

„Küsschen, Ellen. Ich melde mich."

Mit dem Ende des Gespräches durchdrangen mich Kälte, Einsamkeit und Leere. Erst jetzt begriff ich, dass ich mit der Illusion hierher gefahren war, eines Tages nach Frankfurt und zu Niki zurückzukehren. Doch heute sah ich mit den klaren Augen des reinen Beobachters, der nichts will, was nicht ist, und der nichts nicht will, was ist. Unsere Beziehung war zu Ende und ich musste einen Weg finden, dies trotz dieser für mich schwierigen Zeiten zu akzeptieren, auch wenn dadurch mein letzter emotionaler Halt wegbrach. Es war meine Schuld, dass die Kluft zwischen Nik und mir unüberbrückbar geworden war. Ich war nicht in der Lage gewesen, ihm zu erklären, was ich erlebt und gefühlt hatte, als ich meinen Job verlor. Niki hatte hilflos mit ansehen müssen, wie ich in wenigen Tagen alles aufgab, was mir viele Jahre lang wichtig gewesen war: zuerst meine Arbeit und dann unsere Beziehung. Aber hatte nicht auch er mich viel zu schnell aufgegeben? Hatte Niki überhaupt versucht, mich zu verstehen? Was hatten wir außer Tisch und Bett wirklich geteilt, wenn meine Entscheidung für meine ganz persönliche Wahrnehmung und meine berufliche Zukunft das Ende unsere Liebe bedeutete?

Weinend setzte ich mich auf eine Bank im Versorgungszelt. Als ich aufsah, um mir die Nase zu putzen, sah ich Schwester Irene, die sich gerade einen Tee holte. Sie blickte zu mir herüber und bemerkte sofort meine Tränen und meine Trauer, doch sie sah wieder durch mich hindurch und verließ wortlos das Versorgungszelt. Kälte legte sich wie ein enges Band um meine Schultern, als ich von einem Weinkrampf regelrecht geschüttelt wurde.

Am Abend aß ich zusammen mit Ian. Ich war sehr schweigsam und in mich gekehrt und fürchtete, Ian könnte doch noch ein ernsthaftes Gespräch über die wundersame Verbesserung des allgemeinen Gesundheitszustandes unserer kleinen Patientin suchen. Doch er war feinfühlig und taktvoll wie immer mir gegenüber. Ich vertraute ihm wie keinem Zweiten hier. Nur deshalb schüttete ich ihm mein Herz über meine eigenartigen Erfahrungen mit Schwester Irene aus.

„Ist dir an Schwester Irene irgendetwas Komisches aufgefallen?", fragte ich vorsichtig.

„An Irene? Nein, was meinst du?"

„Sie sieht mich manchmal so merkwürdig an."

„Wie, merkwürdig?"

„So mitleidlos."

„Mitleidlos? Hältst du dich für bemitleidenswert, meine Liebe?"

Ich lachte. „Nein, Ian. Hör mir doch mal zu! Heute zum Beispiel hat sie mich weinen sehen. Ich hatte das Gefühl, sie verachtet mich für meine Tränen."

„Verachtung … Ellen, das ist ein sehr starkes Wort für eine sehr fleißige Schwester, die schon viel Erfahrung bei der Arbeit mit DoctorsAid hat."

„Ich stelle ja nicht ihre Kompetenz in Frage. Sie ist wirklich gut und arbeitet sehr selbstständig. Aber sie sieht die Patienten manchmal so merkwürdig an. Ganz anders als Schwester Baquiya zum Beispiel."

„Wie anders? Ich verstehe nicht was du meinst, Ellen."

Ich suchte nach Worten, nach Bildern, nach Beschreibungen. „Schwester Baquiya sieht die Patienten fürsorglich, warmherzig und besorgt an. Aber Irenes Blick ist voller Kälte. Als sie mich heute Morgen im Kinderzelt fand, hat sie zum Beispiel gesagt, dass die Kinder lernen müssten, mit ihrem Schicksal allein fertigzuwerden. Das ist grausam, Ian."

Ian schwieg nachdenklich, von meinem Bericht sichtlich ergriffen, ja fast geschockt. „Ja, das ist wirklich grausam. Aber ich kann mir nicht vorstellen, dass Irene generell grausam ist. Vielleicht hatte auch sie eine schlechte Nacht. Wir alle haben hier schlechte Tage. Du weißt doch selbst genau, wie das ist."

Ians Erklärungsversuch beruhigte mich nicht und reichte mir auch nicht. Doch er lenkte ab. „Warum hast du geweint, Ellen?"

Die Tränen wollten schon wieder aufsteigen, als ich Ian von meinem Telefonat mit Niki erzählte. „Ich bin fort, aber wir haben uns nicht getrennt. Keiner von uns hatte den Mut, es auszusprechen. Wir wollten endlich heiraten und Kinder kriegen und jetzt bin ich weit weg in einer anderen Welt, die Niki sich nicht einmal vorstellen kann. Wie soll es da eine gemeinsame Zukunft geben? Wann soll es die noch geben, Ian?"

„Ihr müsst darüber sprechen! Vielleicht fühlst du dich dann besser hier. Manchmal ist man erst frei, wenn die alten Brücken gänzlich abgebrochen sind – auch wenn es weh tut."

„Hast du alle Brücken in Australien abgebrochen?"

„Nein. Das musste ich Gott sei Dank auch nicht. Ich bin seit einem Jahr allein. Und unser Krankenhaus in Brisbane hat ein Programm, das alle Ärzte dazu anhält, humanitäre Hilfe zu leisten. Ich bin für ein halbes Jahr freigestellt. Ich wollte endlich einmal etwas wirklich Sinnvolles tun."

Ich dachte an Ians Vater und das schwierige Verhältnis, das die beiden zueinander haben mussten. Doch ich fragte Ian nicht danach. Es war nicht der richtige Zeitpunkt. Wir lernten uns gerade erst kennen.

„Ich wünsche mir noch immer, es wäre alles anders gekommen. Ich musste mein altes Krankenhaus verlassen", gestand ich Ian zum ersten Mal. Ich hatte bisher nur mit Niki und meiner Familie darüber gesprochen.

„Warum?"

„Unüberbrückbare Differenzen nennt man das wohl."

„Und die wären?" Ian insistierte.

„Wir waren unterschiedlicher Ansicht über die Behandlung einer bei einem Verkehrsunfall verletzten Frau. Sie starb bei der OP." Mehr konnte und mehr wollte ich heute nicht sagen.

„Jedem von uns ist schon einmal jemand auf dem OP-Tisch gestorben."

„Natürlich, Ian. Mir auch. Aber das war nicht das Problem. Ich wollte sie nicht operieren und ich habe nicht operiert."

„Du wirst deine Gründe gehabt haben!"

Ich lachte, weil ich diesen Satz schon einmal gehört hatte. „Ja, die hatte ich, aber genau an diesen zeigten sich die unüberbrückbaren Differenzen. Ich musste gehen. Es gab keine Alternative."

„Wenn du mich fragst, Ellen, kannst du das hier nur schaffen, wenn du dich mit deiner Vergangenheit versöhnst. Du hast das Richtige getan. Das weiß ich. Ich weiß, dass du ein Mensch bist, der das Richtige tut."

Fünftes Kapitel

Ständig mussten wir blitzschnell auf neue Situationen reagieren. Oft blieb nicht mal Zeit zum Nachdenken. Wir waren geschult darin, routiniert zu handeln und unsere eigenen Bedürfnisse hinter die Notwendigkeiten des Augenblicks zu stellen. So wurde am nächsten Tag eine Gruppe schwer verletzter Frauen aus einer Kleinstadt südlich von Muzaffarabad eingeliefert. Die Näherei war über ihnen zusammengebrochen und es grenzte an ein Wunder, dass fast alle lebend geborgen werden konnten. Doch ihre Wunden waren nur notdürftig versorgt worden und wir kämpften jetzt, nach Tagen, gegen Infektionen und falsch gerichtete Brüche. Jede Hand wurde gebraucht und keiner von uns gönnte sich mehr als eine kurze Pause.

Als ich in einer ruhigeren Minute im Kinderzelt allein nach dem Rechten sehen wollte, hörte ich plötzlich Schwester Irenes Stimme laut werden.

„Shut up!", schrie sie, als sie einen Wundverband am Unterschenkel eines etwa dreijährigen Jungen fachkundig wechselte. „Stop crying! Only cowards cry. Hör auf zu heulen. Nur Feiglinge weinen."

Mein Herz zog sich zusammen wie eine Schnecke, die sich in ihr schützendes Haus zurückzog. Schnell war ich an der Seite des Kindes und sah Schwester Irene scharf an. „Wie kannst du den Kleinen so anfahren. Er ist verletzt, er ist allein, er weiß nicht, wo seine Mutter ist. Viel mehr als einen neuen Verband braucht er das Gefühl von Geborgenheit und Sicherheit."

Irene sah mich verständnislos an. „Wenn er heult, wird es auch nicht besser. Man kann nicht früh genug lernen, dass Selbstmitleid hinderlich ist."

„Du willst mir hier erklären, dass dieser Junge aus Selbstmitleid weint?", rief ich gerade fassungslos, als Ian das Kinderzelt betrat.

„Was ist denn hier los?"

„Ich habe den Kleinen getröstet und ihm gesagt, dass er nicht weinen soll", log Irene ungerührt.

„Ich habe dich bis draußen gehört, Irene. Erzähl mir also keinen Mist. Du hast den Kleinen angeschrien! Weißt du eigentlich, was du damit anrichten kannst? Diese Kinder sind traumatisiert. Sie brauchen Liebe und Fürsorge. Im Moment sind wir alles, was sie haben."

„Ich bin nicht ihr Muttersatz. Sie sollten sich nicht an uns klammern. Wir werden nicht ewig für sie da sein. Es ist nicht meine Aufgabe, sie von meiner Zuneigung abhängig zu machen."

Ich versuchte zu verstehen, was Schwester Irene da sagte; zu begreifen, wie sie denken und fühlen musste, um solche Worte zu sprechen. Rasende, ohnmächtige Wut breitete sich in mir aus. Es kostete mich unbändige Kraft, sie nicht anzuschreien.

„Wenn ich so etwas noch einmal erlebe, wird das Konsequenzen haben, Irene." Ian wirkte autoritärer als sonst, aber auch viel ruhiger und gelassener als ich.

Schwester Irene blickte uns kalt und trotzig an und verließ das Kinderzelt. Meine Hand streichelte den Kleinen, der trotz unseres Streits in einen unruhigen Schlaf gefallen war.

„Das habe ich gestern gemeint, Ian."

„Ja, jetzt verstehe ich dich. Sollen wir mit Victor darüber reden?"

Doch das schien mir zu früh. Wir sollten Schwester Irene weiter beobachten und notfalls noch einmal ein Gespräch mit ihr suchen, schlug ich vor.

Die Lichter unserer Klinik lagen am Abend dieses erschöpfenden Tages schon weit hinter mir, als ich auf meinem nächtlichen Streifzug ein Poltern hinter einer Hausecke hörte. Ich blieb erschrocken stehen. Doch größer als der Schreck war die Hoffnung, dass jeden Moment Iman um die Ecke kommen könnte. Aber schon einen Augenblick später kroch eine fremde Frau hinter den Trümmern hervor. Sie trug einen Sari und hatte ihren Schleier tiefer als üblich ins Gesicht gezogen. „Dacta, Misses. Help, please. Kommen Sie schnell. Sie müssen uns helfen."

„Was ist passiert?“ fragte ich.

„Aana! Come! Kommen Sie. *Please, quickly*. Bitte, schnell.. *My daughter.* Meine Tochter. Sie ist schwer verletzt. *Please, Misses“*, schluchzte sie.

„Ich brauche meine Tasche. *Aana! Come!“* rief ich und lief zurück in Richtung Hospital. Die Frau hielt in ihrem Sari ohne Weiteres Schritt.

In kürzester Zeit hatte ich eine Notarzttasche gegriffen und lief hinter der Unbekannten her durch die Nacht. Ich achtete nicht darauf, wohin wir liefen, kreuz und quer durch die Stadt, durch die Gassen, die ich bereits kannte, und weiter nach Norden entlang des Nilam. Meine Lunge brannte und ich rang nach Luft, als wir endlich eine notdürftig zusammengezimmerte Hütte in einem der ärmeren Viertel erreichten. Die Frau stieß die Tür auf und zog mich hinter sich her in einen dunklen, engen Raum. Erst als sie eine Öllampe anzündete, sah ich im hinteren Teil der zugigen Hütte ein Bett, auf dem eine junge Frau bewusstlos zusammengekauert lag. Das zerknitterte Laken war voller Blut. Ich bat um mehr Licht und nahm eine weitere Öllampe entgegen. Das junge Mädchen atmete flach und beunruhigend langsam.

„Was fehlt ihr?“ Die verzweifelte Mutter verstand mich nicht. „Was ist passiert?“

Keine Antwort.

„Kya? Kaun? Was? Wer?“

„The evil! Buraai. Der Teufel, *Misses!“*

Ich glaubte, falsch verstanden zu haben. „Der Teufel?“

„Yes, yes.“

„Was hat er getan? *Kya?“*

„Torture!“

„Folter?“ Ich verstand nicht, was die Frau meinte.

„Musalmaan buraai. Die muslimischen Teufel haben sie gefoltert ...“

Mein Herz raste. Vorsichtig begann ich, die junge Frau, die leblos vor mir auf dem schmalen, harten Lager lag, zu untersuchen. Ich betastete ihren Körper und hob ihre Kleidung an den Stellen, an denen ich Blut sah oder Verletzungen erfühlte. Sie war mit Hämatomen übersät. Selbst im Gesicht hatte sie schwerste Prellungen. Die Mutter wurde langsam ungeduldig. Sie wickelte ihr Kind geschickt aus seinem Sari und zeigte auf seinen Unterleib. Er war blutverschmiert, geschunden und wund. Ich wusste nicht, wer und womit er diesem Mädchen solche Verletzungen zugefügt hatte, doch endlich begriff ich, dass ich mich zusammenreißen und handeln musste. Ich zog eine Spritze auf, schickte die Mutter heißes Wasser holen und begann mit meiner Arbeit. Systematisch untersuchte ich das geschundene Bündel, nachdem ich zuerst ein Schmerzmittel gespritzt hatte. Ich wusch die Wunden, ich untersuchte die Genitalien. Meine Befürchtung bewahrheitete sich: man hatte die Frau wiederholt mit irgendwelchen Gegenständen in die Vagina gestochen. Meine Ausrüstung war zu dürftig für diese Schwere von inneren Verletzungen, doch ich gab nicht auf.

Nach zwei Stunden hatte ich das Mädchen von allem Blut gereinigt, hatte die Wunden an Armen und Beinen versorgt und verbunden, die inneren Verletzungen, so gut ich konnte, sterilisiert, antiseptisch versorgt und sie genäht. Doch so bemüht ich auch darum war, diesen leblosen Körper, der vor mir lag, zu „reparieren", so wenig konnte ich mir vorstellen, dass dieser Mensch jemals wieder lebensfähig werden würde. Die Verletzungen waren so demütigend, so entwürdigend, so traumatisierend, dass ich glaubte, keine Seele würde dieses Leid ertragen können.

Erschöpft sackte ich auf einen Hocker, der in der Nähe des Bettes stand, als getan war, was ich tun konnte. Es brauchte ein Wunder, damit die junge Frau überlebte. Da war sie wieder, die Grenze meiner ärztlichen Fähigkeiten, die mir eigentlich jeden Tag seit den Ereignissen in Frankfurt wie ein übergroßes Mahnmal vor Augen stand. Die Mutter reichte mir dankbar einen heißen Tee mit viel Zucker und Kardamom. Ich trank ihn mechanisch, betäubt von den schockierenden Verletzungen ihrer Tochter. Ich hatte viele schwer Verletzte operiert, doch fast alle waren durch Unfälle zu Schaden gekommen. Verletzungen, die auf Gewalt beruhten, konnte ich an einer Hand abzählen: Schlägereien auf offener Straße, zumeist nach Alkoholkonsum. Doch so etwas hatte ich noch nie gesehen.

Müde versuchte ich, von der Mutter mehr über die Täter zu erfahren. „*Who does such things?* Wer tut so etwas?"

„*Giroh!* Die Banden!"

„Welche Banden?" Wie wenig wusste ich doch über dieses Land, über seine Menschen und ihre Konflikte.

„Krieg älter als Kashmir. Kashmir zwei: halb Moslem, halb Hindu. Niemals eins."

Sie sprach besser Englisch, als ich am Anfang unserer Begegnung gedacht hatte; vielleicht, weil sie nun beruhigt war, nachdem ich ihre Tochter versorgt hatte.

„Warum Ihre Tochter? Was hat sie getan?"

„Wir Hindus. Nicht sehr gläubig. Tochter verliebt in jungen Moslem. Familie traditionell. Streng und politisch. Religion benutzen für Herrschaft, Macht. Was nicht in Koran, darf nicht passieren. Andere Religion unrein." Die Frau weinte still. Ich nahm ihre Hand und drückte sie fest.

„Nur ein Kuss. Junge jetzt in Bergen bei Armee. Tochter von Teufeln fast getötet. Sie unschuldig. Wusste nicht Falsches tun. Wir nie etwas verboten ... Wir sie lieben."

„Police?", fragte ich.

„Nahin, nahin! No, no! Police dangerous.. Muslim."

Ich weiß nicht mehr, wie lange ich bei dieser Mutter saß, deren Kindes Seele mutwillig gebrochen worden war. Ich hielt ihre Hand und vergaß alles, was jemals gewesen war und jemals sein könnte. Schmerzbetäubt verließ ich ihr Haus und suchte den Weg durch die engen Gassen zurück zum Nothospital, das mir heute als sicherer Hort erschien. Tränen liefen lautlos über mein Gesicht. Es war das erste Mal in meinem Leben, dass ich angesichts des Leids eines Patienten weinte. Vor meinem inneren Auge sah ich nur ein Bild: das aufgerissene, blutende, bewusstlose Mädchen. Ich sah es so konzentriert, dass ich mich für einen Moment eins mit ihm fühlte. Ich empfand den physischen und seelischen Schmerz der jungen Frau wie meinen eigenen. Im selben Moment veränderte sich mein Bewusstsein ein weiteres Mal, tat einen weiteren Schritt über die normale Wahrnehmung hinaus und ich war wieder der neutrale Beobachter, der weder mit dem Mädchen noch mit mir identifiziert schien und der so viel mehr wusste und wahrnahm als ich, Ellen. Dieses Beobachterbewusstsein schien jegliche Erfahrung zu umfassen und doch völlig frei von allem, was geschah, zu bleiben. Ich war in diesem Bewusstsein enthalten und gleichzeitig war es in mir. Und dann erlebte ich ein Wunder: Der Schmerz löste sich auf. Mein Schmerz, der der Schmerz des geschundenen Mädchens war. Mein Herz war mit meinem unerwarteten Blick in die tieferen Ebenen des Bewusstseins augenblicklich aus seiner engen Umklammerung befreit worden. Wo ich vorher Leid, Ohnmacht, Hass, Wut und Widerstand empfunden hatte, blieb jetzt nur eines: reine Wahrnehmung und Akzeptanz. Ich konnte das Leid annehmen und der Schmerz löste sich auf. Ja, mir war sogar, als wäre dem Mädchen niemals ein Leid geschehen. Da wusste ich, dass es überleben würde.

Sechstes Kapitel

Obwohl ich im Nothospital dringend gebraucht wurde und keine freie Minute hatte, stahl ich mich gegen elf am nächsten Vormittag einfach davon. Ich informierte nur Ian, dass ich zwei Stunden fort sein würde.

Die meisten Gassen waren inzwischen weitestgehend geräumt. Tatsächlich herrschte schon wieder ziemlich reger Verkehr. Mopeds und Vespas rasten durch die engen Straßen und transportierten allerlei Lasten. Mehr als einmal musste ich zur Seite springen, um nicht von einem rasenden Zweirad erwischt zu werden. Ohne mich zu verlaufen, fand ich den Weg zur Hütte und klopfte laut an die provisorisch zusammengezimmerte Tür. Es dauerte eine Weile, länger, als ich bei der Größe der Hütte erwartete hätte, bis ich Geräusche im Inneren hörte. Doch niemand sprach oder öffnete. Ich begriff, dass es aus Furcht war.

„Ich bin die Ärztin. Doctor!"

Langsam öffnete sich die Tür – nicht mehr als wenige Zentimeter. Ein Mann blickte mich misstrauisch an. Er wirkte vollkommen erschöpft und war sehr blass.

„Betii. Daughter. I want to help."

Zögerlich öffnete er die Tür ganz und winkte mich schweigend hinein. Das Mädchen lag mit geschlossenen Augen gut zugedeckt in frischen Laken auf der Pritsche, auf der ich es gestern Abend versorgt hatte. Ich musste herauskriegen, ob es während der letzten zwölf Stunden das Bewusstsein wiedererlangt hatte. Wenn die Verständigung doch nicht so schwierig wäre, dachte ich. „War sie heute schon wach?"

Der Mann verstand mich nicht. Ich suchte verzweifelt nach einem Urdu-Wort. *„Awake. Badaar?"*

„Bedaar!" korrigierte er mich und nickte.

Ich machte eine Geste, die Trinken bedeuten sollte. Er lächelte fast ein wenig stolz.

„Chai! Tea!"

Sie hatte getrunken. Wunderbar! Ich fühlte den Puls der jungen Frau, er ging noch sehr langsam, doch regelmäßig und war deutlicher zu spüren als in der Nacht. Sie hatte leichtes Fieber, doch offenbar hatten sich die inneren Wunden nicht weiter entzündet. Ich musste sie ausziehen, um die schlimmsten Verletzungen zu untersuchen. Der Vater verließ den Raum durch eine hintere Tür, die mir gestern Abend nicht aufgefallen war.

Die Wunden waren in einem außergewöhnlich guten Zustand. Ich arbeitete schnell und konzentriert und nahm die extreme Besserung – ganz anders als bei dem Mädchen im Kinderzelt – als Tatsache und nicht als persönliche Bedrohung wahr. Der Raum schien mit einer hellen Kraft erfüllt zu sein, die ich nur aus einer einzigen Begegnung meines Lebens kannte: der mit Iman. Doch außer mir war niemand hier.

Das Mädchen wachte auf, als ich ihm eine Spritze gab. Es sah mich ängstlich mit großen schwarzen Augen, die von tiefen Ringen umgeben waren, an.

„Ich bin Ärztin", sagte ich erklärend und beruhigend auf Englisch. „Ich bin hier um zu helfen. Sie sind sehr schwer verletzt."

„Ich weiß", flüsterte sie unter großer Anstrengung. „Sie waren gestern Abend schon hier, hat mir meine Mutter erzählt." Ihr Englisch war hervorragend. Dennoch benutzte ich die Urdu-Worte, die ich kannte.

„Meraa naam Ellen hai! Mein Name ist Ellen. Wie heißen Sie?"

„Naisha."

„Können Sie sich erinnern, was passiert ist, Naisha?"

Sie schwieg lange, um Kraft für das Sprechen zu sammeln. „Meine Mutter hat mir erzählt, was passiert ist. Sie hat gesagt, sie ist bis zum Krankenhaus gelaufen, um Sie zu holen. Danke, Misses Ellen."

„Ich versuche, morgen wiederzukommen", sagte ich, um die Kräfte Naishas zu schonen. „Wir haben sehr viel Arbeit. Ich weiß nicht, ob und wann ich aus dem Krankenhaus weg kann." Sie schlief bereits wieder und das war gut, sehr gut.

Ich legte einige Tabletten auf den Nachttisch und schrieb die Dosierung darauf, dann verließ ich die Hütte. Als ich durch den Spalt der Tür noch einen letzten Blick auf Naisha warf, sah ich wieder dieses eigenartige Licht um sie herum. Gleichzeitig löste sich jeglicher Druck in mir auf, für Naishas Genesung kämpfen zu müssen. Tiefe Ruhe ergriff Besitz von mir. Ich musste nichts tun, wusste ich plötzlich. Naishas Gesundheit lag nicht in meiner Hand, aber auch nicht in meiner Verantwortung und doch würde sie sich vollständig erholen, weil ich bei ihr gewesen war. In meinem gesamten Berufsleben hatte ich mich in meiner Rolle als Ärztin noch nie so frei gefühlt.

Beflügelt von dem Gefühl der Freiheit lief ich zurück durch die Gassen einer zerstörten Stadt, die sich atemlos um Wiederaufbau bemühte, und genoss den Ausflug bei Tageslicht, obwohl mein Blick fast ausschließlich auf Schutt und Asche fiel. Doch an einigen Ecken hatten bereits geschäftstüchtige Händler wieder eröffnet. An notdürftig aufgestellten Ständen gab es alles zu kaufen, was man zum täglichen Leben brauchte – von Drogerieartikeln über Chips und Cola bis hin zu Obst und Gemüse. Zufällig hatte ich ein paar Rupien dabei und kaufte mir an einem Stand in der Nähe des Krankenhauses eine Cola. Ich hatte noch über eine Stunde Zeit und genoss das Gefühl der nie zuvor so sehr geschätzten Freiheit, den eigenen Impulsen zu folgen. Ich stand einfach am Straßenrand und trank die Cola mit einem Strohhalm. Koffein und Zucker belebten meine Stimmung und ich verspürte ein tiefes Gefühl des zarten Glücks. In diesen Tagen waren es die einfachen Dinge, die mich mit Wohlbehagen erfüllten. Plötzlich hörte ich eine sanfte Stimme neben mir.

„Du bist eine gute Ärztin!" Mein Herz raste vor Aufregung und Freude. Iman!

„Nicht so gut wie du", entgegnete ich spontan und unüberlegt.

„Ich bin keine Ärztin", gab Iman bestimmt zurück.

„Entschuldigung." Ich kam mir entsetzlich dumm vor, doch Iman fasste meinen Arm freundschaftlich. Ihre Berührung war warm und kühl zugleich. Sie glich dem eigenartigen Kribbeln eines elektrischen Energiestroms. Diese Energie linderte jedes Leid. Auch das kleine Leid der unnötig empfundenen Scham.

„Woher solltest du das wissen", sagte sie sanft. Ich schwieg, weil es nichts zu erwidern gab.

„Darf ich dich zum Mittagessen einladen?"

Ich war auf diese Frage nicht vorbereitet, obwohl ich doch zuletzt nichts lieber gewollt hatte, als dieser Frau erneut zu begegnen, Zeit mit ihr zu verbringen und von ihr zu lernen. Doch in ihrer Gegenwart hatte ich nun die eigenartige Empfindung, viel zu langsam zu sein. Mir war, als denke und handele sie schneller als ich – und vor allem, als begriffe sie Zusammenhänge schneller als ich. Mühsam stammelte ich: „Gerne, aber, äh ...ich ...Ich habe nur eine Stunde Zeit."

Iman lachte ein sehr freies, wunderschönes Lachen. „Eine Stunde ist eine Ewigkeit! Komm!" Sie hielt mich noch immer am Arm. Ich stellte die leere Colaflasche in einen Kasten neben dem Verkaufsstand und folgte ihr. Wir liefen wieder durch Gassen und über Straßen weiter Richtung Osten. Es wurde immer enger, ich verlor die Orientierung. Dann erreichten wir einen Teil der Stadt, der vom Beben völlig unversehrt geblieben war. Eine ganze Häuserzeile stand dort, ohne nennenswerten Schaden genommen zu haben. Nur ein paar Risse zogen sich durch die Außenwände der Mauern. Iman blieb vor einem dieser Häuser stehen und öffnete eine schwere Holztür, die in einen sauber gefegten Innenhof führte. Wir überquerten den kleinen, vielleicht vier Quadratmeter großen Hof und betraten über eine überdachte Terrasse gegenüber der Eingangstür einen Salon.

Im halbdunklen Raum umfing mich absolute Stille. Kein Geräusch drang von der Straße herein. Der Raum wirkte fast schalldicht auf mich. Irritiert blickte ich umher. Doch Iman lächelte beruhigend und bedeutete mir, ihr zu folgen. Gleich darauf rückte ein weiterer Sinneseindruck in den Vordergrund meiner Wahrnehmung: der Geruch von Rosenwasser und Sandelholz. Die zarten orientalischen Düfte lösten ein Gefühl der Geborgenheit und der tiefen Entspannung in mir aus. Erst jetzt empfand ich die eigenartige Stille als angenehm und schützend. Iman legte ihren Schleier ab und zum ersten Mal sah ich ihr Gesicht. Doch alles, was ich in diesem Augenblick wahrnahm, war ihr gütiger Blick. In ihren Augen lagen tiefes Verständnis und die beruhigende Aussage, dass es nichts im Leben gab, das ich fürchten müsste. Als ich in Imans Augen blickte, war mir, als kenne sie mich, wie niemand mich zuvor gekannt hatte – meine Eltern nicht, meine besten Freunde nicht. Niki nicht. Imans Blick linderte jede Form von Leid, der ich jemals begegnet war. Mir war, als erinnerte ich mich gleichzeitig an dieses Leid und vergäße es im selben Moment, als Imans Wahrnehmung es wie ein zarter Windhauch berührte und mich auf einer Ebene tröstete, auf der noch niemand zuvor mit mir kommuniziert hatte.

Erst jetzt war ich in der Lage, die Feinheiten ihrer klassischen Gesichtszüge zu erkennen. Iman war eine sehr schöne Frau. Sie erinnerte mich an Benazir Bhutto, obwohl ihr Gesicht jünger, viel klarer und ebenmäßiger geformt war. Mir war, als kannte ich dieses Gesicht schon mein Leben lang, ja sogar über mein Leben hinaus. Gab es so etwas? Konnte man mit einem anderen über die Grenzen des eigenen Lebens hinaus bekannt und verbunden sein?

Lautlos tauchte eine Dienerin auf und verneigte sich vor uns. Iman gab klare Anweisungen für das Mittagessen, dann verschwand das Mädchen. Ich wagte nicht, mich neugierig umzusehen, denn auch hier geschah, was schon im Keller der verletzten Familie geschehen war: Durch Imans Gegenwart veränderte sich der Raum, er wurde irgendwie heilig.

Iman schwieg und mir war, als schweige nicht nur ihr Mund, sondern auch ihr Geist und ihr Herz. Sie setzte sich anmutig vor einen festlich gedeckten Holztisch auf den Boden.

„Hast du Besuch erwartet?“, fragte ich. Meine eigene Stimme klang viel zu laut und viel zu blechern. Ich erschrak, als mir bewusst wurde, dass mir in diesem Moment Imans Zartheit und ihr Feingefühl fehlten, obwohl ich kein grober Mensch war.

„Setz dich zu mir, Ellen!“ Ich folgte ihrer Bitte wie einem inneren Befehl. „Ich habe *dich* zum Essen erwartet.“

„Mich? Aber wir kennen uns doch kaum.“

„Du hast mich gesucht und nun ist der Zeitpunkt gekommen, dir einige deiner Fragen zu beantworten.“

Da brachte das Mädchen schon das köstlich duftende Mittagessen. In aller Ruhe stellte es verschiedene Schalen auf den Tisch. Reis, Lamm, Linsen, Blumenkohl. Nachdem es uns Wasser eingeschenkt hatte, blickte das Mädchen Iman an. Erst als diese zufrieden nickte, verließ es geräuschlos den Raum auf nackten Füßen.

Iman nahm meinen Teller und tat mir mit einem silbernen Löffel von allen Speisen auf. Nachdem sie auch sich selbst genommen hatte, sah sie mich wieder an. „Du hast uns nicht zufällig und grundlos getroffen. Nichts in unserem Leben ist Zufall. Ebenso wenig bist du heute zufällig in Kashmir."

„Das ist bestimmt kein Zufall, denn ich habe gerade erst meinen Krankenhausjob in Deutschland verloren", platzte es aus mir heraus.

„Warum?", wollte sie wissen. Ich erzählte ihr die ganze Geschichte, die zu meiner Kündigung und der plötzlichen Abreise nach Kashmir geführt hatte, und ließ diesmal auch die Details nicht aus, die ich Ian nicht berichtet hatte. Wenn jemand verstehen konnte, was mir geschehen war, dann war es Iman, glaubte ich.

„Wenn der Zeitpunkt gekommen ist, dass wir zu uns selbst zurückfinden müssen, geschehen wunderbare Dinge, die uns viele schmerzhafte Entscheidungen ersparen!"

War das so, fragte ich mich. Waren mir viele schmerzhafte Entscheidungen erspart worden? Litt ich nicht vielmehr deshalb, weil ich alles verloren hatte und als Helferin im größten Leid gebraucht wurde, das mir je begegnet war?

„Alles ging sehr schnell, das ist wahr." Mehr konnte und mehr wollte ich nicht zugeben.

„Ja, und wenn du nicht von den Umständen dazu gezwungen worden wärest, dich bei DoctorsAid für einen längeren Zeitraum zu bewerben, hättest du es nicht getan", konstatierte Iman.

„Natürlich nicht." Meine Stimme wurde lauter als ich wollte. „Ich war glücklich mit meinem Job und mit meiner Beziehung."

„Erzähl mir von ihm!"

„Wir sind seit über zehn Jahren zusammen."

„Seid ihr es noch?" Sie sah mich durchdringend an.

Ich blickte an Iman vorbei in den Hof. Diesmal war auch meine Stimme leise: „Nein."

„Seit wann?" fragte Iman. Wieso wollte sie alles so genau wissen?

„Seit dem Tag, an dem ich das Krankenhaus verlassen habe."

„Was ist da mit euch passiert? Kannst du das beschreiben?"

„Ich glaube, ich war an diesem Tag plötzlich eine andere. Es war, als hätte ich eine andere Welt betreten. Weder meine Kollegen noch Niki konnten oder wollten diese Welt mit mir betreten."

Iman sah mich ruhig an. Erst nach einer Weile sagte sie leise: „Ja, so ist es!"

Das Essen war scharf und salzig, manchmal ein wenig süß und die eine oder andere Speise auch säuerlich. Ich schmeckte Koriander heraus, Ingwer und Kreuzkümmel. Nach dem Essen tauchte das Mädchen wieder lautlos aus dem Hintergrund auf, um den Tisch abzudecken und uns Schälchen für den Nachtisch sowie kleine Teegläser zu bringen. Fasziniert beobachtete ich das stumme Zusammenspiel von Hausherrin und Dienerin, das einem perfekten Tanz glich.

„Wenn ich nicht zufällig hier bin, warum dann?", wagte ich Iman endlich zu fragen, als wir wieder allein waren. Sie nahm einen Schluck Tee, bevor sie leise antwortete. „Du bist hier, um dein geistiges Erbe anzutreten!"

Ich empfand irgendetwas zwischen furchtbarem Schock und absolutem Hochgefühl. Imans Worte schienen mir so bedeutungsvoll, dass ich immer wieder nur eines denken konnte: dein geistiges Erbe. Ich hatte keine Vorstellung davon, was Iman mit diesen drei Worten meinte. „Mein geistiges Erbe?"

„Du hast dich viel zu lange in der Welt der Illusion und der Projektion verstrickt. Du hast vergessen, wer du wirklich bist. Nicht, weil du es nicht weißt, sondern weil die Illusion in der Welt, in der du gelebt hast, sehr stark war. Dort, wo du bisher gelebt hast, wusste niemand, wer du wirklich bist. Niemand wusste, wer er wirklich ist. Jeder sah Dinge, die nicht da waren, weil er von Wünschen getrieben und von Angst gequält wurde. Doch diese Zeit ist nun vorbei. Deine Zeit der Blindheit ist vorbei. Du bist hier, weil du beginnst, dich an dein wahres Wesen zu erinnern, und weil wir hier sind, die Menschen, zu denen du immer gehört hast und immer gehören wirst – deine geistige Linie."

„Was ist eine geistige Linie?", musste ich wissen.

„Eine geistige Linie ist eine ewige, unendliche und untrennbare Kette von inneren Verbindungen zwischen Menschen mit den gleichen geistigen Fähigkeiten und Aufgaben."

„Welche Fähigkeiten und Aufgaben sollten das sein?"

Iman ließ sich mit der Antwort viel zu lange Zeit.

„Ich spreche von den geistigen Qualitäten der Wahrheit, der Weisheit und der Liebe."

Ein Schauer lief mir über den Rücken und breitete sich zu einer Gänsehaut auf meinem ganzen Körper aus. „Das sind große Worte, Iman. Vielleicht die größten, die ich je gehört habe. Ich würde nicht einmal wagen, sie auszusprechen. Und ich glaube kaum, dass diese zu meinen persönlichen Fähigkeiten zählen."

„Wie ich bereits sagte, du hast vergessen, wer du wirklich bist."

„Was bedeutet es, ein Mensch der Wahrheit zu sein, wahrhaftig zu sein?"

„Es bedeutet, in der Wirklichkeit gegründet zu sein, jenseits des individuellen Geistes, jenseits von Vorstellungen, Wünschen und Ängsten. Wir nennen die Wahrheit das Selbst, die Natur des Lebens und des Menschen. Die Wahrheit ist reines bewusstes Sein."

„Seid ihr Philosophen?"

„Nein", Iman lächelte, ohne mehr erklären zu wollen.

„Und Weisheit? Wie zeigt sich diese Weisheit in einem Menschen?"

„Wer die Wahrheit kennt, wer das Selbst verwirklicht hat, kennt die Wirklichkeit. Er ist frei von der Notwendigkeit des Denkens, deren Bruder der Zweifel ist, weil er mit Augen jenseits des Verstandes sieht. Er weiß, wer er ist. Diese Kenntnis, diese Selbsterkenntnis, hat ihm das Geheimnis des Lebens enthüllt. Allein dieses Wissen wird seine Handlungen leiten. So wird er niemals fehlgehen."

So wie meine Entscheidung, nicht zu operieren, und später die Entscheidung, nach Kashmir zu reisen. Ich nickte schweigend.

„Doch die Liebe ist ein sehr großes Wort, Iman. Ich glaube nicht, dass ich eine besondere Liebesfähigkeit besitze."

Iman sprang auf. Es war das erste Mal, dass sie eine heftige emotionale Reaktion zeigte. Sie wirkte wütend, doch selbst in ihrer Rage noch anmutig und fein. „Du bist wirklich blind, Ellen. Du hast dich viel zu lange mit viel zu wenig zufriedengegeben. Hast du nie das Gefühl gehabt, dass dir etwas fehlt? In deinem Job, in deiner Familie, in deiner Beziehung?"

„Nein, ich war sehr glücklich. Mein Leben war erfüllt. Ich habe mich geliebt gefühlt und die Menschen in meiner Umgebung geliebt."

„Ich will dir sagen, was Liebe ist", Iman sprach noch immer laut und überdeutlich. Nichts schien ihr so wichtig zu sein wie dieses Thema. Ihre Leidenschaft steckte mich irgendwie an. Sie durchdrang mich wie loderndes Feuer. Eine fremde Aufregung ergriff Besitz von mir. Wissbegierig hing ich an Imans Lippen. „Liebe ist unser Wesen. Sie ist das ungeteilte Sein. Sie ist die Wirklichkeit, die sich durch Weisheit ausdrückt. Wer nicht liebt, wird sich selbst niemals erkennen, so wie der Liebende keiner Übungen und Selbsterforschungen bedarf, um sich seines Wesens bewusst zu sein. Du glaubst, wenn man eine Wohnung und ein Bankkonto teilt und die gleiche Tageszeitung liest, hat man genug gemeinsam, um sich zu lieben. Wie konntest du dich von deiner oberflächlichen Kultur nur so täuschen lassen!"

Ihre Erschütterung war echt. Ich spürte die Aufrichtigkeit ihrer Worte und deshalb keine Wut. Sie wusste besser, wer ich wirklich war, als ich selbst. Und sie hatte recht. Es war der richtige Zeitpunkt. Heute war ich bereit, mich durch ihre Augen zu sehen. Das, was sie sah, hatte die Macht, jede falsche Vorstellung zu zerstören. Und doch schien mir ihr Bild von mir zu schön, um wahr zu sein.

„Beziehung ist Arbeit", gab ich nüchtern zurück, ohne diesen stereotypen Satz wirklich zu glauben. Aber ich hatte das Gefühl, Imans Worten und ihrer tiefen Bedeutung irgendetwas entgegensetzen zu müssen.

„Nein, Ellen. Beziehung ist eine Illusion. Die Liebe ist zwischen allen Wesen, nicht nur zwischen Mann und Frau. Sie ist zwischen dir und allem, was du erblickst, allem was du fühlst, allem, was du riechst, allem, was du schmeckst, allem, was du hörst. Nur wenn du liebst, bist du du selbst, bist du weise und wahr, weil du dich selbst nur dann nicht als Subjekt erlebst, dass von dem Geliebten getrennt ist. Du bist hier in Kashmir, um zu lieben. Alles andere wird sich von selbst ergeben."

Es war wie eine innere Bombe, die explodierte. Eine Bombe, die mit der gesamten Energie von Imans und meiner Gefühlswelt gefüllt war. Nein, mehr noch. Ihre Füllung ging weit über bloße emotionale Energie hinaus. Diese Bombe, die Imans Worte in mir zündeten, war gefüllt mit der Kraft der Wahrheit, der Selbsterkenntnis. Ich hatte tausend Einwände, sah tausend Gründe, warum Iman unrecht haben musste. Ich war hier, um Menschenleben zu retten, um pausenlos zu operieren, um zu helfen und zu heilen. Mir blieb keine Zeit für persönliche Gefühle – nicht für meine Patienten und nicht für andere. Ich war so beschäftigt und spürte so viel Leid, dass ich keinen Raum für Liebe sah. Ich kam nicht einmal auf die Idee, dass Iman eine ganz andere Form der Liebe meinte, als ich.

„Du glaubst mir nicht. Das zeigt, wie sehr du dich von dir selbst entfernt hast, Ellen."

Iman kannte nicht nur mich, sie kannte sich selbst und sie hätte jeden anderen ebenfalls gekannt. Iman wusste, was zutiefst menschlich war. Allein diese Tatsache löste ein so erhebendes, beruhigendes Gefühl aus, dass ich nicht den leisesten Impuls verspürte, mich zu verteidigen. Iman blickte so tief auf den Grund der menschlichen Existenz, dass sie das Größte sah, zu dem der Mensch fähig war. Ich war ihr dankbar, dass sie diese Größe auch in mir sah. „Ich möchte dir so gerne glauben, Iman".

Sie lächelte sanft. „Ich weiß. Es wird die Zeit kommen, wenn du dich mit meinen Augen siehst." Wieder sah sie mich mit ihrem sanftmütigen, gütigen Blick an, während sie sich von ihrem Kissen erhob. „Doch jetzt ist es Zeit, dass du gehst."

Ich sah auf die Uhr. Es war viertel vor eins.

„Du wirst pünktlich im Hospital sein. Mein Mädchen ruft dir eine Rikscha."

Ich erhob mich schwerfällig vom Boden. So gerne wäre ich hier in Imans wissender Nähe geblieben, um nicht zu vergessen, wie sie mich sah. Doch sie hatte recht: Ich musste gehen.

Als sie das Tor des Hofs öffnete, hatte ich für einen Augenblick Angst, der Welt da draußen nicht mehr gewachsen zu sein. Ich glaubte, nicht mehr Teil des Überlebenskampfes sein zu können, dessen Zeuge ich täglich aufs Neue wurde. Schwer fühlte ich meine Knochen in meinem Körper und noch schwerer wog mein melancholisches Herz. Als die Rikscha kam, musste Iman mir einen leichten Stups geben, damit ich mich von ihr losriss. Alles ging so schnell, dass ich kaum Zeit fand, mich zu verabschieden. Iman nickte nur stumm und als die Rikscha losfuhr, war es zu spät, die eine Frage zu stellen, die mich beschäftigte: Wann werden wir uns wiedersehen?

Während ich wieder im Nothospital Knochenbrüche richtete, Arme und Beine schiente und verband, Spritzen aufzog und setzte, Trost spendete und Mitgefühl zeigte, kam mir immer wieder Niki zu Bewusstsein. Ich erinnerte mich an mein Gespräch mit Ian, der mir geraten hatte, noch einmal mit Nik zu sprechen und die Beziehung ausdrücklich zu beenden, und an Imans überdeutliche Worte: „Du glaubst, wenn man eine Wohnung und ein Bankkonto teilt und die gleiche Tageszeitung liest, hat man genug gemeinsam, um sich zu lieben. Wie konntest du dich von deiner oberflächlichen Kultur nur so täuschen lassen!" Ja, so hatte ich mit Niki gelebt, wurde mir plötzlich klar, und es war wie ein schmerzhaftes Erwachen aus einem Traum, den ich für Glück gehalten hatte.

Als ich das Läuten am anderen Ende der Leitung hörte, sah ich unsere Wohnung vor mir. Es klingelte einige Male, bevor Niki das Gespräch entgegennahm. Wahrscheinlich aß er gerade zu Abend. „Ja, bitte."

„Niki, hier spricht Ellen!"

„Ellen, rufst du wegen der Zelte an? Ich kann dir erst morgen sagen, ob ich sie kriege."

„Nein, Nik. Nicht wegen der Zelte. Wegen uns ..."

Er reagierte nicht.

„Wir müssen über uns reden, Niki."

„Was gibt es da zu reden?"

„Ich möchte, dass du mich verstehst!"

„Wie soll ich dich verstehen? Du hast deinen Job verloren und zerstörst deine Beziehung gleich mit. Nein, ich verstehe dich nicht. Ich erkenne dich nicht einmal mehr. Ich hätte nie gedacht, dass du so egoistisch sein könntest."

„Genau das meine ich, Niki. Du verstehst nicht, was mir wirklich passiert ist."

„Was ist mit dir passiert, Ellen? Einmal in deinem Leben laufen die Dinge nicht so, wie du sie dir vorgestellt hast, und schon schmeißt du alles hin und zerstörst alles? Das ist krank. Das verstehe ich."

„Aber so war es nicht, Nik. Ich habe Dinge erlebt, die man nur schwer erklären kann. Ich konnte plötzlich sehen, was passieren wird, und ich wusste, dass es kein anderer sah und dass niemand meine Entscheidung, nicht zu operieren, akzeptieren würde. An diesem Tag in der Klinik war ich nicht mehr die Handelnde, sondern die Beobachtende. Ich wusste viel mehr, als ich wissen konnte, war klarer und bewusster als jemals zuvor. Meine Wahrnehmung hat sich verändert und hier in Kashmir ist das noch viel deutlicher. Ich weiß Dinge, die ich nicht wissen kann, habe Fähigkeiten, die ich nicht haben kann, ich begegne Menschen, die mich inspirieren, die mir eine ganz neue, wunderbare Art zu leben zeigen. Ich habe das Gefühl, jahrelang nicht gewusst zu haben, wer ich wirklich bin. Ich kann nicht mehr so leben wie vor dieser Erfahrung."

„Ich, ich, ich ... Ellen, das ist eine Sinnkrise. Die kennt jeder. Aber nicht jeder reagiert so blindwütig darauf wie du und zerstört sein Leben und das eines anderen gleich mit."

„So siehst du das?"

„Ja, so sehe ich das!"

„Du weißt, dass ich nicht nach Frankfurt zurückkommen werde?"

„Nein, das wusste ich nicht, aber ich nehme es zur Kenntnis."

„Lebewohl."

Niki hörte mich nicht mehr. Er hatte schon aufgelegt.

Der Schmerz war anders als nach unserem letzten Gespräch, weniger existenziell. Er war nicht mehr mit Verzweiflung gemischt, denn meine Begegnung mit Iman hatte mir einen neuen Halt gegeben und einen neuen Weg gezeigt – den inneren Weg. Iman glaubte, dass es richtig gewesen war, der inneren Stimme nach Kashmir zu folgen, und sie hatte mir Hoffnung gegeben. Plötzlich konnte ich mir vorstellen, dass das Leben mehr für mich bereithielt als das Alte und Bekannte, und ich wollte herausfinden, was das sein könnte.

Wie jeden Abend, seit der wundersamen Nacht, die ich im Kinderzelt geschlafen hatte, besuchte ich die Kleinen, bevor ich schlafen ging. Der kleine Ameen hatte uns inzwischen verlassen und das Mädchen, das Ian und ich operiert hatten, konnte schon aufstehen und mit den anderen spielen. Heute kam ich auf dem Weg zum Kinderzelt am Schwesternzelt vorbei. Dort war der Aufenthaltsraum für die

Schwestern und ihr Büro. Ich hörte laute Stimmen und hielt automatisch inne.

„Was lehrt euch denn euer Gott über die Hilfe und über die Liebe?"

„Willst du mich provozieren, Irene?" Das war Schwester Baquiya.

„Antworte mir doch, wenn du eine Antwort hast?"

„Was weißt du denn von Allah. Wenn du deinen Gott kennen würdest, dann würdest du nicht so reden."

„Ich bin Christin, jawohl, und dafür werde ich mich nicht entschuldigen, nur weil ich in einem muslimischen Land arbeite."

„Aber das verlangt doch niemand von dir, Irene."

„Kennt ihr denn überhaupt so etwas wie Nächstenliebe? Wisst ihr, was es bedeutet, seinen Nächsten zu lieben wie sich selbst?", fragte Irene bitter. Ich konnte mir nicht vorstellen, dass Schwester Baquiya Anlass zu derartigen Vorwürfen gegeben hatte. Sie blieb erstaunlich gelassen.

„Wer Gott liebt, liebt auch die Menschen. Das ist Allahs Gesetz und er verlangt von jedem Gläubigen den *Zakaat*, eine Abgabe für die Armen und Bedürftigen. Jeder Moslem hat ein im Koran verbrieftes Recht auf diese Hilfe und er hat auch ein Recht auf die physische Hilfe, die wir hier leisten."

„Pah, Hilfe! Ihr helft nicht, ihr bemitleidet."

„Wie kannst du so etwas behaupten?"

„Das Leiden ist der Königsweg zu Gott. So hat es Jesus vorgelebt. Er hat gelitten und jeder Leidende ist mit ihm, hat die Chance, zu ihm zu werden und durch ihn zu Gott zu gelangen. Wer Leiden mit Mitleid lindern will, ist ein Narr, der dem Leidenden die Chance nimmt, im Leiden Jesus gleich zu werden."

„Irene, hier gibt es niemanden, der Mitleid hat. Hier gibt es viele Menschen, die selbstlos helfen. Ärzte und Schwestern, die ein besseres Leben in ihrer Heimat haben könnten und dennoch bereit sind, die Leidenden zu trösten und zu tun, was getan werden muss, damit diese Gegend wieder auf die Beine kommt. Wir haben Mitgefühl, kein Mitleid. Diese Nächstenliebe zeichnet deinen Jesus, der übrigens auch in unserem Koran eine Rolle spielt, besonders aus. Er war der Erste, der zu den Armen und Kranken ging und viele heilte. Er war es, der sich den Sündern zuwandte. Wie kannst du behaupten, ein Mensch könne Gott nur im Leiden nahekommen? Wenn das der Fall wäre, hätte Jesus die Leidenden niemals geheilt. Das ist Irrsinn, was du da redest! Leiden ist nicht edel. Wach auf!"

Ich hatte genug gehört und betrat das Schwesternzelt schweigend. Ernst sah ich zuerst Schwester Baquiya und dann Irene an. Beide verstummten augenblicklich und Schwester Baquiya wollte sich entschuldigen.

„Schon gut, Schwester Baquiya. Bitte sehen Sie noch einmal nach den Kindern."

Als sie das Zelt verlassen hatte, wandte ich mich Irene zu. „So etwas werde ich hier in diesem Nothospital nicht dulden, Schwester Irene. Bitte kommen Sie morgen um zehn ins Besprechungszelt!"

Dann folgte ich Schwester Baquiya zu den Kindern. Sie beugte sich gerade über ein Mädchen, das im Schlaf redete, und deckte es zu. Ich sah sie an und bedeutete ihr wortlos, mit mir vor das Zelt zu kommen, damit unser Gespräch die Kinder nicht weckte.

„Was war denn bloß los, Schwester Baquiya?"

„Ich weiß es nicht. Irene hat mich plötzlich angegriffen. Ich hatte gerade ein Lied gesungen, weil zwei der Kinder nicht einschlafen konnten.

„Bitte kommen auch Sie morgen um zehn ins Besprechungszelt. Ich werde den Vorfall mit Dr. de Man besprechen."

„Muss das sein? Schwester Irene leistet sehr gute Arbeit."

„Ja, das macht sie, aber es ist nicht das erste Mal, dass sie sich sehr auffällig verhält."

Schwester Baquiya nickte und ich berührte sie leicht und freundschaftlich am Oberarm. Ein starker Energiestrom floss unvermittelt durch meine Hand zu Baquiya. Sie sah mich mit tränengefüllten Augen an.

„Ist alles in Ordnung, Baquiya? Kann ich noch etwas für Sie tun?" Ihr Blick war eigenartig tief. Mir war, als schaue sie in die leere Ferne, als sie noch etwas zu mir sagte: „Eine Frau trug einen Eimer mit Wasser in der einen und eine brennende Fackel in der anderen Hand. Jemand trat zu ihr und fragte sie, was sie mit Feuer und Wasser vorhabe. ‚Ich werde das Wasser in die Hölle gießen und Feuer im Paradies legen, damit diese beiden Schleier verschwinden. Niemand soll mehr Gott aus Furcht vor der Hölle oder aus Sehnsucht nach dem Paradies anbeten, sondern einzig und allein aus Liebe zu ihm.'"

Am nächsten Morgen wachte ich zeitig auf. Ich wollte noch einmal nach Naisha sehen. Heute winkte ich auf der Straße eine Rikscha heran und der Fahrer brachte mich in einer Viertelstunde zu dem kleinen Haus. Ich bat ihn, auf mich zu warten, und klopfte zaghaft. Naishas Mutter öffnete mir. „*Dacta, Misses! Come!*", rief sie erfreut.

Die ganze Familie saß zum Frühstück auf dem Boden beisammen. Ich erkannte mehrere Brüder von Naisha an der verblüffenden Ähnlichkeit und nickte stumm, während ich zu Naishas Krankenlager hinüberging. Die Männer sahen nur kurz auf. Naisha trank sitzend einen dampfenden Tee. Ich nahm den Fortschritt sofort wahr. Sie lächelte, als sie mich sah.

„*Shukriya, thank you for coming again. You have so much work. All people are ill.* Sie haben so viel Arbeit, so viele Kranke."

"*Don´t worry. I have the time to come here!* Ich habe genug Zeit."

Naisha wirkte energiegeladen und fröhlich. Sie wollte mir sofort berichten, dass es ihr viel besser ging. Sie habe fast keine Schmerzen mehr. Auch die Blutungen hätten aufgehört. Sie habe in den letzten beiden Nächten sehr tief geschlafen. So tief, als hätte sie das Bewusstsein völlig verloren. Wenn sie am Morgen aufwachte, habe sie nicht gewusst, wer sie war und wo sie war. Doch dann sei die Erinnerung zurückgekehrt, sie habe ihren Körper gespürt und die Schmerzen der Verletzungen ... Doch es sei ihr auch jeden Morgen viel, viel besser gegangen.

Vorsichtig fragte ich nach ihrem seelischen Zustand. Naisha sah mich an und Tränen bildeten sich in ihren Augen. Ich streichelte beruhigend über ihren Arm. Sie griff nach meiner Hand und drückte sie fest.

„*I am good, Misses Ellen.* Es geht mir gut." Sie könne sich noch nicht an alles erinnern, doch sie wisse, dass ihre Seele keinen Schaden genommen habe, erklärte Naisha mir. Ihr Körper sei geschlagen und verletzt worden, ihr Geist sei gedemütigt und sinnlos bestraft worden, aber ihre Seele habe den Tätern verziehen.

Ich wollte aufbegehren, wollte das junge Mädchen fragen, wie das möglich sei. Doch jegliche Frage löste sich auf, bevor sie mir über die Lippen kam. Ich fühlte, dass Naisha die Wahrheit sprach. Als sie das Wort „Vergebung" aussprach, geschah etwas Merkwürdiges. Mein Herz dehnte sich aus, mein Geist leerte sich, die Kraft ihrer Worte übertrug sich auf mich. Und in diesem Moment sah ich, was Naisha fühlte und erlebte. Wirkliche Vergebung! Die Macht der echten Vergebung rollte auf mich zu wie eine gigantische Welle, schwappte über mich hinweg und vibrierte dann in jeder Zelle meines Körpers. Mein Herz wurde weich und für einen kurzen Augenblick erlebte ich ein Gefühl, das ich niemals zuvor erlebt hatte: Seligkeit.

Als es verebbte, bemerkte ich, dass Naisha mich mit großen Augen ansah. Auch ihre Mutter blickte erstaunt auf mich. Selbst die Männer schwiegen plötzlich und ihr Blick wirkte irgendwie berührt und ehrfürchtig. Ja, sie sahen mich fast ebenso an, wie ich Iman damals im Keller angesehen haben musste.

„*I have to go now. You will be fine!*" sagte ich nüchterner als ich eigentlich wollte. „*I will come back!* Ich komme bald wieder."

Die Mutter ergriff meine Hände und drückte sie fest.

Mein Kopf war noch immer leer und mein Herz weich und weit, als ich auf die Straße trat. Ich verstand nicht, was dort drinnen geschehen war, doch es war etwas Besonderes gewesen.

Als ich innerlich aufgewühlt auf die Straße trat, rief jemand meinen Namen. „Ellen! Hier! Komm hierher!"

Auf der gegenüberliegenden Straßenseite stand eine Motor-Rikscha, aus der sich eine verschleierte Frau winkend herausbeugte. Iman. Ich lief zu ihr.

„Was machst du hier, Iman?"

„Ich bringe dich zurück. Ich habe deine Rikscha bezahlt und fortgeschickt."

Ich sprang auf das knatternde Gefährt und augenblicklich setzte es sich in Bewegung.

„Hast du überhaupt Zeit für Hausbesuche, Ellen?"

„Ach, Iman. Dieses arme Mädchen. Es war fürchterlich zugerichtet. Geschlagen, wund. Ich kann es dir gar nicht beschreiben. Wer macht so etwas?"

„Sie ist eine Hindu, nicht wahr?"

„Ja."

„Der Konflikt zwischen Moslems und Hindus in Pakistan ist uralt. So alt wie die Religionen selbst. Obwohl die Gründung des Staates Pakistan 1947 helfen sollte, diesen Konflikt zu lösen, hat sie ihn nur verschlimmert. Zwischen dem weitgehend hinduistischen Indien und dem muslimischen Pakistan herrscht seit Jahrzehnten Misstrauen und Krieg. Und auch innerhalb beider Länder gibt es immer wieder Krawalle zwischen beiden Gruppen. Der Leidtragende ist Kashmir. Das Militär und die Milizen beider Fronten regieren unser Land. Kashmir war einst das Paradies auf Erden. Es war ein friedlicher Ort mit wunderschöner Natur und spiritueller Kraft. Ein Ort, an dem man das Göttliche spüren und finden konnte. Doch heute kann man nicht ohne Angst auf die Straße gehen. Viele Heiligtümer, zu denen früher Scharen gepilgert sind, sind unzugänglich oder zerstört. Weißt du, dass sich hier Heiligtümer aller Religionen finden? Hinduistische, muslimische, buddhistische, christliche, jüdische?"

„Nein." Das wusste ich nicht. „Welcher Religion gehörst du an?"

„Offiziell bin ich Muslimin."

„Offiziell?"

„Ja, für die Behörden. Für meine Nachbarn." Mehr wollte Iman nicht sagen. Sie gab mir immer wieder Rätsel auf.

„Ich bin gekommen, um dir etwas Wichtiges mitzuteilen. Ich werde für eine Weile die Stadt verlassen. Ich weiß nicht, wann wir uns wiedersehen, deshalb die Eile. Du hast sehr viele, sehr weitreichende Veränderungen vor dir. Vor dir liegt eine Zeit des Erwachens und der Transformation. Du wirst viele Hüllen wie alte Gewänder ablegen, die dein Bewusstsein bisher verschleiert haben, und der Wahrheit täglich näherkommen, aber nicht immer jemanden an deiner Seite haben, der dir sagt, ob du auf dem richtigen Weg bist oder nicht."

Ich versuchte zu verstehen, was Iman mir schon wieder Unfassbares erklärte, während die Rikscha in einem Höllentempo durch die engen Gassen Richtung Nothospital raste.

„Deshalb solltest du dich diszipliniert darin üben, eine Grundregel des inneren Pfades in jeder Lebenslage zu beachten: Bleib immer bei dir! Lerne zuerst, deine Projektionen auf die Welt der Erscheinungen zurückzunehmen. Sei bereit, den Menschen, den dein bisheriges Leben aus dir gemacht hat, im Spiegel der Ereignisse zu betrachten. Lerne die Sprache deiner Seele zu verstehen und zu sprechen. Erkenne im Spiegel des Lebens, wofür du dich und das Leben hältst, und bleib offen für die Möglichkeit, dass das Leben tatsächlich ganz anders sein könnte. Der Weg zur Selbsterkenntnis ist ein subjektiver Weg. Alles, was dir geschieht, hat auf diesem Weg vor allem für einen Menschen Bedeutung: für dich. Wenn du diese Grundregel immer beachtest, wirst du sehr schnell sehr große Fortschritte machen."

Ich nickte stumm, ängstlich darauf bedacht, bloß kein Wort Imans zu vergessen. „Der Weg zur Selbsterkenntnis ist ein subjektiver Weg ..." hörte ich Imans Worte in meinem Gedächtnis widerhallen. Da erreichten wir auch schon das Nothospital.

„Geh jetzt. Du wirst geführt und beschützt. Von wem oder was, wirst du bald erfahren."

Ich hatte nicht einmal die Gelegenheit, mich zu bedanken oder zu verabschieden, so schnell raste Imans Rikscha davon. Lange stand ich regungslos an derselben Stelle und blickte ihr nach, auch als ich sie längst nicht mehr sehen konnte. Für mich war dies ein eigenartiger Moment von großer symbolischer Bedeutung. Mit einem Mal war ich ganz allein und mir dessen vollkommen bewusst. Nur ich. Hier war keiner, der mich ansah oder beurteilte, der mich verstand oder nicht. Hier war niemand, der mit mir war, der mir sagte, was und wie ich etwas tun sollte. In diesem Moment mochte mich keiner oder lehnte *mich* ab, niemand unterstützte oder beschützte mich. Ich stand völlig ohne äußeren Referenzpunkt da und genau deshalb spürte ich mich selbst zum ersten Mal. Bis zu diesem Moment hatte ich *mich* nie wahrgenommen. Iman warf mich mit aller Macht auf mich selbst zurück, und ich war absolut sicher, dass sie das sehr bewusst tat. Dieses Selbstgewahrsein musste sie gemeint haben, als sie mir geraten hatte, bei allen zukünftigen Ereignissen stets bei mir zu bleiben.

Siebtes Kapitel

Das Gespräch mit Irene, zu dem ich Victor und Ian gebeten hatte, war unerfreulich verlaufen. Sie war uneinsichtig gewesen und mehrfach laut geworden. Als sie gemerkt hatte, dass niemand ihre Ausreden akzeptierte, war sie in unechte Tränen ausgebrochen. Schwester Baquiya hatte ausgesehen, als wollte sie gleich mit weinen, obwohl sie gestern noch das Ziel von Irenes unverständlichen Angriffen gewesen war, die Victor als religiös diskriminierend bezeichnet hatte. Er hatte Schwester Irene deshalb offiziell abgemahnt, doch das schien ihr nichts auszumachen. Sie hatte sich von der Disziplinarmaßnahme ungerührt gezeigt und glaubte sich offenbar zu Unrecht bestraft. Immer wieder hatte sie mir verächtliche Blicke zugeworfen. Offenbar gab sie mir die Schuld an der Situation, die allen unangenehm war. Aufgeregt hatte ich das Besprechungszelt verlassen und heftig gegen den aufkommenden Schwindel gekämpft. Doch an der frischen, kühlen Luft war mein Geist unvermittelt ruhig und still geworden. Ich war wieder der reine Beobachter aller Erfahrungen gewesen und kurz hatte ich aus dieser Perspektive in Irenes Zukunft gesehen. Es war nur ein flüchtiges Bild gewesen, das wie ein Dia vor meinem inneren Auge aufgeblitzt war, viel weniger klar und wesentlich schlechter zu greifen als die intuitive Einsicht, die mich in Frankfurt erfasst hatte. Dieses innere Bild hatte Irene am Bett einer Frau gezeigt, die sie flehentlich um ein Schmerzmittel bat, das Irene ihr rigoros verweigerte ...

Auf dem Weg in mein Zelt – ich wollte mich eine halbe Stunde ausruhen, bevor der OP-Marathon dieses Tages beginnen würde – hatte ich dann auch noch eine kurze unpersönliche Nachricht von Niki empfangen. „Zelte sind unterwegs. Nik!"

Jetzt lag mein Körper schwer auf dem schmalen Feldbett und ich starrte auf die Handy-Nachricht, die für die Menschen in Muzzaffarabad eine frohe Botschaft war. Doch was bedeutete sie für mich, fragte ich mich. Fest stand: Sie war mein letzter Kontakt zu Nik. Jetzt verband uns nichts mehr. Unsere Beziehung, etwas, das ich über viele Jahre für fest und vollkommen beständig gehalten hatte, eine wichtige Säule meines Lebens, löste sich urplötzlich auf. Ich beobachtete diese eigenartige Auflösung still und in mich gekehrt mit einem Gefühl des Staunens. Ich sah mein Bewusstsein plötzlich als Raum, der sich von einem fundamentalen Inhalt, einer Beziehung, die mir Halt und Identität gegeben hatte, leerte. Aber das war noch nicht alles. Mein Bewusstsein leerte sich nicht nur von Niki und meiner emotionalen Bindung an ihn, sondern von jeglichen Inhalten: Menschen, Dingen, Erinnerungen, Gedanken, Gefühlen – wie ein übervolles Gefäß, das ausgeschüttet wurde. Nun saß ich da mit einem leeren Geist, mit *meinem* leeren Geist, und blickte mich in meinem Zelt um. Dabei wurde mir bewusst, dass es einen inneren und einen äußeren Raum gibt. Der innere Raum war nun leer und ich blickte völlig ohne Gedanken und Gefühle auf den äußeren Raum, der noch immer mit unzähligen Gegenständen gefüllt war. Für einen Moment nahm ich alles direkt und unmittelbar wahr. Dann zog sich mein Bewusstsein aus dem äußeren Raum zurück. Es zeigte nicht das geringste Interesse für die Objekte, die mich umgaben, weil es keinen kognitiven Bezug zu ihnen fand. Auch das ließ ich geschehen, erlaubte der Leere, sich weiter in mir auszubreiten, und driftete immer tiefer in sie hinein. Unbeschreibliche Stille umfing mich. Innere und äußere Bewegungslosigkeit. Erst kaum wahrnehmbar und dann immer deutlicher stieg eine andere, eine objektlose Bewusstseinsqualität in mir auf. Ich war ihr auf einem ganz anderen Weg schon in Naishas kleiner Hütte begegnet – der Seligkeit. In mir und um mich herum war nichts als vibrierendes seliges Bewusstsein, ohne jegliche Form, ohne Inhalt. Die Spiegelungen an der Oberfläche des Lebens verschwanden ohne mein Tun. Ich hätte nicht gewusst, wie ich diesen Zustand erzeugen sollte. Er kam einfach über mich und ich ließ es geschehen.

Nach einer zeitlosen Ewigkeit fand der Zustand der Leerheit und der Glückseligkeit von sich aus ein Ende. Automatisch driftete ich auf umgekehrte Weise heraus, wie ich hereingeglitten war. Zuerst nahm ich raumlose Leere wahr, dann den Raum selbst, meinen Körper im Raum und erst danach Gedanken und Gefühle, die den inneren Raum wieder zu füllen begannen. Ich betrachtete sie wie Wolken am Himmel, wie Schiffe am Horizont, die ohne Sinn und Bedeutung an mir vorübersegelten. Noch immer war mein Herz erfüllt von Seligkeit. Mir war, als wäre ich zu Hause angekommen, doch zu Hause war eigenartiger Weise kein äußerer Ort, wie ich immer geglaubt hatte. Zu Hause war innen, in mir, in der tiefsten Tiefe meines Seins.

Da fiel mir mein erstes Gespräch mit Iman wieder ein. Ich dachte daran, wie sie auf leise, unaufdringliche Weise versucht hatte, die Erinnerung an das wahre Selbst in mir wachzurufen. Iman hatte von Transzendenz gesprochen, von etwas, das in der Welt der Dinge, der Beziehungen nicht zu finden war. Heute ahnte ich zum ersten Mal, was sie wirklich gemeint haben könnte.

Ian wirkte mürrisch und unkonzentriert.

„Was ist los?", fragte ich in einer kurzen OP-Pause.

„Ach, ich weiß auch nicht. Ich hab mich über diese Schwester aufgeregt. Ich hab schlecht geschlafen. Ich bin müde. Heute stimmt einfach nichts."

„Willst du dich hinlegen? Ich schaff das auch allein."

Es überraschte mich, dass er mein Angebot annahm. Ian war eigentlich ein Typ, der in jeder Verfassung arbeitete. Er gab mir einen freundschaftlichen Klaps auf den Po, als er das OP-Zelt verließ.

Als Ian gegen sechs noch immer nicht wieder aufgetaucht war, suchte ich nach ihm. Er lag in seinem Zelt und sah mich verschlafen an, als ich seinen Namen rief und in das Zelt hineinsah. „Geht es dir besser?", fragte ich besorgt.

„Hm", grunzte er nur.

„Kann ich etwas für dich tun?"

„Nein, nein, danke. Es ist schon in Ordnung. Morgen bin ich wieder der Alte.

„Darf ich dich um einen Gefallen bitten, Ian?"

„Was hast du auf dem Herzen?"

„Würdest du mich zu einer Patientin in die Stadt begleiten?"

„Du hast eine Patientin in der Stadt?"

Ich nickte.

„Du weißt, dass das gegen die Regeln ist?"

„Gegen welche Regeln? Wir sind hier, um zu helfen."

„Ja, aber wir arbeiten für DoctorsAid. Wir sind keine Straßenärzte."

„Die Mutter hat mich um Hilfe gebeten. Ich konnte nicht Nein sagen."

Auf der Rikscha-Fahrt erzählte ich Ian von meinen nächtlichen Streifzügen durch Muzzaffarabad und wie ich in Naishas furchtbare Geschichte hineingeraten war.

„Mir ist dieses Land so nah, Ian. Seine Menschen und ihre Schicksale berühren mich, ja sie scheinen mich selbst zu betreffen. Ich kann nicht einfach wegsehen. Je mehr ich auf den Straßen umherlaufe, desto stärker fühle ich mich als Teil dieses Landes, seiner Geschichte und seiner Konflikte, aber auch seiner Möglichkeiten. Mir scheint hier so viel verborgen. Wenn nicht all dieses Leid wäre, wäre ich glücklich, hier zu sein."

Ian sah mich lachend an. „Na, das nenne ich Fortschritt, meine Liebe. Wow. Kannst du mir vielleicht erklären, wie du das gemacht hast?"

Naisha begrüßte uns auf dem Boden sitzend und ich nahm erfreut zur Kenntnis, dass ihre Haut wieder ein bisschen Farbe angenommen hatte. Sie sah Ian ängstlich an und auch ihre Mutter schien nicht erfreut, dass ich einen Mann mit hierher gebracht hatte.

„This is doctor Ian. I need his help. Ich brauche seine Hilfe", erklärte ich den beiden Frauen. *„He will not touch Naisha.* Er wird sie nicht anfassen."

„Thik hai. Okay!"

Die Mutter wackelte mit dem Kopf und ließ uns mit Naisha allein. Das Mädchen hatte kein Fieber mehr und konnte sich schon ein wenig bewegen, war sogar allein auf der Toilette gewesen, berichtete es stolz. Das war bei der Schwere der Verletzung ihrer Genitalien wirklich eine medizinische Sensation. Ich hatte Ian gebeten, sich die Verletzungen und Naishas Verhalten ganz genau anzusehen, weil ich einfach nicht glauben konnte, wie gut es ihr nach so kurzer Zeit ging. Sie wirkte wie eine ganz normale junge Frau, die schlimmstenfalls einen Unfall gehabt hatte, aber nicht wie ein Opfer von Folter und Gewalt.

„Du kommst jetzt ohne mich klar. Aber wenn es dir irgendwie schlechter geht, nimmst du eine Rikscha und kommst ins Nothospital." Ich legte ein paar Rupien auf ihren Nachttisch. Genug Geld für zwei Fahrten. „*No, no. Doctor Ellen.* Sie haben schon so viel für mich getan."

Ich bestand darauf, dass sie das Geld annahm.

„Sie haben eine besondere Kraft, Doctor Ellen, wissen Sie das?"

Ich sah Ian irritiert an. Er lachte. Und doch nahm er Naishas Worte offenbar ernst. „Ja, Sie haben recht. Im Hospital hat Dacta Ellen auch schon Wunder gewirkt."

„Meine Mutter hat Sie in der Nacht geholt, weil sie ein paar Tage vorher von einer weißen Ärztin geträumt hatte. Sie wusste, dass Sie mir helfen können. Sie und niemand sonst."

„Aber Naisha ..."

„Doctor Ellen, hören Sie mir zu! In unserer Kultur ist das spirituelle Leben Teil des Alltags. Wir alle kennen Heiler und Heilige und vertrauen ihnen blind. Ich vertraue ihnen blind. Sie sind ein spiritueller Mensch. Gott ist mit ihnen und sie wissen es nicht einmal."

Ian sah mich fragend an. „Wer bist du wirklich, Ellen?", schien er sich und mich zu fragen.

In diesem Moment wusste ich selbst nicht mehr, wer ich war. Zu viele Dinge waren geschehen, die meine Identität in Frage stellten; zu viele Menschen waren mir begegnet, die mehr in mir sahen als ich selbst.

Achtes Kapitel

Victor hatte alle Ärzte, Schwestern, Pfleger und Helfer zu einer wichtigen Besprechung gebeten. Er wirkte nervös. Ich suchte nach Ian, fand ihn aber nicht. Ruhig setzte ich mich an meinen Platz und wartete. Ian kam als Letzter herein: „Was ist denn hier los?"

„Ich habe keine Ahnung", gestand ich.

Victor ergriff das Wort. „Ich habe heute Morgen alle zusammengerufen, weil es wichtige Veränderungen gibt. Unsere Mission wird ausgeweitet. Das bedeutet, dass wir neues Personal aus Europa und den USA bekommen. Neue Hilfsgüter treffen ein und – damit hätte ich zu diesem Zeitpunkt niemals gerechnet – die ersten Psychologen."

Alle applaudierten. Das waren großartige Neuigkeiten.

„Und daher müssen wir umstrukturieren. In einem Gespräch mit den Koordinatoren der Hilfsorganisationen haben wir gestern Abend beschlossen, unsere ärztliche Nothilfe auf die ländlichen Regionen auszuweiten. In den Bergdörfern südöstlich von hier ist bis heute keine Hilfe angekommen. Das Gebiet umfasst etwa dreihundert Quadratkilometer. Wir werden mobile Trupps mit Helikoptern der internationalen militärischen Kräfte aus Afghanistan losschicken. Diese Aufgabe werden die neuen Kollegen übernehmen, weil wir hier schon perfekt eingespielt sind. Wir bilden also die Basisstation. Die meisten Straßen sind beschädigt und es wird nicht leicht sein, bis zu den kleinen Höhenorten vorzudringen, von denen einige total zerstört sind. Jedes Team wird aus drei Personen bestehen, einem Arzt, einem Anästhesisten und einer Schwester. Wichtig ist, dass wir vom ersten Tag an versuchen, örtliche Sachkundige oder Lernfähige in unsere Arbeit mit einzubeziehen. Unser oberstes Gebot lautet wie bei jedem Hilfseinsatz: Hilfe zur Selbsthilfe. Unser Ziel ist, Kashmir in sechs Monaten wieder zu verlassen. Ich verteile nun die Arbeitspläne."

Victor gab Zettel durch die Reihen.

„Wir brauchen heute jede Hand. Wir müssen das gesamte Arbeitsmaterial für vorerst vier mobile Teams zusammenpacken, bevor die Kollegen morgen eintreffen: Medikamente, Instrumente, Infusionen, Narkosemittel. Und noch etwas ... Dank unserer Kollegin Ellen werden in zwei bis drei Tagen tausend Zelte, Decken und Öfen aus Deutschland eintreffen."

Wieder applaudierten alle.

Schwester Baquiya und ich packten die medizinischen Kisten für die mobilen Einsatzgruppen. Andere sortierten Lebensmittel, Gaskocher, Zelte und Schlafsäcke für die Mannschaften. Baquiya arbeitete ruhig und sehr schnell. Wir verstanden uns blind.

„Woher kommst du, Baquiya?", fragte ich in einer kurzen Arbeitspause.

„Aus Hafizabad, in der Nähe von Lahore. Aber ich lebe schon lange in Muzzaffarabad. Ich habe hier in einem Krankenhaus am anderen Ende der Stadt gearbeitet, als das Beben kam und ich war schon häufiger für DoctorsAid in Indien und Bangladesh."

„Hast du Familie? Was ist mit eurem Haus?"

„Ich habe in einem Schwesternheim gelebt, das völlig zerstört wurde. Jetzt wohne ich hier im Notfallhospital."

„Und wie alt bist du?"

„Dreißig."

„Hast du Angst davor, wie es weitergeht, wenn wir alle wieder fort sind?"

„Angst? Nein, Doktor Ellen. Angst habe ich nicht. Bisher ging es stets weiter in meinem Leben. Krankenschwestern werden immer und überall gebraucht und ich liebe meine Arbeit."

Aus ihren wenigen Worten hörte ich heraus, dass ihr etwas eine besondere Kraft verlieh, ein ungewöhnlich tiefes Vertrauen, das sie sehr gelassen und selbstbewusst wirken ließ. Das beeindruckte mich, vor allem, weil sie noch recht jung war. „Musst du nicht regelmäßig beten, Baquiya? Du weißt, dass du das hier darfst. Es ist dein gutes Recht."

„Ja, Doktor Ellen. Ich weiß. Es ist sehr nett, dass du danach fragst. Das *Salat*, das tägliche Gebet, ist zwar ein wichtiges Ritual und oberste Pflicht für alle volljährigen Muslime, doch es gibt Situationen, in denen es nur hinderlich ist. Wer verlangt denn wirklich von mir, mich fünf Mal am Tag zu verneigen: Allah oder die Religionsführer? Der Allmächtige erwartet nichts von mir, schon gar nicht, dass ich mich von den Kranken abwende, um ihn im Gebet zu suchen. Nein, er zeigt mir in den Kranken sein verletzliches Gesicht – nicht nur fünf Mal, sondern zwanzig, dreißig, fünfzig, hundert Mal am Tag. Es ist ein bisschen so, wie Schwester Irene gesagt hat, und doch ganz anders. Ich bin immer bei ihm und er ist bei mir."

Ich schwieg und blickte stumm auf den Boden, während mein Herz weich und weit wurde.

„Ich habe gesehen, dass du meditierst, Doktor Ellen. Ist das ein christlicher Brauch?"

„Ich glaube nicht, Schwester Baquiya. Ich weiß nicht einmal, ob man das Meditation nennen kann. Ich bin erst hier in Pakistan dazu gekommen. Es geschah irgendwie von selbst. Ich habe mich hingesetzt und mein Geist wurde leer – leer von Gedanken, leer von Bildern, leer von mir. Seitdem ich diesen Zustand einmal zugelassen habe, geschieht es immer öfter. Fast jedes Mal wenn ich allein bin und still dasitze ..."

„Aber du bist doch Christin. Welche Rituale habt ihr Christen im täglichen Leben? Alle westlichen Ärzte, die ich sehe, arbeiten nur, denken nur und schlafen nur. Niemand betet, niemand geht in die Kirche, niemand spricht mit Gott und sucht Rat und Hilfe bei ihm."

„Ja, so ist das wohl in unserer Kultur, Schwester Baquiya. Die Religion ist nicht mehr Teil des Alltags. Ich weiß nicht einmal, ob sie das jemals war."

„In den islamischen Ländern wird jeder dazu erzogen, Allah und dem Propheten einen Platz in seinem Alltag zu geben. Wir lernen früh, mit Gott Zwiesprache zu halten."

„Wenn ich recht darüber nachdenke, dann kenne ich nur Menschen, für die das Göttliche eine Täuschung ist. Es ist der Zufluchtsort für Versager, die auf göttliche Hilfe und Erlösung hoffen, weil sie ihr Leben allein nicht geregelt kriegen. Religiosität ist in meiner Welt eine Art Kapitulation."

„Das verstehe ich nicht. Wie kann denn so etwas aus eurer Religion geworden sein?! Sie ist doch erst zweitausend Jahre alt. Ihr hattet so einen starken religiösen Führer. Wie kann man vergessen, was der *Nabi,* der Prophet Issa, Jesus, gesagt und gelebt hat. Er hat nur für euch gelebt. Sein Leben ist ein herausragendes Beispiel."

„Der Prophet Jesus?"

„Ja. Wusstest du das nicht? Issa selbst nennt sich im Koran bereits als Neugeborener so: *„Ich bin der Diener Gottes, abd allah. Er ließ mir das Buch zukommen und machte mich zu einem Propheten."* Issa ist ein göttlicher Gesandter, ein *Rasul.* Er hat das Kommen unseres Propheten Mohammed angekündigt."

„Woher weißt du das, Baquiya?"

„Die Stellen im Koran über Jesus gehören zu meinen Lieblingsstellen. Issa sagt dort: *„Gott ist mein Herr und euer Herr, so dienet ihm. Das ist ein gerader Weg."* Seit ich diesen Satz das erste Mal gelesen habe, habe ich versucht, diesen Weg zu gehen."

Wieder berührten Baquiyas Worte und die Aufrichtigkeit, mit der sie sie sprach, mein Herz. Ich fröstelte und zog meine Jacke unwillkürlich enger um die Schultern. „Ich kenne niemanden, der die Bibel gelesen hat. In der Schule haben wir einige Geschichten und Psalmen gehört und auswendig gelernt. Ich glaube, die meisten von uns haben nie darüber nachgedacht, dass sie einen Sinn für unser persönliches Leben haben könnten. Keiner von uns hätte sie freiwillig in die Hand genommen. Nur auf dem Sterbebett habe ich so machen Patienten nach ihr greifen sehen und nach einem Geistlichen rufen hören. Ist das nicht eigenartig?"

„Ja, das ist es, denn die heiligen Bücher lehren uns das richtige Leben."

„Steht im Koran noch mehr über Jesus, über Issa?" Baquiya hatte mein Interesse geweckt. Ich hatte das Gefühl, zum ersten Mal in meinem Leben mit einem Menschen zu sprechen, der wirklich etwas über Jesus wusste.

„Nun, im Koran steht auch, dass Issa nicht am Kreuz gestorben ist."

„Was? Das kann nicht sein!", rief ich ungläubig aus.

„Doch, so ist es. Laut Koran erschien den jüdischen Kreuzigern eine *„ihm ähnliche Gestalt"*. Den Propheten Issa selbst hat Allah vorher zu sich erhoben. Glaubst du etwa, Gott hätte zugelassen, dass seinem

Diener so etwas Grausames wie eine Kreuzigung geschieht? Was für ein Gott wäre das? Sicher kein allmächtiger. Und ... was wäre der Sinn dieses furchtbaren Leids?"

„Ja ...nein ... ich weiß nicht ... Ich habe noch nie darüber nachgedacht. Ich meine, ich habe die Kreuzigung Jesu niemals angezweifelt. Sie ist ein so elementarer Bestandteil der christlichen Lehre. Was würde das bedeuteten, wenn ein anderer an seiner statt gekreuzigt worden wäre. Einer, der aussah wie er?"

Diese Frage schien mir absolut undenkbar und schon gar nicht beantwortbar.

Als ich später mit Ian noch eine Operation durchführte, musste ich unbedingt wissen, was er darüber dachte. „Hast du schon einmal gehört, dass Jesus im Islam Issa heißt und im Koran erwähnt wird, Ian?"

„Nein. Wie kommst du darauf?"

„Schwester Baquiya hat es mir erzählt."

„Ich habe keine Beziehung zur Religion. Weder zur christlichen noch zu irgendeiner anderen."

„Ich auch nicht, aber ich finde das unglaublich. Warum weiß das bei uns niemand? Warum denkt keiner laut darüber nach? Das müsste doch öffentlich diskutiert werden. Laut Koran ist Issa nicht Gottes Sohn, sondern ein Prophet wie Mohammed. Issa sei nicht am Kreuz gestorben, sondern ein anderer, der ihm ähnlich sah. Das bedeutet keine Auferstehung am dritten Tage nach dem Kreuzestod und keine Himmelfahrt, denn Gott hat Jesus direkt zu sich genommen und ihm jegliches Leid erspart. Ich finde das unvorstellbar. Ich meine ... gerade die Leidensgeschichte Jesu ist doch für unsere Religion essenziell."

„Das ist doch alles nicht so wichtig, Ellen. Die Religion hat nur für bestimmte Menschen Bedeutung. Sie suchen einen Sinn. Diese Leute wollen an etwas glauben, das man nicht wissen und nicht beweisen kann. In der Religion wird es nie Gewissheit geben. Ich glaube, Religion entsteht nur da, wo es keine Gewissheit geben kann."

„Ich glaube nicht, dass das so einfach ist. Die gesamte abendländische Kultur basiert auf der Kreuzigungsgeschichte – Kunst, Musik, Literatur. Das Weltbild unserer Kultur beruht auf ihr und auch das Selbstbild der Menschen."

„Ach, Ellen, mach die Sache doch nicht so groß. Ich wäre kein anderer, wenn ich glaubte, Jesus sei nicht am Kreuz gestorben, und du wärst auch keine andere. Wir leben ein modernes Leben, das von den christlichen Lehren unbeeinflusst ist."

„Nein, Ian. Genau das glaube ich nicht. Als Schwester Baquiya mir so leidenschaftlich von Issa erzählte, hat mein weltanschauliches Fundament gewackelt. Mir ist zum ersten Mal klar geworden, dass ich eine sehr wichtige Vorstellung blind angenommen habe. Ich habe begriffen, dass ich vom Christentum geprägt bin, obwohl ich mich nicht für eine Christin halte."

„Wenn die Frage dich so sehr beschäftigt, musst du dir selbst ein Bild machen. Du weißt doch, wie das ist: Frage zwei Leute, was bei einem Unfall geschehen ist, und beide werden dir eine völlig unterschiedliche Version erzählen. Wahrnehmung ist immer selektiv und subjektiv. Das lernt man in den ersten Tagen als Unfallarzt."

Ian hatte recht. Und plötzlich begriff ich, was das alles bedeutete. Warum Schwester Baquiya mir gerade jetzt von Issa erzählt hatte. Meine Entlassung in Frankfurt, meine Trennung von Niki, die Erlebnisse in Kashmir, Iman, die Veränderung meines Bewusstseins und nun Issa. All das hing irgendwie zusammen. Mir war, als gäbe mir das Leben ein Rätsel auf, eine sehr persönliche Denkaufgabe, die mich an die Grenzen des mir Bekannten brachte. Alles, was ich erlebte, schien mir eine Frage zu stellen, und ich konnte mich nicht mehr länger dagegen wehren, die Frage zu hören und eine Antwort darauf zu suchen.

„Glaubst du an Gott, Ian?" Er sah mich nur entgeistert an und schwieg.

Neuntes Kapitel

Als die Helikopter in der Dämmerung auf der Wiese vor dem Nothospital landeten, lief mir ein eiskalter Schauer über den Rücken. Die lautstarke Landung wirkte wie ein Kriegsszenario – der ohrenbetäubende Lärm und die grauen Militärmaschinen in der zerstörten Stadt. Nur ein weißes Schild mit einem roten Kreuz auf der Tür zum Cockpit zeichnete ihre Mission als friedlich aus. Der Wind der Rotorblätter beugte mich bei der Landung des Quartetts mit seiner wilden Kraft und ich drehte den Hubschraubern den Rücken zu, als ich in mir das Bewusstsein des inneren Beobachters aufsteigen spürte. Mit seinem Blick sah ich die vorher furchterregende Szene nun völlig neutral, befreit von jeder negativen Assoziation.

Voller Elan half ich beim Beladen der Nothilfehubschrauber. Eine klare, starke Kraft bewegte mich und ich sah ihr und mir dabei zu. In diesem Moment wünschte ich, immer so zu erleben, immer so handeln zu können, vollkommen im Fluss mit der Notwendigkeit und der Bewegung des Augenblicks.

Die Kollegen würden morgen früh kurz nach Sonnenaufgang in die entlegenen Gebiete, die von der Außenwelt abgeschnitten waren, starten. An diesem Abend saßen wir alle im Versorgungszelt zusammen, um die Logistik des erweiterten Einsatzes zu besprechen. Victor hatte eine Kiste Bier für alle besorgt. Ich beobachtete die Szene interessiert und nahm eine Flasche von Ian entgegen. Er öffnete sie für mich und stieß mit mir an. „Prost, Dacta Ellen."

Das Bier war köstlich, wenngleich es nach Wochen der Abstinenz ungleich stärker zu wirken schien, als ich es in Erinnerung hatte. Mein Blick fiel auf die braunen Flaschen, auf deren rot-weißem Etikett zwei goldene Löwen einander anblickten.

„Murree Beer“, las ich laut vor. „Ist das ein pakistanisches Bier?“, fragte ich Schwester Baquiya, die neben mir saß, selbst aber nichts trank.

„Es kommt aus Murree oder Mahri. Der Ort ist ein sehr bekannter Erholungsort. Bis 1875 hieß der Ort Maria, benannt nach der Mutter von Jesus von Nazareth.“

Ian sah mich an. Eine kalte Gänsehaut kroch über meinen Rücken.

„Warum?“, fragte ich sie leise.

„Einer Legende nach ist Issa, nachdem er der Kreuzigung entgangen war, mit seiner Mutter Maria über die Seidenstraße Richtung Indien geflohen. Man sagt, Pontius Pilatus selbst habe von dieser Flucht gewusst und sie nicht verhindert, was so viel bedeutet wie, dass er sie befürwortet oder sogar ermöglicht hat. Jesus soll nach Kashmir gewollt haben, um seine Aufgabe zu vollenden: die dort lebenden jüdischen Stämme zu befreien und weiter die christlichen Lehren zu praktizieren und zu lehren.“

„Jüdische Stämme in Kashmir? Wer zum Teufel erzählt solche absurden Geschichten?“, fragte Ian eine Spur zu aufgebracht.

„Der Volksmundund eine muslimische Sekte, die Ahmadiyya-Sekte.“

„Das entspricht aber nicht der Koranversion, von der du mir erzählt hast, Schwester Baquiya.“

„Nein“, stimmte Baquiya mir zu.

„Wenn so etwas wirklich geschehen wäre, hätten westliche Religionswissenschaftler das doch längst herausgefunden und entweder bewiesen oder widerlegt. Ich weiß nicht, wie viele Forscher ständig damit beschäftigt sind, Licht in den vollständigen Lebenslauf Jesu zu bringen. Wenn ich allein daran denke, wie oft das Grabtuch von Turin untersucht worden ist ...“, gab ich zu bedenken.

Ian starrte schweigend auf das Etikett seiner Bierflasche aus Maria.

„Aber jeder in Kashmir weiß das“, entgegnete Baquiya unschuldig und ihrer Sache absolut gewiss.

„Jeder in Kashmir *glaubt* das, Baquiya. Das ist ein großer Unterschied. Jedes Volk hat seine Mythen und Legenden“, konterte Ian, als hätte er sich ein Leben lang in der wissenschaftlichen Disputation geübt.

„Davon spreche ich nicht. Es ist kein bloßer Volksglaube. Es gibt Beweise."

„Beweise, was für Beweise?"

„Jesus' Mutter starb auf der langen Reise nach Kashmir in Murree. Dort ist auch ihr Grab zu finden, in Pindi Point. Es heißt Mai Mari da Ashtan, Ruhestätte der Mutter Maria. Ihr Grab ist von Osten nach Westen ausgerichtet. Das ist ein jüdischer Brauch. Islamische Gräber sind gen Mekka gerichtet. Viele Geschichtsbücher berichten von Issa und seinem Leben, und in der Nähe von Srinagar, im indischen Teil Kashmirs, liegt Yusmarg, die Jesuswiese. Dort leben keine Hindus und keine Moslems, dort wohnen jüdische Nomaden. Ich war selbst schon einmal dort. Es gibt keinen schöneren Ort, keinen sanfteren, keinen fruchtbareren. Niemand hier zweifelt daran, dass Jesus von Nazareth Teil seiner eigenen Geschichte ist. Für uns war er nur ein anderer als für euch. Wir sehen ihn in einem anderen Licht, weil unsere Völker an den Umgang mit lebenden Heiligen noch heute gewöhnt sind."

Ian suchte weiter nach rationalen Erklärungen. „Das sind keine Beweise. ‚Yus' kann alles bedeuten. Irgendein Christ kann die Wiese so benannt haben."

Schwester Baquiya reagierte sehr diplomatisch. „Ich will euch nichts einreden. Ich erzähle euch nur, was ich weiß. Was ihr daraus macht und was ihr glaubt, ist eure Sache. Mir ist klar, dass das Verhältnis unserer Religionen sehr sensibel ist. Wir müssen nicht darüber reden, wenn ihr nicht wollt."

„Ich bin sehr neugierig, Baquiya. Aber für uns ist das schwer zu verstehen. Es ist uns vollkommen fremd und sprengt unsere Vorstellungskraft."

„Natürlich. Aber ihr seid in einem muslimischen Land. Ihr habt die Chance, etwas zu lernen, euch selbst aus einer anderen Perspektive zu sehen. Warum nutzt ihr diese Chance nicht? Sie ist ein Geschenk."

Ich konnte die schweren Gedanken Ians fast greifbar spüren. Wir beide wogen für und wider ab, wider und für. Doch nichts kam dabei heraus als der dringende Wunsch, den Glauben, den wir zeit unseres denkenden Lebens als sicher erlernt hatten, zu verteidigen. Unsere Sicht der Dinge war wie eine Festung, die sich gegen jede andere Deutung, jeden anderen Glauben zur Wehr setzte. Doch der Angreifer war stark. Er sprach von Beweisen und er nannte sie. Und diese Beweise wogen schwer, denn wenn man sie hörte, spürte man, dass sie von einer lebendigen Erfahrung durchdrungen waren; einer christlichen Erfahrung, die uns Christen völlig fehlte. Ich war sicher, Schwester Baquiya wusste besser, wer der historische Jesus gewesen war, als wir. Er war ihr nah.

Da flammte auch meine eigene Sehnsucht nach dieser inneren Nähe zu Issa auf. Die Wehmut, die diese Sehnsucht mit sich brachte, war so groß, dass ich noch wahrnahm, wie mein Herz sich unter ihr eng zusammenkrampfte, bevor ich aufsprang und allein das Zelt verließ.

Ich spürte den unwiderstehlichen Drang nach Einsamkeit und griff nach meiner Taschenlampe, statt mich ins Bett zu legen. Heute schlug ich eine andere Richtung ein als gewöhnlich. Es zog mich zum Ufer des Nilam, nur ein paar Gassen östlich vom Nothospital. Unterhalb des Ufers gab es eine Sandbank und ich kletterte vorsichtig in der Dunkelheit die steile Böschung hinab. Das Wasser rauschte kühl und laut unter mir. Der Abstieg war nicht ganz ungefährlich, schon gar nicht bei Nacht. Doch ich fürchtete mich nicht und ließ mir Zeit.

Dies war die kälteste Nacht seit meiner Ankunft in Kashmir. Der Duft von Frost lag in der Luft. Ich zog den Reißverschluss meiner Jacke höher. Das eisige Tosen und Plätschern des Flusses beruhigte mich. Die Feuchtigkeit der Gischt legte sich kühlend und glättend auf mein Gesicht. Ich setzte mich auf einen klammen Felsen und gab mich ganz dem Geräusch des fließenden Wassers und seiner Wirkung auf meinen Geist hin. Mühelos glitt ich tiefer hinab in die inneren Schichten des Bewusstseins, in denen der Geist leer und wach war. Dort existierten keine Fragen, keine unterschiedlichen Sichtweisen und Meinungen, keine Glaubenssätze. Dort gab es keine Religion, keine Nationalität, keine Unterscheidung irgendwelcher Art.

Der leise Windhauch einer Bewegung holte mich zurück aus den Tiefen des Bewusstseins an die Oberfläche des Wachbewusstseins. Mein Blick glitt suchend durch die Dunkelheit, in der ich die Umrisse einer schattenhaften Gestalt zu erkennen glaubte.

„Ist da jemand?“, rief ich ängstlich. Ich hörte Schritte im Kies, die auf mich zukamen.

„Wer ist da?“, rief ich erneut. Ich wollte gerade ängstlich aufspringen, als ich sanft am linken Arm berührt wurde. Ich hatte keine Zeit, nach meiner Taschenlampe zu greifen, und erkannte nicht mehr als ein arabisches Gewand. Doch meine Sinne waren fein in diesen Tagen. Eine ruhige, eine reine Person, die ich nicht fürchten musste, hielt mich am Arm und setzte sich schweigend zu mir. Sie sah mich von oben bis unten an. Sie musste im Dunkeln besser sehen als ich. Vielleicht war sie es gewöhnt, bei Nacht hier unten am Fluss zu sitzen. Vielleicht war dies ihr Platz.

Eine wortlose Kommunikation, zu der ich noch vor zwei Monaten nicht fähig gewesen wäre, fand zwischen uns statt. Heute hörte ich mit dem inneren Ohr und sah mit dem inneren Auge. Mir war, als erführe ich bei dieser wortlosen Begegnung innerhalb von Sekunden mehr über diese Person als über jeden anderen Menschen, dem ich bisher begegnet war. Kurz flammte die Erinnerung an Iman auf. Diese Begegnung ähnelte der Begegnung mit ihr. Doch etwas war anders. Noch konnte ich nicht ausmachen, was es war. Sicher nicht die Tatsache, dass mich ein Mann berührte und stumm mit mir Zwiesprache hielt.

Nun lehnte er sich ein wenig zur Seite, mir entgegen, so dass unsere Arme sich vollständig berührten. Wir saßen Seite an Seite und blickten stumm in die Dunkelheit, die unvermittelt die Gestalt der Unendlichkeit annahm. Er roch nach Erde und Feuer. Nach dem Rauch eines Opferfeuers, wurde mir klar. Dieser Mann liebte die Einsamkeit, nach der auch ich an diesem Abend gesucht hatte. Das verlieh ihm eine Aura von Unabhängigkeit. Nie hatte ich einen stärkeren, einen selbstsichereren Menschen getroffen. Und er war sehr gebildet. Nein, mehr noch – er war ein Mann des Verstandes und des intuitiven Wissens. Der Horizont seines Bewusstseins schien mir fast endlos zu sein. Überraschend wurde mir bewusst, dass er mir, sehr vertraut erschien, als würde ich ihn schon immer kennen. Ich glaubte, alles von ihm zu wissen, so wie auch er alles von mir wissen musste.

„Wer sind Sie? Who are you? Kennen wir uns?“, fragte ich dennoch ein weiteres Mal sehr leise, fast flüsternd.

Er saß so nah neben mir, dass auch er nur flüstern musste, damit ich ihn verstand. „Wenn du dich selbst kennst, kennst du auch mich!“, antwortete er kryptisch in perfektem Englisch und seine Antwort schien jede meiner vorausgegangenen Wahrnehmungen zu bestätigen.

„Haben Sie auch einen Namen?“, fragte ich von seiner eigenartigen Vorstellung ungerührt.

Er lachte ein humorvolles Lachen, das mir zeigte, dass er sich und seine Worte leichtnahm. „Ich heiße Parham.“

„Mein Name ist Ellen.“

Er lächelte. „Ich weiß. Wir sind uns schon einmal begegnet. In dem eingestürzten Keller ...“

Natürlich! Er war mit Iman im Keller gewesen und seine Liebe hatte den alten Mann aus seiner Erstarrung und Trauer erlöst, erinnerte ich mich. Doch an diesem Abend hatte ich nur Augen für Iman gehabt.

„Du bist mit den Ärzten hier, nicht wahr, Ellen?“

„Ja, ich arbeite für eine Hilfsorganisation.“

„Liebst du deine Arbeit?“

Ich konnte mich nicht erinnern, wann mir diese Frage zuletzt gestellt worden war. War sie mir überhaupt jemals gestellt worden? Hatte ich sie mir selbst jemals gestellt? „Ja, ich liebe meine Arbeit. Aber ich glaube, dass man sie noch besser machen kann.“ Ich wunderte mich sehr über meine eigene Aussage. Mir war bisher nicht klar gewesen, dass ich so dachte.

„Weil du selbstkritisch bist, oder weil du glaubst, noch etwas lernen zu können?“, fragte Parham. Seine einfache, klare Frage sprach Bände über den Mann an meiner Seite. Er verstand den Sinn meiner Worte und er war in Sekundenschnelle in der Lage, ihre Essenz zu begreifen und zu benennen. Parham wusste, was Menschen motivierte, und er wusste, was sie blockierte.

„Ich bin nicht sehr selbstkritisch“, antwortete ich aufrichtig. „Ich meine, nicht in ungesundem, zermürbendem Maße. Ich glaube tatsächlich, noch etwas lernen zu können, das mich zu einer besseren Ärztin macht. Mir wird gerade erst klar, wie viel hinter meinem Beruf steht, das ich bis heute niemals begriffen habe.“

„Was meinst du?“

„Ich meine, ich habe mir vor wenigen Wochen zum ersten Mal die Frage gestellt, was Heilung wirklich ist. Wer ist es, der heilt? Der Arzt, die Therapie oder eine andere Kraft?"

„Ist es nicht eigenartig, dass man viele Jahre Medizin studieren und als Arzt praktizieren kann, ohne sich diese Fragen jemals zu stellen? Manchmal dauert es sehr lange, bis man erkennt, dass die eigene Aufgabe etliche Dimensionen hat, für die man bisher blind war."

Seine Worte waren so wahr und so wichtig, dass ich schwieg.

„Ich habe in den USA Medizin studiert. Das Studium fiel mir leicht und ich habe einen guten Abschluss, doch es dauerte viele Jahre und brauchte die Auseinandersetzung mit meiner eigenen Kultur, bis ich begriff, dass mein Beruf kein Handwerk, sondern eine heilige Wissenschaft ist."

Er sprach diese großen Worte ganz natürlich aus: heilige Wissenschaft. Und doch lösten sie in mir eine Empfindung aus, die ihrer Größe absolut gerecht wurde. Parhams Präsenz selbst strahlte etwas Heiliges aus, etwas Stilles, Reines, Wahres. Seine Gegenwart und seine Worte verliehen auch unserer Begegnung und diesem Ort am Fluss etwas Heiliges.

„Als mir klar wurde, dass das Unterbewusste der Patienten sowohl für ihre Krankheit als auch für ihre Heilung wichtig ist, habe ich nächtelang darüber gelesen. Ich habe alles studiert, was zum Einfluss der Psyche auf den Gesundheitszustand eines Menschen geschrieben worden ist, glaube ich." Er lachte. „Und ich habe mit mir selbst experimentiert und sogar einige Bücher über meine Forschungsergebnisse veröffentlicht. Damals dachte ich, ich hätte die Lösung für alle Probleme, denen ich in der Arzt-Patienten-Beziehung immer wieder begegnete, gefunden. Doch irgendwann begriff ich, dass nicht jede Krankheit psychosomatisch ist. Ich stieß an die natürliche Grenze meiner Forschungen und das Leben zwang mich, noch einen Schritt tiefer in das menschliche Bewusstsein hinabzusteigen. Ich geriet damals in eine schwierige, fatalistische Phase, in der ich jedes Leid, auch das Körperliche, für karmisch halten wollte. Es schien mir schicksalhaft, unentrinnbar und unlösbar. Ich fiel in eine schwere Depression, weil ich glaubte, nicht mehr helfen, nichts mehr tun zu können. Ich dachte, meine Arbeit sei völlig sinnlos, und hielt alles, was ich bisher getan hatte für überheblich und dumm.

Damals verließ ich die USA und kehrte in mein Heimatland, den Iran, zurück."

„Wie lange ist das her?"

„Zehn Jahre. Ich war noch keine dreißig. Ich fühlte mich zu jung für diese Fragen und für den unbändigen Schmerz, den ich empfand. Er drängte mich zum Aufgeben. Ich sah einfach keine Lösung."

„Du hast aufgegeben?", fragte ich ungläubig.

Er lachte wieder sehr jungenhaft und doch ebenso stark und echt wie seine Persönlichkeit es war. „Nein, ich habe nicht aufgegeben. Aber ich habe in dieser hoffnungslosen Zeit gelernt, dass ich das Leben anders betrachten muss. Statt zu fragen, was ich vom Leben will, habe ich gelernt zu fragen, was das Leben von mir will. Zuerst habe ich nächtelang wach gelegen und gebetet. Ich war damals nicht sehr gläubig, aber ich wusste nicht, was ich sonst tun sollte. Es war das erste Mal in meinem Leben, dass ich eine Grenze erreichte, von der ich wusste, dass ich sie allein niemals überschreiten konnte. Aber ich kannte auch keinen Menschen, der mir helfen konnte, diese Krise zu bewältigen. Ich habe Gott angefleht, dass er mir – wenn es ihn gibt – einen Weg zeigen möge, zu helfen und zu heilen."

„Und dann?", wollte ich wissen.

„Dann hat es noch drei Jahre gedauert, bis ich in Kashmir einen Mann traf, der mir eine sehr einfache Frage stellte. Er fragte: ‚Wer bist du, mein Junge?' Und dann sagte er: ‚Zuerst und vor allem musst du herausfinden, wer *du* wirklich bist. Alles andere wird sich ergeben ...'"

Ich erinnerte mich an Iman und ihre weisen Worte. Auch sie hatte zu mir von Selbsterkenntnis gesprochen. „Vor wenigen Wochen hat sich mein Leben plötzlich fundamental verändert", erzählte ich Parham. „Ich sollte eine Frau nach einem Unfall operieren, doch ich wusste plötzlich, dass wir nichts mehr für sie tun konnten. Ich lehnte die OP ab. Ich war absolut sicher, dass das die einzig richtige Entscheidung war. Mehr noch: Es war eigentlich keine Entscheidung. Ich sah mir dabei zu, wie ich das einzig Richtige tat. Doch meine Kollegen verstanden meine Handlung nicht und so musste ich das Krankenhaus verlassen. Kurze Zeit später hatte ich das Glück, mit DoctorsAid nach Kashmir gehen zu können."

„Wenn man einmal gespürt hat, was es bedeutet, wirklich zu wissen, ohne die Sinne und den Verstand zu gebrauchen, findet man keine Ruhe mehr, bis man den Teil von sich gefunden hat, der allwissend ist, das Selbst. Man findet keine Ruhe mehr, bis man im Selbst ruht, bis man das Selbst vollkommen verwirklicht hat und sich dauerhaft an seine wahre Natur erinnert."

Ja, so war es, wusste ich im tiefsten Innern. Parham und ich saßen schweigend nebeneinander, zwei Fremde, die sich näher waren, als Bekannte, Freunde oder gar Verliebte es je sein könnten. Es schien keine Grenze zwischen uns zu geben. Mir war, als bewegten wir uns in einem Bewusstsein, in dem wir eins waren, das als zwei erschien. Meine Gedanken schwiegen und ich sah, dass auch Parham in einem Zustand weilte, der jenseits des Denkens lag. Absolute Stille breitete sich in und um uns aus, begleitet von tiefer Entspannung.

Dann geschah etwas. Mein Herz, nicht mein physisches, sondern mein spirituelles Herz, öffnete sich. Mein gesamter Brustkorb dehnte sich weit und gleichzeitig strömte eine Form von Liebe in mich ein, die jede vorausgegangene Erfahrung meines Lebens in den Schatten stellte. Diese Liebe war so rein und lebendig, wie Liebe nur sein kann. Sie war stärker als jede Emotion, stärker als ich selbst, und doch war sie ich in meiner reinsten Form. Diese Liebe war heilig, sie war göttlich und ich erkannte sofort, dass sich in ihr das Göttliche Selbst zu erkennen gab. Im selben Moment begann ich zu weinen. Dicke Tränen flossen über meine Wangen, obwohl ich nicht traurig war. Ich weinte aus Liebe. Nicht aus Liebe zu irgendetwas oder irgendwem. Ich weinte aus reiner Liebe, die mein wahres Wesen war, das ich zum ersten Mal erkannte. Parham saß noch immer an meiner Seite, so nah, dass ich den Fluss der Energie von ihm zu mir und von mir zu ihm spüren konnte. Es war, als schließe sich ein lange unterbrochener Stromkreis zwischen uns, während ich mir noch immer der Anwesenheit des Göttlichen bewusst war. Menschliche und göttliche Liebe waren eins, das begriff ich in diesem überwältigenden Augenblick, identisch in ihrem Wesen. Doch der Mensch hält viele Empfindungen und Regungen für Liebe, die tatsächlich keine sind. Deshalb kennt er auch Gott nicht. Ich selbst hatte mich fast vierzig Jahre in einem Netz aus Täuschungen und Illusionen verstrickt und war nicht einmal auf die Idee gekommen, nach etwas zu suchen, das echter, profunder und essenzieller als die Trugbilder des Alltagsbewusstseins war.

Meine eigenartige nächtliche Begegnung mit Parham am Nilam geschah jenseits von Worten, Vorstellungen, von Wünschen und Wollen; jenseits von allem, das mir bisher bekannt gewesen war. Sie war das intensivste Erlebnis meines Lebens. In dieser Nacht ging ein Same auf, der unter vielen Schichten von falschen Vorstellungen verborgen gewesen war. Der Same des göttlichen Lebens.

Wir erhoben uns fast gleichzeitig. „Ich muss gehen", sagte Parham.

Ich nickte stumm und atmete tief. Für wenige Minuten hörte ich seine Schritte im Kies und fragte mich, wohin er wohl ging. Als sich das Geräusch seiner Schritte in dem Tosen des Wassers verlor, begann auch ich den Aufstieg in die Stadt und zum Nothospital.

Eine Stunde Schlaf blieb mir noch, dachte ich, als ich auf mein Feldbett fiel. Doch ich schlief nicht, sondern glitt in einen eigenartigen Zustand zwischen Wachen und Schlafen. Luzide Traumbilder zogen an mir vorbei, angefacht durch die Empfindungen und Erfahrungen der vergangenen Stunden. Ich sah Parham und mich in vielen Situationen wie in Diaprojektionen auf einer inneren Leinwand und spürte immer wieder das eigenartige Gefühl, dass wir eins und doch zwei, dass wir ein gemeinsames Bewusstsein vielmehr als zwei getrennte Körper waren.

Zehntes Kapitel

Als die Helikopter am nächsten Morgen Richtung Gebirge abhoben, wirkte das Nothospital leer und müde. Wir hatten viel erreicht, seit wir unsere Arbeit begonnen hatten, doch jeder von uns wusste, dass mindestens genauso viel noch vor uns lag. Schon einen Tag später brachten die Kollegen die ersten Patienten, die schwersten Fälle, zu uns ins Tal. Ich war gerade in einer Besprechung mit Victor, als sich der erste Helikopter über Funk meldete. Die Kollegen berichteten von vier unterernährten Kindern, die sie in einem entlegenen Dorf gefunden hätten.

„Die Kinder sind schwer traumatisiert. Sie sprechen nicht und verweigern jegliche Nahrungsaufnahme. Ihre Mutter ist bei dem Beben ums Leben gekommen. Die Nachbarn haben uns erzählt, dass ihr Vater in Dubai arbeitet und nur alle zwei bis drei Jahre heimkommt. Wir haben bisher vergeblich nach ihm oder anderen lebenden Verwandten in der Umgebung gesucht."

Wir brachten sofort vier Krankenbahren, um die Kinder aus dem Hubschrauber zu holen. Als ich eines der Kinder berührte, um es auf die Bahre zu legen, schien es eiskalt und leblos. Seine Augen blickten starr ins Leere und es zeigte keinerlei Reaktion. Ich sah Victor an und er nickte besorgt.

Mein Geist war vollkommen achtsam und mein Herz noch immer weit geöffnet und erfüllt von der Liebe, die ich in Parhams Gegenwart erlebt hatte. Diese Liebe kleidete sich mit einem Mal in das Gewand des Mitgefühls. Ich sah die Erfahrung der Kinder durch ihre Augen und doch blieb ich frei von ihrem Leid, weil ich gleichzeitig Zeuge ihrer und meiner Empfindungen blieb. Es war ein eigenartiges Erlebnis, das ob seiner Paradoxie schwer zu beschreiben ist. Obwohl ich die Kinder vollkommen neutral und objektiv betrachtete, erlebte ich ihren Schmerz doch in seiner vollen Tiefe aus ihrer subjektiven Perspektive. Ich war einerseits vollkommen losgelöst von ihren traumatischen Erfahrungen und Empfindungen und anderseits absolut betroffen, ja beinahe selbst betroffen. All das passierte in weniger als einer Sekunde, denn es geschah jenseits des Denkens, jenseits von Worten und Erklärungen, jenseits des Bewusstseins, das Erfahrungen in Subjekt und Objekt teilt. Diesen ersten Blick in die leeren, leblosen Kinderaugen werde ich nie vergessen. Es war, als blickte ich in die Augen von Toten. Da war nichts mehr, kein Lebens- oder Hoffnungsfunke, ja nicht einmal mehr das schwache Aufblitzen eines Ich-Bewusstseins. Es war, als hätten die Kinder ihre Körper vor seelischem Schmerz verlassen, als hätten sie sich in eine gefühllose Zwischenwelt zurückgezogen, in der es weder Leben noch Tod gab.

In kürzester Zeit hatten wir für die vier Geschwister einen kleinen Bereich im Kinderzelt abgeteilt. Allen von uns war klar, dass diese Kinder besondere Hilfe und Zuwendung brauchten. Ian gab ihnen eine Spritze zur Beruhigung und Entspannung, so dass sie wenigstens erst einmal schliefen. Während sie langsam in den Schlaf drifteten, legten wir ihnen die nötigen Infusionen. Schwester Baquiya ließ die Halbwaisen nicht aus den Augen. Sie hielt ihre Hände und überwachte jede ihrer Regungen in ihrem heilsamen Schlaf. Wir alle wussten, dass Schlaf ein ungeheures Heilungspotential barg. Doch half er auch, wenn jegliche Verbindung zum Leben abgerissen war, fragten wir uns ängstlich.

„Es wird lange dauern, bis der Vater herkommt, wenn überhaupt. Diese Männer sind Tagelöhner auf den Baustellen der Emirate. Er wird wahrscheinlich nicht einmal das Geld für den Rückflug aufbringen können“, gab Schwester Irene pessimistisch zu bedenken.

„Vielleicht. Aber all das ist im Moment nur Spekulation“, antwortete ich leicht ungehalten und sah Schwester Baquiya, Irene, Victor und Ian verzweifelt an. Ich suchte in ihren Gesichtern nach Hoffnung, nach Gewissheit, nach irgendetwas, das mir zeigte, dass die Kinder bei uns in guten Händen waren. Doch ich fand nichts dergleichen. Irenes Pessimismus schien heute alle ergriffen zu haben. Wie sollten wir den Kindern in diesem Zustand nur helfen?

Wir wussten einfach zu wenig über die Seele des Menschen. Ich sah diese Gruppe von Ärzten und Schwestern an, die inzwischen meine Freunde geworden waren, und las in ihren Augen, erkannte an ihren Worten, an ihrem gesamten Verhalten, dass sie nicht helfen und schon gar nicht heilen konnten, weil sie überhaupt nicht begriffen, was hier geschah, woran die Menschen tatsächlich litten und was Heilung wirklich bedeutete. Ihre Absichten waren nur die allerbesten, aber die Aufgabe, der sie sich gegenübersahen, überstieg ihre Fähigkeiten um ein Vielfaches.

Vielleicht lag es daran, dass ich hier in Kashmir Iman und Parham kennengelernt hatte, Menschen, von denen ich instinktiv wusste, dass sie die innersten Bedürfnisse und Fähigkeiten des Menschen kannten. Vielleicht lag es auch an meinen eigenen Erfahrungen, die ich seit dem schicksalhaften Tag in Frankfurt gemacht hatte, oder ich war meiner eigenen Seele inzwischen viel näher als jemals zuvor, so dass ich zum ersten Mal den Unterschied zwischen beseelten und seelenlosen Handlungen zu erfassen vermochte. Welcher meiner Kollegen sah bis in die Tiefen der menschlichen Seele und handelte aus ihnen heraus? Wer kannte die verborgenen Ebenen des menschlichen Bewusstseins, den Kern des individuellen Seins? Wer besaß die Einsicht in das Wesen des Menschen, die nötig war, um Schmerz wirklich zu lindern und all das Elend, das uns umgab, zu heilen?

Ich stand auf, weil ich die Situation nicht länger ertrug, rannte vor dem Wissen davon, das sich nur mit sehr großem inneren Kraftaufwand zurückhalten ließ: der unvermeidlichen Einsicht in die Enge und Begrenztheit des allgemeinen Bewusstseins, die ich erst heute erkennen konnte, da ich der Weite und Größe des inneren Lebens begegnet war. Der Mensch lebte wie in einem Gefängnis. Auf jeder Wand seiner verdammten Zelle sah er Bilder von Glaubenssätzen, die er selbst geschaffen hatte, und hielt sie für Realität. Viele dieser Sätze lauteten: Das ist unmöglich! War es wirklich unmöglich, schwersttraumatisierte Kinder vollständig zu heilen? War es unmöglich, dieses Land wieder aufzubauen? War es unmöglich, den Konflikt zwischen Moslems und Hindus und zwischen Moslems und Christen zu beenden und ein Leben jenseits von Leid zu führen? Zum ersten Mal in meinem Leben spürte ich die Armut und die Kälte dieser engen, begrenzten, hilflosen Welt im Vergleich zu der Welt, die mir durch Iman und Parham begegnet war. Die Erkenntnis nahm mir fast die Luft zum Atmen und die Fähigkeit zur Bewegung. Ein Gefühl der Ohnmacht und Hilflosigkeit schien über dem Leben und den Handlungen der meisten mir bekannten Menschen zu liegen; auch über meinem Leben und meinen Handlungen. Ich sah die Wände meiner eigenen Gefängniszelle und die darauf gespiegelten Bilder der Angst und der Verzweiflung. Da erinnerte ich mich an etwas, das Iman bei unserem gemeinsamen Mittagessen zu mir gesagt hatte. Ich müsse lernen, alle Projektionen zurückzunehmen, um allein in und aus der Wahrheit zu leben. Wie schwer war dieser Satz zu begreifen. Die Grenzen des individuellen Geistes waren die Wände, die mich umgaben, und die Glaubenssätze zeigten sich darauf wie dreidimensionale Projektionen, die mir als Wirklichkeit erschienen, glaubte ich heute zu verstehen. Sie formten die Geschichten des Lebens, die vom Anbeginn der Zeit jeder Mensch gefürchtet hatte: Krankheit, Armut, Hunger, Verlust, Tod, Leiden. Ihnen allen lag etwas zugrunde, das ich bis heute niemals wahrgenommen hatte: das tief im Bewusstsein des Menschen verwurzelte Gefühl, dem Leben ohnmächtig gegenüberzustehen. Gleichzeitig regte sich in mir eine gewichtige Frage: War das Leben wirklich so? Waren wir so hilflos, wie wir uns fühlten? Wenn ich meine Kollegen betrachtete, wenn ich an Niki dachte oder an jeden anderen meiner Freunde, an meine Eltern, meinen Bruder, meine ehemaligen Lehrer in Deutschland, dann hätte die Antwort auf diese Frage „Ja" gelautet. Hinter der Fassade ihres wohlgeordneten Lebens hatten alle das Gefühl der Hilflosigkeit verborgen. Doch heute kannte ich andere Menschen. Sie fühlten anders. Sie handelten anders. Sie lebten nicht wie Gefangene, die auf den Gefängniswänden die Schatten der Angst sahen. Sie waren frei und bewegten sich in der Wirklichkeit.

Dieser Moment der Erkenntnis, des Erwachens war wie eine Geburt. Es gibt nur einen fundamentalen Unterschied, bei einer Geburt wäre ich zuvor in freudiger Erwartung gewesen. Die innere Einsicht jedoch kannte ich nicht, bevor sie mir zu Bewusstsein kam. Ich hatte nicht einmal geahnt, dass ich mit einer neuen Weltsicht schwanger ging, dass es eine andere, eine tiefere, eine weitreichendere Sicht der Dinge geben könnte als die mir bekannte. Doch plötzlich spürte ich die ersten Wehen und wusste, dass sich eine Veränderung im Bewusstsein anbahnte. Die Wehen wurden heftiger, ich hatte das Gefühl, mich gegen die Geburt der neuen Sichtweise wehren zu wollen, weil der Geburtsschmerz mir fast unerträglich erschien. Doch dann, als ich glaubte, den Schmerz der Niederkunft nicht mehr ertragen zu können, war sie da, die Erkenntnis, die mir erlaubte, mich selbst und das Leben aus einer anderen Perspektive zu betrachten. Im gleichen Moment war ich nicht mehr dieselbe. Ich war ein neuer Mensch. Die Geburt der Einsicht war gleichzeitig die Geburt eines reiferen Ichs.

Friedliche Ruhe erfüllte danach meinen Geist, aus dessen Tiefe eine weitere wichtige Erinnerung an Imans wegweisende Worte an mein Bewusstsein drang. „Bleib bei dir selbst. Auf dem Weg, der vor dir liegt, wirst du nur dein Ziel erreichen, wenn du bereit bist, jede Erfahrung aus rein subjektiver Sicht zu betrachten." Es gab also zwei Wege, die ich von hier aus nehmen konnte. Den alten, mir bekannten, auf dem ich mein Umfeld als völlig unabhängig und getrennt von meinem Bewusstsein und seiner Entwicklung betrachtete. Dann würde ich Victor, Ian, Irene, ja selbst die tief religiöse Schwester Baquiya oft für blind halten und jeden Tag aufs Neue gegen ihre vermeintliche Blindheit und jede darauf begründete Entscheidung kämpfen. Ich würde versuchen, ihnen meine neue Sicht der Dinge begreiflich zu machen, damit sie die Welt mit meinen Augen sehen würden. Notfalls würde ich versuchen, ihnen meine Sichtweise aufzudrängen. Dieser Kampf wäre schmerzhaft und aussichtslos. Er wäre auch sinnlos, denn es gab ja einen zweiten Weg für mich: den subjektiven, der jede Erfahrung allein in Bezug auf *mein* Bewusstsein und dessen Entwicklung sah. Wenn ich diesen Weg wählte, wäre ich bereit und in der Lage, meine Kollegen nicht zu be- oder verurteilen, sondern sie als notwendigen geistigen Hintergrund zu betrachten, der meine innere Einsicht erst sichtbar werden ließ. Ich wäre bereit, in ihnen allein mich selbst zu sehen: meine innere Einstellung und alle unterbewussten Glaubenssätze, die ich selbst hegte und für die ich bis dato blind gewesen war. Ich würde sie als Ausdruck eines allgemeinen Bewusstseins sehen, das eine bestimmte Entwicklungsstufe verkörperte; eine Stufe, auf der ich viele Jahre regungslos gestanden hatte und die ich gerade verließ. Instinktiv wusste ich, dass ich nur mit dieser Einstellung weiterschreiten konnte. Ich musste bereit sein, das Alte und Überkommene vollkommen hinter mir zu lassen, um auf den inneren Ebenen weiterzuwandern. Jeder, der diesen Scheidepunkt erreichte und erkannte, war dazu bereit – und von dort aus gab es kein Zurück.

Als ich später gemeinsam mit Schwester Baquiya nach den Kindern sah, die dank der Schlafmittel tief und ruhig schliefen, blickte sie mich kurz und intensiv an. „Unser Land tut dir gut, Ellen. Du bist bereit, dich ganz auf uns einzulassen."

Ich nahm ihre Hand und wunderte mich, als ich wieder einen starken Strom der Energie spürte, der von mir zu Schwester Baquiya floss. Sie sah mir fest in die Augen. „Du hast die Gabe der Heilung, Ellen. Man kann das an den Händen der Menschen sehen!"

Fast hätte ich meine Hand aus Erschrecken zurückgezogen. Doch ich widerstand dem starken Impuls. Hatte nicht Naisha etwas Ähnliches zu mir gesagt?

„Das ist eine Gnade, Ellen. Ist dir das eigentlich bewusst?"

Gnade? Das Wort erschien mir noch größer als alle Begriffe, die Iman mir gegenüber benutzt hatte: Wahrheit, Weisheit und Liebe. Was bedeutete Gnade, fragte ich mich. Es schien mir wie ein leeres Wort, eine bedeutungslose Hülle ohne persönliche Assoziation. Ich hatte mich bisher in einer Welt bewegt, in der es Erfahrungen und Empfindungen wie Gnade und die Dankbarkeit, die sie begleitete, nicht gab. Doch heute fühlte auch ich es, selbst wenn ich es niemals so genannt hätte. Heute erfasste ich, was Gnade bedeuten könnte, und es erschütterte mich im Innersten meines Wesens: Gnade war das unvermittelte Offenbarwerden des Göttlichen. Das Göttliche zeigte mir unaufgefordert sein unsichtbares Gesicht. Es sprach zu mir mit den Worten Imans und Baquiyas. Es ließ mich in meinem eigenen Herzen seine Nähe spüren. Es überschüttete mich mit seiner Liebe und schenkte mir seine Bewusstheit. Ich spürte förmlich seinen Wunsch, dass ich es endlich erkennen möge. Nur aus diesem Grunde war ich hier.

Zum ersten Mal seit Monaten machten die Ereignisse, die mich hergeführt hatten, einen Sinn, und das, was hinter mir lag, begann wieder, sich mit Leben zu füllen – mit meinem Leben.

Baquiya lächelte wieder und ging ganz selbstverständlich zurück an die Arbeit. Sie wusch die Kinder, so gut es ging. Ihre Kleidung war völlig zerrissen und verdreckt. Wir brauchten dringend neue Hosen und Pullover, doch noch dringender brauchten wir den Vater der Kinder.

Als wir am Abend erneut mit dem Headquarter Kontakt aufnahmen, um zu erfahren, ob der Vater ausfindig zu machen war, erhielten wir enttäuschende Nachrichten. Das Außenministerium war verständigt, doch es gab unzählige Gastarbeiter in den arabischen Ländern und viele hatten ähnliche Namen wie der Gesuchte. Nur eine gute Nachricht erhielten wir: Sein Rückflug würde bezahlt werden.

Victor machte eine ernste Miene und fasste den Zustand der Kinder mit besorgniserregenden Worten für alle noch einmal zusammen. „Weil die Kinder schlafen, kann ich heute noch nicht viel sagen. Körperlich sind sie in einem sehr schlechten Zustand. Sie haben Läuse, schlechte Zähne, sind unterernährt. Wahrscheinlich haben sie schon vor dem Tod der Mutter in großer Armut gelebt. Mindestens das ältere Mädchen ist aufgrund von Eisenmangel anämisch. Morgen haben wir die Laborergebnisse. Die Kinder sind zwischen fünf und zwei, vielleicht zwischen sechs und drei. Wir sollten sie zunächst entlausen und impfen und weiterhin während des Schlafes künstlich ernähren. Doch wenn sie erst einmal wach werden, wird die Behandlung schwieriger. Sie werden die Nahrung verweigern und mit keinem sprechen wollen. Wir müssen ihr Vertrauen gewinnen. Sie brauchen eine Bezugsperson."

„Wer von uns soll diese Zusatzbelastung auf sich nehmen?", fragte Irene genervt.

„Das werden die Kinder selbst entscheiden, wenn sie wieder wach sind", sagte Schwester Baquiya selbstbewusst und alle Augen richteten sich erstaunt auf sie.

„Schwester Baquiya hat recht. Die Situation ist schwer für uns, doch wir sollten geduldig sein. Was ist mit den Psychologen, die uns versprochen wurden?"

„Es wird doch noch eine Weile dauern. Ich verstehe dieses ständige Hin und Her auch nicht. Ich werde morgen erneut Druck machen."

„Es ist also besser, wir stellen uns darauf ein, die Kinder selbst zu behandeln."

Victor nickte müde.

Nach der Besprechung sah ich noch einmal nach ihnen. Ihr Schicksal ließ mir keine Ruhe und nachdem ich Victors Einschätzung gehört hatte, fürchtete ich den Moment ihres Aufwachens, wenn uns wieder diese leeren Augen anblickten, mehr denn je.

Dies war bereits die dritte Leidensgeschichte, die mich hier in Kashmir persönlich berührte, die mir etwas zeigte, mich etwas Neues lehrte, dachte ich. Zuerst die Familie in dem eingestürzten Kellerraum, wo ich Iman und Parham zum ersten Mal begegnet war. In diesem Keller hatte ich eine Kraft gespürt, die mir völlig neu gewesen war – die Kraft der Liebe, der göttlichen Liebe, die mit Iman und Parham in den Keller und in mein Leben gekommen war. Dann Naisha, die unglücklich Liebende, die den Konflikt Pakistans, die unüberbrückbare Trennung zwischen Hindus und Moslems, am eigenen Leib erfahren und wie durch ein Wunder Folter und Vergewaltigung körperlich und seelisch überlebt hatte, weil sie im richtigen Moment zur Vergebung bereit gewesen war. Auch dort, in der kleinen Hütte ihrer Eltern, war eine Kraft gegenwärtig gewesen, die ich in Deutschland noch nie wahrgenommen hatte, eine Kraft, die Wunder wirkte, ohne die Naishas Vergebung niemals möglich gewesen wäre. War diese Kraft mit mir dort gewesen? Und nun diese Kinder. Ihre Genesung schien noch viel unsicherer als die Heilung Naishas, ihre Seelen waren noch schwerer verletzt, vielleicht schon gebrochen. Was konnten wir nur für sie tun, fragte ich mich, als ich plötzlich wieder das schon bekannte Gefühl spürte, von einem faszinierend klaren Bewusstsein beobachtet zu werden, das ich nirgendwo im Raum lokalisieren konnte. Die beobachtende Präsenz war stark und mitreißend und ich ließ mich heute mühelos auf sie ein, ohne nach ihrem Ursprung zu fragen, erlaubte meinem Bewusstsein, sich mit ihr zu verbinden, um mit klarerem, wacherem Geist auf die Situation blicken zu können. Plötzlich war ich fähig, auf einer inneren Ebene kleinste Elemente des Denkens, Fühlens und Handelns zu unterscheiden, die mir nie zuvor bewusst gewesen waren. Und langsam begriff ich den Unterschied zwischen seelenlosen und beseelten Handlungen. Ich spürte meinen starken Wunsch, die

Kinder mögen genesen, wie einen Urinstinkt, der Gesundheit und Leben über alles stellte. Demgegenüber erfasste ich den wirklichen Zustand der Kinder. Zwischen instinktivem Wunsch und aktueller Wirklichkeit klaffte ein so breiter Graben, dass er mir unüberbrückbar erschien. Und dieser Graben löste auch in mir Angst und Hilflosigkeit aus; dieselbe Hilflosigkeit, die ich in meinen Kollegen gesehen hatte. Je größer die Kluft zwischen Wunsch und Wirklichkeit, desto größer waren Angst und Hilflosigkeit und der fruchtlose Impuls, blind zu handeln. Es schien mir besser, irgendetwas zu tun, als dem betäubenden Schmerz tatenlos zuzusehen. Ich sagte mir, ich wolle helfen, doch ich spürte, dass es etwas anderes war, das meinen blinden Tatendrang motivierte, denn in diesem Moment wusste ich, dass ich nichts tun konnte. Jede Handlung war nur der blindwütige Versuch, das eigene Gefühl der Hilflosigkeit zu überwinden, und als solche war sie völlig wirkungslos. Ihr lagen weder Verständnis noch Weisheit zugrunde und deshalb wäre sie niemals von Erfolg gekrönt. Nein, sie wäre von vornherein zum Scheitern verurteilt, weil sie ebenso kraftlos war, wie ich mich hilflos fühlte. Wo blieb die Kraft der Liebe, die Heilung und Wunder brachte, heute? Warum wirkte sie bei der Familie im Keller und bei Naisha und versagte den Kindern ihre Unterstützung? Woher kam sie und wie war sie herbeizurufen? Lag es in menschlicher Hand, diese Kraft zu erbitten, sie vielleicht sogar zu lenken? Lag es in meiner Hand? Ich wusste es nicht.

Müde kehrte ich in mein Schlafzelt zurück und zog mir den Schlafsack über das Gesicht. Wir brauchten dringend Hilfe bei der Behandlung der Kinder. Selbst den Psychologen von DoctorsAid traute ich diese schwierige Aufgabe nicht zu, zumindest nicht in der kurzen Zeit, die wir zur Verfügung hatten. Es gab nur zwei Menschen, von denen ich glaubte, dass sie den Kindern wirklich helfen konnten: Iman und Parham. Iman war nicht in der Stadt. Sie hatte mir zu verstehen gegeben, dass ich auf mich allein gestellt war.

Also blieb nur Parham. Doch wie und wo sollte ich ihn finden? Bisher hatten er und Iman immer mich gefunden. Ich wusste nicht, wo er wohnte und was er tat. Ich stellte mir vor, dass Parham von sich aus in das Nothospital kommen würde, weil er ahnte, dass seine Hilfe gebraucht wurde. Ich sah ihn in allen Einzelheiten, sah jedes

Detail seiner Erscheinung. Für einen Moment wusste ich nicht, ob ich mir Parham aktiv vorstellte oder ob sich mir die Vorstellung seines Besuches aufdrängte, mir also geschah. Das Gefühl war paradox und mit dieser Empfindung schlief ich beruhigt ein.

Elftes Kapitel

„Doctor Ellen, bitte wach auf." Schwester Baquiya berührte mich leicht an der Schulter. Ich schlug die Augen auf und wusste sofort, warum sie mich noch vor Sonnenaufgang weckte. „Eines der Kinder ist aufgewacht. Sie sollten nicht allein sein, wenn sie in dieser fremden Umgebung zu sich kommen."

Schnell befreite ich mich aus meinem Schlafsack und noch schneller zog ich mir etwas an, um Baquiya zu folgen. Der älteste Junge saß auf der Bettkante und starrte apathisch auf seine Füße. Er sah nicht auf, als wir das Zelt betraten, und reagierte auch nicht, als ich ihn sanft an der Schulter streichelte. Sein Körper war kalt und starr wie gefrorenes Eis. Der Zustand des Jungen wirkte fast ansteckend auf mich, wie ein tiefes schwarzes Loch der Ichlosigkeit, das jeden, der ein wenig feinfühlig war, einzusaugen drohte wie ein dunkler Strudel. Doch auch heute war das erwachte Beobachterbewusstsein in mir, das mich auf einer anderen, einer zweiten Ebene selbst in dieser düstersten Emotion der unberührte Zeuge bleiben ließ. Und dieser Zeuge wusste weit mehr als ich, weit mehr als das Ich. Er lehrte mich in diesem desolaten Moment etwas Fundamentales, etwas Elementares: Es gab viele verschiedene Bewusstseinszustände zwischen absoluter Unbewusstheit und vollkommener Bewusstheit. Der Mensch war in der Lage alle diese Spektren des Bewusstseins zu erfahren. Mehr noch, es war die eigentliche Aufgabe seines Lebens, Zeuge all dieser verschiedenen Zustände zu sein – in sich selbst und in anderen.

„*Basmala*! In Gottes Namen!", stieß Schwester Baquiya verzweifelt aus, und ich spürte den Stich des Mitgefühls in ihrem Herzen wie in meinem eigenen.

Ich setzte mich neben den Jungen aufs Bett und ahmte instinktiv seine äußere Haltung nach. Ich saß einfach da und starrte wie er auf die Füße – innerlich und äußerlich bewegungslos. Baquiya sah mich fragend an, doch nach einer kurzen Weile schien sie zu bemerken, dass meine spontane Handlung etwas bewirkte. Obwohl der Junge sich noch immer nicht bewegte, entspannte er sichtlich. Baquiya nickte mir zu, berührte mich am Arm und verließ das Zelt.

Ich saß noch immer in der gleichen Haltung neben dem Jungen, als meine Kollegen zur Visite kamen. Ian sah mich grinsend an. Vorsichtig erhob ich mich vom Bett und bedeutete den Kollegen, dass wir uns besser draußen unterhalten sollten.

„Warst du die ganze Nacht hier, Ellen?" fragte Victor besorgt.

„Nein. Schwester Baquiya hat mich heute Morgen geweckt, nachdem der Kleine aufgewacht war."

„So wie es aussieht, können wir die Kinder keine Minute aus den Augen lassen. Was ist, wenn sie aus dem Bett klettern und sich irgendwo in der Stadt verlaufen, weil sie ihre Mutter suchen? Ich bin sicher, sie haben noch nicht begriffen, dass sie tot ist."

„Wir können keinen von uns abstellen, ohne unseren Arbeitsplan vollkommen über den Haufen zu werfen. Schwester Baquiya fehlt jetzt schon an allen Ecken und Enden."

„Es wird eine Lösung geben ...", hörte ich mich sagen. Meine Stimme klang anders als sonst. Klarer, voller, sicherer.

Schwester Baquiya blieb dennoch vorerst bei den Kindern, die inzwischen alle wach geworden waren und wie erwartet jegliche Nahrungsaufnahme verweigerten und sich ähnlich verhielten wie der Älteste. Ich dachte immer wieder an Parham, sah ihn vor meinem inneren Auge, doch er war noch nicht gekommen. Ob ich nach ihm suchen sollte? Aber wo? Ich würde ihn niemals finden. Entweder er kam, so wie ich es vor mir sah, oder wir würden die Aufgabe ohne ihn bewältigen. Zurück blieb ein Gefühl der Gelassenheit und der Gewissheit, das mich durch den Tag trug.

Als er dann tatsächlich vor mir stand, war es wie ein göttliches Gewitter, wie ein gewaltiges Zusammentreffen von Himmel und Erde. Es war ein Wunder; das erste Wunder, das ich in allen Einzelheiten – von seiner Entstehung bis zu seiner Manifestation – bewusst erlebte. Ich war gerade auf dem Weg in unser Lager, um Medikamente zu holen, als ich ihn durch den Park zum Besprechungszelt kommen sah. Ich weiß nicht, wie ich seinen Anblick beschreiben soll, seine Anmut und seine Männlichkeit, seine Sicherheit und seine Schönheit. Seine Haut glänzte golden im schwächer werdenden Tageslicht und seine Augen strahlten, ohne dass er lächelte. Er trug ein einfaches traditionelles Gewand wie jeder andere Mann in Muzzaffarabad, doch man sah sofort, dass er nicht einer von ihnen war. Jeder seiner festen Schritte strahlte eine Souveränität und Bewusstheit aus, an die selbst Iman nicht heranreichte. Gelassen und entspannt lief er mir entgegen und für einen Moment vergaß ich alles, die Welt und mich selbst, und versank in dem Bewusstsein, in dem er, ich und alles vom Anbeginn der Zeit eins waren.

Auch er hatte mich gesehen und kam schweigend auf mich zu. Wortlos führte ich ihn in das Zelt der Kinder. Schwester Baquiya rasierte ihnen gerade zusammen mit Schwester Irene so gut wie möglich die Haare, um sie zu entlausen. Die beiden Frauen blickten auf und ihre Reaktion hätte unterschiedlicher nicht sein können. Irene nahm kaum Notiz von ihm und widmete sich sofort wieder ihrer Arbeit. Schwester Baquiya hingegen starrte Parham ehrfürchtig und sichtlich bewegt an wie einen Heiligen. Sie hatte Tränen in den Augen und war unfähig, den Rasierer zu führen.

Parham tat das einzig Richtige. Er ging hinüber zu den Schwestern und stellte sich höflich und bescheiden, fast demütig, vor: „Mein Name ist Parham Azar. Ich bin Arzt und habe gehört, dass Sie Hilfe brauchen. Ich lebe in der Gegend und würde meine Hilfe gerne anbieten."

Nie hatte ich eine höflichere Vorstellung gesehen, nie eine interessantere Begegnung dreier Fremder. Es war wie ein Schauspiel, ein abstraktes Bühnenstück, das extra für mich inszeniert worden war, damit ich begriff, wer Parham war und wie er auf die Menschen wirkte – auch auf mich. Irene reagierte noch immer kaum. Es war fast, als nähme sie Parham gar nicht wahr. Schwester Baquiya aber strahlte, blühte in Parhams Gegenwart förmlich auf. Sie drehte sich ihm zu und sagte viel demütiger, als ich es von ihr gewohnt war: „Sie schickt der Himmel, Doktor Parham."

Ich beobachtete ihn genau, jede seiner Bewegungen, jede seiner inneren Regungen, wollte wissen, was er empfand, wie er reagierte und was seine Ausstrahlung so besonders machte. Mit einer winzig kleinen Geste bedeutete er Schwester Baquiya, sie könne ruhig weiter rasieren. In diesem Augenblick spürte ich, wie sie vollkommen entspannte. Ich hörte fast das innere Seufzen der Erleichterung, weil Parham ihr die ganze Last der Verantwortung für das Wohlergehen der Kinder, die sie freiwillig auf sich geladen hatte, abnahm. Ja, so war es in diesem Moment und ich wurde Zeuge dieses wundersamen Ereignisses: Parham war tatsächlich gekommen, um sich der Kinder vollkommen, ohne Einschränkung, anzunehmen. Er empfand keine Hilflosigkeit, keine Angst, ob sie genesen würden. Die Kluft zwischen Wunsch und Wirklichkeit, die ich gestern erst so deutlich in mir wahrgenommen hatte, existierte in seinem Bewusstsein nicht. Er erlebte keinen Stress, weil er sich fragte, auf welche Weise er zur Heilung der Kinder beitragen konnte. In ihm waren kein Mitleid und kein Widerstand gegen ihren erbarmungswürdigen Zustand. Und doch war er nicht kalt, nicht distanziert und emotionslos. Parham war auch jetzt weich und stark zugleich. Er strahlte eine Wärme des Herzens aus und eine Zuversicht, die jede Form der Hoffnung, die mir in meinem Leben begegnet war, in den Schatten stellte. Mir war, als stehe er jenseits des Schmerzes, als glaube er nicht an dessen Macht, und doch belächelte er ihn nicht, oder verachtete ihn, wie Irene das so gerne tat.

Parham setzte sich auf das Bett des Mädchens, dessen lange schwarze Locken bereits rasiert waren. Ganz sanft und lautlos setzte er sich auf ihre Bettkante. Plötzlich hatte ich das Gefühl, als wirke meine Gegenwart nur störend, und unbemerkt verließ ich das Zelt der Kinder. Ich suchte Victor und Ian und fand sie im Behandlungszelt. Sie begannen gerade mit den Reinigungs- und Aufräumarbeiten nach einem langen Behandlungstag. „Ihr glaubt nicht, was für ein Glück wir haben!", rief ich mit fast kindlicher Aufregung. „Ein iranischer Kollege hilft uns mit der Betreuung und Behandlung der Kinder."

„Wer?", fragte Ian eine Spur zu nüchtern.

Ich wusste nicht recht, wie ich erklären sollte, wer Parham war, woher er kam und woher ich ihn kannte. „Er heißt Parham Azar. Ich habe ihn hier in Muzzaffarabad kennengelernt. Er hat in den USA Medizin studiert und lange dort praktiziert, bis er in seine Heimat zurückgekehrt ist. Ich halte ihn in jedem Fall für befähigt."

„Unser Team ist mit hervorragenden Ärzten und Schwestern mehr als gut besetzt, Ellen. Das weißt du", mauerte Victor. „Lass uns beim Essen darüber reden. Dein Bekannter ist selbstverständlich eingeladen."

Meine Erleichterung und meine Freude über Parhams Kommen bekamen zarte Risse wie austrocknende Erde. Victors Blick wirkte kalt und undurchdringlich.

Eine Stunde später suchte ich im Zelt der Kinder nach Parham. Als ich den Vorhang am Zelteingang zur Seite schob und den ersten Schritt ins Zelt tat, kam es mir vor, als beträte ich eine andere Ebene des Seins. Mir war, als schwappe mir eine Welle unsichtbarer Energie, einer hellen, lichten Kraft entgegen, die mir bekannt und doch noch immer fremd erschien. Sie hüllte mich augenblicklich ein und ich glaubte, sie körperlich in Form von Wärme und einem leichten Kribbeln in den Nervenbahnen wahrzunehmen. Gleichzeitig wurde mir ihre Wirkung bewusst: Sie entspannte und befreite, und sie vermittelte ein Gefühl der Geborgenheit und absoluten Sicherheit.

„Natürlich", dachte ich. „Das war es, was den Kindern fehlte. Das war es, was die Kinder mit ihren Eltern und ihrem Heim verloren hatten." Aber es war noch mehr als das, mehr als die Geborgenheit, die ein physisches Zuhause einem vermitteln konnte.

Es dauerte eine Weile bis sich meine Augen an das diffuse Leuchten der unsichtbaren Energie und der einsetzenden Dämmerung gewöhnt hatten. Dann sah ich Parham und Schwester Baquiya. Sie wirkte vollkommen in Einklang mit Parham, der stumm die nächsten Handgriffe vorzugeben schien. Ich konnte ihr ansehen, dass sie ihm blind vertraute. Fast synchron versorgten sie die Kinder und wirkten dabei so erfüllt von Liebe, dass ich mich kaum traute, mich ihnen zu nähern. Jede heftige Bewegung, jede gröbere Ausdrucksform schien hier völlig unpassend, gar unmöglich.

Erst als Parham mich lächelnd ansah, traute ich mich, ihn anzusprechen. „Es wäre schön, wenn wir heute Abend gemeinsam essen könnten, um mit meinen Kollegen zu besprechen, wie deine Aufgabe hier aussehen soll und kann, Parham."

Er nickte leicht und lächelte zuversichtlich. „Ich bin in zehn Minuten bei euch, Ellen", sagte er sanft.

Ich war schon auf dem Weg zum Ausgang, als mir bewusst wurde, wie ungern ich das Zelt wieder verließ, diese Atmosphäre der Leichtigkeit und Geborgenheit, die jegliche Hilflosigkeit, Trauer und jeglichen betäubenden Schmerz einfach weggewischt hatte wie reines, klares Wasser den gröbsten Schmutz.

Zehn Minuten später saßen wir tatsächlich mit Victor beim Abendessen. Es herrschte eine eigenartig angespannte Stimmung, ganz anders als im Zelt vor wenigen Minuten. Victor taxierte Parham mit wertenden Blicken. Ich konnte seine Gedanken förmlich lesen, und was ich las, gefiel mir nicht. Es war ein ganz neues Gesicht Victors, das ich heute zu sehen bekam.

„Ich möchte euch gerne miteinander bekannt machen. Victor, unser Teamleiter. Er ist Belgier, ein erfahrener Nothelfer und hat viele Jahre in Amsterdam und Brüssel praktiziert."

Parham nickte Victor respektvoll zu. Victor zeigte keine Reaktion. Dennoch fuhr ich mit ruhiger Stimme fort. „Parham Azar ist in den USA ausgebildeter Mediziner, der vor zehn Jahren in seine Heimat, den Iran zurückgekehrt ist. Heute lebt er in Kashmir. Er hat zahlreiche Publikationen zum Thema „Unterbewusstsein und Heilung" vorzuweisen und ist – soweit ich weiß – in akademischen Kreisen bekannt."

„Haben Sie irgendwelche Papiere dabei?", fragte Victor kurz und knapp.

Papiere?! Als ich das Wort hörte, wusste ich, dass Victor Parham keine Chance geben wollte. Für mich hieß das, dass er nicht bereit war, den Kindern eine Chance zu geben. Mein Herz krampfte sich zusammen, ich hätte vor Wut und Verzweiflung schreien können, weil ich nicht verstand, was hier geschah und warum. Es fühlte sich so falsch an, wie sich eine Entscheidung nur falsch anfühlen konnte. Wütend wollte ich aufspringen und für Parham kämpfen, doch er hielt mich irgendwie zurück. Es war nicht einmal ein Blick von ihm, keine Geste, nichts. Es geschah tiefer. Plötzlich verstand ich, dass niemand für ihn kämpfen musste, weil niemand so genau wusste, was er tat und warum er es tat, wie Parham selbst.

Als er sprach, zeigte seine Stimme keine Spur von Aggression oder Defensive. „Nein, ich bin nur in der Stadt, um den Erdbebenopfern zu helfen. Ich habe keine Papiere dabei. Sie müssen mir vertrauen, dass ich der bin, der ich zu sein vorgebe."

„Es geht hier nicht um Vertrauen, Mr. Azar. Wir sind eine gemeinnützige Organisation, die mit Spendengeldern arbeitet. Wir können nicht einfach jemanden einstellen, der behauptet, er sei Arzt und keine Zeugnisse vorlegen kann."

„Nein, das können Sie nicht, aber Sie sollen mich auch gar nicht einstellen. Ich bin einzig und allein für die Kinder hier. Ihr Team kann diese Aufgabe unmöglich zusätzlich bewältigen."

„Verstehe ich Sie richtig, Sie wollen sich unentgeltlich um die Kinder kümmern?"

„Ja, natürlich!" Ich hatte noch nie einen aufrichtigeren, unschuldigeren, selbstloseren Blick gesehen.

„Es tut mir leid, Mr. Azar, aber das geht nicht. Wir sind an internationale Regeln gebunden. Schon aus Gründen des Versicherungsschutzes ..." Victor sah blass und verkrampft aus. Seine Lippen wirkten steif und seine Mundwinkel starr. Sein abweisendes Verhalten schmerzte mich so sehr, dass ich den Tränen nahe war. Ich wünschte, Parham würde kämpfen, für sein Angebot und für die Kinder, aber er stand ruhig auf, ging auf Victor zu, gab ihm die Hand, sagte: „Da haben Sie wohl recht, Victor. Auf Wiedersehen", und ging. Er lief leichtfüßig in die Nacht, ohne mich noch einmal anzusehen, ohne sich noch einmal umzusehen. Die Verzweiflung, die ich in diesem Moment empfand, war unerträglich.

Auch Victor stand auf und verließ den Essplatz, wie um seiner Entscheidung Nachdruck und sich selbst Autorität zu verleihen. In mir breitete sich lähmende Leere aus, die von Unverständnis und Enttäuschung genährt wurde.

Ich musste nicht den ganzen Weg zum Fluss hinablaufen. Er saß oben auf der Böschung in der Dunkelheit. Als er meine Schritte auf dem steinigen Boden des Abhangs hörte, sagte er: „Ich habe auf dich gewartet."

Wieder war mir, als müsse ich in Tränen ausbrechen, doch ich hielt sie zurück, weil ich begreifen wollte, was geschehen war.

„Warum hast du so schnell aufgegeben!" Ich versuchte, es nicht wie einen Vorwurf klingen zu lassen.

„Setz dich zu mir." Er spürte meinen Widerstand. „Komm!"

Seine Hand zog mich und für einen Moment vergaß ich meinen Schmerz, meine Verzweiflung und meine Wut. Seine Ausstrahlung, seine Wirkung auf mich war einfach ungeheuerlich. Warum wirkte seine Präsenz nicht ebenso auf Victor und Ian, fragte die Stimme der Verzweiflung in mir.

„Komm, Ellen", sagte er erneut und ich setzte mich auf den kalten Felsen an seine rechte Seite. „Du hast gerade erlebt, wie zwei Welten aufeinanderprallen, die nicht immer zusammenpassen und nicht immer zusammenfinden. Ich spreche von der materiellen und der spirituellen Welt." Er machte eine wohl durchdachte Pause und in mir hallten seine Worte wider wie in einem leeren alten Haus.

„Materielle und spirituelle Welt? Ich verstehe das nicht, Parham. Ich verstehe *dich* nicht."

„Hör mir zu, dann wirst du mich verstehen." Er drückte meine Hand. „Du musst mir jetzt zuhören!", beschwor er mich.

Ich schwieg endlich und er begann über Dinge zu sprechen, von denen ich noch nie gehört hatte. „Deine Kollegen sind Teil der materiellen Welt, in der du bisher gelebt hast. Sie verkörpern die Erfahrungsebene, auf der der Mensch glaubt, nichts als Körper, Gedanken und Gefühle zu sein. In diesem Bewusstsein sieht er alle körperlichen Dinge und physischen Wesen als getrennt voneinander und glaubt, dass der Mensch, der Arzt, einen kranken oder verletzten Körper durch seine erlernten Fähigkeiten, Medikamente und Operationen heilen kann, so wie ein Mechaniker ein Auto durch den Einbau von Ersatzteilen reparieren kann. Dieses materielle Bewusstsein fürchtet das spirituelle Bewusstsein, die spirituelle Erfahrungsebene, obwohl sie ein Teil von ihm ist. Es lehnt sie ab und bekämpft sie, weil es spürt, dass es in ihr seine Macht und Autorität der linearen Logik und des Eigenwillens verliert; die Macht, selbst der Handelnde zu sein." Wieder machte er eine Pause, damit seine Worte auf mich wirken konnten. „Deshalb halten sich Menschen mit spirituellem Bewusstsein oft von denen fern, die mit der materiellen Erfahrungsebene identifiziert sind. Sie sind nicht bereit, um Macht zu kämpfen. Auch das beste Argument, selbst die tatsächliche sofortige Genesung der Kinder in meiner Gegenwart, hätte Victor nicht überzeugt oder umgestimmt. Es hätte ihm nur noch mehr Angst gemacht. Er war nicht gegen meine Hilfe, sondern gegen das, was ich bin. Er fürchtete sich vor dem, was ich repräsentiere – höheres, spirituelles Bewusstsein."

„Aber warum denn?", rief ich verständnislos aus. „Du warst so ruhig, freundlich und besonnen. Man muss dich einfach mögen. Schwester Baquiya liebt dich. Die Kinder lieben dich."

„Victors Reaktion zeigt keine Furcht vor meinem Verhalten, Ellen. Er fürchtete vielmehr das, was ich bin, die Kraft, die er in mir spürte. Die Kraft über die er keine Macht hat, die Autorität, über die er keine Autorität hat."

Parham sprach die Wahrheit und er sprach sie aus Erfahrung und Einsicht, wusste ich in diesem Moment. Dennoch rief ich aus: „Aber was gibt es Schöneres, als diese Kraft, Parham. Es ist die Kraft der Liebe."

„Das wissen wir, aber ein Mensch, der die Welt nur aus materieller Perspektive sieht, weiß das nicht. Er empfindet die reine Liebe als Bedrohung, weil sie eine neue Sicht der eigenen Identität fordert. Und es hat keinen Sinn, ihm unsere Sicht der Welt und des Menschen, die spirituelle Sicht, aufzwingen zu wollen. Deshalb gab es in diesem Fall nur ein richtiges Verhalten. Ich musste gehen."

Ich war noch nicht bereit, aufzugeben. „Aber was wird jetzt aus den Kindern, Parham? Sie werden niemals aus ihrem Trauma herausfinden ohne dich."

Er lachte. „Doch, das werden sie. Durch dich. *Du* wirst ihnen helfen."

„Aber ich weiß nichts. Ich weiß nicht wie. Ich bin nicht so stark wie du."

„Doch, Ellen, das bist du. Nichts zu wissen ist wirkliche Stärke und die einzige Einstellung, die ein guter Arzt je haben sollte. Keine zwei Patienten sind gleich, keine zwei Krankheitsfälle sind identisch. Auch ich weiß nicht, wie man diesen Kindern helfen kann. Ich kenne die eine richtige Therapie nicht, das eine wirksame Rezept. Aber ich habe keine Angst davor, es nicht zu wissen, und bin bereit, es herauszufinden. Dies ist nun deine und nicht meine Aufgabe und es ist gleichzeitig deine Prüfung. Ich weiß, du wirst sie bewältigen. Mit Leichtigkeit und mit Freude."

„Ich spüre keine Leichtigkeit und schon gar keine Freude, Parham. Ich bin wütend und verzweifelt. Ich würde am liebsten alles hinschmeißen. Ich weiß nicht einmal, wie ich Victor jetzt begegnen soll. Bisher dachte ich, er sei mein Freund."

Parham lachte leise. „Aber das ist er doch. Morgen wird alles vergessen sein. Alles hinzuschmeißen wäre wirklich das Dümmste, was du jetzt tun kannst. Dafür ist es viel zu früh. Nimm die Herausforderung an. Du hast heute sehr viel erlebt und gehört. Es ist nicht leicht, all diese Dinge zu verarbeiten."

„Wieso bist du dir so sicher, dass ich den Kindern helfen kann?"

Er schwieg lange. Für einen Moment glaubte ich, er wolle mir nicht antworten. „Du hast mehr als einmal bewiesen, dass du den Weg zu uns wiedergefunden hast. Du bist ein Teil von uns und wir ein Teil von dir. Selbst wenn wir getrennt sind, sind wir miteinander verbunden. Durch viele Leben sind die Fäden unseres Wirkens miteinander verwoben. Wir haben immer gemeinsam im Namen der Liebe gewirkt. Dies ist erst der Beginn deines Weges zurück zu deiner wahren Aufgabe, zur Wahrheit und der Gemeinschaft, die diese Wahrheit in vollkommener Weise verkörpert und lebt. Du selbst bist ein spiritueller und kein materieller Mensch."

Er sprach wie ein Prophet, der über die Grenzen der Zeit hinaus den Pfad meiner Existenz betrachtet. Ich spürte eine Gänsehaut, mein Körper wurde leicht und weich, mein Herz ruhig und mein Geist leer, als ich mit ihm in meine Vergangenheit und in meine Zukunft schaute. Leise fragte ich: „Wen meinst du mit *wir*? Wer ist diese Gemeinschaft, von der du sprichst?" Vor meinem inneren Auge sah ich das deutliche Bild von Iman.

„Wir sind eine sehr alte Linie von Meistern, die bis zu *Shiva Mahadeva,* dem göttlichen Bewusstsein selbst, zurückführt. Wir sind keine Religion oder Sekte, keine Institution und keine Organisation, sondern spirituelle Menschen, welche die nicht-dualistische Wahrheit verkörpern, dass Gott und Mensch, Gott und Welt eins sind, dass Wahrnehmender und Wahrgenommenes eins sind. Wir haben schon viele spirituelle Meister aller Zeiten in unseren Kreis aufgenommen, von ihnen gelernt und sie gelehrt. Doch unsere Lehre hat sich nie durch das gesprochene Wort oder eine Unterweisung in Form von Verhaltens- oder Übungsregeln verbreitet. Wir haben durch unsere Präsenz und unsere Handlungen gelehrt. Unsere Lehrer waren stets ein leuchtendes Beispiel für das Geheimnis der

Selbstverwirklichung. Unsere Lehre war nur die Liebe und die Liebe unser einziger Lehrer."

Tausende von Kilometern von Deutschland entfernt, in der Ödnis eines zerstörten Erdbebengebietes, das mich täglich aufs Neue mit einem nie gekannten Gefühl der Hilflosigkeit und Ohnmacht konfrontierte, fand ich mein spirituelles Zuhause, ohne es jemals zuvor gesucht zu haben, ja, ohne jemals auch nur geahnt zu haben, dass es existierte und mir fehlte. Alles fiel an seinen Platz. Gleichzeitig öffnete sich eine Tür, die bisher verschlossen gewesen war, durch den Windstoß der Zugehörigkeit und des Erkennens meiner spirituellen Identität. In diesem Moment sah ich den Kern meines Wesens und ich erkannte gleichzeitig den Sinn meines Wirkens.

Ich fiel in tiefes Schweigen und blickte ebenso tief hinein in mein Innerstes. Ich war heimatlos und wurzellos gewesen und daher niemals wirklich glücklich. Erst jetzt spürte ich, dass ich getrieben statt geborgen und zugehörig gewesen war. Parham führte mich zum inneren Zugang zu meiner wahren Identität, die nichts mit meinem bisherigen Selbstbild gemein hatte. Obwohl ich nicht wusste, wer diese Menschen waren, von denen Parham sprach, was sie taten und was sie und mich wirklich verband, glaubte ich ihm. Ja, es war mehr als bloßer Glaube. Ich wusste es. In dem Moment, als Parham es aussprach, wusste ich, dass es so war. Wir hatten immer gemeinsam im Namen der Liebe gewirkt.

„Ich danke dir, Parham. Du hast mir so viel gegeben."

„Du schuldest mir nichts. Nicht einmal Dank."

Er griff in eine Tasche seines Gewandes, um etwas herauszuholen, nahm meine linke Hand und öffnete sie vorsichtig. „Nimm dieses Amulett. Es gehört dir. Wir haben es für dich aufbewahrt."

Meine Finger schlossen sich um das kalte Metall, dessen Form ich in der Dunkelheit nicht erkennen konnte. Plötzlich ging von dem Amulett ein Energiestrom aus, der wie ein Blitz durch meinen Körper und mein gesamtes Nervensystem schoss. Mir war, als würde ich aufgeladen. In jeder Zelle, jedem Atom, jedem kleinsten Teilchen und in allen Zwischenräumen spürte ich die Kraft der Energie, die wie ein gewaltiger Windstoß durch alle Nervenbahnen meines Körpers fegte und sie freipustete. All das spielte sich in Bruchteilen von Sekunden ab und doch konnte ich jedes Detail dieser Erfahrung wahrnehmen und war später zu jeder Zeit in der Lage, alles ebenso detailgenau wiederzugeben. Meine Wahrnehmung war in diesem Moment vollkommen und mein Erinnerungsvermögen stand ihr in seiner Präzision in nichts nach. Kurz wunderte ich mich, dass Parham völlig unbeteiligt und emotionslos neben mir saß. Ich fragte mich, wie oft er so etwas schon erlebt hatte. Wie oft hatte er ein solches Gespräch geführt und ein solches Amulett übergeben? Hatte er selbst in einer ähnlichen Situation eines erhalten?

„Ich trage dasselbe Amulett", sagte er in diesem Moment. Meine Hand hielt das Metall, das durch die Energie warm geworden war, noch immer fest umschlossen.

Erst als ich ins Nothospital zurückgekehrt war, wagte ich es, die Hand zu öffnen. Mit der Taschenlampe leuchtete ich vorsichtig auf das Amulett, ein symmetrisches, silbernes Kreuz in einem Davidstern, das an einem Lederband befestigt war.

Zwölftes Kapitel

Ich erwachte mit dem Amulett in der Hand und blickte es, noch bevor ich den ersten Gedanken des Tages dachte, fasziniert an. Ein Kreuz und ein Davidstern; die Verbindung des wichtigsten christlichen Symbols mit dem Zeichen des Judentums. „Wir haben es für dich aufbewahrt ...“, hatte Parham zu mir gesagt. Ich konnte die Bedeutung dieses Satzes kaum fassen, zu groß, zu weit und zu fremd war mir die Erfahrung, die mit der Akzeptanz dieses Satzes verbunden wäre. Bedeutete es nicht, dass ich schon einmal gelebt hatte und dass ich in Kashmir war, um das, was ich zuvor begonnen hatte, fortzuführen? Bedeutete es nicht, dass es Menschen gab, die von meiner Rückkehr wussten, ohne dass ich selbst mich an sie erinnerte?

Nervös sprang ich aus dem Bett und knotete mir das Lederband um den Hals. Das Amulett verströmte noch immer seine unvergleichlich starke Energie, die spürbar auf mich wirkte. Sie veränderte mein Bewusstsein, machte es weiter und klarer. Zudem schien die Energie des Amulettes mich zu schützen, fast wie ein unsichtbarer Schild.

Ich zog mich an und ging zum Frühstückszelt wie jeden Morgen, doch *ich* war eine andere. Heute sah ich mich in einem viel größeren, ja universellen Zusammenhang und ahnte den Sinn meiner individuellen Existenz wie das Glühen einer stetig im Hintergrund brennenden hellen Flamme, die lange unsichtbar gewesen war. Ich fühlte mich viel freier, gestärkt im Vertrauen in meine persönliche Wahrnehmung und unabhängiger in meiner Entscheidungskraft. Ja, ich glaubte, sogar ein kleines bisschen der Souveränität gewonnen zu haben, die ich an Parham beobachtet und bewundert hatte.

Als ich später das Zelt der Kinder betrat, fand ich wieder Schwester Baquiya bei ihnen. Sie wirkte blass und müde.

„Warst du etwa die ganze Nacht hier?“, fragte ich sie besorgt. „Das geht nicht Baquiya. Wir brauchen dich. Du bist unsere beste Schwester. Du musst dich ausruhen.“

„Aber jetzt, wo Doktor Parham nicht mehr da ist ...“ Sie war den Tränen nahe, ebenso wie ich.

„Er ist nicht mehr da, aber er hat mir versichert, dass die Kinder genesen werden.“

„Wie denn, Doktor Ellen? Sehen Sie sich die Kinder doch an. Sie sind wie lebende Tote.“

„Wir werden einen Weg finden, ihnen zu helfen, Baquiya. Du und ich. Wir müssen nur Vertrauen haben.“

Victor schien den Vorfall von gestern Abend tatsächlich, wie Parham vorausgesagt hatte, völlig vergessen zu haben. Dennoch bemühte ich mich – vielleicht mehr als nötig – um Zurückhaltung. Ich wollte auf jeden Fall vermeiden, dass er mir gegenüber ähnlich abweisend und misstrauisch reagierte.

Weil mein prall gefüllter Tagesablauf nicht genügend Zeit hergab, verbrachte ich die Nächte bei den Kindern – allein. Ich spürte instinktiv, dass ich nur allein herausfinden würde, was sie aus ihrer Todesstarre herausführen könnte. Immer häufiger dachte ich in dieser Zeit an ihren Vater, den die Behörden noch immer nicht gefunden hatten. Jede Nacht stellte ich mir vor, dass nicht ich am Bett der Kinder saß und sie kämmte, streichelte und massierte, sondern er. Ich sah tief hinein in den inneren Raum meines Bewusstseins, so tief wie ich konnte, so tief, wie ich in der Gegenwart von Parham gesehen hatte. Dort unten, wo Tag und Nacht, Bewusstsein und Unterbewusstsein einander berühren, suchte ich nach dem Bild des Vaters. Ich war absolut sicher, dass ich in der Lage war, ihn in mir zu erkennen. Absolut sicher. Die ganze Nacht saß ich dort und suchte nach ihm. Erst sah ich nichts als Dunkelheit. In der Dunkelheit zeigten sich ab und zu kleine Lichtblitze in verschiedenen Farben. Doch der innere Raum blieb dunkel und zweidimensional, klein und eng wie ein winziges Zimmer, in das man lange keine Luft mehr gelassen hatte. Vielleicht hatte ich dort einmal sehen können, vor langer, langer Zeit, als ich das Amulett getragen hatte. Doch heute war diese Gabe völlig eingeschlafen. Mehr als einmal war ich kurz davor aufzugeben, weil ich höllische Kopfschmerzen spürte, denn ich überanstrengte und verspannte mich. Ein paar Mal schlief ich erschöpft ein. Doch ich gab nicht auf, erinnerte mich immer wieder daran, dass zwei Menschen, denen ich absolut vertraute, mir erklärt hatten, dass ich alles, was ich wissen musste, bereits wusste. Ich musste nichts tun, ich musste mich nur erinnern. Doch wie erinnert man sich bewusst und gewollt? Es war, als sei mir ein Wort oder eine Erfahrung einfach entfallen, und ich wusste nicht mehr, wie ich sie in mein Bewusstsein zurückholen sollte.

Nach zwei Nächten veränderte sich meine Wahrnehmung: Der innere Raum wurde weiter und heller, das bunte Blitzen ließ nach. Ein Gefühl der Unendlichkeit stellte sich ein. Gleichzeitig entspannte ich körperlich und geistig. Das drängende Gefühl, das Bild des Vaters unbedingt finden zu müssen, ließ nach. Unermüdlich blickte ich weiter in mich hinein. In der dritten Nacht nahm ich ein vages, flüchtiges Gefühl wahr. Eine männliche Person, eine männliche Energie. Und tatsächlich ... Langsam begann eine kleine, hagere Gestalt sich vor meinem inneren Auge zu manifestieren. Ich war absolut sicher, dass ich *ihn* sah, den lange gesuchten Vater, nicht irgendeinen Mann oder meine persönliche Vorstellung von diesem bestimmten Mann. Nein, ich sah den Vater dieser Kinder. Er sah ihnen ähnlich, war ein einfacher Mann, dem man die schwere körperliche Arbeit für wenig Geld ansah.

Von nun an beugte ich mich über die Kinder mit dem Gefühl, das ich in mir wahrnahm, wenn ich ihn sah. Ich stellte mir vor, dass ich er sei. Ich sah sie mit seinem Blick an. Meine Hand war seine Hand, die sie streichelte, meine innere Stimme war seine Stimme, die lautlos Zwiesprache mit ihnen hielt, sie tröstete und ihnen Hoffnung machte; die Hoffnung darauf, dass er bald kommen werde.

Instinktiv nutzte ich die Kraft der Visualisierung, nicht als Kraft der Suggestion und Illusion, sondern als Kraft der Befreiung und der Heilung. Ich fand diese Kraft in mir und lernte von ihr. Der Mensch, der in eine Welt der Bilder geboren wird, lernt aus diesen Bildern, begriff ich plötzlich. Sie sind der Stoff, aus dem sein Universum besteht, der Stoff des Bewusstseins. Durch die Kinder lernte ich, dass es Ur-Bilder und -Symbole gab, die heilen und den Menschen von Leid und Schmerz befreien konnten. In diesen einsamen Nächten nutzte ich die Kraft der bildlichen Vorstellung, weil ich kein anderes Mittel hatte. Gerade das war der Segen dieser Erfahrung. Erst wenn das Bewusstsein keinen Weg mehr kennt, wendet der Mensch sich den höheren geistigen Kräften zu. Hatte Parham nicht auch von einer solchen Situation in seinem Leben erzählt?

Ich tat, was getan werden musste, wie ein Werkzeug, das keinen eigenen Willen hat. Ich empfand mich als Schülerin. Ja, es war tatsächlich wie zu Beginn meines Studiums, als ich noch nichts über den menschlichen Körper, Krankheit und Medizin wusste. Hier in Kashmir begann ich bei null, weil ich gezwungen war, die Möglichkeiten und die Prinzipien der Heilung mit neuen Augen zu betrachten. Es war ein eigenartiges Gefühl, eine schwer zu beschreibende innere Haltung, die einem erwachsenen Menschen zumeist längst verloren gegangen ist. Ich finde nur ein Wort dafür: Demut. Mein Ich-Bewusstsein nahm einen völlig neuen Platz ein. Es glaubte nicht mehr, bereits alles zu wissen. Es öffnete sich für Neues. Dieses Neue war unglaublich und wundersam, denn ich lernte von einer Kraft, die jenseits der menschlichen Fähigkeiten liegt und sich nicht durch Sprache mitteilt. Ich lernte von der Liebe, wie Parham gesagt hatte.

Auch in dieser Nacht saß ich an den Betten der Kinder und hielt ihre Hand, als draußen vor dem Zelt ein lautes Geräusch das jüngste Mädchen aufweckte. Es öffnete die Augen, sah mich an und sagte: „*Abbu*, Papa." Dann schloss es die Augen beruhigt und schlief tief und entspannt ein. Da wurde mir etwas Wichtiges über die Seele des Menschen, ihre tiefsten Empfindungen, und ihre Ur-Ängste offenbar – sie fürchtet nichts so sehr wie das Verlassensein, die Einsamkeit, die Hilf- und Schutzlosigkeit. Sie braucht Schutz und Geborgenheit, um wachsen und gedeihen zu können.

Nach dieser Nacht war alles anders. Die Kinder verlangten zum ersten Mal hungrig nach Nahrung und das kleine Mädchen begann mit Schwester Baquiya zu sprechen. Ihre Brüder betrachteten die Kleine zwar argwöhnisch, als sei sie eine Verräterin, doch auch das war ein großer Fortschritt. Sie nahmen wieder wahr, was um sie herum geschah. Schwester Baquiya brach in freudiges Gelächter aus und umarmte mich ungestüm.

„Wie haben Sie das gemacht, Doktor Ellen? Wie haben Sie das bloß gemacht ...?"

Ich schwieg und Schwester Baquiya fragte nicht weiter. Ich glaube, sie wusste, dass man über diese Dinge nicht sprechen kann.

Natürlich hielten die Kinder mich bei Tage nicht für ihren Vater. Alles, was zwischen uns geschah, geschah nicht im Wachbewusstsein, sondern auf einer anderen, tieferen, unterbewussten Ebene. Deshalb konnte es nur nachts geschehen, während sie schliefen. Es diente ausschließlich ihrer Genesung, nicht ihrer Verwirrung. Sie gewannen das Gefühl zurück, nicht allein, nicht verlassen zu sein, sondern nach dem Tod der Mutter noch einen Vater zu haben, der sie liebte und für sie sorgte. Obwohl ich nicht einmal wusste, ob ihr Vater tatsächlich so war – besorgt und fürsorglich –, spielte auch das keine Rolle. Sie wurden nicht getäuscht, sondern erhielten das, was ihnen so fehlte auf einer subtilen, einer archetypischen Ebene. Ich nahm die Gestalt des Urvaters an, wenn man so will. Ich war nicht nur ihr Vater, sondern der ideale Vater, der Vater, den jeder in seiner ganzen Seele trägt und nach dem jeder zeitlebens sucht, wenn der eigene Vater diese Rolle nicht erfüllen kann.

Das Eis war gebrochen, der wichtigste Schritt in Richtung Leben getan. Ich atmete erleichtert und dankbar auf. Ich hatte eine Grenze meiner eigenen Fähigkeiten und Möglichkeiten erreicht und doch hatte es eine Lösung gegeben. Nicht eine Sekunde war ich so vermessen zu glauben, die Genesung der Kinder könnte mein Verdienst sein. Ich hatte sie nicht bewirkt. Sie war durch mich geschehen, weil ich bereit gewesen war, mit neuen Augen sehen zu lernen.

Victor sah noch am selben Tag nach den Kindern, weil Schwester Baquiya ihm keine Ruhe ließ. „Sie müssen sich die Kinder ansehen, Doktor. Es ist ein Wunder. Das Mädchen spricht schon wieder. Alle wollten essen und haben die *Chapatis* selbst zum Mund geführt." Schwester Baquiya hatte Tränen in den Augen. Ich versuchte, mich so gut wie möglich aus allem rauszuhalten, und ließ Schwester Baquiya mit Victor allein im Kinderzelt. Erst jetzt spürte ich Anzeichen einer Erschöpfung, die jedoch in keinem Verhältnis zu dem wenigen Schlaf standen, den ich mir in den letzten Nächten gegönnt hatte.

Ich nahm einen heißen Tee und erlaubte den Wogen meines Bewusstseins, sich von selbst zu glätten. Automatisch tauchte ich in einen tieferen Bewusstseinszustand der Entspannung ein. Zuerst herrschte absolute Ruhe in meinem Geist. Der innere Raum war leer und klar wie der blaue Himmel an einem kalten Wintermorgen. Es war, als blickte ich in die Tiefe und Weite des Universums, doch tatsächlich blickte ich in mich hinein, in meinen eigenen Geist, mein Bewusstsein. Plötzlich spürte ich etwas. Ich sollte besser sagen, ich sah etwas: Ein Bild stieg aus diesem Bewusstsein auf wie eine Woge auf einem unbewegten See. Ich sah mich an einem mir unbekannten Ort, einem Tempel oder einer Art Kirche. Ich war dort nicht allein, jemand war bei mir. Jemand, der diesen Tempel sehr gut kannte, den Tempel und seine Bedeutung ebenso wie mich. Er sah mich wohlwollend und liebevoll an. Ein vages Gefühl ließ mich glauben, dass ich Parham sah, doch ich konnte die Gestalt nicht genau erkennen, und so blieb ein Rest Unsicherheit. Ich glaubte, dass sie etwas zu mir sagen wollte. Etwas Wichtiges. Angestrengt versuchte ich, die Worte zu hören: „Srinagar!"

Victors Gegenwart riss mich aus meinem inneren Raum und den lebendigen inneren Bildern. Ich zuckte zusammen.

„Entschuldigung, Ellen. Du musst vollkommen erschöpft sein. Ich wollte dich nicht erschrecken."

Ich lächelte. „Schon gut, Victor. Schon gut!"

„Schwester Baquiya hat wirklich nicht übertrieben. Die Kinder sind in einem erstaunlich guten Zustand. Ich glaube, wir können sie in den nächsten Tagen hinüber ins Waisenhaus verlegen."

Ich nickte stumm und spürte Victors neu erwachte Unsicherheit mir gegenüber. Er wusste plötzlich nicht mehr, was er von mir halten sollte. Erst stellte ich ihm Parham als einen neuen Bekannten vor, und dann verbesserte sich der Gesundheitszustand der Kinder innerhalb weniger Tage radikal. Ich glaube, er spürte, dass Arzt zu sein für mich etwas ganz anderes bedeutete als für ihn. Doch er wagte nicht, mich zu fragen, wie ich die Kinder wirklich behandelt hatte. Parham hatte recht gehabt: Victor fürchtete das spirituelle Bewusstsein.

Drei Tage später kleidete ich die Kinder gemeinsam mit Baquiya an. Die Schwester hatte Tränen in den Augen. Sie hatte die Kinder sehr in ihr Herz geschlossen.

„Ohne deine mütterliche Fürsorge wären sie noch lange nicht so weit, Schwester Baquiya. Danke!"

„Ach, Doctor Ellen. Ich habe nichts getan. *Sie* waren das. Ich habe noch nie eine Ärztin wie Sie getroffen."

In dem Moment sah ich wieder das Bild des Tempels vor meinem geistigen Auge. Da wusste ich, dass ich meine Prüfung bestanden hatte und Muzzaffarabad bald verlassen würde, um meine innere Reise an einem anderen Ort fortzusetzen, der tiefe spirituelle Bedeutung für mich hatte. Ich nahm dieses Wissen unaufgeregt zur Kenntnis. Es schien mir irgendwie selbstverständlich.

Das Waisenhaus befand sich in der Nähe unseres Nothospitals. Victor hatte den Transport organisiert und so trafen wir noch vor Mittag mit einem morschen Kleinbus dort ein. Die Kinder waren während der kurzen Fahrt sehr ruhig, betrachteten die Welt mit großen, wachen Augen. Alles, was sie sahen, war vollkommen neu für sie, denn sie kannten nichts als die kleine überschaubare Welt der abgelegenen Bergdörfer und doch wirkten sie nicht ängstlich. Das kleine Mädchen hielt die ganze Zeit meine Hand und als wir das Waisenhaus, eine riesige Zeltstadt, betraten, streckte es die Arme aus, weil es auf meinen Arm wollte.

Kollegen des Internationalen Roten Kreuzes betreuten die Waisen und nahmen die Kinder in Empfang. Ich machte genaueste Angaben zu ihrem Alter und ihrer Krankengeschichte und überreichte unsere Korrespondenz zur Suche nach ihrem Vater. Dann war es an der Zeit, Abschied zu nehmen. Still bückte ich mich zu den Kleinen hinab und küsste sie mütterlich auf die Stirn.

„*Babbu aana*! *Babbu will come!* Papa kommt!", sagte ich mit absoluter Gewissheit. „*Main tumse muhabbat karti hun. I love you.*"

Dreizehntes Kapitel

Alle meine Sinne waren geschärft und als Victor zu sprechen begann, dachte ich, dass alles, was nun folgen werde, nichts mit Zufall oder Schicksal zu tun habe. Meine Schritte wurden gelenkt – seit dem letzten Tag im Krankenhaus in Frankfurt. Alles, was seither passiert war, geschah planvoll und auf ein Ziel gerichtet, das sich meiner Kenntnis bis heute entzog. Doch die lenkende, führende Kraft war mir nie bewusster gewesen als hier und heute.

Es war sehr still im Besprechungszelt und Victor sah mich ernst an. „Es gibt Neuigkeiten, Ellen. Ich habe gerade mit der Zentrale telefoniert und wollte zuerst mit dir unter vier Augen sprechen, bevor ich alle zu einer Besprechung zusammentrommle. In unserer Planung beginnt nun die Phase des Wiederaufbaus der medizinischen Versorgung in *allen* Regionen des Erdbebengebietes. Das betrifft Azad Kashmir, den pakistanischen Teil Kashmirs, ebenso wie Jammu und Kashmir, die indische Region. In den dortigen Grenzgebieten, Uri, Kupwara und Baramulla, herrscht auch heute, so viele Wochen nach dem Beben, noch ein Ausnahmezustand, der für uns hier nur noch böse Erinnerung ist. Die Basis-Station existiert bereits. Sie ist in Srinagar in einer alten Militärbase untergebracht."

„Srinagar!", tobte es stürmisch in meinen Gedanken. Ich hatte Mühe, Victor weiter zuzuhören. „Aber das Team ist zu klein, es braucht dringend Verstärkung. Ich weiß, dass das so nicht geplant war und überraschend für dich kommt. Trotzdem: Können wir mit dir rechnen?"

„Natürlich!"

„Dann wirst du morgen nach Srinagar gebracht, um den gesamten Winter dort zu verbringen?"

„Ja!"

„Ich danke dir, Ellen. Nur wenige unserer Ärzte sind so flexibel und einsatzbereit wie du. Ich verzichte nur ungern auf dich."

Einige Hausbesitzer begannen bereits mit dem Wiederaufbau, bemerkte ich auf meinem letzten abendlichen Streifzug durch die Gassen von Muzzaffarabad. Weit weniger Obdachlose schliefen auf den Straßen oder unter den Überhängen der Zwischendecken ihrer ehemaligen Häuser. Die Menschen hatten viel geschafft und doch gab es noch unendlich viel zu tun. Wieder spürte ich das lähmende Gefühl, dass jeder hier – die Betroffenen und die Nothelfenden gleichermaßen – kannte: Selbst der persönliche Einsatz bis zur Erschöpfung reichte einfach nicht aus. Was man gegen die Zerstörung, die das Beben verursacht hatte, auch tat – es war nie genug. Es schien mir an diesem Abend unvorstellbar, dass diese Stadt eines Tages wieder normal aussehen und normal leben werde. Würde Parham so lange hier bleiben, fragte ich mich. Wo war er jetzt? Wo wohnte er? Und wohin war Iman wohl gefahren?

Kurzentschlossen winkte ich eine Rikscha heran und ließ mich zu Imans Haus bringen. Es wirkte dunkel und unbewohnt, doch ich ließ mich von dem äußeren Eindruck nicht täuschen und schickte die Rikscha fort. Zunächst öffnete niemand auf mein eindringliches Klopfen. Ich versuchte es wieder und wieder. Doch plötzlich hörte ich schlurfende Schritte im Innenhof und der Riegel der Eingangstür wurde zurückgeschoben. Das Mädchen sah mich müde an.

„*Iman ghar*? Is Iman at home?"

„*Yes, sleeping*. Sie schläft."

„*I want to say good bye.* Ich möchte mich verabschieden."

„*Wait!*"

Das Mädchen schloss die Tür und ich wartete nervös auf der Straße. Bald hörte ich wieder die schlurfenden Schritte, die Tür öffnete sich geräuschlos und das Mädchen bat mich herein. Es führte mich in einen kleineren Salon, der mit wunderbaren Antiquitäten eingerichtet war, und brachte mir ein Glas Wasser. Es war sehr still in Imans Haus. Totenstill fast. Gerade diese Stille war Teil der besonderen Atmosphäre, die es für mich ausmachte. Sie hatte etwas Mystisches, Geheimnisvolles, ganz anders als das Chaos auf den Straßen und im Nothospital. Imans vertraute Stimme riss mich aus den inneren Bildern und Gedanken.

„Du bist gekommen, um dich zu verabschieden?" Sie wirkte wach und freundlich.

Ich stand auf, um sie zu begrüßen. „Iman. Es tut mir leid, dass ich dich zu dieser nachtschlafenen Zeit wecke, aber ich habe gerade erst erfahren, dass ich morgen nach Srinagar fliege."

„Nach Srinagar? Sehr gut."

Ich wagte nicht zu fragen, was sie damit meinte.

„Du hast deine Prüfungen in Muzzaffarabad also bestanden?!"

Wie beantwortete man eine solche Frage, die eigentlich eine Feststellung war?

„Wie fühlst du dich?" Iman setzte sich mir gegenüber in einen Sessel und sah mich genau an.

„Positiver, bewusster, wacher, neugieriger. Ich habe endlich begriffen, dass die Ereignisse, die mich hergeführt haben, nicht schlecht für mich sind. Ich fühle mich geführt und bin bereit, mehr über das Bewusstsein und die Liebe zu lernen. Dank dir ... und dank Parham."

„Du hast Parham wiedergetroffen?"

Es überraschte mich, dass sie nicht davon wusste.

„Ja. Er hat mir das hier gegeben!" Ich zeigte Iman das Medaillon.

„Hat er dir etwas dazu erklärt?", wollte sie wissen.

„Er hat gesagt: ‚Wir haben es für dich aufgehoben.' Ich hätte zu meiner geistigen Linie zurückgefunden oder so ähnlich und er hat von einer spirituellen Gemeinschaft gesprochen, zu der ich gehöre."

„Erinnerst du dich?"

„Nein. Ich beginne mich an die Qualitäten des Selbst, von denen du gesprochen hast, zu erinnern, und lerne, dass die Ereignisse nicht getrennt von meinem Bewusstsein geschehen, sondern in einer inneren Verbindung damit stehen und mich etwas lehren. Ich bin bereit zu lernen, aber ich bin noch weit von der vollständigen Erinnerung entfernt."

„Das glaube ich nicht, sonst würdest du nicht nach Srinagar geführt." Sie griff unter ihr Gewand und zog dasselbe Amulett hervor. Natürlich hatte ich es längst gewusst, doch als ich es jetzt an Iman sah, war gerade diese Tatsache erschreckend und überwältigend für mich. Mein Puls begann zu rasen und mir wurde abwechselnd heiß und kalt.

„Wie ist das alles möglich, Iman? Wie ist so etwas möglich?"

Sie lächelte. „Wer erkannt hat, dass er nicht Körper oder Geist, sondern Bewusstsein ist, weiß, dass nichts unmöglich ist. Nur das Ich des Menschen ist begrenzt. Das höchste Bewusstsein, das hinter dem Ich verborgen liegt, ist unbegrenzt. Du wirst lernen, alle falschen Identifikationen aufzugeben."

„Manchmal erscheint mir diese Aufgabe so riesig, so überwältigend."

„Das ist sie. Aber niemand muss sie allein bewältigen. Wir müssen nur mit der Verwandlung einverstanden sein. Dann geschieht das Erwachen automatisch und die Erinnerung an unsere wahre Natur kehrt zurück. Dann kehrt sich alles um und Weisheit und Liebe bestimmen unser Denken, Fühlen und unser Handeln."

„Ich wünschte, ich wäre so weit wie du!"

Iman lachte ein klares, tiefes, entspanntes Lachen. „Uns unterscheidet nichts. Jeder Unterschied, den du zwischen uns siehst, ist Illusion."

„Illusion?! Du bist so bewusst und so sicher. Ich weiß nichts, ich schwimme, ich habe tausend Fragen, die mir niemand beantworten kann, und täglich werden es mehr." Ich dachte an Schwester Baquiya und ihre Erzählungen von Issa, die mir noch immer keine Ruhe ließen.

„Deine Fragen werden in Srinagar beantwortet werden, vertrau mir!", sagte Iman mit felsenfester Überzeugung und ich hatte das eigenartige Gefühl, dass sie dabei nicht nur an meine spirituelle Entwicklung, sondern auch an Issa dachte.

„Es ist schwer, ins Nichts zu gehen. Doch der spirituelle Pfad beginnt mit dem Nichts, weil aus Sicht des materiellen Bewusstseins das Unbekannte der tieferen Schichten des Bewusstseins als nichtexistent erscheint. Der vom Leben und seinen Irrtümern geprägte Geist kann sie nicht wahrnehmen. Doch nicht sehen ist nicht gleich nicht existieren. Das ist nur ein weiterer Irrtum des Ich-Bewusstseins. Immer, wenn wir glauben, vor dem Nichts zu stehen, stehen wir vor einer weiteren Stufe auf der Leiter der Transformation. Deshalb brauchst du dich vor dem Nichts nicht zu fürchten. Geh mutig hinein und alles andere wird sich von selbst ergeben."

Zweiter Teil

HINGABE

„Ich war bereit, dem Strom der Liebe blind zu folgen,
mich vom Leben führen zu lassen,
um von der Liebe selbst zu lernen.
Ich spürte, dass sie meine und die wahre Natur aller war,
– unter falschen Vorstellungen und
Identifikationen verschüttet.
Es überraschte mich,
dass die Liebe eine vertraute Gestalt annahm,
die mich zeit meines Lebens begleitet hatte,
ohne dass ich sie jemals als das erkannt hätte,
was sie wirklich war."

Vierzehntes Kapitel

Der Abschied von Muzzaffarbad, von meinen Kollegen und Patienten, von Iman und Parham fiel mir unsagbar schwer. Lange hielt ich Schwester Baquiya fest gedrückt im Arm. „Ich danke dir für alles. Du hast mir einen neuen Horizont eröffnet."

Sie hatte Tränen in den Augen und konnte kaum sprechen. „Ich wünschte, ich könnte mit Ihnen gehen, Doctor Ellen!"

„Wir werden uns ganz sicher wiedersehen", versprach ich ihr – und mir – tröstend.

Ian sah mich traurig und blass an, als ich auch ihn zum Abschied lange umarmte. Er wirkte fahrig, unkonzentriert und übermüdet. Seit Tagen fiel ihm das Arbeiten schwer und ich hatte vergeblich nach seinem Humor gesucht. Ich machte mir Sorgen um ihn und wunderte mich, dass er seinen Tiefpunkt gerade jetzt erreichte, wo das Schlimmste überstanden war und wir auf viele Erfolge unserer Arbeit zurückblicken konnten. Als Victor mich wenige Minuten später allein zum Hubschrauberlandeplatz brachte, bat ich ihn, ein Auge auf Ian zu haben.

Der Heli-Flug dauerte nicht länger als zwei Stunden. Mir war nicht bewusst, wie nah die größeren Städte der Region beieinander lagen, nur von den hohen Gipfeln der Ausläufer des Himalayas getrennt. Muzzaffarabad war für mich wie eine Enklave gewesen. Nun sah ich Kashmir aus der Vogelperspektive: hohe Berge, sanfte Hügel, weite Täler und große Seen. Während ich die sagenhafte Natur von oben betrachtete, war ich glücklich und tief entspannt. Erst als wir uns Srinagar näherten, stieg eine ich leichte Anspannung in mir auf. Was würde mich diesmal erwarten? War ich in der Lage, die neuen Herausforderungen und Lektionen des Lebens anzunehmen?

Der Hubschrauber landete im Norden Srinagars auf einer Wiese des örtlichen Militärs und ein neuer Kollege erwartete mich bereits am Landeplatz.

„Dr. Ellen Jansen? Willkommen. Ich bin Martin Archard."

Geduckt zum Schutz vor dem Wind der Rotorblätter, folgte ich Dr. Archard zu einem Nebengebäude der Kaserne, in dem die DoctorsAid-Nothilfestation eingerichtet war. „Srinagar wirkt von oben betrachtet weit weniger zerstört als Muzzaffarabad", bemerkte ich. „Wie viele Patienten behandeln wir hier?"

„Die meisten behandeln wir direkt vor Ort oben in den Bergen. Wir bringen nur die schwer Verletzten hierher, weil wir nur hier unten operieren können. Ich zeige dir dein Zimmer, Ellen. Du kannst dich ein wenig frisch machen und ausruhen. Wir treffen uns zur ersten gemeinsamen Besprechung nach dem Abendessen um halb acht."

„Das ist seit langem mein erster freier Tag", freute ich mich.

„Ich bin seit dem 10. Oktober hier und habe noch nichts von der Stadt gesehen. Dabei sagt man, dass Srinagar traumhaft sein soll. Nicht nur für die Einheimischen ist der Dal-See ein paradiesischer Ort, der sprichwörtliche Himmel auf Erden. So war es jedenfalls, bis der See der Verschmutzung und die Stadt dem Terrorismus anheimfielen. Ich muss dich deshalb warnen, Ellen. Du solltest das Gelände nicht allein verlassen."

Das ehemalige Kasernenzimmer, das Martin mir nun zeigte, war grün gestrichen, klein, feucht und kalt. Es glich eher einer Gefängniszelle als einem heimeligen Wohnraum. Doch es hatte ein Bett und eine Decke, was mir als unverschämter Luxus im Vergleich zu meinem Feldbett mit Schlafsack in Muzzaffarabad erschien.

„Bisher habe ich mich in Kashmir doch recht sicher gefühlt."

„Bisher warst du auch in einer Region, die im Chaos versank und in der jeder einzig ums Überleben bemüht war. Hier in Srinagar ist das anders. Hier geht das Leben fast seinen gewohnten Gang, der von religiösen Konflikten geprägt ist. Westler sind hier schon lange nicht mehr willkommen."

„Ich werde auf mich achten", versprach ich.

Ich spürte keine Angst, doch ich nahm die wohlgemeinten Warnungen des Kollegen ernst. Anders als in Muzzaffarabad lief ich deshalb nicht zu Fuß los, sondern winkte am Tor der Kaserne eine Rikscha heran. Dem freundlichen kleinen Fahrer, der leidlich Englisch sprach, erklärte ich, dass ich eine Stadtrundfahrt wünschte, und er gab sein Bestes, zu einem sehr fairen Festpreis mir alle Sehenswürdigkeiten Srinagars zu zeigen.

Die Luft war kühl und es roch nach Rauch und den Abgasen von Zweitaktern. Ich genoss jede Sekunde der schnellen Fahrt durch den starken Verkehr und die Stadt. Etwas in mir atmete auf, weil ich nicht mehr nur Zerstörung und Leid um mich herum sah. Mein Blick glitt durch kleine Gassen und zu den alten Häuser. Srinagar hatte etwas Zeitloses. Dieser Eindruck wirkte sich auf meine Selbstwahrnehmung aus, aber auch die schnelle Fahrt durch eine unbekannte Gegend veränderte mein Zeitgefühl merklich. Plötzlich sah ich mich und meine Vergangenheit aus einer anderen Perspektive, so als hätte ich meinen Fixpunkt auf der Zeitachse verlassen. Ich sah mich und meine Lebensgeschichte aus diesem anderen Blickwinkel viel klarer und komprimierter, fast wie im Zeitraffer. Es war, als träte ich innerlich ein Stück von mir und den prägenden Ereignissen meines Lebens zurück. Ich sah mich als Kind, im Kindergarten, in der Schule. Ich sah mich auf der Universität und später im Krankenhaus; sah Familie, Freunde und Lebensgefährten vor meinem inneren Auge vorbeiziehen. Und plötzlich stellte sich mir mit aller Macht und Dringlichkeit eine elementare, ja existenzielle Frage: Wen hast du bisher eigentlich wirklich geliebt und wer hat dich geliebt?

Mit dem Auge der inneren Klarheit und der erwachenden Liebe sah ich auf dieser ersten Rikschafahrt durch Srinagar, was in meinen bisherigen Beziehungen richtig, was falsch und was echt gewesen war oder was nur auf Wünschen und falschen Vorstellungen basiert hatte. Ich sah, wann ich Liebe erzwungen und Liebe geheuchelt hatte und wann ich selbst belogen worden war. Ich sah, wen ich wann verletzt hatte und von wem ich wann verletzt worden war. Und ich musste erkennen, dass mir wahre, wahrhaftige Liebe erst hier in Kashmir begegnet war. Sie war leise in mein Leben getreten, fast unspektakulär im Vergleich zu der Leidenschaft und dem Verlangen, das ich zuvor in romantischen Beziehungen erlebt hatte. Und doch war sie viel stärker und mitreißender als die Liebe, die ich in meiner Familie erfahren hatte. Sie veränderte mich, sie veränderte mein Bewusstsein.

Die Rikscha hielt am Ufer des Dal-Sees. Der Fahrer deutete auf ein Hausboot im viktorianischen Stil, das ein kleines Restaurant beherbergte. „*Hungry, Madame*? Haben Sie Hunger?"

„*A little*", bemerkte ich, als ich darüber nachdachte.

„*One hour I will be back?* Ich bin in einer Stunde zurück?"

Es war erst zwei Uhr nachmittags. Ich hatte alle Zeit der Welt. Also nickte ich und sprang von der Rikscha. Mit wenigen Schritten hatte ich den kleinen Steg zum Boot überquert und drehte mich noch einmal zu meinem Fahrer um, um ihm zu winken. Er winkte fröhlich zurück und fuhr davon, wahrscheinlich, weil seine Frau ihm an irgendeiner Straßenecke sein Mittagessen brachte.

Ein Kellner nahm mich freundlich in Empfang und führte mich unter Deck. Das Schiff war prächtig und schien noch von der Kolonialzeit zu erzählen, als die Engländer diese luxuriösen Schiffe bauen ließen, um darauf zu wohnen, weil an Land nicht genug Platz für neue Häuser war. Srinagar schien überhaupt eine eigenartige Mischung aus indischen und britischen Einflüssen zu sein. Ich ließ mir ein vegetarisches Menü und ein Lassi empfehlen und vergaß ganz, weshalb ich eigentlich hier war. Das leichte Schaukeln des Schiffes beruhigte meinen Geist, die Gedanken kamen wieder einmal von selbst zur Ruhe und ich spürte das stille Glück des reinen Seins in mir aufsteigen. Mein Blick jedoch blieb wach und glitt über das Wasser und die *Shikaras*, die gondelgleichen Holzboote, die Waren und Menschen transportierten. Er glitt über die Hügel oberhalb von Srinagar, das fast eine Millionen Einwohner zählte. Mir war, als kannte ich jede Gasse, jeden Winkel, jeden Berggipfel, jeden Kanal und jede Ecke des Sees, fast so, als sei ich schon einmal hier gewesen.

Wieder berührte ich den Punkt, den ich beim Erhalt meines Medaillons berührt hatte, die Grenze meines Lebens und meiner Erinnerung. War es möglich, über diese Grenze hinauszuschreiten, über sie hinaus wahrzunehmen? Hatte ich schon einmal gelebt? Hatte ich *hier* schon einmal gelebt? Was wäre, wenn ich den Gedanken nur für einen kurzen Moment zuließe, fragte ich mich. Doch da brachte der Kellner schon das Essen und das köstlich cremig süße Lassi, von dem ich mich mehr als gerne ablenken ließ.

Ich beendete das Mittagessen mit einem starken Kaffee. In fünf Minuten wollte mein Fahrer zurück sein, deshalb beglich ich meine

Rechnung und kletterte über den Steg ans Ufer. Im selben Moment hörte ich das laute Quietschen von Bremsen. Reifen rutschten über den Asphalt und der Geruch von verbranntem Gummi brannte mir in der Nase. Gleich darauf knallte Blech auf Blech und Glas auf Glas. Menschen riefen laut und schrien aufgeregt durcheinander. Zwei Pkw waren an einem Straßenübergang aufeinandergeprallt. Zwischen ihnen auf dem Boden lag eine schwer verletzte Frau.

„*Call the ambulance!* Rufen Sie den Notarzt!", rief ich laut und kletterte über die ineinander verkeilten Stoßstangen zu der Verletzten. Sie blutete aus Mund und Nase. Ihr Puls war sehr schwach. „Ich bin Arzt. *I am a doctor!*" Ich hielt meinen Ausweis in die Luft, damit die Leute mich ungehindert helfen ließen, und verlangte nach einem Erste-Hilfe-Kasten, der mir schneller gereicht wurde, als ich in diesem Chaos für möglich hielt. Die Frau atmete flach. Ihre Lebenskraft wurde schwächer. Ihre Bewusstlosigkeit war sehr tief. So detailliert hatte ich den inneren Zustand eines Patienten noch nie auf den ersten Blick wahrgenommen. Automatisch nahm ich ein gedankliches Zwiegespräch mit der Schwerverletzten auf. Ich beruhigte sie und erklärte ihr, dass ich Ärztin sei und ihr helfen wolle und könne. Sie nahm trotz ihrer Bewusstlosigkeit alles wahr, was um sie herum geschah. Ein anderes, tieferes und dennoch persönliches Bewusstsein, das unabhängig vom Wachbewusstsein existierte und funktionierte, betrachtete die Szene, das spürte ich.

Das menschliche Bewusstsein war nicht an seine körperliche Form gebunden, es war völlig unabhängig von ihr, begriff ich durch diese Erfahrung. Es konnte den Körper willentlich oder aufgrund von besonderen Glücks- oder Schockerfahrungen verlassen; dann war es wie ein Dritter zugegen, der alles wahrnahm und alles wusste, was geschah. Das war das Beobachterbewusstsein, mit dessen Augen ich hier in Kashmir schon so oft selbst gesehen hatte. In diesem Zustand, jenseits der körperlichen Wahrnehmungsgrenzen, besaß das menschliche Bewusstsein die Fähigkeit zur Gesamtschau. Es kannte dann alle Gedanken und Gefühle und alle Motivationen jedes Anwesenden – nicht nur die eigenen.

Während ich die Frau notversorgte, schafften es mehrere Männer, die ineinander verkeilten Autos auseinanderzuschieben. Da traf auch schon der Rettungswagen ein. Die Sanitäter legten die Frau auf eine Trage, während sie ihren Nacken stabilisierten und die ersten Infusionen gaben.

„Bring her to the International Rescue Hospital. I work there! Zum Internationalen Nothilfehospital. Ich arbeite dort“, rief ich ihnen zu und stieg mit in den Wagen, der mit ohrenbetäubender Sirene Richtung Norden raste.

In weniger als zwanzig Minuten erreichten wir die Kaserne. Martin sah mich irritiert an, als ich durch die Gänge Richtung Operationssaal lief und nach einem Anästhesisten und einem Assistenten verlangte. Doch er war sofort einsatzbereit, als er die Frau und ihren bedrohlichen Zustand sah.

„Ich übernehme die Assistenz. Den Anästhesisten hole ich“, rief er geistesgegenwärtig.

In weniger als fünf Minuten waren die Kollegen im OP und die Frau für die Notoperation vorbereitet. Ihre Atmung ging zwar noch flach, doch ihr Puls war wieder stärker zu spüren und hatte sich stabilisiert. Auf dem Operationstisch schnitt Martin ihre Kleider auf. Ich riss das Oberteil zur Seite, das sie unter ihrem Sari trug. Fast hätte ich ein Lederband mit abgerissen. Es hing locker um ihren Hals. Der Anhänger war während des Unfalls oder während des Transportes im Rettungswagen nach hinten auf ihren Rücken gerutscht. Ich zog an dem Band und als ich das kalte Metall des Anhängers berührte, fuhr ein Schlag aus purer Energie von der Stärke eines Blitzes durch meinen Körper und mein Bewusstsein. Als ich meine Hand öffnete, sah ich das gleiche Amulett, das ich um den Hals trug – den Davidstern und das Kreuz. Mein Herz raste und ich konnte kaum glauben, was ich sah. War das Zufall? Schicksal? Wie nannte man so etwas, fragte ich mich. Es war eigentlich unmöglich. Doch es geschah. Ich erlebte es. Ich war erst vier Menschen in Srinagar begegnet …

Martin wollte gerade das Lederband durchschneiden, um die Kette abzunehmen. „Nein!“, rief ich energisch. „Sie muss das tragen. Es schützt sie!“

Wir operierten über zwei Stunden. Ihr Zustand blieb kritisch. Doch sie reagierte gut auf alle Infusionen und während wir sie vom Operationssaal in den Aufwachraum schoben, sah ich, dass ihr Bewusstsein sich mehr und mehr mit ihrem Körper verband. Auch wenn sie erst viel später aufwachen würde, so war ihre Bewusstlosigkeit nun vor allem auf die Narkose zurückzuführen und nicht mehr auf den schweren Schockzustand. Ich half, sie umzubetten und die Geräte und Infusionen anzuschließen. Ein erneuter Schauer lief mir über den Rücken, als ich wieder das Amulett an ihrem Hals sah. Zeitgleich spürte ich die Energie, die von meiner eigenen Kette ausging.

Ich traf Martin auf dem Gang vor dem Aufwachraum. „Das war sehr gute Arbeit, Ellen." Ich nickte stumm.

„Wie hast du es bloß geschafft, dass die Notärzte die Verletzte hierher gebracht haben?"

„Wie, geschafft? Ich habe ihnen meinen Ausweis gezeigt und einfach Anweisung gegeben, hierher zu fahren. Das ist alles."

„Unfälle im städtischen Alltag fallen gar nicht in unseren Zuständigkeitsbereich. Das machen die örtlichen Krankenhäuser, und die Ambulanzen in der Stadt halten sich strikt daran."

Am Abend, nachdem ich geduscht und mich ein wenig ausgeruht hatte, sah ich nach der Frau, die jetzt ruhig und tief schlief. Ich setzte mich an ihr Bett und betrachtete sie mit dem äußeren und dem inneren Auge. Sie war ungefähr so alt wie ich, sehr feingliedrig und zart, wirkte zerbrechlich und noch immer sehr schwach. Doch sie schlief tief entspannt, ganz anders als die meisten Patienten, die nach einem Unfall und einer OP eine diffuse Wolke der Furcht und des Misstrauens oder der blinden Ergebenheit gegenüber den Ärzten umgab. Diese Frau strahlte ein tiefes Gefühl der Geborgenheit aus, ganz so, als sei sie absolut sicher, dass sie sich um nichts kümmern oder sorgen musste, dass ihr kein Leid geschehen konnte. Kannte ich ein solches Lebensgefühl, fragte ich mich. Vielleicht hatte ich es als Kind in der Gegenwart meiner Eltern gekannt, als ich sehr behütet und glücklich aufgewachsen war. Später als Jugendliche und Erwachsene hatte ich mich häufig allein, unsicher und ängstlich gefühlt. Damals hatte ich das Leben oft als feindlich oder als Kampf empfunden. Erst gegen Ende meiner Ausbildung hatte sich dieses Grundgefühl wieder verändert, als ich gemerkt hatte, dass ich meinen Beruf liebte und beherrschte. Damals hatte ich endlich gewusst, wer ich war, was ich wollte und was ich konnte. Dieses Wissen hatte mir eine neue Sicherheit gegeben – Selbstsicherheit und das Gefühl der Selbstwirksamkeit. Doch eine solch tiefe Geborgenheit wie ich sie heute in meiner

Patientin wahrnahm, hatte ich lange nicht erfahren, ohne sie jedoch jemals bewusst vermisst zu haben. Anders als sie folgte ich dem Drang, die Ereignisse zu kontrollieren, und hatte immer gedacht, es liege daran, dass ich erwachsen geworden war. Als Erwachsener war man eben anders als in der Kindheit, selbstverantwortlich und deshalb handelte man vorsichtiger und kontrollierter, bewusster. Doch heute, als ich mich im Spiegel meiner neuen Patientin betrachtete, schien mir, dass ich beim Erwachsenwerden etwas Elementares verloren hatte – das tiefe Vertrauen in den Gang der Dinge, die Fähigkeit loszulassen.

Nachdenklich setzte ich mich in meiner Kasernenkammer zur Meditation. Während ich tiefer und tiefer entspannte, mein Bewusstsein klarer und reiner wurde und die Gedanken langsam zu schweigen begannen, sah ich plötzlich vor meinem geistigen Auge in der Mitte des inneren Raumes das Symbol des Amuletts. Es war mit einem Mal da, wie ein Stern, der am Nachthimmel aufgeht. Klar und deutlich sah ich es in allen Einzelheiten, plastisch, dreidimensional und absolut wirklich. Ich betrachtete es konzentriert, richtete meine ganze Aufmerksamkeit auf den Davidstern mit dem Kreuz, das weißlich golden in seiner Mitte leuchtete. Alle Gedanken schwiegen und Weite und Glückseligkeit stiegen aus dem Bauchraum in mir auf. Mir war, als seien der Stern und ich eins, so wie ich mich mit Parham eins gefühlt hatte. Doch heute ahnte ich, dass es hinter der Erfahrung der Einheit noch eine andere Bewusstseinsebene geben musste. Ich blickte wie durch ein Fenster in einen anderen noch unbekannten Raum und spürte den dringenden Wunsch, diesen Raum zu betreten, doch ich wusste nicht wie. Das Fenster war verschlossen und ich konnte nur schwer hindurchsehen. In diesem Moment stieg eine tiefe Sehnsucht nach Geborgenheit und Vertrauen in mir auf und ich begann zu weinen. Das Weinen wurde stärker und lauter. Mein Körper bebte und ich wollte schreien, so groß waren die Sehnsucht und der Schmerz, der sie begleitete. Mir war, als hätte ich das Wichtigste verloren, als hätte ich meine Essenz verloren, den Kern meines Wesens. Jede Empfindung des Glücks schien null und nichtig angesichts dieses Zustandes des absoluten Vertrauens in das Leben. Tiefe Verzweiflung mischte sich unter meine Sehnsucht, während mein Körper noch immer von dem Weinkrampf geschüttelt wurde. Diesmal war ich nicht der Zuschauer, der sich unbeteiligt weinen sah. Ich war nicht der Beobachter, der Zeuge seines eigenen Schmerzes wurde. Nein, ich war ganz und gar Sehnsucht, ganz und gar Schmerz und der Widerstand dagegen. Ich spürte den heftigen Wunsch, diese Gefühle loszuwerden, sie abzuschütteln wie Schmutz. Doch ich wusste nicht wie. Nur eines wusste ich: Diesen Schmerz wollte ich niemals wieder erleben.

Irgendwann verebbte die urgewaltige Emotion und das Weinen hörte auf. Mein Herz fühlte sich rau und wund an. Warum war dieser Bereich meines Bewusstseins bis heute wie eine dunkle, grausame Schatzkammer vor mir verschlossen gewesen? Fragen bestürmten meinen Geist, auf die ich keine Antwort wusste. Warum hatte ich den inneren Zustand der vertrauensvollen Geborgenheit verloren, falls ich ihn überhaupt jemals gekannt hatte? Hatte ein besonderes Ereignis diesen Verlust bewirkt oder verlor ihn jeder? Wie gewann man ihn zurück?

Die eben noch verspürte Sehnsucht wandelte sich in ein Gefühl der Ohnmacht, der tiefen Hilflosigkeit, als ich erkannte, dass ich nichts dafür tun konnte, diesen Zustand wiederzugewinnen. Alles, was ich versuchen würde, würde scheitern, mich verletzen und mir den Verlust nur noch deutlicher vor Augen führen. Doch es musste einen Weg geben, wenn diese Frau so lebte, so erlebte und das gleiche Medaillon trug wie ich.

Fünfzehntes Kapitel

Der Schmerz der Erkenntnis meines natürlichen Zustandes und das Wissen, dass ich ihn schon lange verloren hatte, brannte wie Feuer in meinem Bewusstsein und in meinem Herzen und ich tat alles, was in meiner Macht stand, ein erneutes Auflodern zu verhindern. Martin führte mich als neue Kollegen ein und ich stürzte mich dankbar in die Arbeit, die mich völlig vereinnahmte und mir keine Zeit zum Nachdenken ließ. Ich wusste, dass ich vor meinen Gefühlen davonlief und dass ich mich ihnen früher oder später stellen musste, doch ich war einfach nicht in der Lage anzuhalten und den Schmerz der Sehnsucht erneut zuzulassen. Den ganzen nächsten Tag vermied ich deshalb den Besuch am Krankenbett meiner ersten Patientin in Srinagar, doch gegen Abend ließ er sich einfach nicht länger vermeiden.

Sie war inzwischen in den Frauenraum, in dem Bett an Bett, Reihe an Reihe stand, verlegt worden. Wir waren nicht voll belegt und so ließen die Schwestern oftmals ein Bett zwischen den Patienten frei, um ein wenig Privatsphäre zu schaffen. Ich stand vor der Tür des Saales und blickte durch ein Fenster hinein. Dort hinten links in der Ecke lag sie. Ich sah auf ihre Krankenakte, die ich mir aus dem Schwesternzimmer geholt hatte. Sie hatte die Operation gut überstanden und war wieder ganz bei Bewusstsein. Ihre Brüche verheilten gut, überraschend gut, hatte ein Kollege notiert. Sie hieß Ajanta Chaudari. Ihrem Namen nach musste sie eine Hindu sein. Sie war neununddreißig Jahre alt, verheiratet, aber kinderlos. Ich versuchte, mir ein Bild von ihrem Leben zu machen, doch die wenigen Angaben auf meiner Karteikarte sagten gar nichts über sie.

Im selben Augenblick, als ich durch die Tür trat, sah sie herüber. Ihr Blick traf mich und drang zielsicher wie ein Pfeil bis in die Tiefen meines Bewusstseins, bis dort, wohin die Meditation mich gestern geführt hatte. Mir war, als kannte sie meine Gefühle, meine Sehnsucht, meinen Schmerz und meine Hilflosigkeit. Während ich langsam zu Ajantas Bett hinüberging, stiegen die unterschiedlichsten widerstreitenden Gedanken und Gefühle in mir auf. In diesem Moment war mir, als näherte ich mich dem Paradies; keinem fernen Ort religiöser Prägung, sondern dem realen, echten Paradies. Doch ich wusste, dass ich selbst nicht Teil dieses Paradieses war. Ich kannte den Weg nicht, fühlte mich ausgeschlossen und orientierungslos. Nie war ich unglücklicher gewesen als seit der ersten Begegnung mit dieser Frau, weil ich nie zuvor gewusst hatte, was in den Tiefen der menschlichen Seele vor mir verborgen lag. Alles, was Parham oder Iman mir – oftmals wortlos – gezeigt hatten, war mir vorstellbar gewesen und erreichbar erschienen. Selbst als Parham sagte, dass ich in der Lage sei, für die traumatisierten Kinder zu sorgen und ihre Heilung zu unterstützen, hatte ich ihm geglaubt. Dieser Glaube hatte das Unmögliche möglich gemacht. Doch dieser Glaube fehlte mir heute völlig.

Als ich Ajantas Bett erreichte – ihr vertrauender, wissender Blick ruhte noch immer auf mir –, nahm ich einen Stuhl und setzte mich schweigend an ihre Seite. Sie sah mich dankbar an, während ich unter meine Kleidung griff und das Medaillon hervorzog. Wortlos nahm ich es ab und hielt es in der linken Hand. Ajanta lächelte und legte ihre Hand auf meine und das Medaillon. Ich spürte einen starken Strom von Energie, warm, entspannend und tröstend.

„Du musst mir etwas versprechen", sagte sie.

Ich konnte nichts als nicken.

„Du musst mir versprechen, dass du niemals mehr glaubst, dass es irgendeinen Menschen auf der Welt gibt, der etwas besitzt, was du nicht hast!"

Ich hatte mich nicht getäuscht, sie kannte meine Gedanken und meine Gefühle.

„Du wirst bald einigen Menschen begegnen, die dir im ersten Moment Ehrfurcht einflößen. Sie werden dir sehr souverän, sehr weise und heilig erscheinen. Glaube nie, dass du nicht ebenso souverän, weise und ebenso heilig bist, Ellen!"

Endlich fand ich die Sprache wieder: „Ich? Weise? Weise und heilig? Wie könnte ich so vermessen sein, so etwas von mir zu glauben. Ich bin eine deutsche Ärztin. Eine ganz normale deutsche Ärztin. Nicht mehr und nicht weniger."

„Nein, das bist du nicht. Und das weißt du längst, weil du es hier in Kashmir erlebt hast. Niemand ist nur die Persönlichkeit, die in der Welt heranwächst, lernt und handelt. Jeder Mensch ist viel mehr als das, auf vielen verschiedenen Ebenen. Jeder hat Fähigkeiten, die du dir heute nicht vorzustellen vermagst, obwohl du bereits einige Dinge erlebt hast, die deine normalen ärztlichen Fähigkeiten bei Weitem übersteigen. *Du* hast das gefolterte indische Mädchen gerettet. *Du* hast die traumatisierten Kinder zu ihrem Vater zurückgebracht. *Du* allein durch dein Vertrauen. Ohne fremde Hilfe."

Das Denken fiel mir so schwer. Hatte Ajanta das wirklich gesagt? Der Vater der Kinder war zurückgekommen?

„Ja. Der Vater der Kinder ist gestern gekommen", sagte sie nun, weil sie spürte, dass ich die wunderbare Neuigkeit nicht fassen konnte.

„Woher weißt du das, Ajanta? Gestern warst du noch bewusstlos."

„Ich weiß es, so wie du es auch weißt."

Tatsächlich sah ich jetzt ganz deutlich lebendige Bilder vor meinem geistigen Auge vorüberziehen. Der Vater der Kinder stieg aus einem Flugzeug, fuhr ins Waisenhaus, betrat die Zeltstadt und weinte. Er schloss seine Kinder liebevoll in die Arme und ich spürte seine Angst davor, allein die Verantwortung für drei Kinder tragen zu müssen, ohne eine Frau und ohne seine Arbeit im Ausland wieder aufnehmen zu können.

„Ist das nicht mein Wunschdenken, Ajanta? Ich habe es mir so gewünscht, dass die Kinder eine sichere, liebevolle Zukunft haben."

„Nein, du hast es gesehen,!"

Ich wollte aufbegehren, widersprechen. Ich wollte Ajantas Worten keinen Glauben schenken. Niemand war so. *Ich* schon gar nicht.

Ajanta sah mich durchdringend und ein wenig streng an. „Du musst mir jetzt dein Versprechen geben, Ellen!", drängte sie.

Ich zögerte. Wie konnte ich etwas versprechen, dass ich mir nicht einmal vorstellen konnte? Ich werde versuchen, an deine Worte zu denken und mich bemühen", sagte ich kleinlaut. Sie lachte.

„Das reicht nicht. Du bist auf dem Weg zur Wahrheit. Auf diesem Weg wirst du Menschen begegnen, die Teile dieser Wahrheit oder die gesamte Wahrheit bereits verwirklicht haben. Sie sind deine Lehrer. Allein durch ihre Existenz wirst du erkennen können, was in dir verborgen liegt. Was sie verkörpern, ist kein unerreichbares menschliches Ideal, in dessen Angesicht du dich klein, unwissend und dumm fühlen musst. Nein, es ist dein Potenzial. In ihnen wirst du erkennen, was in dir auf Verwirklichung drängt. Sie sind der Spiegel deiner Fähigkeiten und deiner Möglichkeiten. Nur wenn du sie als das erkennst und bereit bist, alles, was du in deinen Lehrern siehst, zu dir zurückzuholen, wirst du zu deinem wahren Selbst erwachen. Nur diese Sicht der Dinge wird deine Seele befreien und dich zurück zur Quelle aller Erscheinungen führen.

Der Weg, den du hier in Kashmir begonnen hast, ist ein ganz individueller, sehr persönlicher Weg. Wir nennen diesen Weg auch Individuation, weil er rein subjektiv ist. Auf ihm manifestieren sich die individuellen Bilder deiner Seele, das heißt, sie werden zu gelebter Erfahrung. Du wirst auf dieser Reise in allem und jedem nur dir selbst begegnen. Wenn du das erkennst, das heißt, wenn du dich selbst erkennst, wirst du vom Kreislauf von Geburt und Tod befreit sein. Du brauchst Selbstbewusstsein, um diesen Pfad zu betreten. Du musst dir zutrauen, auf dem Weg zu wandeln, auf dem die weisesten der Weisen vor dir für dich gegangen sind!"

Ajanta sprach in der vollen Überzeugung, dass ich es schaffen würde. Nur deshalb war ich bereit, endlich einzulenken. „Gut, ich verspreche es." In meinen eigenen Ohren klangen meine Worte halbherzig.

„Srinagar ist ein besonderer Ort. Hier ist die Wahrheit hinter einem sehr dünnen Schleier verborgen. In Srinagar treffen die Wurzeln von fünf Weltreligionen, von Hinduismus, Islam, Buddhismus, Judentum und Christentum, aufeinander und weisen auf eine einzige gemeinsame Quelle hin."

Ich dachte an Schwester Baquiya und ihre Erzählungen von Jesus, der in Kashmir gewesen sein sollte. Ich wollte Ajanta danach fragen, doch jetzt war nicht der richtige Zeitpunkt dafür.

Ajanta nahm das Medaillon aus meiner Hand und legte es mir wieder um den Hals. „Das ist das Symbol deiner Seele. Es wird dich führen, wenn du nicht mehr weiterweißt, wenn sich die Dunkelheit über deine Seele senkt, so wie es immer auf dem Pfad zum Licht geschieht."

Ajantas Worte klangen in meinen Ohren wie eine düstere Prophezeiung. Gerne hätte ich in diesem Moment mein Versprechen, das mir plötzlich wie ein heiliges Gelübde erschien, zurückgenommen. Doch ich ahnte, dass es nicht zurückzunehmen war, weil auf einer anderen, höheren Ebene längst über meinen Weg, den Weg meiner Individuation entschieden worden war, ob ich daran glaubte oder nicht.

Als ich mich an diesem Abend wieder zur Meditation niedersetzte und auch diesmal das Symbol meines Anhängers sofort vor meinem inneren Auge aufsteigen sah, wusste ich mehr darüber als bei meiner letzten Erfahrung mit seiner Kraft und Wirkung. Ajanta hatte gesagt, dass der Davidstern mit dem inneren Kreuz das Symbol meiner Seele sei. Ich betrachtete den Stern und versuchte die Bedeutung dieses Satzes zu ergründen. Wie konnte eine geometrische Form das Symbol der Seele sein? Hatte die Seele überhaupt eine Form? Was war die Seele eigentlich? Wie war sie beschaffen? Woher wusste man, dass es sie gab? Wie erkannte man sie? Wie fand man sie? Das helle Leuchten des Sternes hatte die Kraft, alle Fragen aufzulösen. Er leuchtete in einem unendlichen, dunklen Raum, der dem Weltall sehr ähnlich sah. Ich ließ mich von der bereits bekannten Erfahrung erfassen, ließ mich hineingleiten in die Tiefe der Unendlichkeit des inneren Raumes. Der Stern erschien mir nun, wie gestern, wieder dreidimensional. Ich konnte ihn von allen Seiten betrachten wie ein Element in einem dreidimensionalen Computerspiel. Mal trat die Form des Davidsterns in den Vordergrund meiner Wahrnehmung, mal das Kreuz in seiner Mitte. Mir war klar, dass das Symbol vor allem auf die Einheit von Judentum und Christentum hindeutete. Soweit ich mich erinnerte, war es der Ur-Vater Abraham, der die Völker beider Religionen einte. War nicht auch der Islam eine abrahamitische Religion? Was war das Symbol des Islam, fragte ich mich. Augenblicklich sah ich neben dem Davidstern einen Halbmond mit einem Stern aufsteigen. Der Halbmond löste sich auf, doch mein dreidimensionales Symbol blieb bestehen. Ich betrachtete es weiter und mein aufgewühltes Gemüt kam immer mehr zur Ruhe. Das Bewusstsein wirkte wie ein Meer, das an der Oberfläche bewegt und in der Tiefe vollkommen ruhig und unbewegt war. Je tiefer ich in dieses Meer sank, desto ruhiger wurde auch die Oberfläche, weil sie mit der Tiefe verbunden war. Die ruhigeren Wellen gingen von der Mitte des Symbols aus, das eine harmonisierende und synchronisierende Wirkung auf das Bewusstsein zu haben schien. Mir war, als hätte ich mit dem Symbol und seiner Lage den Fixpunkt, den Ausrichtungspunkt meines inneren Kompasses gefunden. Mit der Konzentration auf sein Zentrum geriet mein Bewusstsein automatisch ins Lot. Mein Körper schien ebenfalls vollkommen zentriert und symmetrisch zu sein. Rechte und linke Körperhälfte wirkten wie das vollkommene, gespiegelte Abbild voneinander.

Da nahm ich wieder eine Veränderung im Symbol wahr. Das Kreuz in der Mitte des Davidsterns veränderte sich. Seine vertikale Linie verlängerte sich nach oben und unten in den Himmel und die Erde und seine horizontale Linie verlängerte sich nach links und nach rechts in die Unendlichkeit. Der Punkt, an dem horizontale und vertikale Linie sich trafen, trat stärker in den Vordergrund meiner Wahrnehmung und mit ihm das Gefühl, absolut zentriert zu sein. Absolute Ruhe und tiefer Frieden begleiteten diese innere Erfahrung.

Ich war zufällig auf dem Gang, als ich sah, dass Ajantas Mann sie besuchte, wie er zu ihr ging, sie sanft aus dem leichten Mittagsschlaf weckte und zärtlich ihre Hand nahm. Die beiden wirkten wie Bruder und Schwester, wie zwei Menschen, die sich ihr Leben lang kannten. Ajanta lächelte ihn an und begann gleich sehr lebhaft zu erzählen. Er lachte und erzählte ebenfalls eine Geschichte. Ihre Unterhaltung wirkte so unbefangen wie das Spiel zweier Kinder. Da entdeckten die beiden mich und winkten mich herein.

„Ich bin Salil, Ajantas Mann. Meine Frau hat mir erzählt, was Sie alles für sie getan haben. Wir würden Sie gerne nächsten Samstag zu uns einladen. Ajanta wird dann ja wieder zu Hause sein."

Bisher hatten wir nicht über einen Entlassungstermin gesprochen. „So wird es sein", hörte ich mich etwas eigenartig antworten. „Ich komme gerne und ich werde Ajanta mitbringen."

Und tatsächlich kam es so. Am folgenden Samstag konnte Ajanta das Nothospital verlassen und ich begleitete sie. Ihr Mann hatte uns einen Wagen geschickt und wir fuhren durch die Dunkelheit und die engen Gassen Srinagars in Richtung Dal-See. Es roch nach Frost und Schnee lag in der Luft. Nach einer zwanzigminütigen Fahrt erreichten wir ein weißes, hell erleuchtetes Haus. Ajanta ging zwar noch an Krücken, doch sie war schneller an der Haustür, als ich ihr helfen konnte. Salil erwartete uns bereits.

„Willkommen, Ellen. Schön, dass Sie unser Gast sind."

Er führte uns in das Wohnzimmer, in dem der gesamte Clan versammelt war. Ich sah Großväter, Väter, Großmütter, Mütter, Tanten, Onkel, Kinder und Kindeskinder. Ajanta nahm sich die Zeit, jedes Familienmitglied einzeln zu begrüßen, und stellte mich gleichzeitig jedem vor. Alle bedankten sich bei mir und ihre Dankbarkeit war echt und berührte mich tief. Ich dachte schon, wir hätten die gesamte Runde der Verwandten geschafft, als plötzlich ein älterer Mann die Treppe herunterkam. Mein Blick wurde magisch von ihm angezogen, denn er kam die Treppe sehr ruhig und sehr würdevoll hinab.

„Dadaji", rief Ajanta laut und voller kindlicher Freude. „Dadaji, ich hab dich so vermisst!"

Der Mann schien ein inneres Lächeln zu lächeln, seine Lippen bewegten sich kaum, doch die Liebe, die in seinen Augen lag, als er Ajanta betrachtete, überstieg alles, was ich jemals an Liebe in den Augen eines Menschen gesehen hatte. Ich sah die Liebe des Vaters und des Bruders, die Liebe des Freundes, des Lehrers und die Liebe der Mutter in seinen Augen und all diese Formen der Liebe galten Ajanta. Tränen stiegen mir in die Augen.

Ajanta eilte dem Mann mit ihren Krücken zur untersten Treppenstufe entgegen und umarmte ihn stürmisch. Die Krücken fielen krachend zu Boden. Er ließ die Umarmung willig geschehen und erwiderte sie innig. Sein Blick lag auf Ajanta und ich spürte seine transzendente Kraft.

„Ich habe meine Ärztin mitgebracht, Dadaji. Sie hat mir auf der Straße das Leben gerettet."

Dieser gütige, liebende Blick traf nun auch mich. Es kostete mich große Kraft, nicht augenblicklich in lautes Schluchzen auszubrechen, weil mir in diesem Moment klar wurde, dass es der tiefste Wunsch eines jeden Menschen ist, auf solche Weise angesehen zu werden. Doch ich konnte klar sprechen, bemerkte ich überrascht, als ich meine bescheidenen Worte hörte: „Ich habe nichts getan, das müssen Sie mir glauben. Ich war nur zur rechten Zeit am Unfallort. Alles andere geschah ganz von selbst und nun ist Ajanta wieder zu Hause."

„Willkommen in unserem Haus! Sie sprechen wahre Worte. Es wird mir eine Freude sein, nachher ein wenig allein mit Ihnen zu plaudern."

Mein Herz blieb fast stehen. Allein in einem Raum mit diesem Mann, mit dieser Liebe, dieser Güte? Wie sollte ich das überstehen? Ich sah mich wieder ganz klar mit den Augen des inneren Beobachters. Ebenso klar wusste ich, dass diese Begegnung eine wichtige Begegnung auf meinem spirituellen Pfad, dass dieser Mann einer der Weisen war, von denen Ajanta noch vor wenigen Tagen gesprochen hatte. *„Nichts, was diese Menschen zu besitzen scheinen, besitzt du nicht auch selbst"*, hatte sie gesagt. Waren auch mir eine solche Liebe, eine solche Güte zu eigen?

Ich hob Ajantas Krücken auf und reichte sie ihr. Dadaji löste sich lächelnd aus ihrer Umarmung und mischte sich unter die Familie. Trotz seiner Ausstrahlung und Ajantas augenscheinlicher Liebe zu ihm schien er keine herausragende Stellung in der Großfamilie einzunehmen. Er bewegte sich ruhig und bescheiden und setzte sich als Gleichberechtigter zu den anderen Männern, die ein gewöhnliches Gespräch auf Hindi führten und Erdnüsse knabberten.

Bald wurde das Essen serviert. Die Frauen trugen Unmengen davon in das Esszimmer und jeder bediente sich ungezwungen und unbefangen. Die Kinder sprangen durch die Erwachsenen und ließen laut kreischende Elektrofahrzeuge durch jeden Winkel der unteren Etage rasen. Ajanta wich mir nicht von der Seite und sorgte dafür, dass ich jedes Gericht zumindest probierte.

Nach dem Essen wurden die Tische an die Seite geräumt und das Esszimmer in eine Tanzfläche umgebaut. Die Jungen und die noch nicht ganz Alten tanzten ausgelassen zu den neuesten indischen Hits, die jeder mitsingen konnte. Ajanta tanzte an ihren Krücken und ließ nicht zu, dass ich am Rand stand und das bunte Treiben nur beobachtete. Nach drei oder vier Songs wurde mir so heiß, dass ich mich von ihr losreißen musste, um im Hof ein wenig frische Luft zu schnappen. Gerne ließ ich mich von der Lebensfreude Ajantas und ihrer Familie anstecken, obwohl ich heute eigentlich ein Mensch war, der die Ruhe suchte und die Einsamkeit. Erleichtert atmete ich im Hof auf und sah den Wolken nach, die mein Atem in die kalte Nachtluft malte. Ich setzte mich müde auf eine Treppe und lauschte den Geräuschen der Nacht von Srinagar.

„Ah, you have found me, Doctor. Ich sehe, Sie haben mich gefunden, Doktor. Wie schön", erklang eine Stimme aus der Dunkelheit. Dadaji!? „Kommen Sie, setzen Sie sich zu mir."

Meine Augen gewöhnten sich nur langsam an die Finsternis. Ich stand auf und ging in die Dunkelheit, ohne zu wissen wohin. Umrisshaft erkannte ich Dadajis Gestalt, die auf einer Mauer saß und mit der Hand auf den Platz neben sich klopfte. Ich setzte mich schüchtern.

„Ihre Worte vorhin haben viel über Sie verraten, Doktor." Er sah mich offen und vorurteilslos an. In seinem Blick lag etwas Wissendes, Weises. „Wenn das Bewusstsein erwacht, beginnt der Mensch, sich selbst als Beobachter aller Erscheinungen wahrzunehmen. Das schließt auch die Erscheinung der eigenen Persönlichkeit mit ein. Er spürt dann, dass er nicht der Handelnde ist, niemals der Handelnde war, sondern nur ein Schauspieler in einem Bühnenstück. Ein Schauspieler, der seine Rolle perfekt spielen will und kann; jede Rolle, die das Leben für ihn schreibt."

Ich nickte stumm, denn ich wusste, wovon Dadaji sprach.

„Wenn der Mensch erkennt, dass er nicht der Handelnde, sondern nur der stumme Zeuge ist, der seine eigene Rolle im Spiel des Lebens bezeugt, bedeutet das das Ende des Karma. Das Ende des Karma bedeutet Befreiung. Befreiung von Verlangen und Angst und Befreiung von jeglichem Leid. Du bist noch nicht ganz befreit. Doch du bist hier in Kashmir, um die Befreiung zu vollenden."

Ich vertraute diesem Mann vollkommen.

„Es ist einzig das Selbst, das Göttliche in uns und um uns herum, das handelt und jede Gestalt auf der Bühne des Lebens annimmt. Das zu wissen bedeutet vollkommenes Vertrauen in das Leben, vollkommene Hingabe. Wenn das Ich-Bewusstsein, der Eigenwille des Menschen, sich nicht mehr in den Gang der Dinge einmischt, läuft alles nach einem göttlichen Plan. Dieser Plan ist stets vollkommen. Auch das akribischste menschliche Denken und Planen vermag diese

Vollkommenheit niemals zu erreichen. Der Pfad der Befreiung ist deshalb der Pfad des Loslassens. Der Mensch lernt, den Eigenwillen loszulassen und sein Leben in die Hände des Selbst zu legen. Dieses Loslassen wird nur möglich, weil der Mensch die vollkommene Macht der göttlichen Liebe erkennt und begreift, dass seine eigene Macht gegen sie machtlos ist."

Auch Dadaji wusste, wie Iman und Parham, dann eine Pause zu machen, wenn ein Satz besonders wichtig und besonders schwer zu verstehen war. Und ich verstand ihn, das war für mich das Eigenartigste an unserem Gespräch. Jedes Wort dieses Mannes, der mich mit seiner Weisheit und Liebe vollkommen umfing, leuchtete mir absolut ein. In seiner Gegenwart fühlte ich mich so sicher und geborgen wie Ajanta sich im Krankenhaus gefühlt hatte. Seine enorme geistige Präsenz vermittelte mir eine Erfahrung der Furchtlosigkeit. Während ich in Ajanta nur gesehen hatte, was sie selbst verkörperte, und deshalb von Sehnsucht und Schmerz erfüllt gewesen war, war mir dieser Zustand in Dadajis Gegenwart selbst zu eigen. War es das, was Ajanta gemeint hatte, als sie davon gesprochen hatte, dass ich alle Eigenschaften selbst besaß, die ich in einem anderen erkannte und bewunderte?

Dadajis Stimme veränderte sich, wurde ernster und dringlicher. „Diese Macht der göttlichen Liebe sehen viele Menschen allein in anderen. Sie sehen sie in den Heiligen und Weisen ihres Landes, den religiösen und spirituellen Führern, den Religionen und religiösen Institutionen. Deshalb sind sie Wachs in deren Händen. Nur die wenigsten erkennen diese Projektion und suchen nach der Quelle der göttlichen Liebe in sich selbst auf einer anderen, tieferen Bewusstseinsebene. Obwohl Krishna, Buddha, Moses, Johannes der Täufer, Jesus, Mohammed und viele andere diese Wahrheit kannten und ihre engen Schüler in ihrem Sinne angeleitet haben, ist die kollektive Illusion doch bis heute ungebrochen. Gerade jüdische, christliche und islamische Führer und Gelehrte schüren die Illusion der Projektion und behaupten, das Göttliche sei eine Macht, die außerhalb des normalen Menschen liege und nur wenigen Auserwählten zuteilwerde. Jede andere Sicht oder Erfahrung wird zur Anmaßung und Sünde erklärt. Was ich damit sagen will, ist, dass die Projektion von außen gestärkt statt gebrochen wird. Doch wenn ein Mensch bereit ist, die

Wahrheit hinter der Illusion, hinter der Projektion zu erkennen, wird er vom Selbst zur vollständigen Erkenntnis geleitet. Dann spielt es keine Rolle mehr, was die Masse glaubt, denn seine Seele wird ihn zu Menschen führen, die die Wahrheit kennen, sie verkörpern, und ihm helfen, die Illusion ein für alle Mal zu durchbrechen."

Jedes Wort Dadajis löste ein Gefühl der tiefen Erleichterung in mir aus. All meine bisherigen Erfahrungen in Kashmir bekamen durch seine Worte Sinn. Es war, als weise er mir den Weg, als füge er für mich zusammen, was ich irgendwie ahnte, aber mein Verstand längst nicht mehr erfassen konnte. Dadaji war kein Mann des Glaubens, sondern ein Mann des Wissens, der das Selbst längst verwirklicht hatte. Er war jedes Wort, das er sprach. In diesem Moment wollte ich nichts, als ebenso zu sein wie er. Und für eine Sekunde war ich es auch. Ich wusste um die Existenz des Göttlichen, um die Macht der göttlichen Liebe und ich erlaubte ihr, mich, meinen Eigenwillen, völlig überflüssig zu machen.

Erst Dadajis folgende Worte holten mich in die Welt der Erscheinungen und meiner persönlichen Entdeckungsreise zurück. „Doch der Pfad der Liebe hat viele Ebenen. Er ist auch ein Pfad der Erfahrungen und Bilder, auf dem der Einzelne zur Einheit mit dem Göttlichen voranschreitet. Jede Erfahrung, die du hier in Kashmir machst, wird dir etwas über das göttliche Selbst, deine wahre Natur, enthüllen. Du wirst dem Pfad folgen, den Issa vor beinahe zweitausend Jahren hier gegangen ist."

Mein Herz raste plötzlich. Ich konnte die letzten Worte Dadajis nicht fassen, nicht nur, weil nun auch er davon sprach, dass Jesus in Kashmir gewesen war, sondern vor allem, weil er mir sagte, dass ich Jesu Spuren folgen würde. Als Schwester Baquiya vom Heiligen Issa und seiner Mutter Maria in Kashmir gesprochen hatte, hatte ich zwar gespürt, dass ihre Worte wahr waren, doch ein letzter Zweifel ließ sich dadurch besänftigten, dass sie nur einem einfachen Volksglauben Ausdruck verliehen hatte. Dadaji hingegen war eine Autorität. Er sprach nicht von Legenden und Mythen, sondern einzig und allein von der Wahrheit. In diesem Moment wusste ich, dass er sie besser kannte als alle Geschichtsschreiber und Historiker der westlichen Welt, besser wahrscheinlich als jeder Kirchenvater. Ich musste ihm glauben und ich musste jetzt und hier, sofort, mein

Selbstbild erneuern, wenn ich nicht in einen schweren Konflikt zwischen meinem erlernten Glauben und der tatsächlichen Wirklichkeit geraten wollte.

„Wie kann es sein, dass über zwei Milliarden Menschen an Jesus glauben, aber nichts davon wissen, dass er hier in Kashmir war und warum?

„Ja, das ist eine wichtige Frage, mein Kind. Eine Frage, die ich mir schon oft gestellt habe und deren Beantwortung ich sehr schwierig finde. Ich glaube, dass sie sich am besten beantworten lässt, wenn man einen wichtigen Grundsatz zur Wahrheitsfindung beachtet – die Subjektivität jeder Erfahrung. Aus christlicher und aus westlicher Sicht verkörpert Issa den leidenden Sohn Gottes, dessen Leidensweg den Menschen den eigenen Schmerz erträglich macht. Er verkörpert weniger den erlösten Gottessohn, der in jedem Bewusstsein verborgen ist. Doch so sehen ihn die östlichen Weisen. Für uns ist Issa nur ein herausragendes Beispiel für einen selbstverwirklichten, befreiten Menschen. Wir kennen viele solcher Heiligen und Meister, deren Lebensgeschichte Issas gar nicht so unähnlich ist. Deshalb sind wir viel offener für seinen Lebensweg, der sich uns aus anderen Quellen als dem Neuen Testament erschließt. Wir können uns leichter für die Universalität seiner Lehre öffnen, weil wir ihn nicht als Religionsstifter, sondern als lebendes Beispiel der Einheit von menschlichem und göttlichem Bewusstsein betrachten. Und vielleicht ist das der wichtigste Unterschied der subjektiven Betrachtungsweisen: Die menschliche Erfahrung ist für uns eine Bewusstseinserfahrung, die in einem Lernprozess automatisch nach Vervollkommnung strebt. Doch kein westlicher, theologischer Gelehrter und nur sehr wenige Gläubige haben Issa und sein Leben je aus dieser Perspektive betrachtet."

„Ist es wahr, dass Issa nach der Kreuzigung nach Kashmir kam?"

Dadaji lächelte mich gütig an. „Diese Frage mein Kind, darf ich dir nicht beantworten. Wenn ich dir heute sagte, wie es tatsächlich gewesen ist, würdest du nur mein Wissen annehmen, so wie du die Überlieferung des Neuen Testaments ungefragt angenommen hast. Du würdest niemals aus eigener Erfahrung wissen, was sich damals wirklich zugetragen hat und wer Issa tatsächlich war. Deshalb würden meine Worte deine Persönlichkeit nicht verändern, sie würden dich nicht weiser und reifer machen. Hab Geduld und den Mut, die Antwort auf diese Frage selbst zu finden. Nur dann wird sie deine Erfahrung sein. Nur die Erfahrung kann dein Bewusstsein verändern. Das ist ein wichtiger Unterschied. Im Laufe deiner Reise wirst du herausfinden, wie wichtig er ist und was er bedeutet."

„Ich fühle mich nicht stark genug dafür. Issa ist für mich kein Teil meiner Erfahrungswelt."

Dadaji drängte mich zu nichts. „Auch wenn du dir jetzt noch nicht vorstellen kannst, dass du diesen Weg gehen wirst, dass du ihn bereits seit geraumer Zeit gehst, möchte ich dir noch einen kleinen Rat mit auf den Weg geben: Lass dich führen! Erlaube deiner Intuition, dich in jedem Moment deiner weiteren Reise zu leiten. Im Moment ist nicht wichtig, dass du dir vorstellen kannst, die zu sein, die du bist. Du musst nur deiner inneren Stimme zu hundert Prozent vertrauen."

Dieses Versprechen konnte ich leichter geben, als das, welches Ajanta mir abgerungen hatte.

Ich blieb noch etwa eine halbe Stunde, doch ich fand nicht mehr zurück in die ausgelassene Stimmung der Tanzenden und Lachenden, unter die ich mich nach dem Gespräch mit Dadaji erneut zu mischen versuchte. Die Begegnung mit ihm war etwas sehr Besonderes für mich gewesen, und ich spürte mehr denn je den Drang, mich zurückzuziehen. Dadaji saß wieder bei den Männern und die älteren Frauen spülten in der Küche. Es war, als sei nichts geschehen, und doch hatte sich für mich so viel verändert. Mein Weltbild war wieder einmal vollkommen auf den Kopf gestellt worden und ich brauchte Zeit, um das zu verarbeiten.

Ajanta und Salil brachten mich gemeinsam nach draußen, als ich mich verabschieden wollte.

„Danke für alles, Ellen", sagte Ajanta noch einmal herzlich.

„Ich danke *dir*, Ajanta. Deine Familie ist großartig. Ihr habt ein sehr liebevolles Heim."

Ajanta strahlte, als würden ihr meine Worte viel bedeuten.

Ich sprang auf die Rikscha, die Salil für mich gerufen hatte, und war mit meinen Gedanken noch immer bei Dadaji und seinen Worten. Überschätzte er mich oder unterschätzte ich mich selbst?

„Ach, Ellen, fast hätte ich es vergessen ... Dadaji lässt dir ausrichten, dass du übermorgen in der Dämmerung zum Tempel Salomons kommen sollst."

Ich spürte eine eigenartige Gänsehaut am ganzen Körper, vom Scheitel bis zu den Zehenspitzen.

„Ich weiß nicht, ob ich aus dem Nothospital fort kann", rief ich noch gegen den knatternden Lärm der startenden Rikscha an. Doch Ajanta und Salil waren schon im Haus und hörten meine Worte nicht mehr.

Sechzehntes Kapitel

Ajantas und Dadajis Worte schienen fast so etwas wie ein Gesetz zu sein, denn zwei Tage später gab mir Martin ohne ersichtlichen Grund plötzlich zwei Stunden vor Eintritt der Dämmerung frei. Ich bestellte eine Rikscha vom Tor der Kaserne aus und bat den Fahrer, mich zum Tempel Salomons zu bringen. Er sah mich fragend an. „*Which temple, Madame? There are many temples in Srinagar*. Welcher Tempel? Es gibt viele Tempel in Srinagar."

„*The temple of Solomon*", wiederholte ich, denn mehr wusste ich nicht über den Ort an dem ich mich bei Sonnenuntergang einfinden sollte.

Der Wächter am Tor hörte unsere Diskussion und mischte sich ungefragt auf Hindi ein.

„Er wird Sie hinbringen, Doktor", versprach er mir nach einem kurzen Wortwechsel mit dem Fahrer.

Wir fuhren durch die Stadt, entlang des Dal-Sees bis zu einem der sanften Hügel, die Srinagar umgaben. Die Rikscha hielt auf einem Parkplatz. „*From here you have to walk. You are not allowed to make photos.* Von hier aus müssen Sie laufen und Sie dürfen keine Fotos machen", erklärte mir der Fahrer mit ernster Miene, während ich hundert Rupien für die Fahrt bezahlte. Etwa hundert Meter unter mir lag der Dal-See und der Himmel war bereits in das Rot des Sonnenuntergangs getaucht. Ich nahm mir Zeit, den Hügel zum Tempel zu erklimmen, blieb immer wieder stehen und ließ den Blick über die atemberaubende Natur, den See und den Jhelum-Fluss, der sich glitzernd in die weite Ferne wand, gleiten. Langsam näherte ich mich der Spitze des Hügels und sah den Tempel, der bisher hinter Tannen vor meinem Blick verborgen gewesen war. Die Sonne sank immer tiefer über den See und die ihn umgebenden Hügel. Ein goldener Sonnenstrahl traf die Spitze des einfachen grauen Steingebäudes. Mir war heiß und mein Atem ging schnell.

Auf einem Schild las ich, dass der Tempel Shankaracharya-Tempel hieß, nicht Tempel Salomons. Deshalb hatte der Rikschafahrer nicht gewusst, wohin ich wollte. Man nannte den Tempel auch Takt-i-Sulaiman oder Salomons Thron. Dies war also einer der Orte, wo die gemeinsame Quelle der Religionen sichtbar werden könnte, die Wurzel von Hinduismus, Islam und Judentum.

Nach einiger Zeit folgte ich dem leisen inneren Impuls, die Stufen zum Tempel hinaufzusteigen. Die Treppe war schmal, ohne Geländer und schlecht beleuchtet. Nach zwölf Stufen erreichte ich ein steinernes graues Tor, das mich in das innere Heiligtum des Tempels, in dem zahlreiche Öllampen flackerten, führte. Der Raum war sehr klein und fast vollkommen von einem riesigen metallenen Phallus ausgefüllt, hinter dem eine goldene Kobra wild und beschützend zu tanzen schien. Über ihm hing ein Gefäß an Ketten, die mit frischen Ringelblumen geschmückt waren. Neben dem Phallus steckte ein Dreizack im Boden.

Ich sah mich suchend nach Dadaji um. Doch niemand war hier. Weder unterhalb des Tempels noch auf der Treppe noch im inneren Raum. Wieder spürte ich einen feinen inneren Impuls, mich in eine Ecke, so weit wie möglich vom Eingang entfernt, zu setzen. Sobald ich mit gekreuzten Beinen auf dem kalten Steinboden saß, schloss ich die Augen. Der Raum hinter meinen geschlossenen Lidern war hell erleuchtet, so hell, dass ich fast blinzeln wollte. Ich spürte die Kraft des religiösen und rituellen Symbols als starken Druck auf den Punkt in der Mitte zwischen meinen Augenbrauen. Mir war, als wolle seine ganze Kraft, seine mächtige Energie in diesen Punkt eintreten. War so etwas möglich? Was geschah hier, hörte ich mich noch gedanklich fragen, doch dann gab ich schon dem Druck nach und die volle Kraft des Symbols drang in mein Bewusstsein ein. Mir war, als sei ich einem enormen magnetischen Feld ausgesetzt, dessen Energie ich tatsächlich sehen konnte. Sie leuchtete grünlich weiß und wanderte von dem Punkt ihres Eintritts zwischen den Augenbrauen in die Mitte meines Kopfes und dann hinab durch das Innerste meiner Wirbelsäule bis in den Boden. Mein gesamtes Energiefeld verband sich mit der Kraft des Phallus, wurde von ihr erfüllt, durch sie gereinigt, neu gepolt und geerdet. All das beobachtete ich fasziniert und gleichzeitig vollkommen bewusst. Nur deshalb verspürte ich keine Angst und beobachtete erstaunt und gebannt zugleich, welche mir unbekannten Kräfte im Universum walteten. Die Energie floss stetig in einem scheinbar nicht enden wollenden Strom in mich hinein, durch mich hindurch in die Erde. Ich fühlte mich leicht, kraftvoll und doch ruhig und gelassen. Die Energie drang tiefer und tiefer in mich ein, zuerst durchdrang sie die körperliche Ebene, die Haut, die Knochen, Muskeln und Organe, die Blutgefäße, Nervenbahnen, Zellen und Gene. Dann durchdrang sie die emotionale Ebene und wanderte noch tiefer zur mentalen Ebene der Gedanken und Vorstellungen. All diese Ebenen sah ich, während die Energie sie berührte. Auf all diesen Ebenen meiner Existenz wurde ich Zeuge, wie sie mit grünlich weißem Licht erfüllt und in einen ursprünglichen, reinen, geordneten Schwingungszustand zurückversetzt wurden. Das Erlebnis erinnerte mich an die Erfahrung der Zentrierung, die erst neulich während meiner Meditation von dem Symbol des Davidsterns mit dem Kreuz ausgegangen war. Doch diese Kraft hier war ungleich stärker. Sie formte das stärkste Kraftfeld, dem ich je begegnet war. Der Phallus schien wie ein gewaltiger Transformator zu wirken, der Energie aus einer höheren Sphäre auf mich übertrug.

Doch wie in der Meditation vor wenigen Tagen fand auch dieses eindrückliche übersinnliche Schauspiel irgendwann sein natürliches Ende. Das Licht wurde schwächer, immer weniger drang von dem Phallus in mein Bewusstsein. Ich wusste, dass dies bedeutete, dass ich nun vollkommen auf seine Schwingungsfrequenz eingestellt war. In diesem Moment waren der Phallus und ich eins. Wir schwangen im absoluten Einklang wie ein Wesen, wie ein Bewusstsein und ich erkannte, dass der Phallus ein Symbol für das höchste, reine Bewusstsein war, das die Hindus Shiva nennen. Das Symbol verkörperte die Gottheit und ihre heilige Ur-Energie.

Als ich die Augen wieder öffnete, sah ich nun auch im äußeren Raum das helle weiße Licht. Noch immer war ich allein und staunte, dass es draußen noch nicht vollkommen dunkel war. Es konnte nicht viel Zeit vergangen sein, seit ich mich an diese Stelle gesetzt hatte. Sollte ich noch auf Dadaji warten oder hatte er mich nur für diese

Erfahrung hierher geschickt? Hatte er gewusst, was hier geschehen würde? Ich entschied, noch einige Minuten sitzen zu bleiben, die Ruhe und die Energie in mir zu betrachten. Mein Bewusstsein war völlig unbewegt, wie ein klarer See im Morgengrauen.

Ich wusste nicht, ob man den Phallus berühren durfte, doch ich gab dem inneren Impuls nach und streichelte ihn zärtlich mit der Hand. Meine Hand begann augenblicklich leicht zu kribbeln, als sie die glatte, eiskalte metallische Oberfläche berührte. In exakt demselben Moment spürte ich die Berührung einer fremden Hand auf meiner rechten Schulter. Auch von ihr ging eine starke Energie aus, die von der des Phallus verschieden und mir doch vertraut war, nur deshalb erschreckte mich die unerwartete Berührung nicht. Blitzartig kam mir die Erinnerung an einen Tagtraum ins Gedächtnis, den ich in Muzzaffarabad geträumt hatte. Darin hatte ich einen Tempel gesehen und den Namen Srinagar gehört. Hier war ich, in Srinagar, in dem Tempel, den ich damals in allen Einzelheiten vor meinem inneren Auge gesehen hatte, dem Tempel Salomons.

Ich drehte mich langsam um und sah in die tiefen, ruhigen Augen von Parham. Wir sahen einander schweigend an; zwei Menschen, die ein Bewusstsein teilten.

Parham setzte sich anmutig an die Stelle, an der ich noch vor wenigen Minuten gesessen hatte. Ich nahm mit gekreuzten Beinen neben ihm Platz und hörte aufmerksam zu, als er leise zu erzählen begann. „Dieser Tempel ist ein sehr alter heiliger Ort. Er wurde ungefähr zweihundert vor Christus von Jaluka, dem Sohn des buddhistischen Herrschers Ashoka, erbaut. Etwa zweihundertfünfzig Jahre später gab König Gopadatta, ein hinduistischer Regent Kashmirs, dem Tempel ein neues, hinduistisches Gesicht: Die Kuppel war eingestürzt und musste erneuert werden. Gopadatta widmete den Tempel seinem *Ishtadevata*, seiner persönlichen Gottheit *Jyestesvara*. Den Umbau machte ein Iraner, Sulaiman, der dem Tempel wahrscheinlich noch heute einen seiner Namen gibt – Takt-i-Sulaiman. Während des Umbaus kam Hazrat Yuzu Asaf nach Kashmir, Jesus von Nazareth, um die jüdischen Stämme zu vereinen und das Wort Gottes zu leben und zu verkünden. Yuzu meditierte hier im Tempel und predigte das Wort Gottes, das für ihn universell und an keine Religion, Kaste oder Auslegung durch Priester oder Prediger gebunden war. Er beriet Sulaiman beim Aufbau der Tempelkuppel und der Baumeister gravierte vier Inschriften in die Stufen, die damals vom Jhelum-Fluss bis hier herauf führten. Zwei davon beziehen sich auf die Gegenwart Jesu an diesem Ort: „Zu dieser Zeit verkündete Yuz Asaf seine Prophetenschaft – Jahr 54. Er ist Jesus, Prophet der Kinder Israels."

Fasziniert hörte ich Parhams Erzählung. Während er sprach, schienen sich die Grenzen von Raum und Zeit fast aufzulösen und ich spürte die lebendige Gegenwart der Männer, von denen Parham erzählte.

„Es ist nicht ganz gewiss, ob der andere Name des Tempels, Thron Salomons, nur vom Namen des Baumeisters abgeleitet ist oder auf eine weitere biblische Figur verweist: König Salomon. Unter König Salomons Herrschaft wurde im zehnten Jahrhundert vor Christus der erste israelitische Tempel für Jahwe in Jerusalem erbaut. Die Namensgleichheit „Tempel Salomons" könnte ein Hinweis auf und ein Vergleich mit diesem historisch und religiös bedeutenden Tempel sein. Viele Einheimische erzählen sich, dass König Salomon selbst hier gewesen sein soll. Die Moslems nennen Kashmir auch *Bhag-i-Sulaiman*, den Garten Salomos. König Salomon wird nicht nur im Alten Testament, sondern auch im Talmud und im Koran als Mann mit besonderen geistigen Fähigkeiten, als Mann des Friedens, der Weisheit, der Liebe und als Mann Gottes erwähnt. Salomon ist der Namensgeber für ein Symbol unseres Amuletts, das Hexagramm. Man nennt es auch das Siegel Salomos."

Als Parham das Amulett erwähnte, spürte ich ein starkes Prickeln an der Stelle, wo es meine Haut berührte. Das Tor zum verborgenen Sinn der Erscheinungswelt öffnete sich lautlos, leise und völlig unspektakulär. Ich begegnete Bildern und Symbolen, die aus dem individuellen und kollektiven Unterbewussten an die Oberfläche der Erscheinungen traten, und lernte ihre Bedeutung zu erfassen. Ich zog das Amulett an seinem ledernen Band hervor und Parham tat das Gleiche. Wir blickten beide auf die verschachtelte geometrische Form in unserer Hand, die aus zwei gleichförmigen Dreiecken bestand.

„Das Siegel besteht aus zwei ineinander verschränkten Dreiecken. Die Einheimischen sagen, es sei einst hier in den Stein des Tempels gemeißelt gewesen. Man findet es häufig in Kashmir. Der Volksmund sagt, es sei das Symbol von Issa, denn es verkörpere den göttlichen Auftrag, den er in Kashmir zu erfüllen hatte: die Vereinigung der zwölf Stämme Israels, die durch die zwölf Ecken des Sterns symbolisiert werden, was ihm nur durch die Vereinigung mit Sophia, der Göttin der Weisheit, möglich war."

Parham zeigte auf alle zwölf Ecken; sechs Ecken, die durch die Spitzen der Dreiecke gebildet wurden, und sechs Ecken, die durch die Kreuzung der beiden Dreiecke gebildet wurden.

„Die Hindus nennen solch ein Symbol *Yantra*. Ein *Yantra* ist ein heiliges Diagramm, das der Gottheit eine geometrische und energetische Form verleiht. Das Hexagramm, dessen eines Dreieck mit der Spitze zur Erde und dessen anderes mit der Spitze zum Himmel zeigt, weist auf die Einheit von Gott und Mensch hin. Der Mensch ist danach ein Gefäß des Göttlichen Bewusstseins und der Göttlichen Energie, die von der transzendenten Ebene in die menschliche Form fließt und von dieser an die Welt der Erscheinungen weitergegeben wird. Es ist deshalb auch ein Symbol der Beziehung zwischen Schöpfung und Schöpfer, der Vereinigung von männlicher und weiblicher Natur, von Bewusstsein und Energie, der Überwindung der Gegensätze von göttlichem und menschlichem Bewusstsein in der Ganzheit der Komplementarität. Das ist das Ziel jeder spirituellen Praxis, das Ziel des menschlichen Lebens."

Parham sprach erst nach einer kurzen Pause weiter. Ich konnte seinen Gedanken mühelos folgen.

„Diese Aufhebung der Dualität nennt man in Sanskrit *Advaita*, Nicht-Dualität. *Advaita* ist der Zustand, in dem das menschliche Bewusstsein seine Identität mit dem göttlichen Bewusstsein erkennt, in dem der Mensch erkennt, dass er „Gottes eingeborener Sohn" ist. Der Zustand von *Advaita*, Nicht-Dualität, ist die Erfahrung der Einheit des immanenten Gottesbewusstseins mit dem transzendenten Gottesbewusstsein, der in dem Sanskritsatz *„tat tvam asi* – das bist du" zum Ausdruck kommt. "

Die Atmosphäre im Tempel veränderte sich bei Parhams letzten Worten. Die Luft wurde wärmer und weicher, und wenn ich zuvor vor allem helles Licht und reines Bewusstsein wahrgenommen hatte, war es jetzt die Gegenwart reiner Liebe. Mein Körper reagierte augenblicklich, mein Herz wurde leicht und meine Augen füllten sich mit Tränen. Auch Parham schluckte und wischte sich eine Träne aus dem Augenwinkel.

„Das Stichwort *Advaita* führt mich zum letzten Heiligen, der diesem Tempel seinen Namen gab: Adi Shankaracharya. Viele hundert Jahre nach Issa, etwa um achthundert nach christlicher Zeitrechnung, kam er, ein junger weiser Hindu, hierher und meditierte. Er versenkte sich tief in das Bewusstsein der Einheit von Schöpfer und Schöpfung, von Bewusstsein und Energie, vereinigte sich in der Meditation mit der Kraft des *Shivalingam*, dem Symbol des reinen Bewusstseins, das für die Hindus männlicher Natur ist. Dieses männliche Bewusstsein, das in Sanskrit *Chit* heißt, ist wiederum gleichbedeutend mit dem, was die Christen Christusbewusstsein und einige Philosophen sowie der Apostel Johannes *Logos* nannten. So schließt sich der Kreis der Symbolik und wir finden an diesem Ort viele Religionen, viele Symbole, viele Riten, viele Menschen und ihre Wege zu Gott in der einen Gotteserkenntnis vereint. Deshalb ist dieser Ort ein Ort der Einkehr und des stillen, wortlosen Lernens. Wenn wir uns auf die Kraft dieses Ortes einstimmen, finden wir zurück zur Wahrheit, die all diese Männer Gottes hier fanden und für kommende Gottsucher zurückgelassen haben."

Ich fröstelte. Parham sprach über das Unaussprechliche, das Numinose. Er deutete für mich auf das Unsichtbare, das jenseits der Dimensionen von Raum und Zeit ruhig und geduldig darauf wartete, dass der Mensch es erkennen möge – dass ich es erkennen möge. Wie ein Taucher glitt *ich* tief in die eigene innere Welt hinab, um dort nach etwas zu suchen, das mich erst zu dem machte, was ich wirklich war: nach meiner Seele, der göttlichen Natur.

Was war ich aber bis heute gewesen, wenn ich erst jetzt erkannte, wonach ich suchte, fragte ich mich. Seelenlos? Blind? Unwissend? Hatte ich bisher überhaupt gelebt?

„Der Mensch existiert auf zwei verschiedenen Ebenen, Ellen. Bevor er sich auf den Weg zur Wahrheit macht, ist er reines Ich-Bewusstsein. Dieses Bewusstsein ist mit dem Körper, den Gedanken und den Gefühlen identifiziert. Es hält sich für eine Identität in Raum und Zeit, die den Irrungen und Wirrungen des Lebens ausgeliefert ist und um ihre Existenz ständig bangen und kämpfen muss. Dieses Ich-Bewusstsein wird von zwei sehr starken Impulsen regiert:

Verlangen und Angst oder anders gesagt Greifen und Abwehr. Die wichtigsten Motive, die diese Form des menschlichen Bewusstseins kennt, sind die Sicherung des individuellen Überlebens und die Durchsetzung des eigenen Willens. Sie bilden das Grundverlangen, den Grundtrieb des Ich-Bewusstseins und damit auch die Ur-Angst des Menschen. Hinter dieser Ur-Angst verborgen liegt die wahre Natur des Menschen, das Selbst oder Gottesbewusstsein. Es ist nicht mit einer bestimmten Identität in Raum und Zeit identifiziert, sondern mit den Qualitäten des reinen Bewusstseins. Es kennt weder Verlangen noch Angst, weder Greifen noch Abwehr, weil es sich als eins mit jeder Erfahrung, mit jeder Erscheinung erlebt – es liegt hinter ihr verborgen und ist dennoch in ihr enthalten. Das Schwierige ist, zunächst den Unterschied zwischen Ich und Selbst, zwischen begrenztem und unbegrenztem, menschlichem und göttlichem Bewusstsein in sich zu erkennen und dann Schritt für Schritt das Begrenzte in das Unbegrenzte fließen zu lassen. Das ist der Prozess der inneren Wandlung, der nur dadurch möglich wird, dass das Selbst für uns in Form von reiner Liebe erscheint. Diese reine Liebe können wir als unsere Natur erkennen, wir wissen, dass sie uns schützt und trägt, und erst dadurch wird uns Hingabe und die Überwindung der Ur-Angst möglich. Deshalb kann man diesen Pfad mit dem Intellekt nicht beschreiten. Der Intellekt versteht die Sprache und Symbolik der Liebe nicht, er hält Hingabe für einen Akt der Schwäche und des Wahnsinns. Nur das Herz des Menschen kann das Größere, das Unendliche und Formlose erfassen, dem er sich schrittweise freiwillig übergibt. Manchmal scheint die Angst, die Ur-Angst, die Todesangst auf diesem Weg die Überhand zu gewinnen und den Suchenden zurück auf den Pfad des Ich-Bewusstseins zu zwingen. Doch wenn die göttliche Liebe für einen Menschen einmal sichtbar geworden ist, wird sein Vertrauen niemals schwinden und er wird den Pfad der Hingabe bis zum Ende gehen. Mit Ende meine ich keinen letzten Punkt auf einer linearen Zeitachse, sondern den Moment, wenn er sein Ich-Bewusstsein vollständig in das Feuer der Liebe werfen kann und als neuer Mensch, der um seine Einheit mit dem göttlichen Bewusstsein weiß, wiedergeboren wird."

Große, warme Tränen rollten über meine Wangen, tropften von meinem Kinn und fielen auf meine Hände. Ich weinte aus Liebe und aus Erleichterung. Wer wirklich liebte, konnte nicht anders, als den Pfad der Hingabe betreten und ihn bis zum Ende beschreiten. Auch für mich gab es längst kein Zurück mehr.

Vom Eingang drangen plötzlich sonorer Gesang, der sanfte Ton von Muschelhörnern und das helle Klingen von Glocken zu uns herein. „Das *Arti* beginnt", raunte Parham mir zu und wir rückten gemeinsam noch weiter in die Ecke des kleinen Raumes, um dem Priester und seinem Gefolge Platz zu machen. Einige mussten in der Tür und auf der Treppe Platz nehmen. Der Priester rezitierte Mantras in rasendem Tempo und schwenkte eine Öllampe vor dem *Shivalingam*. Gleichzeitig brachte er seine Glocke zum Klingen und ein junger Gehilfe blies immer wieder das Muschelhorn. Der *Lingam* begann golden zu leuchten. Ich beobachtete den Priester und seinen Gehilfen genau und nach einigen Minuten des monotonen Gesanges veränderte sich die Tempelatmosphäre erneut. Die Energie sank, Nervosität und Unruhe breiteten sich aus und verdrängten die tiefe Ruhe und Heiligkeit von vorhin fast vollständig. Als der Priester den *Lingam* mit flüssigem Ghee aus dem Kupfergefäß, das über ihm hing, salbte, erreichte die Energie im Raum ihren Tiefpunkt. Ich rutschte ungeduldig auf meinen Knien hin und her und sah immer wieder zu Parham, der seine Augen hartnäckig geschlossen hielt, um mich nicht anzusehen.

Erleichtert stürzte ich nach der Zeremonie aus dem Tempel die Treppe hinunter. Ich hätte die geistige Enge keine Sekunde länger ertragen.

„Was war das, Parham?", fragte ich aufgebracht, als wir uns vor den Stufen unterhalb des Tempels im bläulichen Schein der Neonnachtbeleuchtung wiedertrafen.

„Das war das abendliche *Arti*, ein Gebetsritual, das an vielen heiligen Stätten in Indien jeden Abend zur gleichen Zeit abgehalten wird", antwortete Parham ausweichend.

„Das meine ich nicht. Ich meine, warum war die Energie so viel niedriger als zuvor?"

„Erinnerst du dich daran, worüber wir gesprochen haben, bevor die Zeremonie begann?", fragte Parham.

„Ja. Über Liebe, Hingabe und Vertrauen!"

„Genau. Diese drei gehören zusammen wie eineiige Drillinge. Sie sind die Essenz der Selbstverwirklichung und der Gotteserkenntnis. Religiöse Riten ohne Liebe sind leere Allgemeinplätze. Riten ohne Hingabe sind Folter für den Geist. Riten, die das Ich-Bewusstsein ohne Vertrauen, das erst die Verbindung zum Selbst schafft, ausführt, sind leere Hülsen. Das hast du gerade gesehen und das hat auch Issa kritisiert, als er durch Indien, Tibet und Kashmir reiste. Leider erinnern sich seine Anhänger, die Gründer und Führer der christlichen Kirchen, ebenso wenig an diese Worte ihres Meisters wie die hinduistischen, buddhistischen und muslimischen Priester. Auch in christlichen Gotteshäusern werden leere Worte rezitiert, bedeutungslose Riten ausgeführt und die Flamme des Opferfeuers brennt, ohne dass sie das Ich-Bewusstsein der Gläubigen zu transformieren vermag. Das ist das Wesen der exoterischen Religionspraxis."

Parham leuchtete uns den Weg mit einer Taschenlampe. Ich hatte mich bei ihm eingehakt und versuchte nicht zu stolpern. Wir marschierten schweigend den Shankaracharya Hill hinab. Mein Geist war angefüllt mit der lebendigen Erinnerung an das, was ich eben dort oben erlebt hatte, die Einheit der Energie, der Tiefe des Bewusstseins, der Symbolik des Ortes und meines Medaillons.

Unten auf dem Parkplatz führte Parham mich zu einer schwarzen Vespa, gab mir einen Helm und während ich noch überlegte, warum er eigentlich hier war und wie es kam, dass er in Srinagar eine Vespa fuhr, startete er bereits den Motor. „Was ist, Ellen? Willst du hier oben übernachten?"

Ich sprang auf den Rücksitz, hielt mich an Parham fest und schon raste er den Schotterweg hinab ins Tal. Er stoppte die Vespa vor einem unbeleuchteten Hausboot am Dal-See. Parham sprach nicht, sondern nahm mir den Helm ab und führte mich über einen schmalen Steg auf das Boot. Er ging vor, öffnete die Tür zum Unterdeck und schaltete das Licht ein. Ich sah mich staunend um. Das Hausboot war in beindruckend gutem Zustand.

„Willkommen in meinem Heim!"

„*Hier* wohnst du?"

Parham lachte. „Ja!"

„Aber ich dachte, du lebst in Muzzaffarabad."

„Als das Beben geschah, bin ich sofort nach Muzzaffarabad, weil es dort am schlimmsten war und Iman mich um Hilfe gebeten hat. Aber hier ist mein Zuhause. Hier lebe ich."

Er reichte mir die Hand und führte mich unter Deck. Ich sah mich zaghaft auf dem Boot um, das mit wunderschönen und wertvollen Antiquitäten eingerichtet war. Ich weiß nicht warum, aber ich hatte mir Parhams Leben viel karger, viel asketischer vorgestellt. Er war mir besitzlos erschienen.

„Bist du enttäuscht?", fragte er lächelnd.

„Nicht enttäuscht", gab ich ehrlich zu. „Überrascht. Ich habe etwas anderes erwartet. Du scheinst so wenig zu brauchen, dass mich dieser Luxus hier fast erschreckt."

„Ich bin kein Eremit, Ellen, und auch kein Asket. Ich lebe das Leben, das mir zugedacht ist. Ohne weniger zu wollen oder mehr. Das ist das ganze Geheimnis. Es ist eine Illusion zu glauben, dass spirituelles Leben vor allem Verzicht bedeutet. Ich lebe in der Welt, ohne von ihr zu sein. Wenn ich dieses Boot morgen verlassen muss, bin ich bereit."

Er sah mich ruhig und unbewegt an. Für einen winzigen Moment vergaß ich mich selbst.

„Hast du Hunger?" Seine Frage erinnerte mich daran, dass es mich gab. Ich nickte, ohne nachzudenken.

„Dann setz dich. Ich koche uns was."

Ich setzte mich auf einen Diwan, der unter einem langen Fenster auf der Backbordseite des Schiffes stand, sank tief in die Kissen der Liege und stopfte mir ein weiches, orientalisch besticktes Kissen im Rücken zurecht. Parham kletterte über eine Holztreppe eine Etage tiefer und ich lauschte dem Klappern der Töpfe und Pfannen aus der Kombüse. Gleichzeitig hörte ich das leise Plätschern der Wellen, die an den Rumpf des Bootes brandeten, und spürte das leichte Schlingern des Schiffes. All das wirkte so beruhigend, dass ich tief entspannte und langsam in einen leichten Schlaf hinüberdämmerte. Vor meinem inneren Auge zogen Bilder von muslimischen Tempelbaumeistern, jüdischen Königen, hinduistischen Gottsuchern und von Issa vorbei. Ich driftete in einen eigenartigen Zustand zwischen Wachen und Schlafen, in dem mein Geist versuchte, die Puzzleteile des gerade Erlebten zu einem großen sinnvollen Ganzen zusammenzufügen. Mein Unterbewusstsein war durch die sagenhaften symbolischen Erlebnisse weit geöffnet und wurde in täglich größerem Maße meinem Wachbewusstsein zugänglich. Die Grenzen zwischen beiden, die fast vierzig Jahre meines Lebens verschlossen gewesen waren, hatten sich geöffnet und das Leben erlaubte mir in seine inneren, symbolischen Bereiche vorzudringen.

Immer wieder tauchte das Gesicht von Issa vor meinem inneren Auge auf. Es glich den Bildern der christlichen Ikonographie und Vorstellung, doch es schien älter, weit jenseits der fünfzig. Issa, Yuzu, Jesus oder Christus – wie man ihn auch nannte – war ein imposanter Mann, der nicht nur liebende Güte, sondern Weisheit und spirituelle Kraft ausstrahlte. Sein Blick war fest und selbstbewusst. Er wusste, dass sein Wort Gesetz war. Kurz erschrak ich angesichts dieser ungeheuerlichen Gewissheit in menschlicher Gestalt. Doch beim nächsten Blick auf das innere Bild erkannte ich, dass diese Macht und das Wissen um sie von tiefer Demut begleitet wurden. Diese beiden Facetten seiner Persönlichkeit erschienen mir paradox, völlig widersprüchlich, beinahe unvereinbar.

Lautes Klappern in der Küche ließ mich just in dem Moment hochschrecken, als ich zu sehen glaubte, dass Issa ein Amulett mit einem Davidstern und einem Kreuz um den Hals trug.

Parham deckte seelenruhig einen niedrigen Tisch, um den herum viereckige Sitzkissen auf dem Boden lagen. Die Speisen dufteten köstlich und ich wunderte mich, wie er in so kurzer Zeit so viele verschiedene Gerichte gekocht haben mochte.

„Komm, Ellen, es wird Zeit, dass wir etwas essen!“

Nur zu gern folgte ich seiner Einladung und setzte mich im Schneidersitz auf eines der bequemen Bodenkissen. Parham brachte ein letztes Tablett aus der Küche, auf dem Rotweingläser und Chapatis, flache indische Brote, angerichtet waren. Dann setze er sich mir gegenüber und begann damit, je einen gut gefüllten Löffel von allen Gerichten auf zwei silberne Teller zu geben. Huhn mit Reis, Kreuzkümmel und Granatapfel, Okraschoten, Dhaal, Spinat. Das Essen duftete exotisch, orientalisch. Parham war ein sehr aufmerksamer Gastgeber, sah mich immer wieder an, um sich zu vergewissern, dass es mir schmeckte, dass ich genug hatte und zufrieden war. Wir tranken jeder zwei Glas Wein zum Essen, von dem Parham mir stolz erzählte, dass er aus Kashmir kam. Der Alkohol tat seine Wirkung auf meinen entwöhnten Geist – mein Kopf fühlte sich leichter, meine Gedanken wirkten beschwingter. Kurz kam mir die Erinnerung an mein letztes gemeinsames Essen mit Nicki. Mir war, als sei ich damals ein anderer Mensch gewesen. Ich wusste noch genau, dass ich glücklich gewesen war. Ich hatte das Gefühl gehabt, Nicki zu lieben, mit dem richtigen Menschen am richtigen Ort zu sein. Wie konnte sich die Wahrnehmung so sehr verändern, fragte ich mich, dass mir meine eigene Beziehung von damals heute hohl, oberflächlich, eindimensional, ja sogar selbstverleugnerisch erschien.

Ich sah Parham an und war ihm mit diesem Blick so nah wie nie zuvor. Noch nie war ich ihm unter so entspannten Umständen begegnet. Wieder hatte ich das Gefühl, mich selbst zu vergessen, meine Wünsche, alle Sorgen und die Geschichte des Lebens, die mich an diesen Punkt geführt hatte. Mir war, als hätte ich keine Vergangenheit und keine Zukunft, als gäbe es nur diesen Moment, in dem kein Platz für ein Ich-Gefühl, ein Ich-Bewusstsein war. Es musste einer anderen, einer umfassenderen Bewusstheit weichen. Parham erwiderte meinen Blick und berührte meine rechte Hand, die das Weinglas hielt, das auf dem Holztisch stand. Zum ersten Mal, seit wir uns kannten, spürte ich so etwas wie Begehren, den Wunsch, ihm körperlich nahe zu sein. Ich wollte ihn berühren, ihn küssen. Doch ich zog meine Hand blitzschnell zurück, als hätte ich mich an ihm verbrannt. Er wagte nicht, mich anzusehen, und wich ein Stück zurück. Doch das minderte das Verlangen nicht, das plötzlich zwischen uns brannte. Ich fand es unerträglich und stand abrupt auf.

„Ich muss gehen, Parham. Es ist schon spät."

Er widersprach nicht und stimmte meinem Wunsch doch nicht zu. Sein Blick glitt an mir vorbei hinaus auf den See, hinein in die innere Ferne. Auch er kämpfte gegen das Verlangen. Es schien nicht richtig zu sein, nicht passend, nicht heilig genug für das, was uns verband. Ich verstand meine widerstreitenden Gefühle nicht. Obwohl mir Parham so vertraut und nah war, schien es mir absolut undenkbar, ihn auch körperlich zu lieben. Jeder kleinste sexuelle Gedanke erschien mir wie eine unerträgliche Erniedrigung all der erhebenden und erhabenen Momente, die wir bisher geteilt hatten. Ich schämte mich für den Wunsch, ihn zu berühren, und hasste mich für die

Fantasie, ihn zu küssen. Mir war, als zögen meine Gedanken alles bisher Gewesene in den Dreck.

„Ich fahre dich“, sagte er tonlos und müde von seinem eigenen inneren Kampf gegen die sexuelle Anziehungskraft.

„Nein“, sagte ich schnell und schneidender, als ich es wollte. „Bemühe dich nicht. Ich nehme eine Rikscha.“

Als er mich an Land brachte, berührte er mich nicht und sah mich kein einziges Mal an. Nie waren wir uns fremder gewesen als in diesem Moment, als wir beide die Flamme des Verlangens in uns erstickten. Diese eiskalte, unüberbrückbare Distanz war der Preis, den wir bezahlen mussten, wenn wir uns nicht von der blinden Leidenschaft überwältigen lassen wollten, dachte ich.

Ich wollte nur fort von hier, weg von Parham und seinem Leben, raus aus seinem Hausboot, das sich auch für mich schon fast wie ein Zuhause anfühlte.

Siebzehntes Kapitel

Aufgebracht blickte ich aus der Rikscha auf den Asphalt, der rasend schnell an meinen Augen vorbeizog, so schnell, wie die widerstreitenden Gefühle in meinem Geist auftauchten und wieder verblassten. Überall in mir war diese enorme spirituelle Energie des Shivalingam, die sich später auf Parhams Hausboot in sexuelle Energie verwandelt und dann urplötzlich gestaut hatte.

Als die Rikscha endlich die Kaserne erreichte, rannte ich ins Gebäude und schloss mich in meinem Zimmer ein, als wollte ich vor mir selbst und meinen eigenen Erfahrungen und Gefühlen verstecken. Doch je stärker ich gegen die Gefühle, die die Energie wie Schlamm am Meeresboden aufgewühlt hatte, kämpfte, desto elender und zerrissener fühlte ich mich. Ich versuchte, zu schlafen, doch mein Geist war hellwach. Ich setzte mich zur Meditation, doch mein Gemüt kam nicht zur Ruhe. Ich sah auf der Krankenstation nach den Patienten, doch ich war nicht bei der Sache. Verzweifelt kehrte ich in mein enges Zimmer zurück, legte mich wieder auf das Bett und sah dem Schattenspiel der nächtlichen Beleuchtung auf den grünen Wänden zu. Sie bildeten eigenartige diffuse Bilder, die dem Tosen der Energie in mir unerkennbare Formen verliehen. Bisher hatte ein erhöhtes Energiefeld immer Ruhe und Leere in meinem Geist bewirkt, doch heute war das genaue Gegenteil geschehen und ich fand mich unfähig, damit umzugehen. Der Stress wurde größer, je vehementer ich ihn intellektuell beherrschen wollte. Wieso, weshalb, warum, fragte ich mich und begann plötzlich alles in Frage zu stellen, was ich längst als wahr und richtig erkannt hatte – jede Erfahrung seit meiner Kündigung in Frankfurt. Zweifel durchdrang mein Gemüt, um dem Stress auszuweichen, und er erreichte sein

Ziel – mich von mir selbst zu trennen. Ich fürchtete mit einem Mal, verrückt zu werden. Vielleicht hatte ich durch den Verlust meines Jobs in Frankfurt und den Stress nach dem Erdbeben hier in Kashmir doch den Boden unter den Füssen verloren und all meine Erfahrungen der letzten Wochen beruhten einzig und allein auf Einbildung? Vielleicht wurde mir das erst heute bewusst, weil hier in Srinagar das Leiden der Menschen nicht mehr allgegenwärtig und der Stress, der mich in Muzzaffarabad überwältigt hatte, langsam vorbei war?

Ich warf mich unruhig und in Schweiß gebadet auf meinem Bett hin und her. Immer wieder rief ich mir ins Gedächtnis, warum ich eigentlich hergekommen war: Ich arbeitete für DoctorsAid, um Verletzten und Kranken zu helfen. Ich war *nicht* als Pilger nach Kashmir gekommen, *nicht* für mich selbst, für mein persönliches inneres Wachstum oder gar für eine neue Beziehung.

Unter meinen Kollegen war niemand, der mir nah genug stand, dass ich ihm mein Herz hätte ausschütten können. Ich war allein und in dieser Nacht bedeutete das Alleinsein geistige Folter. Der Zweifel wandelte sich bald in Selbsthass, der sich wie ein dunkler Schatten über mich legte. Ich beschimpfte mich selbst als egoistisch, verantwortungslos, irrational und größenwahnsinnig. Was war das nur für ein Egotrip, dem ich plötzlich erlegen war? Wie konnte ich bloß vergessen, wer und was ich war, nur weil mir ein paar – zugegeben bemerkenswerte – Mensch einredeten, dass ich zu ihnen gehörte und aus einem höheren Sinn nach Kashmir geführt worden sei, nämlich um Gott zu finden. Wer war ich, dass ich glaubte, dieser Liebe, die ich jeden Tag stärker spürte, wert zu sein? Selbst Issa hatte mit Gott gehadert und war vom Leben geprüft worden. Wieso haderte ich nicht, sondern fühlte mich getragen und geführt, beschützt und geliebt? Wieso fiel mir einfach in den Schoß, wonach so viele Menschen sich sehnten? Wieso glaubte ich Parham, Iman, Dadaji und Ajanta eigentlich? Warum vertraute ich ihnen blind, ohne ihre Worte und Geschichten zu überprüfen?

Langsam reifte in dieser schlaflosen Nacht ein Entschluss in mir heran: Ich musste selbst herausfinden, was wahr und was erfunden war, wenn ich mich nicht wie eine willfährige, dumme Marionette fühlen wollte. Wenn Issa und Jesus identisch waren und Jesus wirklich nach der Kreuzigung nach Kashmir gekommen war und hier gelebt und gelehrt hatte, würde ich Beweise dafür finden – sachlich und nüchtern und mit der Akribie eines versierten Detektivs.

Dieser verzweifelte, aber vehemente Entschluss hatte eine beruhigende Wirkung auf meinen aufgewühlten Geist, denn nicht lange, nachdem ich ihn gefasst hatte, schlief ich doch noch ein.

Schon am nächsten Nachmittag bat ich Martin, mich für ein paar Stunden zu vertreten. Ich gab vor, in der Stadt etwas Wichtiges erledigen zu müssen, und lief zum Tor der Kaserne, um mir ein Taxi rufen zu lassen.

„Nach Yuz Marg", instruierte ich den Fahrer wortkarg. Noch in der Nacht hatte ich mich an ein Gespräch mit Schwester Baquiya erinnert, in dem sie erwähnt hatte, dass es in der Nähe von Srinagar einen Ort namens Jesuswiese gab.

„That´s out of the city, Madame. You have to pay extra. Das ist weit und kostet mehr."

„No problem", stimmte ich bereitwillig zu.

Die Fahrt ging Richtung Süden durch Naugam und Nilmag. Nach etwa zwei Stunden und zwei Straßensperren, an denen wir Gebühren zu entrichten hatten, hielt mein Taxi in einem einsamen Tal, das von sanften schneebedeckten Hügeln umgeben war. *„This is Yuz Marg, Madame."*

Ich sah mich um. Enttäuscht.

„Nobody lives here!? Wohnt denn niemand hier?"

„No, Madame. Nur im Sommer die Ziegenhirten. Yuz Marg ist ein einsamer, aber ein heiliger Ort."

Dennoch stieg ich aus dem Taxi und bat den Fahrer, mir eine Stunde Zeit zu geben. Ich schnürte meine Trekkingjacke enger gegen die Kälte und wanderte ziellos bergauf. Vielleicht half es mir, allein zu sein, ohne Kollegen, Verletzte und Obdachlose, ohne Hilfsbedürftige und ohne Parham und die anderen; allein mit mir selbst, meinen quälenden Fragen, bohrenden Zweifeln und der Angst davor, verrückt zu werden.

Es war sehr still in Yuz Marg und die Luft roch frisch nach Harz und Gras so weit entfernt vom Zweitaktersmog der großen, überfüllten Stadt. Langsam wanderte ich über die schneebedeckte Weide, auf der im Sommer Kashmir-Ziegen grasten. In der Ferne hörte ich das

Rauschen eines Gebirgsbaches und lenkte meine Schritte in seine Richtung. Der Fahrer hatte gesagt, Yuz Marg sei ein heiliger Ort. Je länger ich hier war, desto eindringlicher berührte mich seine sanfte Kraft, die mir sehr subtil, sehr unaufdringlich und sehr besonders erschien. Schwester Baquiya hatte berichtet, dass Jesus auf seinem Weg nach Srinagar hier Halt gemacht haben soll. Ich versuchte mir vorzustellen, wie Yuz Marg vor zweitausend Jahren ausgesehen haben mochte. Wahrscheinlich gar nicht anders als heute.

Was wäre, wenn die Legenden wahr wären, fragte ich mich. Issa musste mit verschiedenen Karawanen mehrere Jahre über die Seidenstraße hierher gewandert sein – mehr als dreitausend Kilometer weit durch Syrien, den Irak, Afghanistan und Pakistan. Wieder mischte mein Intellekt sich in den Versuch der intuitiven Schau ein und stellte Fragen, auf die ich keine Antwort wusste. Welch starke Motivation musste ein Mensch haben, auf so beschwerliche Art so weit zu reisen, nachdem er gerade dem Tod entkommen war? War seine Reise eine Flucht? Was hatte er wohl gefühlt, als seine Mutter so kurz vor Erreichen ihres Zieles in Muree verstarb? Hatte Issa gewusst, dass ihr Ende gekommen war, so wie ich gewusst hatte, dass meine Patientin in Frankfurt sterben würde? Was war er für ein Mensch gewesen und warum traf ich auf ihn? Ausgerechnet ich, die sich nicht für ihn interessierte, die nicht an Gott glaubte. Jesus war für mich allenfalls eine historische Figur, die mich bisher nie berührt, sondern eher abgestoßen hatte, weil keiner in meinem Umfeld etwas Glaubhaftes über sie zu sagen wusste. Auch den Gott, mit dem ich in der Schule und im allgemeinen Leben bekannt gemacht worden war, hatte ich mir nie vorstellen können. Niemand hatte mir bisher ein annehmbares Gottesbild gezeigt. Deshalb hatte ich keine Beziehung zu ihm entwickelt. Erst hier in Kashmir hatte ich erlebt, dass es eine Kraft gab, die selbst ich nicht anders als göttlich nennen konnte. Ich hatte ihr Licht gesehen und ihre Liebe erfahren. Ich hatte gespürt, dass sie vor allem eines war, bewusst, und erlebt, dass sie alles ins Lot brachte, Kranke heilte und unglückliche Umstände und Hindernisse beseitigte. Und all das geschah zumeist ohne Bitte, ohne Gebet, einfach so, weil die Kraft plötzlich zugegen war; meist, wenn besondere Menschen die Bühne betraten. Aber oft, sehr oft auch dann, wenn ich allein gewesen war. Manchmal hatte ich das Gefühl gehabt, Gott selbst versuche, sich mir bemerkbar und erkennbar zu machen. Trotz aller berechtigten Zweifel konnte und wollte ich all das nicht von mir weisen. Ich hatte Dinge erlebt, die ich nicht erklären konnte. Dinge, die ich für Wunder hielt. Wunder, die ich eigentlich für unmöglich hielt. Machte mich das jetzt zu einem gläubigen Menschen? Nein, ich war zu einer Wissenden geworden. Heute kannte ich die göttliche Gegenwart und die göttliche Kraft! Sie war mir nicht mehr fremd, ich hatte eine Beziehung zu ihr und langsam entwickelte ich auch eine Beziehung zu Issa, weil er mir hier in Kashmir realer, lebendiger und greifbarer erschien als jemals zuvor.

Mein Herz weitete sich und ich spürte eine starke Gänsehaut am ganzen Körper, als ich diesen Gedanken mit all seinen Konsequenzen zuließ. Er schien mir wie die Krönung meines Größenwahns. Wer war ich, dass ich glaubte, das Göttliche zu kennen?! Doch heute war ich freier als in der letzten Nacht, als ich unter dem Druck der angestauten Energie beschlossen hatte, den Legenden endlich selbst auf den Grund zu gehen. Vielleicht lag es an der besonderen Atmosphäre von Yuz Marg. Hier sah ich klarer und wusste wieder, welche meiner Gedanken und Einsichten wahr waren und welche mich auf eine falsche Fährte führten. Ich machte mir nichts vor, ich täuschte mich nicht, ich war nicht verrückt. Die göttliche Kraft war in Kashmir für mich sichtbar geworden; sie lenkte mein Leben, meine Gedanken, meine Empfindungen und Erfahrungen. Nichts auf der Welt hätte mich in diesem Moment von meiner Gewissheit abbringen können. Selbst Folter nicht oder der drohende Tod. Ich war ebenso sicher, wie ich in Frankfurt sicher gewesen war, dass meine Patientin sterben würde. Vielleicht war ich Issa ähnlicher, als ich mir vorzustellen vermochte ...

Ich erschrak bei diesem Gedanken und hielt meine Hand in das kalte Wasser des Flusses, dessen Ufer ich inzwischen erreicht hatte. Er war an den Rändern leicht gefroren und ich brach ein Stück Eis ab, um daran zu lutschen. Die Kälte tat gut. Ich hatte längst den sicheren Boden des allgemein Anerkannten verlassen und wandelte auf den nebeligen Pfaden der Selbsterfahrung, für die es keinen objektiven Maßstab gab. Was war richtig auf diesem Weg und was falsch, was wahr und was Illusion? War es wirklich möglich, dass die Masse der Christen der Illusion eines falschen Bildes von Jesus erlegen war, während nur einige wenige, die bereit zur Selbsterfahrung waren, die Wahrheit erahnten oder sogar kannten?

„Du wirst die Wahrheit nur mittels deiner Intuition erkennen können", dachte ich und mir war, als spreche die Stimme der Intuition selbst zu mir. „Die Wahrheit ist unmittelbar und kann nur direkt geschaut werden. Sie kommt niemals in Form einer Lehre, einer Theorie oder eines Menschen zu dir. Die Wahrheit ist kein Objekt in deinem Bewusstsein."

Unten an der Straße hupte das Taxi laut und ich lief den Hang mit der Ausgelassenheit eines Kindes hinab. Ein Gefühl von Freiheit und Leichtigkeit erfasste mich.

Der Taxifahrer lachte, als er mich schwer atmend in seinen Wagen steigen sah. *„You run fast.* Sie laufen schnell."

Ich stimmte befreit in sein Lachen ein. *„This is a great place.* Das ist ein großartiger Ort."

„There are many places like Yuz Marg here. You want to see them? Es gibt viele Ort wie Yuz Marg. Wollen Sie sie sehen?"

„Viele Orte wie Yuz Marg?" fragte ich erstaunt. „Sie meinen Orte, die Issa besucht hat?"

„Yes, yes. Issa und Kashmir sind untrennbar miteinander verbunden. Was ist? Wollen Sie mehr sehen?"

„Yes, of course. Natürlich.", beeilte ich mich zu sagen. Ich hatte plötzlich Angst, er könnte sein Angebot zurückziehen, wenn ich zu zögerlich wäre.

Wir fuhren dieselbe Strecke zurück in die Stadt. Der Taxifahrer schwieg. Ich versuchte mehrmals, ihm zu entlocken, wohin er mich fuhr, doch er reagierte nicht. Je tiefer wir in die Stadt kamen, je enger die Gassen wurden, desto größer wurde meine Neugier. Der Fahrer hielt an einer schmalen Kreuzung im alten Khanyar-Distrikt und parkte den Wagen ganz nah an einer Hauswand, um den Durchgangsverkehr nicht zu blockieren.

„Come, Madame. Kommen Sie." Es überraschte mich, dass er selbst ausstieg, den Wagen abschloss und mich führte, ohne zuvor einen fetten Aufpreis ausgehandelt zu haben.

„This is a very special place, Madame. Dies ist ein ganz besonderer Ort", erklärte er ehrlich andächtig, während wir durch die engen

Häuserschluchten einem Gebäude entgegengingen, dass pagodenähnlich gebaut war. Das eingeschossige Haus mit dem grünen Dach, das von einem ebenso grünen Zaun umgeben war, wirkte sehr untypisch für Kashmir, eher tibetisch oder chinesisch. Erst als wir frontal vor dem Gebäude standen, las ich die Schrift auf dem Schild im Vorgarten: Hazrati Youza Asouph and Syed Nasir-U-Din. Hatte Parham Issa nicht Yuz Asaf genannt? Ich sah meinen Fahrer fragend an. „*What is this?* Was ist das?“, wollte ich wissen.

„*This is the tomb of Issa!*“ Ich werde nie den Stolz vergessen, der bei diesen Worten in seinen Augen aufblitzte. „Das ist das Grab Issas! Rozabal.“

„Rozabal? Das Grab Jesu? Das kann nicht sein!“ rief ich aus. „Das ist unmöglich!“

„*No, this is not impossible. It is true!* Nein, das ist wahr.“ Ich staunte, als der Taxifahrer an seinem Schlüsselbund fummelte – demselben Schlüsselbund, an dem sein Autoschlüssel hing – und das Tor aufschloss. „Zwei Männer liegen hier. Yuzu, den wir auch Issa nennen, und Nasir-U-Din. Der eine war Jude, der andere Moslem. Deshalb sind die Gräber nach den Vorschriften der jeweiligen Religion angelegt. Ein Grab ist nach mohammedanischer Sitte von Norden nach Süden gerichtet, das andere ist in Ost-West-Linie ausgerichtet. Das ist das Grab des Juden Issa.“

Mein Herz raste und ich rang nach Luft. Ich glaube, nie in meinem Leben war ich aufgewühlter, erregter. In diesem Moment war ich genauso berührt, als hätte ich nach langer, vergeblicher Suche an den falschen Stellen endlich das Grab meines lange vermissten Bruders gefunden, den ersten Beweis für alle abenteuerlichen Spekulationen.

Ich zitterte am ganzen Körper, als ich dem Taxifahrer in das Innere des Grabmals folgte. Er zündete gekonnt eine Öllampe an, die direkt neben der fest verschlossenen Eingangstür stand, und forderte mich auf, die Schuhe auszuziehen.

„Wieso haben Sie einen Schlüssel für diesen Ort?“ fragte ich, ohne die Worte „Grab Jesu“ in den Mund zu nehmen. Ich konnte sie nicht aussprechen, weil bereits das Aussprechen bedeutet hätte, dass ich seiner Erzählung in irgendeiner Weise Glauben schenkte.

„Viele Jahre war Rozabal für jeden zugänglich. Doch dann wollten immer mehr Europäer und Amerikaner Beweise dafür, dass Issa hier, an derselben Stelle, an der er weit jenseits der achtzig verstarb, begraben ist. Eine Frau wollte sogar eine DNA-Probe seiner sterblichen Überreste nehmen und das Heiligtum dadurch entweihen. Zum Glück gab es damals wachsende Unruhen zwischen Moslems und Christen und die Sicherheitsbehörden nutzten diese als Vorwand, um Rozabal für die Öffentlichkeit zu schließen. Doch es gibt noch einen Wächter, meinen Vater. Er hat meinem Bruder und mir je einen Schlüssel gegeben. Aber das darf niemand von den Sicherheitsbehörden wissen. Mein Vater gab uns den Auftrag, Menschen hierher zu bringen, die Issa aufrichtig suchen. Ich fragte ihn, woran ich das erkennen könne, und mein Vater sagte: ‚Du wirst die Liebe in seinen Augen sehen! Dieselbe Liebe, die Syed Nasir-U-Din für den großen christlichen Meister empfand. Nur deshalb konnte er in seiner unmittelbaren Nähe begraben werden.'" Er hielt die Lampe hoch und leuchtete mir wie zum Beweis voll ins Gesicht.

„Wie viele Menschen haben Sie seitdem hergebracht?", musste ich wissen.

„*Two!* Zwei! Einen Mann und Sie!" Er sprach von Parham, das wusste ich im selben Augenblick.

Ich traute mich nicht mehr zu fragen, wie viele Menschen der Bruder des Taxifahrers wohl hergebracht hatte. Der ließ meinem zweifelnden, fragenden Geist keine Denkpause und hetzte mich einen langen Gang entlang, der zu der Grabkammer führte. Wir kletterten durch eine enge Holztür, die kaum größer als ein Fenster war, und standen dann vor zwei relativ kleinen Steingräbern.

„Die Gräber sind doch viel zu klein und zeigen in dieselbe Richtung", bemerkte ich sofort.

„*Yes, yes.* Das echte Grab Issas liegt unter diesem in der verborgenen Krypta."

So war das also. Ich war einem Märchenerzähler auf den Leim gegangen. Diese Taxifahrer waren klug, sehr klug. Wenn ein Europäer nach irgendeinem Ort fragte, der in Zusammenhang mit Issa stand, brachten sie ihn her und erzählten ihm ihre schmeichelhafte, verführerische Geschichte.

„*You don´t believe me, Madame.* Schauen Sie hier, das sind die Fußabdrücke Issas. Sie zeigen noch die Male der Kreuzigung." Er hielt die Lampe zu einer Steinplatte auf dem Boden. Sie zeigte zwei riesige Füße mit Löchern, die tatsächlich von Nägeln hätten sein können.

„In den Tempeln und Moscheen, die ich besucht habe, habe ich schon so viele Barthaare Mohammeds und Zähne Buddhas gesehen, wie beide zusammen nicht gehabt haben können. Das ist kein Beweis!" Ich war wütend auf mich, weil ich auf diesen Humbug hereingefallen war.

Plötzlich schlug die Atmosphäre um. Die Luft wurde kühler und es wurde heller im Grabmal. Im gleichen Augenblick wurde meine Wahrnehmung feiner und mein Herz weicher. Ich fühlte mich wieder beobachtet, doch heute war die Kraft der Beobachtung viel stärker als sonst. Sie schien mich von allen Seiten zu umgeben und zu durchdringen. Es ist nicht seine Schuld, mahnte mich meine innere Stimme.

„You are typical European – full of doubt. Man kann die Wahrheit aber nur finden, wenn man Vertrauen hat, Madame", hörte ich meinen weisen Taxifahrer sagen. „Sie müssen nicht mir, sondern nur Ihrer Wahrnehmung vertrauen. Was sehen Sie hier? Was fühlen Sie hier? Spüren Sie hier die Gegenwart Issas? Erkennen Sie die Gegenwart des Göttlichen? Wenn ja, gut, wenn nein, auch gut. Dann haben Sie zu Hause eine tolle Geschichte zu erzählen ..." Er lachte kindlich. Ich war erleichtert, dass er mir nicht böse war, und lachte entspannter mit ihm.

„Dürfte ich einen Moment alleine sein?"

„Ich dachte schon, Sie fragen nie."

Er gab mir die Öllampe und ging ohne Licht zurück zum Ausgang. Allein im Grabmal, versuchte ich, mich zu entspannen und zu konzentrieren. Was war das für ein Ort? Konnte hier wirklich Jesus Christus begraben sein? Soweit ich wusste, war das Grabtuch von Turin eine Fälschung. Gab es ein Grab Jesu in Jerusalem? Es gab das Felsengrab, das natürlich leer war. Aber hier in Kashmir? Wie logisch war es, dass Jesus hier gestorben und begraben war? Wie wahrscheinlich war es? Mein Verstand lief wieder fast heiß, weil jede Frage in einer Sackgasse endete. Erschöpft hockte ich mich vor die Fußabdrücke und legte meine Hände hinein – die rechte Hand in den rechten Fußabdruck und die linke Hand in den linken Fußabdruck. Augenblicklich spürte ich Wärme aus den Abdrücken in meine

Hände steigen. Gleichzeitig war mir, als zögen die Fußabdrücke meine Hände magnetisch an. Sie klebten förmlich an der Steinplatte, in die die Fußabdrücke gegossen waren. Die warme Energie stieg in meine Hände, meine Arme, in meinen Herzraum. Obwohl das Erlebnis in gewisser Weise meiner Erfahrung mit dem *Shivalingam* vom Tempel Salomons ähnelte, war es doch ganz anders. Dort hatte ich die Energie als weißes, kühles Licht wahrgenommen, das durch den Mittelpunkt zwischen den Augenbrauen über meine Wirbelsäule bis in den Boden geflossen war. Hier erlebte ich die Energie als warme, leicht goldene Kraft, die durch meine Hände in meinen Herzraum floss, ihn füllte und ausdehnte und zum Überlaufen brachte wie einen gestauten Fluss. Dort hatte ich die Kraft des Bewusstseins erfahren, hier erfuhr ich die Kraft der Liebe, der reinen Liebe. Diese Liebe drang von außen aus den Fußabdrücken in mich ein und war doch in mir. Ja, sie war ich, in meiner reinsten Form. Innen und Außen waren eins. Nie hatte ich mich so geliebt gefühlt, nie so angenommen, nie so erkannt, nie so beschützt, nie so getragen – nie so ganz. Nie hatte ich mich so unschuldig gefühlt, so unverletzt. Da war keine Abwehr in mir, kein Zweifel, kein Misstrauen. Auch schwiegen alle Wünsche, jegliches Streben erlosch. Ich war eins mit mir.

In diesem Moment erkannte ich, dass die wahre Natur des Menschen reine Liebe war. Issa verkörperte diese Liebe in vollkommener Form. Nur deshalb war es so schwer, seine Lehre, seine Worte und sein Leben zu verstehen, weil die Liebe eine ganz andere Sprache sprach, als der menschliche Verstand. Nur die Seele des Menschen konnte die Sprache der Liebe verstehen. Wer Issa erkennen wollte, musste sich selbst erkennen. Es gab keinen anderen Weg, begriff ich. Jeder Versuch, Jesu Leben auf andere Weise verstehen zu wollen, würde scheitern, zu Missverständnissen, Misstrauen und quälendem, niemals endendem Zweifel führen. Jeder Versuch, diese Bedingung zu umgehen, würde die Illusion nur verstärken, die Projektion, die einen im Menschen Jesus etwas suchen ließ, was nur in der eigenen Seele zu finden war.

Der schrille Klingelton eines Handys riss mich aus dem Zustand der liebenden Einheit und holte mich zurück auf die Ebene des Alltagsbewusstseins. Die Fußabdrücke gaben meine Hände wieder frei und ich rieb sie fest aneinander, weil sie kribbelten und juckten. Mein

Herzraum war noch immer mit Liebe gefüllt, leer von Sorgen, Wünschen und Ängsten.

Ich hatte das Gefühl, Issa begegnet zu sein. Für mich war er hier gewesen, körperlich spürbar. Der Taxifahrer sprach laut und scheinbar aufgebracht am Telefon. Ich erhob mich, nahm die Öllampe auf, kroch zurück durch den engen Eingang und lief den schmalen Flur entlang zurück zu dem Fahrer, der gerade sein Gespräch beendete, als ich ihn erreichte.

„*Now you have faith!* Jetzt haben sie Vertrauen!", sagte er mit einer Freude und einem Stolz, als wäre das sein Verdienst. Ein Gefühl der Dankbarkeit überkam mich und ich hörte mich auf sehr indische Weise sagen: „*You are a true servant of Issa!* Sie sind ein wahrer Diener Issas!" Keine anderen Worte hätten ihn glücklicher machen können. Er verneigte sich mehrfach vor mir, bis ich ihn an der Schulter fasste und stoppte.

Auf der Rückfahrt fielen wir wieder in Schweigen; jeder mit sich und seiner eigenen gedanklichen Welt beschäftigt. Schon bald erreichten wir die Tore der Kaserne und ich wollte meine Dankbarkeit gegenüber meinem Fahrer und Führer durch einen angemessenen Lohn zeigen. Aber er wollte das Geld nicht annehmen. „*Seeing this faith in your eyes is my reward!*", sagte er fast zu bescheiden und demütig.

Am Ende konnte ich ihn doch überreden, einige Rupien anzunehmen. Er gab mir eine Karte mit seiner Telefonnummer.

„Sie müssen mich anrufen, wenn Sie wieder einen Fahrer brauchen."

Achtzehntes Kapitel

Etwas hatte sich durch meinen Besuch in Rozabal verändert. Vielleicht hatte mein Taxifahrer das richtige Wort dafür gefunden: Vertrauen. Ich hatte auf wundersame Weise durch meinen inneren Kampf und den Besuch in Yuz Marg und Rozabal eine persönliche Verbindung zu Issa gefunden. Obwohl er seit beinahe zweitausend Jahren tot war, hatte ich seine Gegenwart an beiden Orten gespürt, in Rozabal besonders deutlich. Es war fast so, als hätte ich ihn dort mit eigenen Augen gesehen, so klar und deutlich, wie ich Parham bei unserer ersten Begegnung am Nilam in der Nacht wahrgenommen hatte. Auch bei Issa war ich sicher, dass ich ihn nach dieser Begegnung überall und unter allen Umständen wiedererkennen würde. Ich hatte erlebt, welch tiefe reine Liebe Issa verkörpert hatte und heute noch verkörperte. Sie lebte noch. Sie war zeitlos. Sie war noch immer in mir, erfüllte mich und mein Herz, machte mich weich und offen. Diese Liebe war meine größte, vielleicht meine einzige Sehnsucht, spürte ich in dieser Nacht, in der ich wieder allein, doch viel ruhiger, als gestern auf meinem Feldbett lag. Vor langer Zeit musste sich etwas zwischen mich und die reine Liebe gedrängt und mir den Blick auf sie verstellt haben. Heute war ich mit so vielen Dingen, Gedanken und Gefühlen identifiziert, dass es mir schwerfiel, das Bewusstsein der Liebe dahinter überhaupt noch wahrzunehmen und es für wirklich zu halten. Noch schwerer fiel es mir, es als meine ureigene Natur zu erkennen. Issa war da anders gewesen. Er hatte immer gewusst, wer er wirklich war: Gottes Sohn. Er hatte seine Bewusstheit im Spiel der Erscheinungen niemals verloren.

Eine Woche später brach in unserem Nothospital das Chaos aus. Zwei unserer Ärzte waren auf einem Hilfsflug von einer Steinlawine getroffen und schwer verletzt worden. Man brachte sie eilig mit dem Helikopter ins Tal, doch wir waren nicht gut genug ausgerüstet, um ihre schweren Brüche und Kopfverletzungen zu behandeln. Außerdem brauchten wir inzwischen jedes Bett für die Erdbebenopfer. Wir stabilisierten die Kollegen daher so gut es ging und ließen sie dann nach Afghanistan ausfliegen. Von dort wurden sie mit einem Militärflugzeug nach Deutschland zu den besten Spezialisten gebracht.

Sobald wir die Kollegen auf dem Weg nach Afghanistan wussten, rief ich einen Krisenstab zusammen.

„Ich habe in der Zentrale nachgefragt. Es sind keine weiteren Ärzte für diesen Einsatz verfügbar", erklärte ich besorgt und nachdenklich.

„Wir können unser Pensum unmöglich mit drei Ärzten bewältigen", warf Martin ein.

„Ja, so ist es. Leider. Hat jemand einen Vorschlag?"

„Wir könnten die Hilfsflüge einstellen."

„Nein", entgegnete ich entschieden. „Wir fliegen so lange in die Berge, bis es nicht mehr geht. Bei einem Auftrag wie unserem zählt jeder Tag, jedes Leben!"

„Wir könnten versuchen, enger mit den örtlichen Krankenhäusern zusammenzuarbeiten."

„Ja, das wäre eine Möglichkeit. Noch andere Vorschläge?", fragte ich in die Runde, die mich kopfschüttelnd ansah.

Also rief ich die örtlichen Krankenhäuser an, doch eine Kooperation war schwieriger als erwartet. Die meisten Häuser waren entweder überfüllt oder selbst unterbesetzt und ein Zusammenschluss hätte unzählige behördliche Prüfungen und Genehmigungen erfordert.

„Sie sind Teil der Notstandsgesetzgebung und als solche quasi mit dem Militär gleichzusetzen. Wir als zivile Einrichtung können nicht einfach so mit Ihnen Hand in Hand arbeiten, auch wenn wir das wollen und ethisch sogar dazu verpflichtet wären", erklärte mir ein örtlicher Kollege sehr ehrlich.

„Wir brauchen jemanden, der absolut zuverlässig ist und so lange bleiben kann wie nötig", sagte Martin, als ich ihn über das Ergebnis meiner Telefonate briefte.

„Natürlich! Warum ist mir das nicht eher eingefallen?", rief ich. „Ich kenne einen hervorragenden Arzt in Srinagar. Er hat mir schon einmal seine Hilfe angeboten."

Seit unserem Besuch im Tempel Salomons und dem abrupten Ende unseres Dinners hatte ich Parham gemieden und auch er hatte sich nicht bei mir gemeldet. Erst heute fühlte ich mich wieder in der Lage, ihm gegenüberzutreten, obwohl ich unserer Begegnung zum ersten Mal nervös entgegen sah. Ich hatte Angst, dass meine übereilte Flucht die Nähe zwischen uns zerstört haben oder dass das Verlangen erneut auflodern könnte. Trotzdem wollte ich zu ihm, weil ich glaubte, dass er der Einzige war, der uns helfen konnte. Ich rief meinen Taxifahrer an, aber der war verhindert und schickte seinen jüngeren Bruder, der mich umgehend zum Dal-See fuhr. Ich bat ihn, auf mich zu warten, doch als ich an Deck von Parhams Hausboot ging, sah ich bereits, dass die Tür verschlossen war. Parhams Nachbar sah mich und rief herüber. „Doctor Parham ist fort zu einem Kranken."

„Seit wann ist er weg?", rief ich.

„Seit einer Stunde etwa."

Ich entschied zu warten und schickte den Taxifahrer heim. Schräg gegenüber von Parhams Hausboot lag ein Café. Ich bestellte einen Chai und sah hinaus auf den See. Nach dem zweiten Tee und einem Stück Kuchen sah ich ihn auf seiner Vespa heranfahren. Er hielt vor seinem Boot an und nahm den Helm ab. Ich winkte, doch er sah mich nicht. Schnell bezahlte ich und lief über die Straße.

„Parham!"

Er drehte sich um. „Ellen! Was machst du denn hier?"

„Ich brauche deine Hilfe. *Wir* brauchen deine Hilfe!"

„Komm erst mal rein. Was ist denn passiert?" Er reichte mir die Hand und zog mich sanft über den Steg. Sobald er mich berührte, schien ich von Liebe eingehüllt zu sein. Güte und Verständnis umgaben mich und ich spürte seine bedingungslose Bereitschaft, für mich da zu sein, mir zu helfen und jedes Problem mit mir gemeinsam zu lösen. Parham sah mich fragend an, aber ich konnte nicht sprechen, so stark waren meine Wahrnehmungen und Gefühle. Er schloss die Tür auf und führte mich herein, bot mir einen Platz an und ich sah ihm dabei zu – den Tränen nahe. Wortlos ging er in die Küche und holte eine Cola und Kekse. Ich lächelte dankbar, noch immer unfähig zu sprechen. Wieder sah er mich an, während er die Cola einschenkte. Dann setzte er sich neben mich und reichte mir das kalte Getränk.

„Trink einen Schluck, und dann sagst du mir, was du auf dem Herzen hast."

Er saß so nah neben mir, dass unsere Körper sich berührten. Ich erinnerte mich an unser gemeinsames Abendessen neulich und die Intimität, die ich gespürt und jäh unterbrochen hatte. Augenblicklich war sie wieder da, dieselbe knisternde Elektrizität, die so anders war als die Gefühle, die ich sonst in seiner Gegenwart empfand. Auch diesmal spürte ich den Wunsch, ihn zu berühren, ihn zu küssen. In seinen Augen sah ich dasselbe Begehren aufblitzen. Hastig stürzte ich die kalte Cola hinunter und griff nach einem Keks. Sein linker Oberschenkel berührte meinen rechten, der wie Feuer zu brennen schien. Nie in meinem Leben hatte ich einen Mann so sehr begehrt, nie war mir ein Mann so nah gewesen. Ich schluckte angestrengt. Irgendwie schaffte ich es, mein Anliegen nüchtern zu formulieren: „Zwei unserer Ärzte sind in den Bergen verunglückt. Wir mussten sie nach Europa ausfliegen. Nun sind wir vollkommen unterbesetzt, aber es gibt keine Ärzte, die DoctorsAid uns schicken könnte. Ich habe alle Krankenhäuser abtelefoniert und um eine Kooperation gebeten, doch das ist zu kompliziert. Kannst du uns helfen, Parham? Könntest du als Notarzt einspringen? Mit der Versicherung gibt es kein Problem. Das habe ich geklärt."

„Aber natürlich, Ellen. Sehr gerne!"

„Danke", rief ich erleichtert und sah mich ihn umarmen. Es geschah spontan, völlig unüberlegt. Ich spürte die weiche Haut seines Gesichtes und das raue Kratzen seines Dreitagebartes an meiner Wange, roch seinen männlich frischen Duft. Er drückte mich fest an sich, fester, als es eine Umarmung aus Dankbarkeit zuließ. O Gott, du hast dich in ihn verliebt, schoss es mir durch den Kopf, als wäre es eine Ungeheuerlichkeit, ein Sakrileg. Sanft löste er die Umarmung. Seine Wangen glühten. Ich spürte seinen Impuls, mich zu küssen, mich an sich zu ziehen, doch er widerstand ihm ebenso wie ich. Mein Herz raste und das Gefühl der Verliebtheit erschien mir in diesem Moment zum ersten Mal, seit ich es kannte, unerträglich zu sein. Es glich einem Schmerz, der mir fast das Herz zerriss.

Er stand auf, sehr kontrolliert, kontrollierter, als ich ihn sonst kannte, doch irgendwie war ich erleichtert, dass wir beide dem Impuls der Leidenschaft nicht nachgegeben hatten, nicht nachgaben.

„Ich kann morgen früh zu Dienstbeginn bei euch sein. Reicht euch das?"

„Natürlich. Das ist perfekt. Wir beginnen um sechs."

„Ich werde da sein." Schon während er diese Worte sprach, erhob auch ich mich und ging zur Tür. Er folgte mir und sein Gesicht zeigte keinerlei Rührung. Ich beneidete ihn um seine Selbstbeherrschung. Meine Hände zitterten und ich versuchte, es vor ihm zu verbergen, doch als wir an die Tür gelangten, griff er nach meiner rechten Hand und drückte sie fest. Ich spürte wieder die Energie, die uns verband, die Kühle der spirituellen Kraft, die Wärme der Liebe und gleichzeitig, vordergründig, die Hitze der sexuellen Energie. Alle drei parallel wahrzunehmen verwirrte mich. Mir war, als müsse ich mich für eine der Energien entscheiden. Jetzt drückte Parham meine Hand auf sein Herz. Ich konnte nicht denken, nicht schlucken, nicht atmen. Ich fühlte seinen schnellen rhythmischen Herzschlag. Er sagte nichts, doch in seinen Augen las ich die Worte: „Ich liebe dich." Und ich wusste, damit drückte er nicht nur spirituelle Liebe aus.

Am nächsten Morgen trat er pünktlich um sechs seinen Dienst an und die Kollegen nahmen ihn wohlwollend auf. Ich hatte mich wieder gefangen und begegnete ihm gelassen und distanziert. Es musste wohl die Rolle der Leitenden Ärztin sein, die mir erlaubte, meine intensiven Gefühle vom Vorabend hintanzustellen und ihm so neutral wie möglich zu begegnen.

Fasziniert beobachtete ich ihn bei der Arbeit, bewunderte seine Aufnahmebereitschaft und Aufnahmefähigkeit. Nie war er in Gedanken irgendwo anders als an dem Ort, an dem seine Konzentration verlangt wurde. Im Gang hörte ich die Schwestern bewundernd tuscheln: „Der neue Doktor ist sehr attraktiv."

Ihr Blick sagte mir, dass sie ihn für unerreichbar hielten. Mir hingegen war er so nah wie niemand sonst in unserem Nothospital, und ich war froh, ihn an meiner Seite zu haben. Wir arbeiteten hervorragend zusammen. Nur eines machte mir Angst: Was wäre, wenn

Parham so gut wie nichts Medizinisches täte und doch eine Heilung von augenscheinlich unheilbarem Leid geschähe? Was wäre, wenn wir gemeinsam einen Patienten behandelten und irgendjemand die Energie, die Kraft der Liebe wahrnähme, die Parham in solchen Momenten umgab? Wie würden die Kollegen auf solch eine Situation reagieren? Vor allem deshalb war ich darauf bedacht, die Dienstpläne so zu organisieren, dass stets ich mit Parham zusammenarbeitete. Nur wenn es gar nicht anders möglich war, teilte ich einen Kollegen für den Dienst mit ihm ein.

Für eine kurze Zeit kehrte Ruhe ein. Doch die Ruhe betraf nur die äußeren Umstände. In mir sah es anders aus. Ich ging Parham außerhalb des Dienstes aus dem Weg, mied seinen Blick und ließ seine Berührung nicht zu. Ich sprach nicht über Issa und mein bewegendes Erlebnis in Rozabal.

Selbst der Weihnachtsabend ging vorüber, ohne dass wir darüber sprachen, mit den Kollegen feierten oder Geschenke austauschten. Es schien völlig unangebracht, hier Weihnachten zu feiern, wo so viel Leid herrschte und ganz andere religiöse Feste gefeiert wurden. Ich war froh, dass wir diesen Tag aus unserem Festtagskalender gestrichen hatten. Ich hätte nicht gewusst, was ich hätte feiern sollen. Mit dem Jesus, den ich hier kennengelernt hatte, hatte das Weihnachtsfest, das ich kannte, nichts zu tun.

Eines Abends suchte Parham nach Dienstschluss nach mir. Er klopfte zaghaft an die Tür meines winzigen Büros und trat leise ein. „Bist du müde, Ellen?" fragte er.

„Es geht. Ein bisschen."

„Würdest du mich zu einem lieben Freund begleiten?"

„Jetzt?", fragte ich defensiver als beabsichtigt.

„Jetzt oder sobald du fertig bist."

Nervös überlegte ich, ob ich die Einladung ablehnen konnte. Doch ich brachte es nicht übers Herz. „In einer halben Stunde?"

„Gut. Wir treffen uns bei meiner Vespa."

Eine halbe Stunde später verließen wir das Kasernengelände Richtung Innenstadt. Parham sprach nur das Nötigste. Seitdem ich ihn gebeten hatte, dem Nothospital auszuhelfen, versuchte ich herauszufinden, ob auch er mir aus dem Weg ging oder ob seine Leidenschaft für mich längst wieder erloschen war. Mit keiner Regung ließ er erkennen, dass ihn meine Gegenwart irgendwie berührte oder nervös machte.

Bald erreichten wir eine Gegend, die mir bekannt vorkam. „Sag bloß, wir besuchen Ajanta?"

Er wunderte sich nicht, dass ich Ajanta kannte. „Dadaji hat uns eingeladen."

„Dadaji?" Natürlich. Dadaji hatte Parham zum Tempelberg geschickt, wo wir uns wiedergetroffen hatten. Wieso hatte ich nie darüber nachgedacht, dass er die Fäden gezogen hatte, die Parham und mich in Srinagar erneut zusammengeführt hatten.

Parham parkte die Vespa an einer Mauer und klingelte. Ich stand wie versteinert neben ihm. Wie waren so viele Zufälle möglich? Wie konnte alles mit allem auf eine solche Weise verknüpft sein?

Ajanta öffnete freudestrahlend die Tür. „Ellen, wie schön, dich wiederzusehen. Kommt rein." Sie führte uns ins Wohnzimmer, wo heute nur Dadaji in einem Sessel saß und genüsslich an einer Pfeife sog, deren Rauch nach frischem Sommergras roch. Dadaji nickte Parham und mir zu. „Aha, wie ich sehe, habt ihr euch also auf dem Shankaracharya Hill getroffen." Er lächelte verschwörerisch. „Kommt, setzt euch zu mir. Ajanta bringt uns Chai."

Wir setzten uns auf ein flaches Sofa Dadaji gegenüber. Ajanta verschwand lautlos in der Küche.

„Es ist gut, dass ihr jetzt zusammen im Nothilfehospital arbeitet. Nirgendwo gibt es so viel zu lernen wie in der Nothilfe. Nirgendwo begegnet man der Hilflosigkeit so häufig und so dringlich wie dort. Seid euch immer dieser Hilflosigkeit bewusst. Vergesst nie, dass ihr in euren Patienten eurer eigenen Ohnmacht begegnet."

Oh Gott, wie gut erinnerte ich mich an meine eigene Begegnung mit dieser Hilflosigkeit. Seit Monaten kämpfte ich mit ihr.

„Sie ist eine Grundeigenschaft des Menschen, der sich von Gott getrennt fühlt. Sich hilflos zu fühlen heißt, sich von Gott verlassen zu fühlen. Wo Hilflosigkeit ist, regieren Illusion und Projektion! Dort glaubt der Mensch, ein Leben in der Dualität zu leben."

Seine Worte trafen wie Pfeile in mein Herz. Dadaji wartete nicht, bis wir uns gesetzt hatten, er tauschte keine förmlichen Höflichkeiten mit uns aus. Nein, er traf mit seinen Worten direkt ins Mark, ins Zentrum meiner Erfahrungswelt.

„Hilflosigkeit kann nur dort gefühlt werden, wo der Mensch sich allein und einer fremden Macht ausgeliefert glaubt. Allein fühlt der Mensch sich nur, wenn er die Einheit mit dem Göttlichen vergessen hat. Ihr bewegt euch also täglich unter Menschen, die ihre wahre Natur nicht mehr kennen. Ihr könnt euren Patienten nur helfen, wenn ihr selbst zurück zu eurer Natur gefunden, wenn ihr selbst die innere Hilflosigkeit überwunden habt. Es gibt nur ein Heilmittel für die Hilflosigkeit des Menschen – das ist die Hingabe! Sie transformiert Hilflosigkeit in Geborgenheit und in Unschuld."

„Sind Sie auch Arzt?", fragte ich Dadaji, weil er so genau wusste, was unseren Beruf ausmachte.

„Nein, mein Kind. Ich bin ein einfacher Mann. Viel einfacher als Ihr Studierten. Ich bin Handwerker, und doch sind im Laufe der Jahre viele Menschen zu mir gekommen, die nicht weiterwussten, weil sie an der Schwelle zwischen Hilflosigkeit und Hingabefähigkeit standen."

Ich verstand nicht ganz, was das heißen sollte, doch ich wollte nicht noch mehr Fragen stellen. Ajanta brachte den Tee und scharf duftende Samosas. Sie schenkte uns ein und zog sich dann wieder zurück. Ich wollte Parham fragen, warum wir hier waren, nicht, weil ich nicht gerne hier war, ich liebte dieses Haus, seine Atmosphäre und seine Bewohner, insbesondere Dadaji. Nein, ich wollte wissen, warum wir hier waren, weil ich wissen wollte, welche Beziehung Parham zu Dadaji hatte.

Der Tee schmeckte köstlich nach Ingwer, Nelke und Anis und ich spürte Dadajis beobachtenden Blick auf Parham und mir, als wir den Tee tranken und die Samosas aßen. Er weiß, was zwischen uns ist, dachte ich.

„Der Weg zu Gott, zur Selbsterkenntnis ist kein leichter Weg. Er ist aber auch nicht schwierig zu beschreiten. Alles, was wir lernen müssen, ist mit anderen Augen zu sehen, mit den inneren Augen der subtilen, der verfeinerten Wahrnehmung. Gott ist nicht offensichtlich. Er ist durch das Offensichtliche verborgen. Das Auge sieht ihn nicht und das Ohr hört ihn nicht. Auf diesen kleinen Trick sind schon viele intelligente Menschen hereingefallen." Genussvoll nahm er einen kräftigen Zug aus seiner Pfeife und blies den Rauch in die Luft.

„Aber wenn Gott kein Objekt der Wahrnehmung ist, was ist er, sie oder es dann? Gott ist jenseits der Wahrnehmung. Er ist dort, wo Wahrnehmender und Wahrgenommenes im reinen Bewusstsein eins sind und in dieser Einheit über sich selbst hinausschreiten. Das ist die Erfahrung der Transzendenz, die nur die Liebe möglich macht, weil die Liebe ihrem Wesen nach transzendent ist. Deshalb wird auch kein Wissenschaftler jemals Gott finden, weil ihm die Liebe fehlt, die den Schleier der Wahrnehmung hebt, der die Illusion einer Getrenntheit von Ich und Welt erschafft und aufrechterhält. Deshalb wird man Gott durch keine Lehre und keine Theorie der Welt finden, weil diese selbst Objekte der Wahrnehmung sind. Alle Theorien führen einen nur bis zum Tor der Transzendenz. Danach muss man jedes Hilfsmittel aufgeben. Man muss bereit sein, Liebe zu empfinden und sich in der Empfindung der Liebe zu verlieren und neu wiederzufinden. Die Erfahrung der Transzendenz erfordert eine Transformation des Bewusstseins. Nur dann ist sie vollendet und unumkehrbar."

Obwohl ich schon häufiger – auch von Iman – gehört hatte, dass das Göttliche jenseits der objektiven Wahrnehmung zu finden sei, verstand ich noch immer nicht genau, was das bedeutete. „Manchmal habe ich das Gefühl, Gott als eine Kraft wahrzunehmen, als Energie ...", sagte ich vorsichtig.

„In der Welt der Erscheinungen kann das Göttliche sich in zweifacher Weise zeigen: als Bewusstsein und als Energie. Doch dies geschieht nur auf der Ebene der Wirkungen, der Objekte. Auf der Ebene der Ursachen ist Gott die Einheit von Energie und Bewusstsein, er ist gleichzeitig nichts und doch alles. Dorthin gelangt man nur durch die Liebe, die Hingabe an die Liebe und das Aufgehen in der Liebe. Aber das habt ihr beide alles schon sehr oft gehört. Vergebt einem alten Mann, wenn er über das liebste Thema, das er kennt, wie ein schwatzhaftes Weib redet." Dadaji kicherte und sah uns kindlich an. Ich hätte ihm stundenlang zuhören können. Auch mir war inzwischen kein Thema lieber. Alle anderen Themen waren saft- und kraftlos gegen das Thema der spirituellen Liebe, des Erwachens und der Selbsterkenntnis.

Wie auf ein unsichtbares Zeichen hin erhob sich der noch immer schweigende Parham und verließ den Raum mit einer Selbstverständlichkeit, als wäre er hier zu Hause. Ich sah ihm staunend nach, doch nur kurz, denn sofort zog Dadaji meine ganze Aufmerksamkeit auf sich.

„Du bist in sehr kurzer Zeit sehr weit gekommen, Ellen. Das ist ein Zeichen für deine spirituelle Reife und für deine Hingabebereitschaft und Hingabefähigkeit. In der Liebe lernt man, dass man sich aufgeben muss, dass man das Ich-Bewusstsein aufgeben muss. Viele fürchten diesen Moment und diese Erkenntnis, deshalb vermeiden sie echte Liebe und echte Beziehung ein Leben lang. Du nicht! Du bist in den letzten Wochen sehr vielen Menschen sehr echt und sehr ungeschützt begegnet. Auch mir." Er lächelte sein gütiges Lächeln und mein Herz wurde weich und zart. Es schmolz dahin, nur weil er mich so ansah. Wie konnte irgendein Mensch sich gegen eine solche Liebe wehren, fragte ich mich. Ich jedenfalls konnte nicht anders, als weich und widerstandslos werden, wenn sie mich umhüllte und berührte.

„Es ist an der Zeit, dass du ein wenig über die Hintergründe des Weges erfährst. Nicht viel, weil jede Theorie ein Hindernis darstellt, doch genug, damit du besser verstehst, was dir passiert und warum es dir passiert. Setz dich zu mir, mein Kind", forderte er mich auf und klopfte auf die Lehne seines Sessels, wie er bei unserer ersten Begegnung auf die Mauer geklopft hatte. Als ich neben ihm saß, nahm er meine Hand und die Wärme seiner Hand war tröstend und heilsam. Sie stieg über meine Handfläche in meinen Arm und füllte meinen Herzraum mit goldenem Licht, ganz wie die Energie von Issas Fußabdrücken in Rozabal mein Herz bis zum Überlaufen gefüllt hatte.

„Woher kommt all diese Liebe, Dadaji?", fragte ich aufgewühlt und glücklich zugleich.

„Sie kommt nirgendwoher und sie geht nirgendwohin. Weder fließt sie von mir zu dir noch von dir zu mir. Sie ist. Sie ist der Urgrund der Schöpfung. Unser Urgrund. Überall dort, wo zwei sich ungeschützt und offen begegnen, wird sie sichtbar, weil sie der Zustand ist, in dem die zwei eins sind. Einzig die Liebe ist frei von der Illusion der Getrenntheit, von dem Irrtum, dass ein Ich und ein Du in Raum und Zeit aufeinandertreffen. Deshalb kann einzig die Liebe uns von Raum und Zeit befreien. Jenseits von Raum und Zeit wartet die Wahrheit auf uns."

Ich wollte Dadaji von meinen Erlebnissen mit der Energie erzählen. „Ich war im Tempel Salomons und dann hat mich der Zufall nach Rozabal geführt."

Dadaji lachte laut und fröhlich. Er schien vollkommen begeistert von meinem Bericht, den ich doch gerade erst begonnen hatte.

„Ah, wunderbar. Ist das Leben nicht wunderbar?!", rief er aus und ich teilte seine Freude, ohne zu wissen worauf sie gründete. „Genau darüber wollte ich mit dir sprechen, über das, was du Zufall nennst. Ich möchte nicht, dass du hinsichtlich dieser Koinzidenzen irgendeinem Irrtum erliegst."

„Was könnte ich denn falsch verstehen, Dadaji?" Während ich seinen Namen aussprach, bemerkte ich, welche Freude es mir machte, „Dadaji" zu sagen. Allein das Denken seines Namens löste in mir das gleiche Gefühl der Liebe aus, das ich in seiner Gegenwart empfand.

„Die Liebe, von der wir hier sprechen und die wir zwischen uns wahrnehmen, ist kein Gefühl. Sie ist ein Bewusstseinszustand. Der Zustand des erwachten, selbstverwirklichten Bewusstseins. Die menschliche Wahrnehmung in diesem Zustand ist holistisch statt partiell, allumfassend statt begrenzt und geteilt. Wenn wir beginnen, uns nach und nach mit diesem Zustand zu identifizieren, verändert sich unsere Wahrnehmung. Sie wird feiner und weiter und allmählich wird auch sie allumfassend. Diese Veränderung der Wahrnehmung geschieht selten von einem Tag auf den anderen. Zumeist ist es so, dass der Mensch einen kurzen Einblick in diesen Zustand erhält und danach die Sehnsucht verspürt, immer in ihm zu verweilen, weil er merkt, dass er sein wahres Zuhause ist. Deshalb beginnt er zu suchen, zu fragen und darum zu bitten oder zu beten, diesen Zustand erneut und dauerhaft zu erfahren. Das ist ein kritischer Punkt, denn das in der Illusion der Dualität gefangene Bewusstsein glaubt, dass dieser ganzheitliche Zustand von außen kommt, dass er durch ein bestimmtes Ereignis oder einen bestimmten Menschen ausgelöst wurde und nur durch die Wiederholung dieses Ereignisses oder die Wiederbegegnung mit diesem Menschen erneut erfahren werden kann. Dieser Irrtum ist folgenschwer, denn wer zu diesem Zeitpunkt dem äußeren, dem externen Pfad folgt, wird die göttliche Liebe niemals finden. Der externe Pfad ist unendlich.

Dieser Irrtum beruht auf den Verunreinigungen des Geistes und der geistigen Schwerkraft, den die materiellen Objekte – den Himmelskörpern im materiellen Universum ähnlich – auf das individualisierte Bewusstsein ausüben. Er hat seinen Ursprung in zwei Kräften, die komplementär zueinander sind, dem Verlangen und der Angst, dem Widerstand. Verlangen bedeutet Anziehung und Angst steht für Abstoßung. Diese beiden Komplementärkräfte sind das einzige wirkliche Hindernis auf dem spirituellen Pfad, weil sie die Illusion der Dualität aufrechterhalten. Doch über sie will ich heute nicht sprechen, denn der Zufall, die Koinzidenz ist heute unser Thema. Kannst du mir noch folgen, Ellen?"

Ich nickte und überlegte, wo Parham wohl war. Aus der Küche drangen köstliche Gerüche zu uns herüber. Kochte er etwa?

„Die göttliche Liebe, die meist spontan und ohne ersichtlichen Grund in unser Leben einbricht ..."

Ja, so war es, dachte ich. Genauso war es. Die erweiterte Wahrnehmung war auch in mein Leben ohne Vorwarnung und völlig grundlos, ohne erkennbare Ursache eingetreten. Ich hatte nichts dafür getan.

„... diese reine Liebe hat eine besondere Wirkung auf das individuelle Bewusstsein. Sie wirkt auf energetischer Ebene synchronisierend. Die göttliche Liebe hat eine ganz bestimmte Schwingungsfrequenz, die dem Nullpunkt entspricht. Alles, was sie berührt, kann gar nicht anders, als sich ihr anzugleichen, anzupassen. Es muss dieselbe Schwingungsfrequenz annehmen. So gleicht sie die linke der rechten Gehirnhälfte an, das individuelle dem ganzheitlichen Bewusstsein und sie gleicht die verschiedenen Teile des individuellen Bewusstseins, das Unbewusste, das Unterbewusste und das Bewusste, einander an. Sie wirkt harmonisierend. Deshalb sagt man auch, dass das Ergebnis, das Ende des spirituellen Weges, Ganzheit der Persönlichkeit ist, obwohl das nicht vollkommen der Wahrheit entspricht."

Er zwinkerte mir zu, wie um sich für diese kleine sprachliche Ungenauigkeit zu entschuldigen.

„Die Synchronisierung der Teile des individuellen Bewusstseins und des individuellen mit dem göttlichen Bewusstsein hat eine Wirkung. Diese Wirkung nehmen wir vordergründig wahr, sie ist es, die uns überrascht, die uns in Ehrfurcht erschauern und in Staunen verharren lässt. Ich spreche von der Erfahrung der Synchronizität. Du nennst sie Zufall, manche nennen sie Wunder, doch in Wahrheit ist sie nur eine Begleiterscheinung des Erwachens. Synchronizität nennt man eine sinnhafte Erfahrung ohne erkennbare äußere oder innere Ursache. Im synchronistischen Erleben gibt es keine Kausalität, nur Gleichzeitigkeit. Anders ausgedrückt, ist der Bereich der synchronistischen Erfahrung eine Ebene des Bewusstseins jenseits von Raum und Zeit und jenseits von Karma. Denn Karma bedeutet einen inneren Ursache-Wirkung-Zusammenhang – du wirst ernten, was du sähst."

Dadaji sah mich an. Er wollte wissen, ob ich seinen Worten noch folgen konnte. Und sosehr ich mich selbst darüber wunderte, ich konnte es. Das, was er Synchronizität nannte, hatte ich selbst in den letzten Wochen so häufig erlebt, dass ich heute heilfroh war, als mir endlich jemand sagte, wie man diese Erfahrungen nannte, die so viel Sinn machten und was sie tatsächlich bedeuteten. „Wunder" oder „Zufall" war mir nie als die richtige Bezeichnung, die richtige Deutung erschienen. Ich war erleichtert, als ich erfuhr, dass diese Erlebnisse nichts Besonderes, nichts Übermenschliches waren, sondern ganz natürlich – natürlich im Rahmen des Prozesses, in dem ich anscheinend ohne Grund steckte, wie ich aus Dadajis Erklärungen verstand.

„Wir alle hier, Ajanta, Parham, du und ich, leben, erleben auf der Ebene der Synchronizität. Dort kann es geschehen, dass ein Gedanke mit einem Ereignis in der äußeren Welt zusammenfällt oder dass ein äußeres Ereignis mit einem Gedanken oder einem inneren Bild vollkommen korrespondiert. Und dies ist wieder Anlass für vielerlei Irrtum, der ein Hindernis auf dem Weg der Befreiung von der Illusion der Dualität sein kann. Manche glauben dann, wenn sie Synchronizitäten erleben, sie selbst hätten schöpferische Kraft, ihre Gedanken hätten manifestierende Kraft. Sie glauben, durch ihre Gedanken die Welt beeinflussen zu können, und machen dies zu ihrem Lebensziel und zu ihrer Lehre. Doch das ist nicht richtig. Sie üben die Projektion von erwünschten Gedanken in der Welt und verstricken sich dadurch immer tiefer in Verlangen und Angst, im Ursache-Wirkungs-Prinzip und in der Zeit. Tatsächlich sind Gedanken und Welt, Bewusstsein und Welt immer eins.

Sie sind immer gleichberechtigt, gleichwertig, gleich wichtig und gleichzeitig. Das eine spiegelt sich im anderen. Keines von beiden ist nur Wirkung oder nur Ursache, beide sind Ursache und Wirkung gleichermaßen."

Die letzten Sätze Dadajis erschienen mir irgendwie paradox. Mir war, als verbinde er in einem letzten sprachlichen Schlenker Kausalitäts- und Akausalitätsprinzip miteinander. Hatte er eben noch davon gesprochen, dass Synchronizitäten nicht kausal waren, sprach er jetzt doch von Ursache und Wirkung. Fast war mir, als löschten sich seine Erklärungen gegenseitig aus, wie minus mal minus plus ergibt. Mein Versuch, Dadajis Sicht dieser Erfahrungshintergründe zu begreifen, diese Paradoxie zu begreifen, wurde von einem eigenartigen Gefühl der Leere und der Leichtigkeit begleitet. Einem Gefühl, das ich aus der Meditation kannte. Da wusste ich, dass Dadajis Worte wahr waren.

Ajanta und Parham kamen mit Tabletts voll duftender Speisen herein und deckten den Tisch.

„Kommt, ihr müsst doch furchtbar hungrig sein", rief Ajanta fröhlich.

Dadaji drückte meine Hand. „Von deinen Erlebnissen im Tempel Salomons und in Rozabal erzählst du mir ein anderes Mal, versprochen, Ellen?"

„Sehr gerne, Dadaji!"

Er schob mich außergewöhnlich kraftvoll von der Lehne des Sessels hoch. Dann stand er selbst mit der Leichtigkeit eines jungen Mannes auf. Seine Pfeife war längst erloschen.

Salil gesellte sich nun auch noch zu uns und wir aßen lachend, erzählend, fröhlich, hungrig. Parham saß mir gegenüber und ich war mir wieder seiner körperlichen Präsenz schmerzhaft bewusst. Die kleinste Berührung zwischen uns löste inzwischen Schauer des Glücks und des Schmerzes in mir aus. Ich dachte nicht mehr an Dadajis Worte. Mein Geist war gefüllt mit Gedanken an und Gefühlen für Parham, die wild und ungezähmt umherschwirrten.

Erst als wir das Haus verließen, bemerkte ich, dass Dadaji mir genau die Fragen beantwortet hatte, mit denen ich heute über seine Türschwelle getreten war: Wie waren so viele Zufälle bloß möglich? Wie konnte alles mit allem auf eine solche Weise verknüpft sein? Ich lebe ein synchronistisches Leben, dachte ich. Ich!? Nie hätte ich zu denken gewagt, dass es so ein Leben gab. Nie hätte ich zu träumen gewagt, dass *ich* jemals so ein Leben leben könnte.

Parham startete die Vespa und ich hielt mich an ihm fest. Er war so still gewesen heute Abend, dachte ich. Ich bewunderte ihn für sein feines Wesen und seine Zurückhaltung. Niemals drängte er sich in den Vordergrund, immer wusste er, wann seine Zeit zu sprechen und zu handeln gekommen war.

Es schneite leicht. Ich schloss die Augen und überließ mich ganz den inneren Empfindungen der schnellen Fahrt durch die Winterkälte. Der Wind rauschte in meinen Ohren, obwohl ich einen Helm trug. Ich wusste, dass wir uns vorwärtsbewegten, und hatte doch gleichzeitig das Gefühl, dass ich still und unbewegt stand. Die Empfindungen von Bewegung und Stillstand vermischten sich, so wie ein Rad, das sich sehr schnell bewegt für den Betrachter still zu stehen scheint. Bewegung und Stillstand, beide waren gleichzeitig wirklich und unwirklich. Eine weitere Paradoxie, die mir für einen winzig kleinen Moment einen Blick auf die Wahrheit der vereinigten Gegensätze eröffnete.

Erst als Parham anhielt, öffnete ich die Augen. Wir parkten vor seinem Hausboot. Deshalb war die Fahrt nur so kurz gewesen, kaum mehr als fünf Minuten. Ich wollte fragen, warum wir hier waren, protestieren, aufbegehren, weil er mich nicht gefragt hatte, doch ich hielt den Mund und folgte ihm schweigend auf sein Boot. Parham machte Licht. Ich blieb stehen, wusste nicht wohin mit mir, wusste nicht, warum ich hier war, und ahnte es doch. Ich fürchtete, er würde mich jetzt fragen, was mit mir los sei, warum ich ihm körperlich und emotional aus dem Weg ging. Alle Männer, die ich bisher gekannt hatte, hätten das getan. Doch Parham ging in die Küche, holte eine bereits geöffnete Flasche Rotwein und zwei Gläser, stellte alles auf den Couchtisch und sah mich dann sehr ruhig und durchdringend an. Er war so souverän, dass ihn mein Verhalten nicht verunsicherte. Er war so klar, dass er sich durch mein Verhalten nicht abgelehnt fühlte. Er war sich seiner Gefühle und seiner Wahrnehmung dieser Gefühle so bewusst, dass er sich nicht fragte, was zwischen uns war. Er wusste es und er wusste, wann der richtige Zeitpunkt gekommen war, diese Gefühle auszudrücken und sich ihnen zu ergeben.

Als er mich küsste, hatte ich an seiner Bewusstheit teil, die frei von Zweifel, frei von Selbstzweifel war und die das eigene Verhalten niemals als richtig oder falsch, als erlaubt oder verboten in Frage stellte, weil sie wusste, dass es stets angemessen war. Und mit dieser Bewusstheit ergab ich mich dem körperlichen Verlangen, das Parham und ich in diesem Augenblick wie zwei Wellenreiter eine Woge teilten. Ich wurde Zeuge, wie sich sexuelle, emotionale und spirituelle Energie vermischten, obwohl sie mir bisher stets als getrennt und sogar völlig gegensätzlich und unvereinbar erschienen waren. Parhams körperliche Präsenz, seine zärtliche Berührung, sein wissender Blick lösten Schauer der körperlichen Lust und der emotionalen Liebe in mir aus. Doch darüber, daneben, dahinter sah ich noch immer unsere Einheit, die spiritueller Natur war. Ich wusste, dass wir uns nicht als zwei begegneten, als Ich und als Du, als Subjekt und als Objekt; dass wir auf einer höheren Ebene eins waren. Unsere körperliche Vereinigung geschah nicht, um ein verlorenes Gefühl der Einheit wiederherzustellen. Nein, sie war Ausdruck der Einheit, nichts als Ausdruck unseres einen gemeinsamen Wesens, dessen Zärtlichkeit und Schönheit ich in Parham sah und er in mir. In der körperlichen Liebe drückte sich in dieser Nacht die göttliche Liebe aus und wir waren beide sowohl staunender Zeuge dieses Geschehens als auch aktiver Teilnehmer. Keiner von uns hatte das je erlebt und obwohl ich in diesem Moment nicht darüber nachdachte, wusste ich später, dass das Nichtwissen um die Möglichkeit dieser Erfahrung schon vielen Menschen unsagbares Leid gebracht hatte, weil sie Gefühle und Energien kontrolliert und blockiert hatten, statt ihrer transformierenden Kraft zu vertrauen.

Was auf körperlicher Ebene als unwiderstehliche Anziehungskraft zwischen Mann und Frau erschien, war auf spiritueller Ebene Ausdruck der ewigen untrennbaren Einheit der Gegensätze männlich und weiblich. Die sexuelle Begegnung in Bewusstheit machte diese Einheit sichtbar, lüftete den Schleier, öffnete das Tor zwischen materieller und spiritueller Welt, löste die Trennlinie zwischen Ich und Du auf, die eigentlich die Trennlinie zwischen Ich und Selbst, also zwischen Mensch und Gott war. In Parham sah ich in dieser Nacht mein wahres Wesen und er sah seines in mir, so wie man in einen klaren Spiegel blickt und augenblicklich weiß, wer man ist. In dieser Nacht wusste ich, dass ich Bewusstsein war. Bewusstsein, das gleichzeitig nichts und doch alles ist. Bewusstsein, das Schöpfer und Geschöpf ist. Bewusstsein, das Leere und doch Fülle ist, ein Punkt und doch die unendliche Ausdehnung des Universums. Bewusstsein, das jenseits ist und diesseits, transzendent und immanent. Bewusstsein, das gleichzeitig als Parham erschien und als ich. Bewusstsein, das als Issa erschien und als ich.

In dem Moment, als subjektive und objektive Wahrnehmung in mir verschmolzen, nahm ich den Urgrund der Erscheinungen wahr, ein Bewusstsein, das noch weit jenseits des Einheitsbewusstseins lag. Ich erkannte, dass das Bewusstsein der Einheit von Ich und Du nur das Eingangstor zu diesem reinen Sein war. Vor diesem Tor lag die Welt der Getrenntheit, der Illusion, der Projektion. Hinter diesem Tor lag die Wahrheit, die Wirklichkeit.

Keiner von uns beiden schlief in dieser Nacht. Aber ebenso wenig sprach einer von uns. Wir bewegten uns in einem gemeinsamen heiligen Rhythmus, bewegt allein von dem bewegungslosen Beweger, der Nabe des Rades von Verlangen und Angst, des Rades von Geburt und Tod. Wir bewegten uns in einem raumlosen Raum, in dem keine Dualität existierte. Alles war Ausdruck des eigenen Wesens, der eigene Körper ebenso wie der Körper des Geliebten. Alles, was geschah, geschah nicht in der Welt, sondern im Bewusstsein. Wir selbst waren dieses Bewusstsein und dieses Bewusstsein war Liebe. Reinste Liebe. Jeder Gedanke spiegelte sich im Spiegel des reinen Bewusstseins, so wie jede Bewegung im reinen Bewusstsein die Form eines Gedankens annahm. In diesem Moment wussten wir, dass der Mensch und die Welt, die ihn umgab, eins waren. Und ich verstand erst jetzt, was Dadaji wirklich gemeint hatte, als er mir das Prinzip der Synchronizität erklärt hatte, weil ich es selbst erlebte. Und noch ein Gefühl teilten Parham und ich: das Gefühl, dass es nichts mehr zu tun gab, als hätte das Tun im Sein und im Beobachten aller Ereignisse sein natürliches Ende gefunden.

Gegen Morgengrauen fand das faszinierende Spiel des Bewusstseins von selbst sein Ende. Der Schleier der *Maya,* der Illusion, legte sich langsam und leicht wieder vor das reine Bewusstsein. Doch diesmal blieb er durchsichtig. Ich existierte auf vielen verschiedenen Bewusstseinsebenen, ich war das Selbst, wusste ich nun aus

Erfahrung. Das Ich-Bewusstsein und die reine physische Existenz ohne mentale, emotionale und spirituelle Existenz waren ein Missverständnis, eine Fehlinterpretation der Wirklichkeit.

Auch Parham wirkte viel weicher, sensibler, noch verletzlicher und gleichzeitig ungeschützter als vor dieser Nacht. Fast schien es mir undenkbar, ihn so auf die Straße oder ins Hospital gehen zu lassen. Wie würde ein so zartes, so sensibles, ungeschütztes Wesen all die Dinge verkraften, denen wir täglich begegneten, fragte ich mich besorgt.

Parham lächelte, als ich so dachte, und berührte mich sanft am Arm. Es hätte eine unscheinbare, nichtssagende Geste sein können, wenn wir nicht erlebt hätten, was wir erlebt hatten; wenn wir uns nicht auf einer synchronistischen Erfahrungsebene bewegt hätten. So war diese Geste beredt, voll der Worte und voll des Sinns. Ich schloss von mir auf mein Gegenüber, ich projizierte, sagte sie mir. Ich sah in Parham, was ich für mich selbst fürchtete. Ich fürchtete mich davor, so weich, sensibel, so verletzlich und gleichzeitig so ungeschützt auf die Straße und ins Nothospital zu gehen und all das Leid zu sehen, das durch einen verdammten Irrtum ausgelöst wurde und zu immer mehr und immer schrecklicherem Leid führte, das ich nicht verhindern konnte. Ich selbst fürchtete mich vor dem Leid, ich hatte Angst davor, mich selbst nicht vor Leid schützen zu können.

Parham zog mich an sich und nahm mich fest in den Arm. Sobald sich das Gefühl der reinen Liebe wieder in mir ausbreitete, verflüchtigte sich die Angst. Mir war, als blicke ich auf ein Vexierbild. Sah ich die Angst, war ich blind für die Liebe, sah ich die Liebe, war ich blind für die Angst. Die Liebe allein bedeutete Geborgenheit, Entspannung und Loslassen. Die Angst bedeutete Gefahr, Anspannung und Abwehr. Sie bedeutete den Wunsch, das Leben zu kontrollieren, um Leid zu vermeiden, eigenes und fremdes Leid. Ohne es zu wissen, hatte ich in dieser Angst gelebt. Sie hatte meine Wahrnehmung und mein Verhalten bestimmt. Ein heftiges Schluchzen entrang sich meiner Kehle und ich brach in Tränen aus.

Parham hielt mich schweigend und tröstend. Das war also das Gefühl der Hilflosigkeit, von dem Dadaji gestern Abend gesprochen hatte: das Gefühl nichts tun zu können, um Leid, um Schmerz zu verhindern.

Parham bestand darauf, dass ich den Tag allein bei ihm auf dem Hausboot blieb.

„Du brauchst Ruhe, Ellen. Du musst dir die Zeit nehmen, deine Erfahrungen zu verarbeiten."

Dann fuhr er in die Kaserne und übernahm meinen Dienst.

Als er am Abend nach Hause kam, fühlte ich mich besser. Ich hatte immer wieder geweint, sobald mir das Gefühl der Hilflosigkeit, der Ohnmacht, der Angst zu Bewusstsein gekommen war. Es war in Wellen über mich geschwappt, und je öfter diese Wellen über mich hinweggebrandet waren, desto klarer hatte ich ihr Kommen und Gehen gesehen. Mehr und mehr war ich im Laufe des Tages zum Beobachter der wechselnden Gefühls- und Bewusstseinszustände geworden. Mal hatte ich Liebe und Einheit gespürt, mal Angst und Getrenntheit. Beides kam und ging völlig willkürlich in einem eigenen unergründlichen Rhythmus. Nie zuvor hatte ich erlebt, wie sehr ich Spielball der inneren Zustände war, wie sehr sie meine Wahrnehmung von mir selbst, der Welt und meine Reaktionen auf die Welt beeinflussten.

Parham brachte wichtige Neuigkeiten mit, als er am Abend nach Hause kam. Wir setzten uns in den Salon auf die großen Kissen. „Victor hat angerufen. Er braucht dich in Muzzaffarabad. Es gibt eine wichtige Besprechung und Ian geht es nicht gut."

„Was ist mit Ian?"

„Ich weiß es nicht. Victor hätte es mir sicher gesagt, wenn er gewollt hätte, dass ich es weiß."

„Aber ich möchte nicht zurück nach Muzzaffarabad."

„Soll ich dich begleiten?"

Ich sah Parham lange an, obwohl mir die Antwort sofort klar war. „Nein, Parham. Danke! Das muss ich allein erledigen und du wirst hier gebraucht, wenn ich fort bin."

Neunzehntes Kapitel

Victor erwartete mich am Helikopterlandeplatz, als ich zwei Tage später gegen Mittag mit leichtem Gepäck in Muzzaffarabad landete.

„Ellen, du siehst verdammt gut aus!", brüllte er in mein Ohr, noch bevor die Rotorblätter des Hubschraubers zum Stillstand kamen. Arm in Arm liefen wir Richtung Nothospital.

„Dein Anruf hat mich beunruhigt ..."

„Ich hätte dich nicht hergebeten, wenn ich es nicht für unumgänglich hielte. Du bist die Einzige, die Zugang zu Ian hat. Ich komme einfach nicht an ihn heran. Seit du weg bist, redet er kaum, zieht sich zurück und immer häufiger geht er in die Stadt und betrinkt sich. Dann kommt er nachts ins Zeltlager zurück und kann kaum noch gerade stehen. Morgens ist er zwar immer einsatzbereit, aber ich glaube, er trinkt auch tagsüber."

„Ian? Das glaube ich nicht."

„Der Einsatz hat ihn mehr mitgenommen, als er sich eingestehen will. Normalerweise würde ich einen Kollegen, den ich mehrfach betrunken erwische, einfach suspendieren. Aber hier in dieser Ausnahmesituation und besonders bei Ian scheint mir das die vollkommen falsche Lösung zu sein. Ich will ihm helfen und ihn nicht bestrafen."

„Das sehe ich auch so, Victor, aber was in Gottes Namen soll *ich* tun?"

„Schau ihn dir an, rede mit ihm. Du findest immer eine Lösung. Keiner von uns ist so einfühlsam wie du."

„Wo ist er jetzt?"

„Komm mit!"

Victor erhöhte das Tempo seiner Schritte und führte mich eilig in das Versorgungszelt, in dem die meisten Kollegen gerade zum

Mittagessen zusammenkamen. Ian saß abseits an einem Tisch in der Ecke und starrte appetitlos auf seinen Teller. Ich nickte Victor zu und ging allein zu Ian hinüber.

„Ian! Hallo!“

Er sah müde auf. Seine Augen waren gerötet. „Ellen, was machst du denn hier? Ich denke du bist in Srinagar.“

„Victor hat mich für ein Meeting hergerufen.“

„Setz dich zu mir, ich habe dich vermisst. Du siehst gut aus.“

Gerne hätte ich das Kompliment zurückgegeben, doch Ian wirkte abgemagert, blass und kraftlos. Sein Atem roch nach Alkohol. Der starke Ian wirkte gebrochen. Genau davor hatte ich mich nach der Nacht mit Parham am meisten gefürchtet: das Leid der Menschen wahrzunehmen und es nicht ändern zu können. Doch ich hatte zuerst an das Leid all der Fremden, all der Erdbebenopfer gedacht. Jetzt begegnete ich dem Schmerz eines Freundes und ich wusste nicht wie ich das aushalten oder was ich dagegen tun sollte. Als ich mich neben Ian setzte, fühlte ich mich wie er, genauso schwach und hoffnungslos, genauso verzweifelt und traurig.

„Wie geht es dir, Ian?“

„Gut!“, gab er knapp zur Antwort und sah an mir vorbei.

„Victor sagt, dass die Teams verkleinert werden müssen, weil das Budget sonst zu schnell erschöpft ist. Er hat mich gebeten, mit ihm die Liste der Kollegen zu erstellen, die jetzt schon nach Hause fliegen dürfen. Willst du nach Hause, Ian?“

„Wir sind jetzt drei Monate hier. Jeder von uns will nach Hause. Ellen, was soll das? Machst du dir Sorgen um mich? Wenn *du* es hier schaffst, warum sollte ich das nicht schaffen?“

Ich erinnerte mich an einen der ersten Tage mit Ian. Damals hatte *ich* geglaubt, den Einsatz emotional nicht zu verkraften. Ian hatte mir morgens augenzwinkernd von einem Traum von Jamaika berichtet: *„Ich habe letzte Nacht von Jamaika geträumt, kannst du das glauben? Stell dir vor, ich sah mich selbst im coolsten Urlaubsresort, den ich je gesehen habe. Sonne, Surfen, Flirts, Drinks – O Gott, ich wünschte, ich hätte einen Drink …“* Hätte ich da schon hellhörig oder besorgt sein müssen?

„Ehrlich gesagt Ian, ich weiß nicht, ob ich das noch lange schaffe. Du weißt doch, wie oft ich kurz vor dem Verzweifeln war. Und das ist auch so geblieben. Ich habe hier Dinge erlebt, die mich an meine Grenzen und sogar darüber hinaus gebracht haben."

Ian lachte mich aus. „Die Psychonummer steht dir nicht, Ellen. Ich bin in Ordnung. Wenn ich jemanden zum Reden brauche, suche ich mir einen Supervisor. Wollen wir heute Abend ausgehen? Wir haben uns so lange nicht gesehen. Ich muss mal raus hier."

Ich stimmte zu, weil ich glaubte, dass ich so eine Gelegenheit bekommen würde, an ihn heranzukommen.

Wir trafen uns nach Einbruch der Dämmerung im Park. Ich versuchte, Ian so locker wie möglich zu begegnen, doch es fiel mir schwer, die Unbeschwerte zu spielen. Sein Atem roch nach Pfefferminze mit einer Unternote von Gin.

„Wohin gehen wir?", wollte ich wissen.

„Zwei Straßen weiter hat ein Restaurant wieder eröffnet. Es ist noch nicht perfekt in Schuss, aber wir werden dort zumindest ein Curry und ein Bier kriegen."

Die Schuttberge links und rechts der Straße, die vom Nothospital in die Stadt führte, waren ordentlich zusammengeräumt und teilweise bereits abgetragen. Die Gesichter der Männer, die uns begegneten, zeigten wieder Hoffnung und Leben. Wir waren hergekommen, um Leben zu retten und zu helfen, und hatten dabei selbst Schaden genommen, dachte ich. Es war schwer, das Sterben, die Verletzungen und den Verlust, den die Menschen hier erlitten hatten und noch immer erlitten, seelisch unbeschadet mitzuerleben. Wir kamen mit einer hehren Mission, die eigentlich unerfüllbar war. Noch schlimmer als uns erging es wahrscheinlich nur Soldaten im Krieg.

Ich dachte an mein eigenes unbeschreibliches Glück, das ich während dieser schwierigen hinter uns liegenden Zeit erfahren hatte, und schämte mich plötzlich dafür. Wie konnte ich glücklich sein, wenn um mich herum nur Leid und Überlebenskampf herrschten – auf Seiten der Erdbebenopfer und der Helfer. In diesem Moment wäre ich lieber mit allen um mich herum unglücklich gewesen, als die einzige Glückliche zu sein.

Ian begrüßte den Besitzer des Restaurants kumpelhaft und wir bekamen den besten Platz im gut geheizten Raum, der wirklich nur notdürftig, doch sehr gemütlich hergerichtet war. Aus der Küche duftete es würzig und ich freute mich auf ein warmes, scharfes

Essen. Ian bestellte noch bevor wir saßen zwei Bier, ohne mich zu fragen. Ich stieß widerwillig mit ihm an.

„Komm, Ellen. Sei kein Spielverderber. Ein Bierchen auf unsere Freundschaft und danach kannst du so viel Wasser trinken, wie du willst."

Ich ließ mich breitschlagen und spürte das schlechte Gewissen, weil ich glaubte, Ians Abhängigkeit nur zu fördern, statt sie zu unterbinden. Es war eigenartig, wie willensstark er war, wenn es darum ging, eine Gelegenheit und einen Grund für einen Drink zu schaffen.

Wir bestellten zwei Currys, Reis und Brot und während des Essens entwickelte sich unser Gespräch fast wie in alten Zeiten. Ians Humor brach durch und ich fragte mich, wie ein Mensch mit solch einer humorvollen Distanz zu den Dingen und zu sich selbst überhaupt so tief fallen konnte. Für einen Moment war ich geneigt, mir einzureden, dass Ian vollkommen gesund war. Doch schon beim Dessert musste ich einsehen, dass es besorgniserregend um ihn stand. Er bestellte einen doppelten Whiskey und leerte das Glas, noch ehe ich die Hälfte meines Nachtisches gegessen hatte. Doch es blieb nicht bei einem Drink, schnell folgten weitere.

„Wir sollten langsam gehen, Ian." Ich fühlte mich unbehaglich.

„Ach, Ellen. Ich bin so froh, dass wir uns wiedersehen. Lass uns noch ein bisschen bleiben und auf alte Zeiten anstoßen. Nur noch ein Glas." Mir schnürte sich die Kehle zu und mein Herz raste, als mir klar wurde, dass Ian gar nicht mit mir hier sitzen wollte, sondern mich nur als Alibi benutzte.

„Du hast schon genug getrunken. Ich finde überhaupt, du trinkst zu viel!"

„Ellen, Baby." Seine Zunge wurde erst jetzt, nach dem vierten doppelten Whiskey schwerer. „Wir haben uns so lange nicht gesehen. Das ist doch ein Grund zum Feiern!"

„Ich werde nicht dabei zusehen, wie du dich besäufst! Du brauchst Hilfe, Ian." Meine Stimme klang fest und bestimmt und ich sprach die falschen Worte in bester Absicht.

Ian lief rot an und haute wütend mit der Faust auf den Tisch. „Was fällt dir eigentlich ein, du arrogante Vorzeigeärztin! Dacta Perfect!"

Dann winkte er dem Restaurantbesitzer, er solle ihm noch einen Drink bringen, doch der weigerte sich plötzlich, weil sein Gast zu pöbeln begann. Ich durfte ihn nicht noch mehr reizen, ging ruhig an die Theke und bezahlte die gesamte Rechnung. Ebenso ruhig kam ich zu Ian zurück. „Ich gehe jetzt. Kommst du mit?"

„Hau doch ab! Was glaubst du eigentlich, wer du bist!? Ich brauche keinen Kontrolleur und kein schlechtes Gewissen. Dein vorwurfsvoller Blick kotzt mich an."

Ich sah ihm fest ins Gesicht und ging. Ich weiß nicht, wie ich die Kraft fand, ihn dort in seinem Elend zurückzulassen. Doch ich wusste, dass ich endlich das Richtige tat.

Draußen auf der Straße brach ich in Tränen aus. Ich weinte aus tausend Gründen: Weil Ian litt und sich nicht anders als mit Alkohol zu helfen wusste, weil unser aller Situation eigentlich aussichtslos war. Wir würden niemals allen helfen können und wenn wir hier fertig waren, dann gab es garantiert die nächste Katastrophe an einem anderen Ort der Welt. Das Rad des Leids würde sich ewig weiterdrehen wie ein grausames Perpetuum Mobile, das niemand anzuhalten vermochte. Ich weinte, weil das Leben mir so ungerecht erschien. Ausgerechnet Ian, der seine Sensibilität gerne hinter einem lässigen Auftritt versteckte, drohte an seiner Aufgabe zu zerbrechen. Er war hergekommen, um zu helfen, und brauchte nun selber Hilfe. Doch anders als die Erdbebenopfer wusste er nicht, dass er Hilfe brauchte, und war auch nicht bereit, darum zu bitten und sie anzunehmen. Und ich weinte vor Schreck. Die Aggression, mit der Ian seinen nächsten Drink verteidigt hatte, war mir tief in die Glieder gefahren. Ich zitterte am ganzen Leib und weinte so stark, dass ich mich irgendwo auf eine leere Kiste setzen musste. Im Restaurant herrschte Ruhe. Ich nahm an, dass Ian inzwischen einen weiteren Whiskey in der Hand hielt, und war sicher, dass das noch einige Zeit so weitergehen würde.

Plötzlich stand jemand unmittelbar neben mir und sprach mich an.

„*Come, Doctor Ellen. You need help!* Kommen Sie, Doktor Ellen. Sie brauchen Hilfe!", sagte eine mitfühlende männliche Stimme mit starkem Urdu-Akzent zu mir.

„*Who are you?*", fragte ich überrascht und ein wenig ängstlich. Erst jetzt sah ich den jungen Mann neben mir.

„Ich arbeite für Iman. Sie hat mich hergeschickt."

Bereitwillig ließ ich mich von dem jungen Mann zu einem Taxi führen. Ich vertraute ihm, denn ich vertraute Iman.

Wenige Minuten später hielt das Taxi vor Imans Haus. „*You go now, Doctor Ellen. Go!* Gehen Sie jetzt, Doktor Ellen. Gehen Sie!"

Ich schluchzte noch immer, als ich an Imans hölzerne Haustür klopfte. Schnell, als ob ich erwartet würde, wurde sie von innen geöffnet und Imans Mädchen zog mich hinein.

„*Miss Iman is waiting for you, Doctor!* Miss Iman erwartet Sie bereits, Doktor!"

Diesen Moment umgab etwas Magisches, ein Hauch von Bewusstheit, der alle Grenzen des mir Vorstellbaren überstieg. Es war eine Bewusstheit, die nicht an die fünf Sinne, nicht an die persönliche körperliche Anwesenheit noch an Sprache oder Mitteilung gebunden war und mir ein Gefühl der absoluten Sicherheit und Geborgenheit vermittelte. Als ich Imans Hof betrat und mich von ihrem Dienstmädchen Richtung Haus führen ließ, hatte ich das Gefühl, mich in einer Oase dieser Bewusstheit zu bewegen, in der eine ganz andere Atmosphäre, eine besondere, einzigartige Schwingungsfrequenz herrschte. Während ich im Nothospital, in Ians Nähe, auf den Straßen von Muzzaffarabad und im Restaurant chaotische, widersprüchliche und widerstreitende Energien wahrgenommen hatte, erlebte ich hier eine ähnliche Atmosphäre wie in der Meditation oder im Tempel Salomons – eine klare, geordnete, ordnende Energie. Sobald ich diese Energie wahrnahm, erlebte ich mich wieder als beobachtendes Bewusstsein, jegliche Trauer und Wut lösten sich unter der Kraft der Beobachtung auf. Mein Herz, das schwer wie ein Stein gewesen war, wurde augenblicklich leicht. Ich erlebte einen Zustand, der weder glücklich noch unglücklich genannt werden kann; er war beides und gleichzeitig frei von diesen Gegensätzen.

Iman saß in ihrem Salon und schenkte gerade heißen Minztee ein. Sie nickte dem Mädchen und mir zu. So ruhig und so sicher, wie sich sonst nur das Dienstmädchen in Imans Haus und ihrer Gegenwart bewegte, setzte ich mich der Hausherrin gegenüber. In diesem Moment war sie das perfekte Sinnbild von Ruhe und Gelassenheit für mich, weil sie nie die Fassung oder den Kopf verlor. Die Bewusstheit, die Iman verkörperte, bedeutete anscheinend auch vollkommene Selbstkontrolle. Doch trotz dieser Selbstkontrolle war Iman nicht kalt oder abweisend. Als sie mich ansah, verströmte ihr Blick tiefes Verständnis und Mitgefühl und ich las in ihm ihren dringenden Wunsch, mich aus meiner Verstrickung und Ohnmacht zu befreien. Sie wusste, was ich durchmachte, und war bereit, mir hier und jetzt zu zeigen, was hinter dem Nebel der Verstrickungen und der Kämpfe lag, die das menschliche Ich kämpfen zu müssen glaubte.

Iman schwieg und ihr Schweigen war Ausdruck der Klarheit ihres Bewusstseins, an dem ich durch ihre bloße Gegenwart teilhatte. In Imans Nähe sah ich durch die Wolken hindurch, die mir die freie Sicht auf die Sonne und den blauen Himmel, auf das reine Bewusstsein, nahmen. Ich sah durch das Ich-Bewusstsein hindurch auf das reine Selbst. In Imans Haus schien es kein Leid zu geben. War das überhaupt möglich, fragte ich mich ungläubig, dass es einen Ort auf der Welt gab, der frei von Leid war?

Ein kaum sichtbares Lächeln huschte über Imans Mundwinkel. „Ich freue mich, dass wir uns so bald wiedersehen, Ellen!"

Ich wusste nicht, was ich sagen sollte.

„Deine Entwicklung hat einen kritischen Punkt erreicht. Deshalb habe ich dich herholen lassen. Nicht, weil ich glaube, dass du diese Schwierigkeiten alleine nicht meistern könntest, sondern weil ich weiß, dass es mit der richtigen Hilfe schneller und leichter für dich sein wird."

Ich spürte erneut Tränen in mir aufsteigen. Doch ich konzentrierte mich auf Iman und ihre Worte und der Drang versiegte.

„Du bist hier in Kashmir rasch der Kraft der Liebe begegnet, hast dich mit ihr verbunden und dich von ihr führen und verändern lassen. Du hast erlebt, dass diese Liebe Erkenntnis, Selbsterkenntnis bedeutet und scheinbar Wunder vollbringt und dass das tiefe Einlassen auf die reine Liebe Beziehungen möglich macht, von denen du zuvor nicht einmal zu träumen wagtest. Diese intensiven, vertrauten Beziehungen sind ein Spiegel des Selbst. Wenn das Ich sich im Du erkennt und das Du im Ich, dann ist dies ein Zeichen dafür, dass die Einheit des höchsten Bewusstseins sichtbar und erfahrbar wird. Du warst bereit, dich auf diese Einheit vollkommen einzulassen, und nun stehst du an der Schwelle zwischen Ich-Bewusstsein und Selbst. Von hier aus betrachtest du alte Beziehungen mit dem Wissen um die Möglichkeiten, die du in deinen neuen Beziehungen erfahren hast, und du musst feststellen, dass beide nicht vereinbar sind. Deshalb versuchst du verzweifelt, deine alten Beziehungen auf die neue Ebene zu heben, doch das ist nicht möglich. Du hast eine absolute Grenze des Ich-Bewusstseins erreicht und mangels Erfahrung glaubst du, dass diese Grenze relativ ist. Deshalb leidest du und kämpfst für Veränderung."

„Wenn ich mich verändere, muss das nicht auch eine Veränderung für die Menschen bedeuten, die mir wichtig sind?", dachte ich laut, um den Sinn von Imans Worten besser erfassen zu können.

„Ja und nein. Du wirst sie anders betrachten und dich anders verhalten. Aber du kannst *sie* nicht verändern! Keiner von ihnen wird den Weg, der vor dir liegt, mit dir gehen."

Fast klangen Imans Worte wie eine Prophezeiung. Doch ich nahm diese unterschwellige Bedeutung nur am Rande wahr. Zu sehr war ich mit Ian beschäftigt. „Ich habe in den letzten Wochen so viele wundersame Dinge erlebt, oft ist Heilung geschehen. Ian, mein Kollege, hat hier so viel Leid gesehen, dass er versucht, seinen Schmerz in Alkohol zu ertränken. Ich will ihn nicht verändern und ich habe nie darüber nachgedacht, dass er das erleben sollte, was ich hier erlebt habe und erlebe. Ich will nur nicht, dass er sich selbst und vielleicht auch anderen schadet."

„Je weiter sich dein Bewusstsein aus den Fängen von Verlangen und Angst befreit, desto deutlicher wirst du das Leid anderer wahrnehmen. Doch nicht immer wird es in deiner Macht stehen, sie von ihrem Leid zu befreien. Es ist eine ganz natürliche Reaktion, gegen das Leiden der Menschen aufzubegehren, dagegen anzukämpfen und es als ungerecht zu verurteilen. Doch aus dieser Perspektive, aus der Perspektive des Ich-Bewusstseins, kannst du niemanden aus dem Rad des Leidens befreien. Erinnerst du dich, was ich beim ersten Mal, als du bei mir warst, zu dir gesagt habe?"

Ich musste nicht lange nachdenken. Wie oft hatten mir Imans Worte vor Augen gestanden. „Bleibe bei dir! Alles, was dir bevorsteht, ist vor allem anderen eine subjektive Erfahrung ..."

„Ja, und nun ist die Zeit gekommen, den Grundsatz der Subjektivität der Erfahrung in weise Handlungen umzusetzen. Mit deinem Kollegen um jedes Glas Alkohol zu streiten, ist mit Sicherheit keine weise Handlung." Iman lächelte und nahm einen Schluck Tee.

Obwohl ich sie nun schon eine ganze Weile kannte, fragte ich mich immer noch, woher sie wissen konnte, was mir gerade geschah und was ich tat. Der ganze Raum duftete inzwischen nach süßer, frischer Minze. „Bei dir zu bleiben bedeutet, dass du zuerst alle Projektionen auf die Welt der Erscheinungen zurücknehmen musst. Das wiederum bedeutet, dass du dich selbst zuerst vollkommen aus dem Sog von Verlangen und Angst, dem Sog der Dualität, befreien musst. Erst dann kann der höhere Wille durch dich geschehen, kann die göttliche Liebe durch dich wirken. Nur dann ist Heilung möglich. Nur dann ist die Befreiung von Leid möglich. Das Ich-Bewusstsein besitzt diese Macht nicht; es bewirkt nur mehr Leid, wo es Leid vermeiden oder verhindern will. Es gibt nur wenige Erfahrungen, die uns klar und deutlich zeigen, dass wir noch von Verlangen und Angst, vom Ich-Bewusstsein, beherrscht werden. Eine dieser Erfahrungen ist die Begegnung mit Sucht und Süchtigen. Sucht entspricht einem ganz bestimmten Bewusstseinsmuster. Dieses Muster übt einen magnetischen Sog auf jeden aus, der damit in Berührung kommt. Besonders destruktiv wirkt sich dieser Sog in Liebesbeziehungen und Familien aus. Doch auch Freunde und Kollegen können uns die Lektion der Befreiung aus Abhängigkeit und Co-Abhängigkeit lehren. Jeder, der uns etwas bedeutet, kann das."

„Ich hatte noch nie mit Süchtigen zu tun."

„Du warst auch noch nie in einer solchen Ausnahmesituation wie hier in Kashmir, Ellen. Das Leid, das euch Nothelfer umgibt, erlaubt eigentlich nur zwei Reaktionsformen: Traumatisierung oder Befreiung. Der Druck, der hier auf der individuellen Psyche lastet, ist so stark, dass sie nur brechen oder sich für das Transzendente öffnen kann. Beide Reaktionen liegen sehr nah beieinander, viel näher, als wir gemeinhin annehmen.

Das Verhalten eines Süchtigen wird von Widerstand gegen seinen seelischen Schmerz bestimmt. Widerstand ist Angst vor Schmerz. Der Süchtige wird alles tun, um die Einsicht zu vermeiden, dass er leidet, und Widerstand gegen alles leisten, was ihm dieses Leid zu Bewusstsein bringen könnte. Die Sucht selbst, das Suchtmittel, bedeutet für ihn Heilung seines Schmerzes und der Angst vor ihm. Er braucht jeden Tag neue Suchtmittel, um jeden Tag das Gefühl zu haben, geheilt zu werden, heil zu sein. Seine Angst vor dem Schmerz löst ein unstillbares Verlangen aus, denn die Angst bleibt und der Schmerz bleibt. Durch das Suchtmittel werden sie nur überdeckt.

Verlangen und Angst sind die zwei Seiten einer Medaille. Sie bilden das Persönlichkeitsmuster jedes individuellen Lebens, das genauso individuell ist wie der Fingerabdruck. Keine zwei Muster, keine zwei Persönlichkeiten sind gleich. Auf dem Pfad der Liebe, dem Weg der Selbsterkenntnis, muss dieses individuelle Muster erkannt und aufgelöst werden. Erst dann ist der Weg vom Ich-Bewusstsein zur Selbsterkenntnis frei."

Iman machte eine Pause, um mir Zeit zu geben, ihre Worte aufzunehmen. Ich glaube, sie wusste, dass ich sie heute noch nicht verstehen konnte, so wie ich vor Wochen noch nicht in der Lage gewesen war zu verstehen, was es bedeutete, bei mir zu bleiben.

„Dieser Widerstand des Süchtigen erzeugt einen beinahe unwiderstehlichen Sog auf sein Gegenüber. Er aktiviert in ihm genau die andere Seite der Medaille: Verlangen. Überall dort, wo wir in einem anderen auf Widerstand, auf Angst, treffen, spüren wir Verlangen; das Verlangen, die Angst zu überwinden, das unbewusste Leid sichtbar zu machen und zu erlösen. Je größer der Widerstand unseres Gegenübers, desto größer wird das Verlangen sein, das wir in seiner Gegenwart spüren. Gleichzeitig löst sein unzähmbarer Wunsch nach immer neuen Suchtmitteln, also sein Verlangen, in uns Widerstand aus. Gegendruck! So lebt das Gegenüber eines Süchtigen immer genau im spiegelverkehrten Bewusstseinsmuster. Dort, wo der Süchtige Widerstand spürt, erlebt sein Gegenüber Verlangen. Dort wo der Süchtige Verlangen spürt, reagiert sein Gegenüber mit Widerstand. Als Gegenüber fühlst du dich deshalb niemals frei, weil du immer nur auf das übermächtige Suchtmuster reagieren kannst. Kannst du diesen inneren Zusammenhang sehen?"

„Ja, aber nicht sehr klar", gab ich zu. „Noch ist es nur eine Ahnung. Du beschreibst mir einen sehr subtilen Ursache-Wirkungs-Zusammenhang, aber es fällt mir schwer, Ursache und Wirkung zu erkennen und auseinanderzuhalten. Natürlich habe ich gespürt, dass von Ians Verhalten ein eigenartiger Sog auf mich ausging. Ich konnte gar nicht anders, als ihm das Trinken verbieten, obwohl ich wusste, dass ihn das nicht vom nächsten Glas abhält. Doch ich wäre nie darauf gekommen, was meine Reaktion auslöst."

„Diese Wahrnehmung macht es möglich, dass wir andere auf ihrem Pfad der Befreiung unterstützen. Wenn wir das Muster erkennen können und es in uns selbst erlöst haben, kann durch uns Heilung geschehen. Doch das ist erst die zweite Stufe unseres Weges. Wir können anderen erst dann helfen, ihre Projektionen zurückzunehmen, wenn wir selbst alle Projektionen zurückgenommen haben, wenn wir auf Verlangen nicht mehr mit Widerstand und auf Widerstand nicht mehr mit Verlangen reagieren, wenn uns der Sog von Verlangen und Angst nicht mehr tangiert, weil wir vollkommen in der Wahrheit gegründet sind. Die Wahrheit ist, dass Verlangen und Angst, Verlangen und Widerstand auf einer Illusion beruhen, der Illusion des Ich-Bewusstseins. Dieses Ich-Bewusstsein ist sozusagen der Projektor, der immer neue Erfahrungen des Wünschens und des Fürchtens auf die Leinwand des Bewusstseins projiziert. Er projiziert immer neue Objekte, die für uns Freude oder Leid bedeuten. Auf Objekte der Freude reagieren wir mit Wünschen, Verlangen, Begehren, auf Objekte des Leids reagieren wir mit Angst, Ablehnung, Widerstand. Das Ich-Bewusstsein glaubt, dass es nur durch immer neue Erfahrungen und Objekte Glück und Erfüllung finden kann. Es weiß nicht, dass es selbst Freude und Leid in die Dinge projiziert. Es meint, dass Freude und Leid in den Dingen liegen. Das einzige Mittel, diese unendliche Folge von Projektionen zu beenden, das Muster von Verlangen und Angst zu überwinden, ist die Erkenntnis dieser Illusion. Überall dort, wo wir etwas wollen, begehren wir nur uns selbst. Überall dort, wo wir etwas fürchten, fürchten wir nur uns selbst."

Es fiel mir schwer, so tief zu schauen und die Verbindung zwischen Freude und Leid, Begehren und Ablehnung sowie Ich-Bewusstsein und Projektion zu erfassen. Imans Erklärung war logisch, doch ich konnte die Fäden der Verstrickungen nur schwer erkennen. Es erschien mir bemerkenswert, wie Menschen auf der unterbewussten Ebene miteinander verbunden waren, wie sie aufeinander reagierten, ohne es zu bemerken. Iman lachte, als ich das erwähnte.

„Verbunden oder verstrickt? Ja, tatsächlich kann man menschliche Beziehungen nicht verstehen, wenn man die unterbewusste Ebene außer Acht lässt. Auf subtiler Ebene reagieren wir aus ganz anderen Gründen aufeinander, als wir glauben. Ob wir einen Menschen bewundern oder ablehnen, liegt selten daran, was oder wie er wirklich ist. Viel öfter liegt es daran, was wir in ihm sehen – das, was wir suchen, oder das, was wir verachten."

Diese Worte Imans waren von intensiver Energie begleitet, die einen wilden Strudel zu bilden schien, der mich in sich hineinzog wie in ein bodenloses Loch. Ich fürchtete, meinen inneren Halt zu verlieren. Doch dann fing ich mich wieder durch Imans klare Wahrnehmung meiner Person. Sie wusste, wo ich stand, und zeigte mir, wo sie stand – dorthin führte sie mich, wort- und tatenlos.

„Aber was soll ich jetzt tun, Iman? Ich meine, selbst wenn ich weiß, dass ich erst begreifen muss, wo Verlangen und Angst meine Wahrnehmung und mein Verhalten regieren, kann ich doch jetzt nicht einfach zusehen, wie Ian hier vor die Hunde geht."

„Du kannst jetzt nichts für deinen Freund tun. Du darfst seinen Schmerz nicht verdrängen oder bekämpfen wie er. Auch wenn das für dich die schlimmste Erfahrung ist, die du dir vorstellen kannst, wirst du sie jetzt machen."

Aller Schmerz und meine ganze Machtlosigkeit ihm gegenüber explodierten bei Imans leise gesprochenen Worten. Mein Herz zog sich zusammen und mein Hals wurde eng. Ich glaubte, kaum mehr Luft zu bekommen, so groß war die Panik. Nackte Angst bemächtigte sich meiner, als ich einsehen musste, dass ich wirklich nichts für Ian tun konnte. In diesem Moment konnte ich mir nicht vorstellen, dass es für Ian oder mich jemals weiterging. Die Ohnmacht ließ das Rad des Lebens stillstehen. Ich glaubte, ich würde unter der Last des Schmerzes zerbrechen. Ja, diese Hilflosigkeit war gleichbedeutend mit Todesangst, mit der Angst vor dem Verlust jeglicher bewusster Kontrolle.

Doch dann wurde ich mir des Widerstandes bewusst, von dem Iman noch vor wenigen Minuten gesprochen hatte. Ich wurde mir des Selbstgespräches bewusst, das mich von der Erfahrung der Hilflosigkeit und des unverdrängten Schmerzes ablenkte. „Vielleicht wird ja wieder ein Wunder geschehen", dachte ich. „Iman wird Ian sicher helfen. Sie wird mich niemals hängen lassen. Sie ist wie eine Schwester und wie eine Mutter für mich. Ian wird es schaffen. Mir wird schon etwas einfallen. Ihn einfach hängen zu lassen wäre das Letzte, das ich mir verzeihen könnte. Vielleicht hilft ein Gebet, eine tiefe Meditation. Mir muss etwas einfallen. Mir muss irgendetwas einfallen ..."

Ich zitterte am ganzen Körper. Iman betrachtete mich achtsam und ruhig. Ich weiß nicht, wie sie es schaffte, nicht in diesen inneren Prozess einzugreifen. Sie musste übermenschliche Kraft haben oder eiskalt sein. Doch eiskalt war sie nicht, das wusste ich. Tatsächlich spürte ich auch jetzt ihre Liebe und ihr Mitgefühl und irgendetwas sagte mir, dass sie ganz genau wusste, was sie tat, als sie mich brutal und doch behutsam und weise über meine innere Schmerzgrenze führte.

Iman sah mich warmherzig an und flüsterte: „Wer fühlt sich hilflos, Ellen? Sieh die Hilflosigkeit als Objekt im Bewusstsein. Bleib nur bei dem Gefühl „Ich bin". Trenne das „hilflos" vom „Ich bin". Löse die Identifikation. Du bist nicht hilflos, du bist nur Bewusstsein. Alle Erfahrungen und Objekte kommen und gehen in diesem größeren Bewusstsein."

Das war kein Rat, das war auch keine Meditationsanweisung. Imans Worte wirkten direkt auf meine Wahrnehmung und veränderten sie unmittelbar. Ich nahm die Hilflosigkeit wahr, den unerträglichen Schmerz, der sie ausgelöst hatte, und den Widerstand gegen das Gefühl der Hilflosigkeit. Ich sah sie, wie ich sonst Dinge, Menschen, Worte oder Wolken betrachtete. Und ich spürte tatsächlich völlig getrennt davon das, was Iman „Ich bin" nannte, reines Bewusstsein. Ich war wieder der Beobachter der Erfahrungen, auch der Beobachter der Erfahrung der Hilflosigkeit, des Schmerzes und des Widerstandes dagegen. Mein Herz wurde langsam weicher und weiter und das Atmen fiel mir wieder leicht. Die Angst vor der Erfahrung der Hilflosigkeit begann sich aufzulösen, als ich sie als Objekt im reinen Bewusstsein erkannte. Der Raum des Bewusstseins weitete sich in mir, als sich die Kontraktion der Abwehr löste und ich bereit war, jegliche Kontrolle aufzugeben und wieder einmal die Grenzen meiner Macht zu erkennen und anzuerkennen.

Iman wusste sofort, dass ich wieder bei mir war, und lächelte. „Das war ein schwieriger Tag für dich und es ist schon spät. Meera hat dir schon ein Zimmer hergerichtet und ich habe den Boten, der dich hergebracht hat, mit einer Nachricht ins Nothospital geschickt. Manchmal, in besonderen Phasen des Umbruchs, brauchen wir alle

Unterstützung und Schutz und eine Umgebung, die frei von Verlangen und Widerstand ist."

„Danke, Iman. Ich weiß gar nicht, wie ich dir danken soll."

„Danke nicht mir, Ellen. Danke der Wahrheit, die alles erleuchtet. Danke der Weisheit, die alle befreit. Danke der Liebe, die alle heilt. Danke dem göttlichen Selbst, dem einzigen Handelnden."

Iman brachte mich in das Gästezimmer im zweiten Stock ihres wunderschönen Hauses. Bevor ich mein Zimmer betrat, sah Iman mich noch einmal eindringlich an. Ihr Blick schien durch mich, durch mein Ich-Bewusstsein hindurchzusehen und auf das gerichtet zu sein, was jenseits der Persönlichkeit und der vielen verschiedenen Schichten des menschlichen Geistes lag – das Selbst; das Bewusstsein, das gleichzeitig als Iman und als ich erschien. Der Schleier der Täuschung lüftete sich und mit ihm verschwand die Wahrnehmung getrennter Existenz, die Wahrnehmung von Dualität, von Erfahrendem und Erfahrenem. Mühelos betrat ich die Ebene des höheren Bewusstseins durch das Tor der Einheit, der Liebe. Und als Iman mich so ansah, sagte sie: „Der Weg zu Gott besteht aus drei Stufen, die einen vollendeten Kreis bilden. Die erste Stufe führt uns zu der Erfahrung der Existenz Gottes und seiner unendlichen Größe. Das Ich-Bewusstsein erlebt, ‚Mein Vater im Himmel lebt und er ist größer als ich!' Auf der zweiten Stufe erlebt das Ich-Bewusstsein die Allmacht Gottes und oftmals empfindet es die göttliche Allmacht als persönliche Ohnmacht. ‚Nicht mein Wille, sondern sein Wille geschieht! Immer und überall.' Auf dieser Stufe stehst du jetzt, Ellen. Es ist die schwierigste Stufe auf dem Pfad zur Selbsterkenntnis, den Willen des Ich-Bewusstseins vom göttlichen Willen unterscheiden zu lernen, an dieser Erkenntnis nicht zu verzweifeln und vertrauensvoll nur noch dem höheren Willen zu folgen. Doch du kannst sicher sein, dass dir geholfen wird. Alle, die dir hier in Kashmir begegnet sind, die dich von ganzem Herzen lieben, und die, die aus diesem Pfad als Meister hervorgegangen sind und heute auf anderen Ebenen des Bewusstseins wirken, helfen dir, denn es ist das einzige Ziel des menschlichen Lebens zum göttlichen Bewusstsein zu erwachen, Gott im eigenen Inneren zu erkennen und zu verwirklichen. Erst wenn wir alle Schleier der Täuschung beseitigt haben, können wir anderen wirklich helfen, weil wir dann in der Lage sind, sie von dem unstillbaren menschlichen Bedürfnis nach immer neuer Hilfe zu befreien."

Als ich die Tür des Gästezimmers ins Schloss fallen hörte, war mir vollkommen bewusst, dass dieser Tag einer der wichtigsten in meinem Leben gewesen war. Vielleicht der wichtigste Tag überhaupt, denn zum ersten Mal hatte ich gesehen, wovor ich zeit meines Lebens davongelaufen war: vor der Einsicht in die Begrenztheit meines Eigenwillens und meiner menschlichen Macht. Viele Erfahrungen der vergangenen Wochen hatten mich darauf vorbereitet, doch erst heute fühlte ich es, erst heute erlebte ich es.

Ich schlüpfte in das Nachthemd, das Imans Dienstmädchen mir aufs Bett gelegt hatte, und wusch mich in einer Waschschüssel, die auf der Kommode gegenüber dem Bett stand. Das Wasser war lauwarm und roch ebenso frisch nach Rosenblüten wie das gesamte Haus. Nun spürte ich erst, wie müde ich war, und fiel dankbar und erschöpft in die weißen Laken des großen Holzbettes. Während ich mit geöffneten Augen in die Dunkelheit des fremden Raumes blickte, betrachtete ich die aufziehenden Gedanken. Ich konnte die Lektion in Demut und Bewusstheit kaum fassen, die das Leben mich heute gelehrt hatte. Warum nur fiel es dem Ich-Bewusstsein so schwer, anzuerkennen, dass es einem anderen, einem höheren Willen unterworfen war? Warum fiel es ihm so schwer, zu begreifen, dass es Geschöpf und nicht Schöpfer war? Hatte es denn selbst entschieden, geboren zu werden? Hatte es entschieden, ob es Mann oder Frau, weiß oder schwarz sein wollte? Hatte das Ich-Bewusstsein gewählt, in welchem Land es geboren wurde und von welchen Eltern? Hatte es entschieden, arm oder reich, gesund oder krank zu sein? Nein. All diese Dinge entzogen sich seiner Entscheidungsmacht und Kontrolle. Doch das Ich-Bewusstsein nahm sie niemals wahr. Wann immer das Denken und Reflektieren diesen blinden Fleck erreichte, schaltete es einfach ab oder auf ein anderes Programm um. Aus irgendeinem Grund konnte es nicht ertragen, dass seine Willensfreiheit eingeschränkt war. Selbst jetzt, nach der eindrucksvollen Erfahrung, dass das Bewusstsein von allen Gefühlen, Gedanken und Erfahrungen völlig unabhängig und unberührt war, spürte ich noch immer den Drang, den Lauf der Dinge, unbedingt zu kontrollieren. Noch immer spürte ich den Sog, mich einzumischen und die Dinge nach meinem Urteil von Gut und Richtig zu beeinflussen. Nur Gesund und Geheilt erschien mir gut und richtig. Warum fiel es dem Ich-Bewusstsein so schwer loszulassen und eine andere Instanz entscheiden und handeln zu lassen, selbst wenn es längst wusste, dass es die höchste, die göttliche Instanz war?

Langsam driftete ich hinüber in den Schlaf. Doch während mein Körper und mein Geist einschliefen, blieb das Bewusstsein wach. Von außerhalb meines Körpers sah ich mich selbst im Bett liegen, wohlwissend, dass ich schlief und zu träumen begann. Ebenso klar und deutlich wie den schlafenden Körper sah ich alle Traumbilder, die sich langsam zu einer Geschichte konkretisierten. Es wunderte mich nicht, dass Iman darin eine Rolle spielte, war ich doch vollkommen durchdrungen von ihrer starken Präsenz. Ich sah sie als junge Frau in einem sehr einfachen Dorf, dessen Häuser aus Lehm gebaut waren. Die Menschen dort sprachen Arabisch statt Urdu. Sie war noch auf der Suche nach der Wahrheit, denn ihr Blick war weniger klar und mitfühlend. Sie wirkte schüchtern und ängstlich, weil sie sich falsch in der Welt fühlte, in der sie zu Hause war; die Menschen begegneten ihr ehrfürchtig und distanziert. Manche schienen sich sogar vor ihr zu fürchten.

Dann sah ich Iman in einer Stadt. Sie war ein wenig älter und lief allein durch die Gassen eines Bazars, bis sie schließlich in ein einfaches Haus einkehrte. Dort traf sie einen Mann, der sie ähnlich ansah, wie Iman mich heute anblickte. Sein Haus war ein Haus Gottes, so wie Imans Haus für mich ein Haus Gottes war. Er lebte sehr zurückgezogen mit seiner Familie und vertraute darauf, dass nur einige wenige wahrhaft Suchende den Weg zu ihm fanden. Er selbst war den Pfad Mohammeds gegangen. In dessen Liebe war er aufgegangen und durch Mohammed, den Propheten, hatte er die Vereinigung mit Allah erlangt, sagte er in meinem Traum zu Iman, und ich wusste, dass es tatsächlich so gewesen war.

„Du weißt, mein Kind, dass Mohammed, unser Prophet, und Jesus Christus Brüder waren", sagte er nun zu Iman in einer Szene, die nach einem Abschied aussah. „Beide Propheten zeigen uns gleichberechtigte Wege zu Gott und ich rate dir, beide Wege zu erforschen. Unsere Länder und unsere Religionen mögen getrennt sein, doch unser Ziel ist ein und dasselbe. Wenn du durch deine Liebe zum Propheten Mohammed ganz in Gott aufgegangen bist – wie ein Fluss in das Meer mündet und sein Süßwasser sich vollkommen mit dem Salzwasser des Meeres vermischt –, dann versprich mir, auch den Weg unseres Bruders Issa zu gehen. Du wirst dich fragen, warum du den Weg zwei Mal gehen musst, wenn doch das Ziel eins ist. Es ist wichtig für die Menschen, die in der Illusion der Religion gefangen sind, und für alle Suchenden, die nicht wissen, dass alle spirituellen Pfade nur ein Ziel haben. Es muss Menschen geben, die alle Wege beschritten haben und deshalb jeden Suchenden auf jedem Pfad führen können. Eines Tages werden viele Christen den Weg zu dir finden. Sie werden nach Kashmir kommen, weil Issa dort war und seine irdischen Spuren hinterlassen hat. Sie werden spüren, dass Issa, ihr Prophet, durch die Menschen, die dort auch heute noch in seinem Bewusstsein leben, viel präsenter ist als in Palästina und Israel. Sie werden kommen, weil sie spüren, dass ihre Religion längst nicht mehr Ausdruck der Wahrheit ist, die Issa verkörpert hat. Seine Jünger waren noch Schüler, als er von ihnen ging, und sie begannen, über ihn zu berichteten. Die Evangelisten waren noch nicht zur göttlichen Wahrheit erwacht, als sie über Issa schrieben. Deshalb haben sie viele Dinge falsch interpretiert, als sie sie niederschrieben. Die Zeit hat diese fehlerhafte Interpretation noch mehr verwässert, hat die Wahrheit und die Liebe Issas noch stärker verschleiert. Und die Interpretationen der Kirchenmänner haben einen weiteren Schleier vor die Wahrheit gehängt. Der lineare Verstand kann Issa und seine Lehre nicht erfassen. Issa selbst hatte keine Lehre. Seine Taten und seine Gegenwart waren seine Lehre. Seine Liebe war seine Lehre, so wie unsere Liebe unsere einzige Lehre ist."

Ich weinte im Traum und sah mir auch dabei zu. Die Worte des bescheidenen Sufis berührten mein Herz, das sie aufsog wie ein Schwamm. Ich würde sie nie wieder vergessen, denn es waren Worte, die meine Seele direkt erfasste. Seine Worte waren von Herz zu Herz gesprochen, nicht von Verstand zu Verstand. Sie kamen nicht von außen, wurden nicht im Wachbewusstsein gehört. Es waren Worte, die vor langer Zeit, vor über zwanzig Jahren, gesprochen worden waren, doch sie lebten noch hier und heute in diesem Haus; sie hatten eine universelle Gültigkeit. In dieser Nacht veränderte sich mein

Verständnis von Issa völlig. Noch mehr veränderte es sich, als ich die letzten Worte des Traumes hörte: „Vergiss nicht, mein Kind, dass du eine göttliche Geliebte bist. Du bist die Geliebte des Propheten und die Geliebte des göttlichen Vaters. Geh in dieser Rolle auf. Fühle dich jeden Tag vollkommen angenommen und vollkommen geliebt. Diese Liebe wird dir Bewusstheit bringen. Nichts und niemand sonst kann dir mit der gleichen Gewissheit Bewusstheit und Selbsterkenntnis vermitteln."

Mir war, als spreche der Sufi nicht zu Iman, sondern zu mir. Tatsächlich war Iman längst nicht mehr Teil meines Traumes. Seitdem er von Issa zu sprechen begonnen hatte, war mir, als wolle er *mir* erklären, warum ich hier war, warum an diesem Ort, an dem sich so viele Religionen wie die Speichen eines Rades berührten, warum auf den Spuren Issas und warum auf dem Pfad der Liebe. „Vergiss nicht, mein Kind, dass du eine göttliche Geliebte bist." Diese Worte schnitten wie ein Messer in mein Herz. Sie waren schärfer als der schärfste Dolch, den ich je gesehen, wahrer, als jede Wahrheit, die ich je gehört und wirklicher, als jede Weisheit, die ich je erfasst hatte. „Fühle dich jeden Tag vollkommen angenommen und vollkommen geliebt." Seine Worte wirkten auf mich auf die gleiche Weise wie Imans Worte zuvor. Sie veränderten meine Wahrnehmung direkt und unmittelbar. Tatsächlich fühlte ich mich vollkommen angenommen und vollkommen geliebt und in diesem Bewusstsein verließ ich die Ebene des Traumes und betrat bewusst die Ebene des Tiefschlafes.

In der morgendlichen Dämmerung erwachte ich durch die zarten Klänge eines sanften Gesangs in fremder Sprache, der das Haus wie einen großen Klangkörper erfüllte. Auf leisen Sohlen schlich ich die Treppe hinunter.

„Abwun d'bwaschmaja
Nethkadasch schmach
Tete malkuthach ..."

Auf halber Treppe blieb ich stehen, um den Gesang besser hören zu können. Er kam aus einem Zimmer der unteren Etage, das direkt gegenüber dem Wohnraum lag. Die Tür war nur leicht angelehnt und aus dem Zimmer drangen das gedämpfte Licht einer Kerze und der beruhigende Geruch von Rosenwasser und Sandelholzräucherwerk.

Ich hielt die Luft an, so schön waren Imans Gesang und die Atmosphäre, die daraus entstand.

„Nehwe tzevjanach aikana d'bwaschmaja af b'arha
Hawvlan lachma d'sunkanan jaomana ..."

Ich setzte mich auf die Treppenstufen und spürte, wie ich von Liebe erfüllt war. Imans Gesang wandte sich an das Göttliche, war Gebet und Anrufung zugleich. Sie sang aus ganzem Herzen, voller Hingabe, hielt nichts von sich zurück. Ihre Seele sang für ihren Schöpfer, für die Weltseele, und im Gesang vereinigten sich beide.

„Waschboklan chauben aikana daf chnan schvoken l'chaijaben
Wela tachlan l'nesjuna ela patzan min bischa
Metol dilachie malkutha wahaila wateschbuchta l'ahlam.
Almin."

Iman wiederholte das Gebet drei Mal, so viel verstand ich von der fremden Sprache. Dann herrschte tiefes Schweigen hinter der Tür, auf die ich wie gebannt starrte. Es führte auf den Grund der Dinge, in die versteckten Bereiche der menschlichen Existenz. Bereitwillig ließ ich mich in die Stille fallen, die gleichzeitig vollkommene Leere, Abwesenheit von Klang und Form und absolute Fülle, Anwesenheit jeder potentiellen Form und jedes möglichen Klanges war. Vertrauensvoll überließ ich mich der überwältigenden Wirkung des äußeren und inneren Schweigens, das mich in die unsichtbare Tiefe des Bewusstseins hinabzog, dorthin, wo das Ich-Bewusstsein sich aufzulösen begann. Ich hatte keine Angst. Ein tiefes Gefühl der Geborgenheit erfasste mich. Nichts, was ich als denkender und fühlender Mensch je erfahren hatte, glich diesem Zustand, der viel tiefer, viel größer und viel wirklicher als Denken und Fühlen war.

Ich saß noch in das Bewusstsein der Stille versunken auf der Treppenstufe, als Iman leise aus dem Gebetsraum heraustrat und mich lächelnd ansah.

„Du wirst dich erkälten, wenn du dir nichts überziehst", sagte sie mit dem Blick einer fürsorglichen Mutter. „Hol dir eine Jacke und dann frühstücken wir in der Küche."

Die Küche duftete nach frisch gemahlenem Kardamom, den Iman mit Kaffee nach arabischer Art aufbrühte.

„Dein Gesang, ich meine, das Gebet war wunderschön ..."

„Das war das ‚Vaterunser' auf Aramäisch."

„Das ‚Vaterunser'? Du meinst, ‚Vater unser, der du bist im Himmel ...'?" Ich habe niemals zuvor eine solche Tiefe in diesem Gebet wahrgenommen.

Iman lächelte sanft. „Ich habe es vor vielen Jahren von meinem ersten Lehrer, einem Sufimeister, gelernt."

Mein Herz setzte einen Schlag aus, obwohl ich doch längst wusste, dass mein Traum wahr gewesen war.

„Seitdem rezitiere ich das *Abwun d'bwaschmaja* jeden Morgen und jeden Abend bei Sonnenauf- und bei Sonnenuntergang. In diesem Gebet des Einheitsbewusstseins liegen alle meine Wünsche verborgen. Ich habe keinen anderen Wunsch, hatte niemals einen anderen und werde niemals einen anderen haben. Es ist das Gebet, das Yeshua, Yuzu, der auch Jesus oder Issa genannt wird, gebetet hat. Für mich ist es das Gebet, das meinen spirituellen Pfad von Alpha bis Omega beschreibt."

Iman begann die Übersetzung mit klarer, fester Stimme und tiefer Hingabe zu zitieren.

„Oh Du, Odem des Lebens,
Schöpfer der alles durchdringenden vibrierenden Lebensenergie.
Möge Dein Licht in meiner Seele scheinen.
Möge ich in Dein Königreich eintreten und Dein Licht sichtbar machen.
Möge sich Dein göttlicher Wille auf allen Ebenen der Schöpfung offenbaren.

Gib mir die Weisheit, die ich in meinen täglichen Handlungen brauche.
Und löse mich von den Fesseln falscher Handlungen, lass auch mich alle anderen als frei von Schuld erkennen.
Lass mich mich nicht im Schein der Welt verlieren;

Befreie mich von dem, was mich von meiner wahren Natur fernhält.

Denn von Äon zu Äon ist es Dein Wille, der alles bewirkt, die lebendige Handlungskraft, der sich ewig erneuernde Klang der Schönheit.
Besiegelt in Vertrauen, Glauben und Wahrheit."

Während Iman sprach, zogen Kühle und Klarheit wie ein Windhauch durch mein weit geöffnetes Bewusstsein. Der Raum füllte sich augenblicklich mit einer unsichtbaren Präsenz, die ich nicht anders als göttlich bezeichnen konnte. Es war wie im Tempel Salomos und in Rozabal, doch noch viel stärker und deutlicher. Das Selbst offenbarte sich mir durch diese Kühle und Klarheit, doch ich konnte seine Eigenschaften unmöglich in Gedanken oder gar in Worte fassen. Es gab keine Worte dafür. Ich fand nur Worte und Beschreibungen für das Gefühl, das die göttliche Gegenwart in mir auslöste: absolute Geborgenheit, Frieden und Freiheit, Wunsch- und Angstlosigkeit, Einheit mit allem und jedem und doch viel mehr als das.

Alles um mich herum schwankte plötzlich und drehte sich. Ich dachte schon, das sei die Wirkung von Imans starkem arabischem Kaffee, doch dann wurde mir klar, dass die Energie, die den Raum erfüllte, diesen Schwindel ausgelöst haben musste. Die Dinge, die mich umgaben, wirkten nicht mehr fest und unverrückbar, sondern energetisch und höchst unbeständig. Und auch der Raum selbst verlor seinen statischen Charakter. Er schien mir plötzlich höchst dynamisch, bereit, sich jederzeit weit auszudehnen oder zusammenzuziehen. Mir war, als sage mir eine innere Stimme, dass jegliche Anspannung den Fluss der höheren Energie behindere und Orientierungslosigkeit bewirke. Als ich der Stimme Glauben schenkte, entspannte sich mein Körper sofort, um mit der hohen Energiefrequenz, die Imans Küche nun erfüllte, zu schwingen. Der Schwindel verschwand und gleichzeitig schien sich mein Ich-Gefühl aufzulösen. Kurz war mir, als gäbe es kein Ich, hätte es nie ein Ich gegeben, doch dann bemerkte ich, dass das Ich-Bewusstsein, das ich für mich gehalten hatte, gar kein Subjekt, sondern ein Objekt in einem viel größeren, umfassenden Bewusstsein war. So wie ich andere Menschen und Dinge der Erscheinungswelt bisher als Objekte wahrgenommen hatte, nahm ich nun mein eigenes Ich-Bewusstsein wahr. Mit der subjektiven Perspektive löste sich auch meine Ich-Bezogenheit vollkommen auf. Das bewirkte den inneren Frieden, bemerkte ich. Wo das Ich-Gefühl überschritten wurde, fehlte jegliche Ich-Bezogenheit, jeglicher Eigenwille, jede Be- und Verurteilung und jedes Gefühl der Getrenntheit. Für einen Moment war ich eins und heil, war ich ganz und erfuhr mich selbst als diese Ganzheit, die mehr war als die Summe ihrer Teile. Diese Ganzheit war vibrierendes, strahlendes Bewusstsein, das ich nun in allen Dingen in diesem Raum sehen konnte. Es war die Essenz des Stuhles, auf dem ich saß; die Essenz der Tasse, aus der ich trank; die Essenz aller Objekte im Raum; ja, die Essenz des Raumes selbst.

Da begriff ich erst, dass das Selbst eine andere Dimension war. Es war jenseits des Raumes und doch im Raum enthalten. Auf gleiche Weise war es jenseits von mir und doch in mir enthalten. Es war auch meine Essenz, das, was mich im Kern meines Seins ausmachte. Das Selbst war ich selbst auf einer anderen, einer höheren Ebene. Mit dieser Erkenntnis schwiegen die Wogen des Ich-Bewusstseins völlig, kamen die Wellen des individuellen Geistes zum Stillstand, endete jede Form der Projektion. Ich sah alle Dinge direkt und unmittelbar, so wie sie wirklich waren, als Formen im Bewusstsein – nein, als Formen des Bewusstseins. Das reine Bewusstsein selbst nahm jede Form an, auch die des Ichs. Ohne Bewusstsein gäbe es keine Formen, keine Dinge, keine Welt, kein Ich. Das Bewusstsein selbst war Schöpfer und Schöpfung in einem.

Doch auch nach dieser kurzen Einsicht in das Wesen des Selbst legte sich der Schleier der Täuschung, der dualistischen Wahrnehmung viel zu schnell wieder vor das reine Bewusstsein, und als ich Imans Haus verließ und in eine Rikscha stieg, die mich zum Nothospital bringen sollte, nahm ich mich und die Welt um mich herum nicht anders wahr als vor meinem Besuch.

Victor kam mir aufgeregt entgegen, als ich das Hospital betrat. „Was ist, Victor?“, fragte ich besorgt. „Ist etwas passiert?“

„Wir haben Ian heute Nacht operiert. Er hatte eine Schlägerei und wurde mit gebrochener Nase und mehreren Platzwunden eingeliefert.“

Warum habe ich davon nichts gewusst, schoss es mir selbstanklagend durch den Kopf. Ich hatte verdammt noch mal in den letzten Wochen und Monaten so viele Dinge vorhergesehen, doch dass einer meiner besten Freunde halb bewusstlos geschlagen wurde, entging mir.

„Mach dir keine Sorgen. Er hat die OP gut überstanden, aber er hatte zwei Promille, als wir ihn operierten ...“

Ich nickte ernst. „Ich weiß. Ich habe gestern Abend vergeblich versucht, ihn vom Trinken abzuhalten."

Ich konnte Imans dringliche Warnung nicht vergessen, dass ich in diesem Moment vor allem eines begreifen musste – dass *ich* Ian nicht helfen konnte. Wieder spürte ich die Ohnmacht und die Verzweiflung, die durch diese Einsicht ausgelöst wurden; den fast unwiderstehlichen Drang, Ian zu retten. Es kostete mich viel Kraft, dem Impuls, gegen Ians Sucht zu kämpfen, zu widerstehen und stattdessen hoffnungslos, aber ehrlich den Kopf zu schütteln.

„Ich weiß einfach nicht, was wir für Ian tun können. Ich weiß nur, dass er *meine* Hilfe auf keinen Fall will, dass ich ihm nicht helfen kann."

„Willst du zu ihm? Er liegt im Aufwachzelt."

In mir kämpfte der heftigste Kampf der widerstreitenden inneren Impulse, der jemals in mir gekämpft hatte. Obwohl ich mir seit gestern der absoluten Grenze meiner Handlungswirksamkeit bewusst war, sträubte sich etwas in mir, diese Grenze zu akzeptieren. Es konnte nicht richtig sein, die eigene Hilflosigkeit einzugestehen, dachte ich. Wenn alle Menschen das täten, dann gäbe es keine Weltrekorde, keine Erfindungen, dann gäbe es keine Hoffnung in der Not, dann würde niemand einem anderen helfen. Dann wäre niemals ein Mensch über sich selbst hinausgewachsen. Wenn man in der Not die eigene Grenze akzeptierte, dann wäre man vollkommen schicksalsergeben und hätte vor dem Leben resigniert. Wenn ich jetzt meine Hilflosigkeit zuließe und nichts für Ian täte, dann hätte ich das Gefühl zu kapitulieren, Ian und das Leben selbst aufzugeben. Das würde ich mir niemals verzeihen. Niemals.

Als ich das Aufwachzelt betrat, hatte ich eine Entscheidung getroffen. Ich vertraute Iman und ihrer Weisheit absolut. Deshalb würde ich nicht vorschnell handeln, sondern abwarten, bis ich in der Lage wäre, die Dinge differenzierter zu betrachten, bis ich mehr sähe als Schwarz und Weiß, bis ich andere Möglichkeiten sähe als Resignation oder blindwütige Gegenwehr. Dies war eine Zeit des Lernens und ich war bereit, meine Lektionen zu lernen.

Ians Nase war verbunden, eine Platzwunde auf der Stirn und eine weitere am Kinn waren geklammert. Seine großen Hände lagen schlaff, rot von Jod und grün und blau von den Schlägen auf dem weißen Bettlaken. Er atmete schwer durch den Mund. Mit jedem Atemzug breitete sich eine neue Wolke von abgestandenem Whiskeygeruch im Zelt aus.

Müde zog ich einen Stuhl an sein Bett heran. Seine Wunden würden heilen, doch die Sucht würde ihn zerstören, fürchtete ich. Es tat unendlich weh, ihn hier so zerschlagen liegen zu sehen, ihn und seinen Humor an den Alkohol verloren zu haben.

Warum?, schrie es verzweifelt in mir. Ich begegnete in mir dem spiegelverkehrten Muster der Sucht, hatte Iman gesagt, und ich spürte den unbändigen Wunsch, den Kontrollverlust, den dieses Muster bedeutete, zu beenden und endlich wieder Macht über die Situation zu gewinnen. Niemals zuvor war mir so sehr bewusst gewesen, dass ich immerfort nach Glück strebte und Schmerz wie den Teufel fürchtete. Und noch nie hatte ich so klar wie heute gesehen, dass es auf der Ebene dualistischer Wahrnehmung, auf der Ebene des Ich-Bewusstseins, kein dauerhaftes Glück und keine Abwesenheit von Leid geben konnte. Ich blickte auf Ians geschwollenes Gesicht und auf seine zerschundenen Hände. Unendlich viele Menschen hatten schon so gelitten und ebenso viele würden in Zukunft so leiden wie er. Auch ich gehörte dazu, musste ich mir eingestehen – und ich konnte nichts dagegen tun.

Zwanzigstes Kapitel

Je mehr seines Wachbewusstseins Ian zurückerlangte, desto stärker wurden sein Verlangen nach Alkohol und seine innere Unruhe. Es zeigten sich die ersten Entzugssymptome: Er schwitzte, zappelte und übergab sich mehrmals. Victor hatte ihm erklärt, was geschehen war, doch Ian hatte ihm nicht geglaubt. Es war inzwischen ein offenes Geheimnis, dass Ian sich im Suff geprügelt hatte. Einige Kollegen tuschelten über ihn und schüttelten entrüstet die Köpfe. Diese Gespräche waren erniedrigend, und doch ahnte ich, dass auch diese Art der Reaktion nur auf Hilflosigkeit und Unwissenheit beruhte und von meiner Abwehrreaktion gar nicht so verschieden war.

Iman hatte ihren Fahrer geschickt, um mich einzuladen, auch die kommende Nacht bei ihr zu verbringen. Ich war froh über dieses Angebot, erleichtert, aus der ausweglosen Situation fliehen zu können. Doch erst nach acht Uhr wagte ich mich aus dem Nothospital, und das auch nur, weil Schwester Baquiya mir versprach, sich am Abend um Ian zu kümmern.

Iman empfing mich mit sehr ernstem, ruhigem Blick. Sie fragte nicht, was ich erlebt hatte, und ich wollte nicht von mir aus darüber reden. Ich war einfach froh, in ihrem Haus sein zu dürfen, wo Ruhe und Frieden herrschten statt Kampf zwischen Verlangen und Widerstand. Nie zuvor hatte ich gespürt, wie schmerzlich, wie unerträglich das Leben war, wenn es von diesen beiden Impulsen regiert wurde. Ich bat Iman, mich sofort in mein Zimmer zurückziehen zu dürfen, und natürlich hatte sie keine Einwände.

„Wann fliegst du zurück nach Srinagar?" fragte sie, bevor ich die Treppe hinaufging.

„Ich habe Victor versprochen so lange zu bleiben, bis wir eine Lösung für Ian gefunden haben."

In meinem Gästezimmer wusch ich mich mit dem lauwarmen Rosenwasser, das Meera frisch für mich bereitgestellt hatte, und setzte mich danach im Nachthemd zur Meditation. Die weiche Überdecke meines Gästebettes hielt mich warm. Mein Geist war aufgewühlt und bewegt wie der Ozean nach einem Sturm. Ich betrachtete ihn und sah zu, wie er langsam zur Ruhe kam, wie die Wellen verebbten und der Sand sich auf den Boden absetzte. Die Ruhe erfasste zuerst meinen Körper, der bewegungslos und felsenfest dasaß und dessen Bild sich im Raum meines Bewusstseins hinter dem Augenbrauenzentrum manifestierte. Meine Atemzüge wurden flacher, während die Pausen zwischen Ein- und Ausatmung länger und länger wurden. Ich ließ es geschehen.

Nach einer Weile veränderte sich das innere Bild. Das Symbol meines Medaillons tauchte vor meinen inneren Augen auf und ich konzentrierte mich auf den inzwischen sehr vertrauten Davidstern und das Kreuz in seiner Mitte. Der innere Blick folgte der horizontalen Linie des Kreuzes von links nach rechts und der vertikalen Linie von oben nach unten. Langsam richtete er sich auf die Mitte des Kreuzes, auf den Punkt, in dem horizontale und vertikale Linie sich trafen. Er schien so etwas wie die Mitte einer Zielscheibe zu sein, das Zentrum des inneren Lebens. Und wieder veränderte sich die Tiefe des Meditationsobjektes mit fortschreitender Konzentration. Der Punkt in der Mitte des Kreuzes verdoppelte sich – einen der Punkte sah ich in der Mitte meines Kopfes, während der zweite Punkt weit in die Ferne des inneren Raumes bis an seinen Horizont rückte. Der Punkt schien mir gleichzeitig Spiegel und Spiegelbild zu sein. So entstand ein Gefühl der Ausdehnung und inneren Weite, das mir die Dreidimensionalität des inneren Raumes fassbar machte. Die Konzentration leerte diesen Raum vollständig von Gedanken und Bildern. Nur der Davidstern und das Kreuz blieben gleichsam als Grundlage und Hintergrund für den Punkt – die goldene innere Mitte. Mein Blick war vollkommen fest und mein Bewusstsein flackerte nicht. Es blieb wie der Strahl einer Taschenlampe auf ein eindeutiges Ziel gerichtet, das immer heller zu leuchten begann. Und plötzlich wurde mir die dreifache Bedeutung des Kreuzes bewusst. Es war zugleich Symbol der Beziehung zwischen göttlichem und menschlichem Bewusstsein, Symbol der dreidimensionalen Welt der Erscheinungen und Symbol des Leidens.

Meera weckte mich früh am nächsten Morgen und bat mich, angezogen herunterzukommen, wo Iman mich im Gebetsraum erwartete. Während ich mich neben sie hockte, zündete sie eine Kerze und Räucherstäbchen an. Ihre Augen waren geöffnet, doch ihr Blick war nach innen gerichtet. Iman stimmte das Abwun d'bwaschmaja an und ich erlebte ihre Hingabe und vollkommene Selbstvergessenheit aus nächster Nähe.

„Abwun d'bwaschmaja
Nethkadasch schmach
Tete malkuthach …"

Mein Herz dehnte sich aus, wurde weich, warm und leicht. Ein Gefühl des Glücks, ja, der Seligkeit erfasste mich. Hier wollte ich sein, diesen Gesang wollte ich hören. Und obwohl ich die aramäischen Worte nur einmal zuvor gehört hatte, versuchte ich, mit Iman zu singen. Ich begann leise und unsicher, doch allmählich erfasste ich die Töne und Laute. Meine Stimme wurde fester, sicherer und lauter, bis sie sich ganz mit Imans Gesang synchronisierte. Auch heute wiederholte sie das Gebet drei Mal und fiel anschließend in tiefes Schweigen. Der Raum war von reiner Liebe erfüllt – der Liebe des Menschen zum Göttlichen und der Liebe des Göttlichen zum Menschen – und ich fühlte mich wieder vollkommen angenommen und geliebt. Nicht von irgendwem oder irgendetwas, sondern von der Liebe selbst. Nun entzündete Iman erneut Räucherstäbchen, die sie vor dem Altar auf rituelle Weise schwenkte.

Draußen wurde es hell und die ersten Strahlen der Wintersonne, die durch das Fenster drangen, wärmten sogar ein wenig, als Iman sich erhob. Ich hatte jegliches Gefühl für die Zeit verloren. Wir verließen den Gebetsraum durch eine Tür zum Innenhof, wo Meera den Frühstückstisch gedeckt hatte.

„Setz dich, Ellen. Ich möchte dir meine Geschichte erzählen. Manchmal lernt man aus einer gelebten Geschichte mehr als aus tausend klugen Erklärungen und Ratschlägen. Ich habe nicht immer so gelebt wie heute, und ich bin dem Göttlichen nicht immer so nah gewesen, wie du vielleicht glaubst."

Sofort fiel mir der Traum der vorletzten Nacht ein. „Du kommst aus einem kleinen Dorf", sagte ich wie zu mir selbst.

„Ja, ich bin in einem Dorf in Marokko geboren. Meine Eltern waren arm und einfach. Ich bin nur wenige Jahre zur Schule gegangen, musste früh arbeiten und war damals sehr unglücklich. Ich konnte mir nicht vorstellen, dass das Leben so war, wie mir meine Eltern vorlebten, so leer, so gleichförmig und trist. In mir glühte ein Funke der Wissbegier, der mich Fragen stellen ließ, auf die niemand in meinem Dorf eine Antwort hatte. Manchmal saß ich stundenlang da und starrte vor mich hin, mein Geist leerte sich automatisch, aber ich spürte keine Liebe so wie heute. Als ich zwölf war, wurde meine Tante sehr krank. Der Dorfarzt konnte ihr nicht helfen und wir hatten kein Geld, um in der Stadt Hilfe zu holen. Meine Mutter schickte mich zu ihr, um nachts an ihrem Bett Wache zu halten. Ich hatte große Angst, dass sie stirbt. Doch als ich nachts an ihrem Bett saß, leerte mein Geist sich wieder vollständig, und füllte sich plötzlich mit Liebe und Licht, ebenso wie der Raum, in dem meine Tante lag. Am nächsten Tag war sie gesund. Sie stand einfach auf und tat dasselbe, was sie jeden Tag zuvor getan hatte. Ich hatte keine Ahnung, was geschehen war, und meine Familie behandelte mich nach diesem Ereignis immer schlechter, weil ich ihr plötzlich unheimlich war. Niemand sprach mit mir darüber, was in dieser Nacht wirklich geschehen war. Ich litt noch mehr und hatte nach diesem wundersamen Erlebnis nur noch mehr Fragen. Durch Zufall habe ich zwei Jahre später einen Sufimeister in Agadir kennengelernt. Er hat mir gezeigt, dass das, was ich als Fluch empfand, eine Gabe war, und mich mit mir selbst versöhnt."

Iman wurde blass, als sie zurückblickte. Ich verstand ihre Geschichte, denn mir war es ähnlich gegangen, wenn auch nicht so viele Jahre lang.

„Mit sechzehn wurde ich verheiratet und mein Mann zog mit mir nach Pakistan, nach Muzzaffarabad."

All das hatte ich im Traum gesehen, dachte ich aufgewühlt.

„Er war älter als ich, doch er liebte mich. Auch hier war ich zuerst sehr einsam, musste die neue Sprache lernen und begann dann in einem Krankenhaus zu arbeiten. Mein Sufi-Lehrer hatte mir prophezeit, dass ich in Kashmir einem weisen Hindu-Meister begegnen würde, der mich auf den Weg Issas führen werde. Als ich aus Marokko fortging, gab er mir dieses Medaillon."

Iman zog ein Lederband hervor, an dem ein silberner Davidstern mit einem Kreuz hing.

„Dieses Medaillon hat mich zu Dadaji nach Srinagar geführt. Er war mein Lehrer und er wird auch der Lehrer sein, der dich zur höchsten Wahrheit führt. Alles, was du bisher erlebt hast, war Teil der Vorbereitung und Reinigung deines Bewusstseins. Jetzt durchlebst du eine kritische Phase, an deren Ende du eine neue Stufe des Bewusstseins betreten wirst. Wenn dem Menschen bewusst wird, dass er einem anderen, einem höheren Willen unterworfen ist, muss sich das Ich einen neuen Platz und ein neues Selbstverständnis in der inneren Ordnung des Bewusstseins suchen, und diesen Platz einzunehmen fällt ihm nicht leicht. Es empfindet diese Notwendigkeit wie eine Erniedrigung, eine Kränkung oder Bedrohung. Doch jeder, der zur Einsicht bereit ist, wird mit einem Leben belohnt, von dem er nicht einmal zu träumen wagte. Diese Einsicht ist uns nur möglich, wenn wir das göttliche Selbst kennengelernt und sein Wirken in unserem Leben erfahren haben. Wir können erst den Unterschied zwischen Ich-Bewusstsein und Selbst erkennen, wenn wir erlebt haben, dass das Ich-Bewusstsein keine Macht und keine Kontrolle über das Leben hat. Die wirkliche Macht liegt in der Liebe und Bewusstheit des Selbst. Doch wie gewinnt man diese Liebe? Du hast bereits richtig erkannt, dass man sie nicht durch eine Handlung erwerben kann. Man muss zu ihr werden, muss sich von ihr durchdringen lassen und das erreicht man nur durch Hingabe, durch Loslassen. Hingabe und Loslassen aber können wir nicht machen oder erzwingen; sie sind keine aktiven, willentlichen Handlungen, aber sie sind auch keine passive Kapitulation. Sie geschehen automatisch, wenn wir Vertrauen in die höhere Macht haben, deren Willen wir nicht kennen, und uns ihr trotzdem öffnen. Wir müssen lernen, der göttlichen Liebe und dem göttlichen Willen unser ganzes Vertrauen zu schenken, denn nur das befreit uns von Verlangen und Angst. Und das ist eigentlich alles, was wir auf dem Pfad der Liebe zu lernen haben."

Ich dachte an Ian, dem im Moment meine ganze Sorge galt, und begehrte auf. „Wie kann man dem göttlichen Selbst vollkommen vertrauen, wenn es so viel Leid zulässt?"

Iman lächelte und sah in sich hinein. „Das ist die Frage, die jeder Suchende an diesem Punkt, wo du jetzt stehst, stellt und stellen muss. Es ist die letzte Frage, die das Ich-Bewusstsein stellen kann, bevor es überschritten wird, der letzte Rettungsanker des sinkenden Schiffes, das all unsere Illusionen geladen hat. Meine Aufgabe heute ist es, dir Vertrauen in die Liebe und die Führung des Selbst zu vermitteln, denn das Vertrauen ist die einzige Brücke, über die wir zur Selbsterkenntnis schreiten können. Wir müssen darauf vertrauen, dass das Selbst der einzige Handelnde ist und dass es alle Handlungen perfekt und nach einem göttlichen Plan ausführt. Wir müssen auch darauf vertrauen, dass dieser göttliche Plan gut und richtig ist. Nur er ist wirklich. Nur dann können wir aufhören, pausenlos nach dem zu greifen, was wir uns wünschen, und das von uns zu weisen, was wir ablehnen. Das ist der innere Kreuzweg – uns aus der horizontalen Erfahrungsebene in die Vertikale zu bewegen. Es gibt keinen anderen Weg."

Iman schaute mich lange an. Ich sah in den tiefsten Tiefen meines Bewusstseins, dass es tatsächlich dieses Vertrauen war, das dem Ich-Bewusstsein erlaubte, loszulassen und seine gesamte Erfahrungswelt, ja sogar seine Existenz in die Hände des Selbst zu legen. Imans Blick weckte mein Vertrauen, das in diesem Moment unerschütterlich war. Nie hatte ich mich geborgener gefühlt, nie freier, nie getragener und nie losgelöster. Das Vertrauen in das göttliche Selbst befreite von der gesamten Last des Eigenwillens und des eigenen Handelns, es erlöste vom Leid des Leidvermeidens. Wer dieses Vertrauen besaß, konnte angstlos alles geschehen lassen und jedes Geschehen wissend bezeugen.

„Solange du der Macht der Liebe noch nicht ganz vertraust, wirst du immer wieder Schwierigkeiten und Problemen begegnen. Keine Schwierigkeit ist unüberwindbar und kein Problem ist unlösbar. Sie sind unsere Wegweiser auf dem Pfad und zeigen uns, wo wir noch nicht loslassen können, wo uns Gottvertrauen und Hingabe fehlen. Die Überwindung jeder Schwierigkeit bedeutet einen weiteren Schritt zum Selbst. Es wird noch viele Situationen in deinem Leben geben, in denen du glauben wirst, das nötige Vertrauen niemals finden zu können. Doch wenn du bereit bist, alles in die Hände des Selbst zu legen, wird die Wahrheit sichtbar werden, die die Freiheit vom sterblichen Selbst bedeutet. Die Illusion des getrennten Ich-Bewusstseins kann sich auflösen. Aus Sicht des Ich-Bewusstseins besteht das Leben aus unzähligen Gegensätzen – aus Freude und Leid, Krankheit und Gesundheit, Krieg und Frieden, Reichtum und Armut, Glück und Unglück und vielen anderen mehr. Das Ich-Bewusstsein glaubt, Leid durch Erringen von Freude besiegen zu müssen, Krankheit durch Erlangung von Gesundheit, Krieg durch ewigen Frieden, Armut durch Reichtum und Unglück durch Glück. Doch wer dieses Spiel zu spielen beginnt, versinkt im Sumpf der Illusion, die die Gegensätze erzeugen und aufrechterhalten. Die menschliche Natur ist heil, sie muss nicht Krankheit überwinden, um gesund zu werden. Die menschliche Natur ist selig, sie muss nicht nach Freude streben, um Leid zu überwinden. Die menschliche Natur ist Fülle, sie muss nicht durch Reichtum die Armut überwinden. Die menschliche Natur ist im Fluss mit allem, sie muss durch Glück kein Unglück besiegen. Die Gegensätze sind nur ein Spiel, das das Ich mit sich selbst spielt, sie berühren das Selbst nicht. Nur die Erkenntnis dieser Natur befreit uns von den Gezeiten der Gegensätze."

„Manchmal ist das Selbst so nah. Dann spüre ich die Liebe so deutlich. Ich spüre so etwas wie Zeitlosigkeit und Wahrheit. Dann wird das Bewusstsein ganz klar und mein Herz wird leicht und weit. Oft erlebe ich mich als Beobachter aller Ereignisse, als Zuschauer, der handelt ohne zu handeln. Völlig absichtslos geschieht alles um mich herum nach einem klaren, starken inneren Plan scheinbar ohne Ursache. All das erscheint mir aber im nächsten Moment so paradox, so unvorstellbar, dass ich es fast nicht mehr glauben kann. Wie kann man auf etwas vertrauen, das so wenig greifbar ist wie das Selbst, von dem du sprichst?"

Iman lachte laut und ihre Augen blitzten. „Das ist eine hervorragende Frage. Sie spiegelt exakt das Dilemma, in dem sich das menschliche Bewusstsein befindet. Soll es sich lieber auf Altbewährtes, auf Sichtbares, Greifbares, stützen oder das Neue, das Unsichtbare, das Nicht-Greifbare als Existenzgrundlage akzeptieren? Je weniger wir über diese Frage nachdenken, desto leichter wird es uns fallen, dem

Transzendenten zu folgen. Erst dadurch wird es täglich sichtbarer, obwohl es nie greifbar werden wird. Wir können nur nach Objekten der Wahrnehmung greifen – und selbst das ist völlig sinnlos –, aber niemals nach der Grundlage der Wahrnehmung, nach Bewusstsein."

Es war zehn Uhr, als wir unser Frühstück beendeten.

„Wenn du jetzt zu Ian fährst, wird sich zeigen, ob du die Lektionen der letzten Tage verinnerlicht hast, oder ob du sie nur mit dem Verstand aufgenommen hast. Wenn es heute für deinen Freund eine Lösung gibt, dann nur, weil sich in dir ein Knoten gelöst hat. Der Knoten der Anhaftung. Dann beginnt der Irrtum, Sucht und Leid durch Kampf besiegen zu müssen, sich aufzulösen. Das wird nur möglich sein, wenn du in deinem Herzen siehst, dass dein Freund jenseits des Ich-Bewusstseins und des Suchtmusters noch immer heil ist und immer heil war. Er ist kein Kranker, der gesund werden muss, sondern Bewusstsein, das sich mit Schmerz und Sucht identifiziert. Das höhere Selbst ist vom Leiden, vom Leben und vom Sterben unberührt. Geh mit der Gewissheit, dass dir diese Einsicht heute nach deinen Erfahrungen der letzten Tage möglich ist."

Mir liefen dicke, warme Tränen über die Wangen und als ich Iman hilfesuchend ansah, spürte ich für einen Moment, wie tief *sie* losgelassen hatte, wie wenig sie festhielt und was das wirklich bedeutete. Iman wollte nichts und sie wollte nichts nicht. Und so eigenartig es klingen mag, erst da machten ihre Worte der letzten Tag und Stunden für mich Sinn. Erst als ich fühlte, was Wollen und Nicht-Wollen im Gegensatz zum Loslassen, zum vertrauensvollen Geschehenlassen wirklich bedeuteten, begriff ich, was mich das Leben hier bei meinem letzten Aufenthalt in Muzzaffarabad lehrte.

Ängstlich näherte ich mich dem Zelt, in dem Ian lag, mit dem unheimlichen Gefühl, mir selbst auf einer Ebene, die bis gestern für mich gänzlich unsichtbar gewesen war, gegenüberzutreten. Ian saß aufrecht im Bett und las die Tageszeitung, als ich eintrat. Sein Gesicht war grün und blau und noch immer dick geschwollen. Er hörte mich nicht und so hatte ich einige Sekunden Zeit, ihn mit dem inneren Auge zu betrachten. Was siehst du?, fragte ich mich, aufrichtig bereit, alles zu akzeptieren, was ich zu sehen bekam. Ich sah einen Ian, der sich für ein Glas Whiskey geprügelt hatte; einen Ian, der mich hasste, weil ich versucht hatte, ihm zu erklären, dass er süchtig war, und ihn vom Trinken abzuhalten; für den ein Glas Scotch wichtiger war als alles andere, wichtiger sogar als seine Würde. Ich sah einen Mann, der schwach war und es nicht zugeben wollte, der litt und nicht leiden wollte, der vollkommen die Kontrolle über seine Emotionen und seinen Durst verloren hatte. All diese Facetten von Ian erfasste ich in weniger als einer Minute, bevor er von seiner Zeitung aufsah und unsere Blicke sich trafen. Ich sah sie vorurteilslos und ohne den Wunsch, sie zu verändern. Ich sah Ians inneren emotionalen Zustand absolut frei von Impulsen der Verdrängung, der Kompensation oder der Gegenwehr. Vollkommen klar nahm ich seinen gegenwärtigen Zustand wahr und es kam mir nicht einmal in den Sinn, mir vorzustellen, dass ich mir für Morgen etwas Besseres oder etwas anderes für ihn wünschte. Ich blickte auf Ian und mich aus einem Blickwinkel jenseits von Beurteilung und jenseits von Zeit, und als ich das erkannte, öffnete sich das Tor zum Selbst automatisch. Ich erlebte mich wieder als völlig neutralen Zeugen aller Ereignisse und spürte, dass wie von Iman prophezeit, ein Knoten in meinem Bewusstsein platzte. In diesem Augenblick war ich frei von Verlangen und Widerstand gegen Ians Verhalten und ich nahm wahr, dass das auch die Freiheit vom Eigenwillen bedeutete. Nur in diesem Bewusstseinszustand sah ich mich in der Lage, alles zu akzeptieren, was geschah. Nur in diesem Bewusstseinszustand war es möglich, einen höheren Willen zu erkennen und geschehen zu lassen. Für den Bruchteil einer Sekunde war der Raum der Erfahrungen leer. Und in dieser Leere manifestierte sich die Kraft des Selbst völlig spontan und automatisch.

Ian sah mich noch immer an. Er wirkte überrascht. Dann las ich Erleichterung in seinem Blick. Entspannung. Hatte er in den letzten Tagen wie eine von dem Suchtmuster gelenkte Marionette gewirkt, erschien er mir plötzlich ganz klar und frisch. Langsam und sehr bewusst faltete er die Zeitung und legte sie auf seinen Nachttisch. „Jetzt mache ich diesen verdammten Job schon so lange, doch ich kapier' erst heute, dass ich gar nicht für ihn geeignet bin."

Ian sprach wieder mit der einst so typischen humorigen Distanz zu sich selbst. Ich schwieg noch immer in dem Bewusstsein, der Zeuge aller Ereignisse zu sein, ohne irgendetwas zu erwarten – weder von Ian noch von mir.

„Ich habe mich die ganze Zeit so schuldig gefühlt, weil ich den Leuten hier nicht helfen konnte und weil ich einfach nicht ohne Drinks und Tabletten funktioniert habe."

Ian hatte auch Tabletten genommen! Das war ein kleiner Schock für mich. Doch auch diese Schockwelle, die durch mein Nervensystem brandete, nahm ich unbeteiligt wahr. Sie zwang mich nicht zum Bewerten oder Gegensteuern, weil ich fest im Beobachten gegründet war.

„Ich wollte das nicht, aber ich konnte es einfach nicht lassen." Ians Hände zitterten und er schob sie unter seine Decke, um das Zittern vor mir zu verstecken.

Als Ian das sagte, wurde mir klar, dass diese Erfahrung, dieses Gefühl, etwas nicht zu wollen und es trotzdem nicht lassen zu können, für jeden Menschen die Hölle war. Es war die Hölle, wenn einem die Kontrolle über das eigene Leben entglitt. Doch heute wusste ich noch mehr: Es war bereits die Hölle, wenn man glaubte, das Leben kontrollieren zu können und kontrollieren zu müssen.

Victor betrat das Zelt gut gelaunt. „Guten Morgen, ihr beiden!" Ich nickte stumm.

„Ich habe gerade mit Melbourne telefoniert, Ian. Nächste Woche wird ein Platz frei", berichtete Victor.

„Gott sei Dank, ich dachte schon, ich müsste ewig in diesem verdammten Zeltlager Urlaub machen." Ian lachte. Es war ein befreites, herzhaftes Lachen.

„Hast du es Ellen schon erzählt?" fragte Victor.

„Nein. Wir haben über alles Mögliche geredet." Ian zwinkerte mir zu. Ich hatte seit dem Betreten seines Zimmers kein Wort gesagt.

„Ich werde in Melbourne eine Entziehungskur machen. Ich kann und ich will so nicht weitermachen." Der große, starke Ian weinte.

Ich stand auf und küsste ihn sehr zart und sanft auf die geprügelte Wange. Und dann verließ ich sein Zelt, ohne etwas zu sagen und ohne mich noch einmal umzudrehen.

Einundzwanzigstes Kapitel

Der Helikopter, der mich nach Srinagar zurückbrachte, stand bereits auf dem Landeplatz, als ich nach einem kurzen Abschied von Victor und Schwester Baquiya hinaus in die Mittagssonne trat. Als die Maschine abhob, hatte ich das Gefühl, ein wichtiges Kapitel meiner inneren Entwicklung abgeschlossen zu haben. Ich hatte die Allmacht des höchsten Bewusstseins erkannt und akzeptiert, obwohl ich sie als persönliche Ohnmacht erfahren musste, die mir die schlimmsten Ängste und Kämpfe meines Lebens bewusst gemacht hatte. Ich hatte nicht resigniert oder kapituliert, sondern begriffen, dass Hingabe etwas ganz anderes war als Aufgabe.

Als ich an diesem Abend mit Parham auf seiner Vespa nach Hause fuhr, erzählte ich ihm davon, dass Victor nicht ein Wort darüber verloren hatte, dass Parham inzwischen offiziell für DoctorsAid arbeitete.

„Jeder Tag ist neu. Jede Situation ist neu. Heute ist es richtig, dass ich an deiner Seite bin!"

Wir kletterten hintereinander über den Steg auf sein Boot. In diesem Moment war ich vollkommen glücklich. Das war mein Zuhause – diese Stadt, dieses Boot, dieser Mann, diese Menschen. Nirgendwo auf der Welt gab es für mich einen vergleichbaren Ort, dachte ich und wünschte gleichzeitig, dieses Gefühl, diese Erfahrung, jedem beschreiben zu können, allen Kollegen, allen Freunden, Ian und Niki, einfach jedem, der ein Leben lebte, in dem er nicht vollkommen zu Hause war.

„Ich wünschte, ich könnte jedem dieses Gefühl beschreiben, wenn man weiß, dass man dort ist, wohin man gehört, wo man wirklich ist", hörte ich mich zu Parham sagen, während er die Tür aufschloss.

Er hielt kurz in der Bewegung inne, um mich anzusehen. „Diesen Wunsch haben wir alle, jedem die Wahrheit zu zeigen; jedem zu zeigen, wie das menschliche Leben sein kann, wie es wirklich ist. Dadaji kennt diesen Wunsch, deshalb ist sein Haus für jeden Suchenden geöffnet. Ich kenne diesen Wunsch, deshalb gehe ich zu jedem, der Heilung sucht. Doch wir können nicht durch Worte und Beschreibungen vermitteln, was in der menschlichen Seele verborgen liegt. Der Schleier der *Maya* ist oftmals dicht und undurchsichtig und wird von Worten nicht durchdrungen und schon gar nicht aufgelöst."

Parham machte Licht. Auf dem Hausboot war es herrlich warm und es roch nach starkem Räucherwerk.

„Setz dich! Ich mache uns erst mal einen Chai."

Ich setzte mich auf den Diwan, auf den Platz, von dem ich durch das Backbordfenster auf den See blicken konnte, und deckte mich ein wenig zu. Draußen flammten die Lichter der Boote und der Stadt wie tanzende Glühwürmchen über einer Sommerwiese auf. Das Plätschern des Wassers beruhigte wie immer und ich ergab mich seiner entspannenden Wirkung. In der Küche klapperte Parham mit den Töpfen. Schon nach kurzer Zeit drang ein süßer Duft nach Nelken, Zimt, Anis und Kardamom herüber. Als Parham mit dem heißen Tee zurückkam, führte er unser Gespräch dort fort, wo wir es unterbrochen hatten.

„Wer nur Augen für Entbehrung, Schmerz und Leid hat, will nicht hören, dass das Leben ganz anders ist, dass seine Entbehrung, sein Schmerz und sein Leid nur auf seiner Blindheit und auf seinem eigenen Glauben beruhen und nicht auf der Grausamkeit Gottes. Für viele Menschen ist Gott nichts als ein Sündenbock."

Der Tee wärmte meine Hände und sein Duft belebte meine Sinne. Parham fuhr langsam und nachdenklich fort. „Wenn wir einem solchen Menschen von unserem Leben berichteten, würde er es nicht verstehen. Er könnte es niemals für möglich halten, dass auch er so leben kann, dass auch sein Leben eigentlich so ist und er eine Illusion für die Wahrheit hält. Er würde *unser* Leben und das Göttliche für eine Illusion halten – glauben, dass wir ihn in seinem Leid verhöhnen. Bestenfalls würde er uns beneiden. Ein Leidender, der tief in seinem Leid verstrickt ist, kann nicht glauben, dass es einen Zustand jenseits von Freude und Leid gibt. Er kann nicht glauben, dass es einen Schöpfer gibt, der für jedes Bedürfnis Sorge trägt. Er kann nicht glauben, dass das Selbst gütig und barmherzig ist. Selbst wenn er sich einen solchen Gott wünscht, wird er ihm doch nie begegnen, weil sein Glaube an das Leid stärker ist als sein Glaube an die schützende und nährende Kraft des göttlichen Selbst."

Parham sah mich ernst an und setzte sich mir gegenüber auf das Sofa.

„Hier in Srinagar leben hauptsächlich Hindus und Muslime. Beide Gruppen sind sehr von ihrer Religion geprägt, ihr Alltag ebenso wie ihr Denken und Handeln. Für viele Hindus besteht der Kern ihres Glaubens darin, sich dem Schicksal vollkommen zu ergeben, nicht aufzubegehren und alles, was geschieht, als den Willen Gottes anzunehmen. Sie sind schicksalsgläubig und wenn man es negativ ausdrücken will, könnte man sagen, sie haben bereits resigniert, bevor ihr Leben auch nur begonnen hat. Alle schlechten Erfahrungen sind für sie Gottes Wille. Der Gedanke, dass Gott das Leid bringt und sie es annehmen müssen, ist oftmals der einzige Trost in ihrem Leben. Sie könnten es nicht ertragen, einsehen zu müssen, dass *sie* sich von Gott getrennt haben und dass diese Trennung das Leid in ihrem Leben bewirkt, dass nicht Gottes Wille Ursache des Leidens ist, sondern die Trennung des menschlichen Eigenwillens vom göttlichen Willen. Deshalb finden diese Gläubigen niemals den Weg zurück zum göttlichen Willen und zu Gott. Sie glauben ja, ihn längst erkannt und seinen Willen akzeptiert zu haben."

Ich hörte Parham aufmerksam zu. Seine Worte zeichneten ein sehr klares Bild in meinem Bewusstsein. „Und die Muslime?", fragte ich. „Wie siehst du ihre religiöse Prägung?"

„Wir Moslems sehen uns einem sehr strengen Gottvater gegenüber, der viele Regeln aufgestellt hat, nach denen wir leben müssen, um Seinem Willen gerecht zu werden. Unser Gott ist ein moralischer und deshalb vor allem ein richtender Gott. Vielmehr als ein Schöpfer ist er ein Vater, der von seinen Kindern unbedingten Gehorsam verlangt und vor Strafe nicht zurückschreckt. Doch keines seiner Kinder ist in der Lage, diesen Gehorsam perfekt zu üben. So fühlen wir uns alle immer sündig, immer schuldig. Insofern ist unsere innere Welt der Welt der Katholiken nicht unähnlich. Der Gott des Islam und seiner religiösen Gesetzgebung zeigt nur selten sein gütiges, gnädiges

Gesicht, weil er von dem Gottesbild seiner Anhänger verzerrt ist. Ihr Bild ist eine Über-Ich-Projektion. Allah ist unser Gewissen. Sein Wille besteht für uns aus einer unüberschaubaren Anzahl von Ge- und Verboten. Doch dabei lernen wir nur eines: unsere Wünsche und Triebe, unser Verlangen, unsere Begierden zu unterdrücken, alle leidenschaftlichen, lebensbejahenden Impulse zu kontrollieren. Statt den natürlichen Regungen der Persönlichkeit zu folgen, schaffen wir eine künstliche Persönlichkeit der perfekten Moral, die alle Triebe, Bedürfnisse und Affekte völlig verdrängt. So leben wir in ständiger Angst vor Verfehlungen. Das ist auch der Grund dafür, dass die Frau in unserer Gesellschaft noch immer unterdrückt wird. Unser Gottesbild ist ein männliches und die Sexualität ist Opfer unseres moralischen Gehorsams gegenüber einem übermenschlichen Patriarchen. Deshalb ist das Objekt der Begierde in unserer männlich dominierten Gesellschaft ebenfalls das Opfer unseres moralischen Gehorsams. Weil der Schattenaspekt der Persönlichkeit, das Wollen und das Nehmen, die Aggression, durch das Über-Ich vollkommen verdrängt ist und immer wieder auf einen äußeren Feind projiziert wird, liegt in den islamischen Ländern ein solches Konfliktpotenzial verborgen. Deshalb gibt es dort so viele Selbstmorde, Selbstverbrennungen und Selbstmordattentäter, weil die verdrängte Aggression gegen das eigene Ich gerichtet wird, statt sie zu erkennen und in die größere, ganzheitliche Persönlichkeit zu integrieren und so die Projektion auf die Außenwelt zum eigenen Mittelpunkt der Wahrnehmung zurückzuholen."

Parhams Worte schockierten mich. Er aber stand ganz ruhig auf, um in der Küche das Essen zu holen, und ließ mich mit den Bildern zurück, die sich auf die Leinwand meines inneren Bewusstseins gezeichnet hatten. Ich versuchte zu verstehen, wie es geschehen konnte, dass das form- und bildlose Göttliche, im Bewusstsein des von ihm Geschaffenen so verzerrte Formen annahm. Was geschah mit dem menschlichen Bewusstsein, dass es seine Quelle und seinen Ursprung nicht mehr erkennen konnte? War all das im Verlauf der Jahrtausende, der Zeitalter und Äonen geschehen, oder lag auch die Ursache für diese Verzerrung nicht in der Zeit begründet, sondern jenseits davon?

Parham brachte viele kleine Schüsselchen mit kalten und aufgewärmten Speisen und zahlreiche knusprige, warme Fladenbrote. „Ich habe schon heute Morgen etwas für uns vorbereitet", sagte er fast entschuldigend lächelnd.

„Ich habe in Muzzaffarabad übrigens bei Iman gewohnt", erzählte ich während des Essens. „Sie hat mir erzählt, wie sie nach Kashmir gekommen ist und dass Dadaji sie auf dem Weg Issas geführt habe."

„Dadaji ist auch in meinem Leben der wichtigste Mensch. Die Begegnung mit ihm hat mich aus einer tiefen Depression befreit, als ich nach Kashmir kam. Erinnerst du dich? Ich habe dir davon erzählt."

Ich nickte stumm.

„Er hat mir das Leben gerettet." Parham schluckte schwer.

Mein Herz hörte für einen Augenblick auf zu schlagen. Dann raste es wie ein wildes aufgescheuchtes Pferd im Galopp. „Als wir das erste Mal über diese Phase in deinem Leben gesprochen haben, hast du gesagt, du habest nicht aufgegeben. Du hast gesagt, du habest in dieser hoffnungslosen Zeit gelernt, das Leben anders zu betrachten."

Ich sah die Szene in allen Einzelheiten vor meinem inneren Auge, hörte unsere Worte mit meinen eigenen Ohren, als würden sie erst hier und jetzt gesprochen.

„Ich spreche nicht gerne darüber, wie tief meine Hoffnungslosigkeit wirklich war. Selbst in der Erinnerung ist dieser Bereich der dunkelste meiner Seele. Ich war damals wie gelähmt, konnte so einfach nicht mehr leben. An einem Morgen im Winter war der Schmerz so groß, dass ich einfach in die Berge gewandert bin – mit leichter Kleidung, ohne Essen und ohne Wasser. Ich bin von Muzzaffarabad entlang des Flusses immer höher in die schneebedeckten Berge geklettert, habe keine Kälte, keinen Hunger, keinen Durst und keine Erschöpfung gespürt. Ich wollte einfach laufen – vor mir selbst, dem Schmerz und dem Elend, das ich war, davonlaufen. Irgendwann bin ich total erschöpft in den Schnee gefallen und nicht mehr aufgestanden. Es tat so gut, so müde einfach dazuliegen. Für einen Moment war der Schmerz fort und mich überkam ein sagenhaftes Hochgefühl, die täuschende Euphorie, die man erlebt, wenn man seelischen Schmerz mit körperlichem zu bekämpfen versucht. Als ich wieder zu mir kam, lag ich in Imans Haus. Sie beugte gerade ihr Gesicht über mich und wusch mich mit lauwarmem Rosenwasser. Ich hatte eine Nierenbecken- und eine schwere Lungenentzündung."

Parham stand auf und ging hinaus an Deck. Unter Deck hinterließ er das Gefühl des Schmerzes, das er damals erlebt und das ihn fast das Leben gekostet hatte. Als ich ihm einige Minuten später in die kalte klare Nacht folgte, stand er am Bug des Hausbootes und sah auf das Wasser, das sich zu dieser Nachtzeit kaum bewegte. Weit in der Ferne oberhalb des Sees leuchteten die Lichter des Shankaracharya Hills wie zur Erinnerung an das höchste Bewusstsein, das dort in Form des Shivalingam stets über allem wachte. Ich berührte Parham sanft. Er nahm meine Hand und zog mich in seine Arme.

„Ich kann mich bis heute nicht erinnern, wie ich damals gefunden und gerettet worden bin", flüsterte er leise in mein Ohr, während er mich mit beiden Armen fest an sich drückte. Ein Schauer lief mir über den Rücken.

„Mir ist kalt, lass uns wieder reingehen", bat ich.

Parham führte mich an der Hand unter Deck, schenkte uns neuen heißen Chai nach und legte sich dann mit mir auf den Diwan unter die Decke.

„Alles ist möglich, Ellen. Alles, was der Mensch sich in seinen kühnsten Träumen erträumt. Im Bewusstsein des Menschen liegen Myriaden von Möglichkeiten. Wer das eine Gesetz, das Gesetz der Liebe begreift und immer anwendet, erfährt keine Grenzen, weder physische noch intellektuelle, weder emotionale noch mentale. Das ist die wichtigste Lektion, die ich von Dadaji gelernt habe."

Die Berührung mit Parham war noch immer intensiv, elektrisierend, energetisierend. Ich spürte jede Stelle, an der sich unsere Körper berührten wie energiegeladene Punkte. Mein Herz war weit und weich und in gleichem Maße, in dem ich mich schutzlos fühlte, fühlte ich mich geborgen. Dieser Zustand schien ein unbeschreibliches Nichts zu sein, Weite, Leere, Unendlichkeit. Fast war mir, als hätte sich jegliche Form, jegliche Schöpfung für einen zeitlosen Moment aufgelöst, doch gleichzeitig spürte ich das Potenzial des Sichtbarwerdens der Form wie ein starkes energetisches Feld, das nach Manifestation zu verlangen schien. Ich war Zeuge dieses Prozesses und doch war ich selbst auch sein Produkt und als solches staunte ich über die Kraft der Liebe, die es möglich machte, dass das menschliche

Bewusstsein sich seiner Quelle und seinem Ursprung nähern, dass es Zeuge des Nicht-Manifesten wie des Manifesten werden konnte, Zeuge des Potenzials wie des Existenten. Mir war, als erhielte ich eine Initiation, eine Einweihung in das Geheimnis des Lebens, des Seins, Entstehens, Werdens und Vergehens. Mein Herz begann aufgeregt zu schlagen und ich erwachte aus dem meditativen Halbschlaf. Parham schlief jetzt tief und fest neben mir. Ich löste mich aus seiner Umarmung und kletterte von dem Diwan. Ich griff nach der erstbesten warmen Jacke, die ich fand, und warf sie über. Schnell zog ich noch Schuhe an und lief dann an Deck, hinaus an die kalte Luft, hinein in die Dunkelheit der kaschmirischen Nacht.

Ich saß an Deck in der Kälte, doch diesmal fror ich nicht. Ich zog die Beine unter der weiten Trekkingjacke fest an mich heran und blickte auf den See und in den Himmel, doch eigentlich sah ich in mich hinein, hinein in das Bewusstsein, aus dem all dies hervorging, der See, die Berge, die Stadt, die Menschen, die Luft, der Himmel, Parham, ich ... Was ich sah, erinnerte mich ein bisschen an die Erfahrung des Aufwachens nach einem sehr intensiven Traum. Wenn ich in diesem Moment ganz bewusst war, spürte ich, wie die Bilder des Traumes im Bewusstsein auftauchten und sich zu assoziativen Ketten zusammenfügten. Ebenso geschah es mit den Bildern und Erlebnissen des Wachbewusstseins. Doch sie entstanden in einem größeren Bewusstsein als dem Bewusstsein des Ichs, das die Träume der Nacht möglich machte.

Ich saß die ganze Nacht dort und bezeugte staunend den Prozess, der bis zum Morgengrauen andauerte. Immer wieder erlebte ich Leere, Nichts, reines formloses Bewusstsein und dann wieder die Entstehung von Formen, Bildern, Gedanken, Gefühlen, deren Bestehen und deren Auflösung. Erst als die Stadt um mich herum langsam zum Leben erwachte, zog mein Bewusstsein sich für einen zeitlosen Moment gänzlich in die Leere, den nicht-manifesten Zustand zurück und verweilte dort, wo es nicht einmal das Gefühl der Seligkeit, das ich das ein oder andere Mal in der Meditation erfahren hatte, gab.

Zweiundzwanzigstes Kapitel

Parham wurde vom Duft des Kaffees geweckt, den ich wie Iman mit Kardamom aufgebrüht hatte. Als er mich in der Küche fand, sagte er leise und fast ehrfürchtig: „Das war eine besondere Nacht. Ich war im Schlaf hellwach und habe sehr intensiv von Dadaji geträumt." Er kannte diesen Schlaf, der kein Schlaf und doch kein Wachzustand war, also auch; diese Träume, die realistischer wirkten als die Realität, realistischer als jede Erfahrung im Wachbewusstsein.

„Ja, auch für mich war es eine besondere Nacht."

Noch vor sieben saßen wir auf der Vespa und fuhren in Richtung Kaserne. Es herrschte reger Verkehr, emsiges Treiben. Der Muezzin rief zum Gebet.

„Allahu akbar,
aschhadu an la ilaha ha llah,
aschhadu anna muhammada-rasuln-llah,
hajja 'ala-salah,
hajja 'ala-l-falah,
Allahu akbar,
la ilaha illa llah."

An einer Ampel staute sich der Verkehr und Parham wollte gerade die Schlange rechts überholen, als wir ein lautes Tosen und Krachen hörten. Kurz darauf erfasste uns eine gewaltige Druckwelle und es wurde glühend heiß. Ich hörte Schreie und sah Staubwolken und Flammen zwischen den Autos aufsteigen. Reflexartig riss ich meinen rechten Arm vor die Augen. Es roch nach Benzin und verbranntem Fleisch. Kurz hinter der Ampelkreuzung brannte etwas und die Menschen liefen schreiend und panisch durcheinander. Parham fuhr auf den Bürgersteig und sprang von der Vespa. Ich folgte ihm automatisch, ohne nachzudenken, doch mit höchster Achtsamkeit. Instinktiv liefen wir in Richtung Feuer. Wir hatten keine Ausrüstung dabei, doch als Arzt ist man immer bereit zu helfen. Als wir uns dem Brand näherten, sah ich, dass mehrere Autos und ein Bus brannten. Aus dem Bus kamen markerschütternde Schreie. Parham lief viel schneller als ich, und ich fürchtete, ihn aus den Augen zu verlieren. Atemlos erreichten wir die Unfallstelle. Es brannten so viele Autos und umliegende Geschäfte eines Markets, dass ich langsam begriff, dass das kein Unfall gewesen sein konnte. Die Menschen schrien noch immer wild durcheinander. Ich hatte noch nie ein solches Chaos erlebt. Doch ich war völlig ruhig und bewusst. Parham sah sich um und begriff sehr schnell, was hier geschehen war, wie viele Autos, Geschäfte und vor allem wie viele Menschen lichterloh brannten. Seine Aufmerksamkeit konzentrierte sich auf den Bus und auf zwei der Geschäfte unmittelbar hinter der Ampel.

Ruhig sagte er zu mir: „Das war eine Bombe. Wahrscheinlich in zwei der PKW dort vorne. Siehst du, Ellen? Im Bus sind Leute gefangen. Ich werde versuchen hineinzukommen. Dort in den Geschäften sind einige Frauen und auch mehrere Kinder. Traust du dich hinein?"

„In das Feuer?", fragte ich tonlos.

„Wir müssen sie da rausholen, Ellen. Du kannst das."

„Wie zum Teufel soll ich das können?! Ich bin kein Fakir." Ich spürte Panik in mir. Es kam auf jede Sekunde an.

„Ellen, das ist unsere Aufgabe. Es ist kein Zufall, dass wir hier sind. Du kannst das."

Schon war er fort und lief in den Qualm. Ich hielt ihn für lebensmüde. Doch seine Worte wirkten. Sie stärkten mein Wissen um meine persönliche Aufgabe und mein Vertrauen in das Selbst, die Gewissheit, dass ich nichts zu fürchten brauchte, wenn ich bewusst handelte und mich nicht in Verlangen und Angst verlor. Ich lief zu den Läden hinüber und sah hinein. Es brannte im vorderen Teil, dahinter hatte sich starker Rauch entwickelt. Die Explosion hatte die Fenster zerschlagen und einige Gasflaschen entzündet, die vor einem der Läden verkauft wurden. Ich hörte die Schreie von mindestens drei Frauen und vier Kindern. „Das ist irre", dachte ich. „Es ist vollkommen irre." Der Mann, der mich liebte, schickte mich in diese Feuerhölle und ich tat, was er sagte, weil ich ihm und seinem Urteil blind vertraute. Ich hielt mir einen Ärmel vor Mund und Nase und näherte mich den brennenden Häusern.

„Was soll ich tun?", rief es in mir in die innere Leere. Plötzlich war ein Mann neben mir. Er stieß die Tür mit dem Deckel einer alten Mülltonne auf, hielt sich den Deckel wie einen Schutzschild vor den Körper und lief durch die Flammen hinein in das Inferno. Ich folgte ihm, ohne nachzudenken und ohne Schutzschild. Die Kunstfasern meiner Trekkingjacke waren extrem brennbar. Drinnen konnte ich nicht viel sehen, doch ich hörte die Stimmen der weinenden Frauen und der schreienden Kinder, und dann fanden wir sie, blutüberströmt in der Nähe der Verkaufstheke. Die Frauen hatten sich über die Kinder geworfen und waren dabei schwer von dem zersplitterten Glas der Fenster verletzt worden. Noch ein weiterer Mann war inzwischen bei uns. Die Männer trugen eine Frau nach der anderen heraus. Ich griff nach zwei Kindern, trug sie hinaus, nur um direkt wieder hineinzulaufen und nach zwei weiteren Kindern zu greifen. Dann lief ich in den nächsten Laden, mutiger diesmal. In mir rief es noch immer: „Was soll ich tun?" Da entdeckte ich einen schwer verletzten Mann, sein Bein war bei der Explosion in zwei Stücke gerissen worden. Er zeigte auf einen hinteren Raum und ich lief weiter, nur um dort eine Frau und zwei weitere, größere Kinder zu finden. Es blieb mir keine Zeit, ihre Verletzungen zu beurteilen. Ich riss die Kinder an mich und stützte die Frau, die es irgendwie schaffte, mit mir hinauszuhumpeln. Inzwischen waren andere bei dem Mann und brachten ihn hinaus auf die Straße, wo immer mehr Verletzte und mindestens zehn Tote lagen.

Ich war noch immer vollkommen ruhig und im Fluss, und ich hatte übermenschliche Kraft. Nie wäre ich sonst in der Lage gewesen, zwei Kinder im Alter von fünf oder sechs Jahren gleichzeitig durch beißend giftigen Rauch zu tragen und ihre schwer verletzte Mutter zu stützen. Ohne zu denken, tat ich, was getan werden musste, und mein Herz war inmitten all dieses körperlichen und seelischen Leids vollkommen in Frieden. Fast war mir die innere Stille, die mich ausfüllte, unheimlich. Sie war stärker als die Schmerzens- und Verzweiflungsschreie, die mein Ohr erreichten.

Ich suchte nach Parham und sah ihn bei dem Bus. Er brachte sehr langsam und so bewusst wie immer viele der Leute heraus, obwohl der hintere Teil des Busses bereits lichterloh brannte. Dann rief jemand sehr laut, fast kreischend. Die Menschen liefen wieder in alle Richtungen davon oder warfen sich auf den Boden, als ein Teil des Busses explodierte und die Flammen noch höher schlugen. Kurz flammte die Angst wieder in mir auf, doch da spürte ich eine Berührung am Arm. Parham stand neben mir, rauchschwarz im Gesicht und mit einer Aura der Ordnung und Sicherheit.

Erst jetzt erreichten uns Feuerwehr und die ersten Rettungsfahrzeuge. Parham und ich liefen zu den Sanitätern und halfen bei der Erstversorgung. Die meisten, die die Explosion überlebt hatten, hatten schwere Brandwunden und Schnittverletzungen. Von den dreißig Schwerverletzten wurden sieben in unser Nothospital gebracht. Wir fuhren mit dem letzten Einsatzwagen. Unsere Vespa war der Explosion zum Opfer gefallen.

Im Nothospital hatte Martin bereits alles vorbereitet. Die meisten Verletzten hatten Verbrennungen zweiten bis dritten Grades und starke Rauchvergiftungen. Zwei von ihnen schwebten in Lebensgefahr. Ungefähr vierzig Prozent ihrer Haut waren bis in die Unterhaut verbrannt – vor allem im Gesicht, an Armen und Beinen. Das Kleid einer Frau hatte Feuer gefangen und der Stoff war mit der Haut auf ihrem Rücken fast vollständig verschmolzen.

„Wir brauchen zwei Teams", sagte Martin, als wir mit den Verletzten in die Klinik kamen. „Könnt ihr operieren?" Er sah Parham und mich an. Wir sahen schrecklich aus, wurde mir da erst bewusst.

„Ja!", sagte Parham und ich nickte.

„Dann los!"

Es war bereits dunkel, als wir uns das erste Mal hinsetzten und etwas aßen. Alle Patienten waren erstversorgt und die Nacht würde zeigen, ob oder welche Verletzungen tödlich waren. Die beiden Schwerverletzten waren noch nicht außer Lebensgefahr, sie lagen im künstlichen Koma.

Ich saß schweigend im Gemeinschaftsraum, hielt einen Chai in der Hand und aß appetitlos ein Sandwich. Ich war noch immer vollkommen ruhig und auf das Notwendige konzentriert. Martin saß abgekämpft und erschöpft neben mir.

Plötzlich sah Martin mich an. „Ellen, hast du den ganzen Tag mit dem Arm gearbeitet!?"

„Mit welchem Arm? Was ist damit?“

„Das ist eine schwere Verbrennung, Ellen.“ Er fühlte meine Stirn und legte mich auf die alte Couch, die im Gemeinschaftsraum stand. Ich ließ es geschehen, irgendwie müde, kraftlos. Martin reinigte, desinfizierte und behandelte die Wunde. „Wie ist denn das passiert?“, fragte er besorgt und mit einem Anflug von Verständnislosigkeit, weil ich den ganzen Tag nichts gesagt, ja nicht einmal etwas gemerkt hatte.

„Ich weiß nicht. Ich bin einfach in diese Läden rein. Erst lief noch ein Mann mit einem Mülltonnendeckel als Schutzschild vor mir her. Aber als er weg war, habe ich einfach meinen Arm vor das Gesicht gehalten.“

„Die Verbrennung ist tief. Ich gebe dir ein Schmerzmittel.“

„Nein, kein Schmerzmittel“, rief ich instinktiv.

„Ellen, das ist nicht nur gegen die Schmerzen, sondern auch gegen eine Entzündung.

„Ich weiß! Aber ich will es nicht.“

Parham kam herein. „Was ist?“, fragte er ruhig, weder besorgt, noch gleichgültig, noch erregt, sondern achtsam wie immer. Ich war zu müde, um zu antworten.

„Ellen hat sich verletzt und den ganzen Tag nichts gemerkt. Ich möchte ihr ein Schmerzmittel geben.“

„Das wird nicht nötig sein, Martin.“ Martin sah zuerst mich und dann Parham an. Für eine Sekunde überkam mich die Furcht, dass Martin die Kraft spüren könnte, die plötzlich den Raum erfüllte, die Kraft der Liebe und der Bewusstheit. Martin schien verwundert, doch ich ahnte, dass er nicht in Gedanken und schon gar nicht in Worte fassen konnte, was er fühlte und wahrnahm, die Gegenwart des höchsten Bewusstseins. „Ruh dich aus, Ellen. Schlaf ist die beste Medizin“, sagte er und ließ mich mit Parham allein.

„Danke, Martin. Vielen Dank!“

Parham brachte mich ins Bett. Als er mir in mein Nachthemd half, flammte der Schmerz der Verbrennung stärker auf. Doch die Empfindung des Schmerzes war anders, als ich sie bisher erlebt hatte. Sie erschien im Bewusstsein und nicht im Körper. Sie leuchtete kurz auf wie ein Streichholz, ich betrachtete sie neutral ohne Widerstand und sie erlosch.

„Schlaf jetzt, Ellen. Ich bin heute Nacht hier, wenn du mich brauchst."

Ich hörte seine Worte kaum noch und schlief erschöpft ein. Gegen drei Uhr morgens veränderte sich mein Bewusstseinszustand. Mir war, als wachte ich kurz auf, nur um gleich darauf bewusst in einen luziden Traum zu driften. Ich sah mich wie in der vergangenen Nacht auf Parhams Hausboot an Deck sitzen und erlebte die Leere des Bewusstseins, aus der die Formen hervorgingen und in die sie sich wieder auflösten, erneut. Scheinbar grundlos und willkürlich und doch vollkommen geordnet und sinnvoll formten sie auf individueller und kosmischer Ebene ein großes Ganzes von unendlicher Fülle, während parallel dazu die Erfahrung der Leere, des Bewusstseins an sich, nie verschwand. Ich sah mich auf dem Hausboot, sah die innere Welt und gleichzeitig wusste ich, dass ich im Nothospital im Bett lag und mich an eine Erfahrung von gestern in allen Einzelheiten erinnerte. Als ich das vollkommen klar wahrnahm, veränderte sich der Inhalt des Bilderstroms und ich sah Parham und mich am Morgen auf dem Weg zur Kaserne. Ich hörte den morgendlichen Gebetsruf und plötzlich richtete sich meine Aufmerksamkeit auf etwas, das ich bisher nicht wahrgenommen hatte: die Attentäter, zwei Männer Mitte zwanzig, die mit zwei Wagen aus zwei unterschiedlichen Richtungen gleichzeitig und koordiniert auf die Ampelkreuzung zurasten und absichtlich den Bus rammten. Ich sah ihre Gesichter klar und deutlich kurz vor dem Aufprall. Sie zeigten keinen Hass, sondern kalte Gleichgültigkeit. Die Männer wirkten wie programmierte Maschinen, wie seelenlose Untote, die irgendeiner wahnwitzigen Suggestion folgten. Diese Suggestion war ihnen wichtiger als ihr eigenes Leben. Sie nicht auszuführen, wäre schlimmer für sie als der sichere Tod in dem flammenden Inferno, auf das sie zurasten. Der Wachtraum erlaubte mir das Attentat vorurteils- und bewertungslos zu betrachten. Denn daran zweifelte ich keine Sekunde, dass ich sah, was tatsächlich geschehen war. Im Traum wusste ich mehr, sah ich aus einer anderen, aus einer weiteren Perspektive als im Wachbewusstsein. Ich hatte das Gefühl, zwischen zwei Körpern unterscheiden zu können, meinem schlafenden Körper im Bett und dem träumenden Körper. Der träumende Körper hatte offenbar die Fähigkeit, in der Zeit zurückzugehen und eine andere, umfassendere Perspektive einzunehmen als der Körper des Tagesbewusstseins. Ein bisschen war mir, als blickte ich von oben auf die Szene herab, aus einer Höhe von etwa drei Metern. Deshalb hatte ich viel mehr Überblick über das ganze chaotische Ereignis, erlebte so etwas wie eine Gesamtschau. Sobald ich mich auf Einzelheiten konzentrierte, fokussierte sich mein Traumbewusstsein auf sie und ich nahm jedes noch so kleine Detail wahr, selbst die Wahrnehmungen und Empfindungen der anderen Menschen. Und doch blieb ich nur der vorurteilslose Zeuge. Kurz zog sich mein Bewusstsein aus dem Traumbewusstsein zurück und ich dachte, dass ich das alles nur noch ein zweites Mal im Traum erlebte, um es zu verarbeiten, doch gleich darauf wurde mir klar, dass das bloß eine erlernte Beurteilung des Erlebnisses war. Ich war mit dem Glauben aufgewachsen, dass Träume vor allem psychologische Bedeutung und Funktion hätten. Doch dieser Traum ging über diese Ebene hinaus, er hatte eine spirituelle Bedeutung. Er zeigte mir ein anderes, ein beobachtendes Bewusstsein, das in jedem Ereignis präsent war, das alles aus jeder Perspektive betrachtete und aufs Intimste kannte. Wieder nahm ich die Szene der Explosion wahr und spürte deutlich, dass jeder, der vor Ort gewesen war, sich entweder als Täter oder als Opfer fühlte. Trotz ihrer Gefühlskälte spürte ich den Triumph, den die Attentäter kurz vor dem Zusammenstoß erlebten, das innere Glücksgefühl, das sie im letzten Moment spürten, weil sie anderen Leid zufügten. Gleichzeitig nahm ich wahr, dass alle Verletzten sich sofort als Opfer sahen, unschuldige Opfer, denen Unrecht und Leid angetan worden war, das sie als grausam und ungerecht empfanden. Und ich spürte, dass das menschliche Bewusstsein automatisch auf der Seite der Opfer stand. Immer und in jeder Situation. Täter waren immer zu verurteilen. Doch aus der Perspektive, aus der ich heute auf das Leid sah, konnte ich diese Täter nicht verurteilen. Mein Bewusstsein urteilte nicht. Es war mir unmöglich, Partei für die Opfer zu ergreifen. Ich empfand kein Mitleid und das ließ mich im Traum erschauern. Ja, es brachte mich gegen mich selbst auf. Wie konnte ich so herzlos sein, fragte ich mich.

Doch dann wechselte die Szene ein drittes Mal. Ich sah mich in Rozabal, am Grabmal von Yuz Asaf. Ich ging allein in das Gebäude hinein, ehrfürchtig und andächtig, als beträte ich einen Tempel. Zielstrebig kletterte ich durch die fensterartige Tür in den Raum, in dem die beiden Grabsteine lagen, und ging zu den Fußabdrücken Issas. Ich hatte Blüten mitgebracht und streute sie auf die Wundmale, die ich klar und deutlich mit meinen Traumaugen sah. Dann setzte ich mich neben sie in den Lotussitz und schloss die Augen. Sofort wurde es sehr still in mir; fast totenstill. Doch in meinem Herzen brannte eine dringende Frage: Wieso fühlte ich in diesem Bewusstsein, mit dem ich im Wachtraum auf die Ereignisse schaute, kein Mitleid für die Opfer? Wieso verurteilte ich die Täter nicht? Ich glaube, noch nie hatte ich eine Frage so sehr von Herzen gestellt. Die Stille wurde noch tiefer und das Gefühl, mich selbst in meinem träumenden und in meinem schlafenden Körper zu beobachten, noch stärker. Wieder, wie bei meinem ersten Besuch in Rozabal, fühlte ich die goldene Energie der Liebe durch meine Arme in den Herzraum fließen, bis er völlig ausgefüllt war und geradezu überlief. Ein Gefühl der Leichtigkeit erfasste mich, trotz der Bedeutungsschwere meiner Frage.

Plötzlich hörte ich eine klare, tiefe, sehr warme Stimme. „*Maya* ist eine täuschende Kraft. Sie erweckt den Anschein einer Dualität und deshalb auch den Anschein von Kausalität. Dort, wo es einen Glauben an Ursache und Wirkung gibt, gibt es auch einen Glauben an Täter und Opferbeziehungen, Täter- und Opferenergie. Täter erscheinen uns als Ursache von Leid und Opfer als der Wirkung Ausgelieferte. Doch tatsächlich ist das eine der gefährlichsten Illusionen, in der sich das menschliche Bewusstsein verstrickt hat. Nur deshalb gibt es die Begriffe Schuld und Sühne. Nur deshalb gibt es Strafe und Vergeltung und den immerwährenden Schrei nach Gerechtigkeit. Auch die Bibel ist voll davon. Doch auf der Ebene der Dualität lässt sich Gerechtigkeit nicht erringen und schon gar nicht erzwingen. Dort gibt es keine Befreiung von Schuld und jeder Mensch wird sich immer wieder als Opfer und als Täter erleben. Was bedeutet es überhaupt, Opfer oder Täter zu sein?“

Die Stimme schwieg einen Moment, doch dann hörte ich sie wieder zu mir sprechen: „Man kann sich nur als Täter oder Opfer fühlen und verhalten, wenn man glaubt, selbst der Handelnde zu sein. Dort, wo es keine Hingabe an das Bewusstsein der Liebe und ihre Ausdrucksform des göttlichen, einenden Willen gibt, gibt es Menschen, die glauben, vom Leben regiert und dominiert zu werden, und

Menschen, die glauben, das Leben regieren zu können. Die einen meinen, von anderen gelebt zu werden, und die anderen glauben, das Leben von anderen gnadenlos kontrollieren zu können. Die Täter fühlen sich immer als Ursache und die Opfer glauben immer nur Wirkung zu sein. Es gibt solche, die glauben, dass ihr Wille niemals geschehe, und andere, die glauben, dass ihr Wille immer geschieht. Entsprechend ihrem Glauben erleben diese Menschen Situationen, die ihre innere Sicht ständig spiegeln und bestärken. Sie projizieren ihr falsches Selbstbild in die Erfahrungswelt. Doch die Wahrheit liegt hinter dieser Projektion in der Einsicht, dass das Ich-Bewusstsein nicht der Handelnde ist. Sie zeigt sich im Loslassen. Erst dieses Loslassen ermöglicht die Erfahrung einer Welt ohne Opfer und Täter. Opfer müssen Angst loslassen, die Angst davor, vom Leben und von anderen regiert zu werden, und Täter müssen Verlangen loslassen, den Wunsch, das Leben und andere zu regieren und zu kontrollieren.

Deshalb ist es auch so schwierig, die Frage zu beantworten, ob es einen freien Willen gibt oder ob alles vorherbestimmt ist. Denn Menschen, die sich als Opfer des Lebens fühlen, werden sagen, dass es einen freien Willen nicht gibt, und doch ständig danach streben, wenigstens ein kleines Gefühl der Selbstbestimmung zu erfahren, während Täter denken, dass sie alles tun können, wenn sie nur daran glauben, und solche Menschen verachten, die sich vom Leben nicht einfach das nehmen, was sie wollen. Beide Sichtweisen sind gleich wahr und gleich unwahr, weil die Wahrheit dahinter liegt, hinter einem Ich-Bewusstsein, das sich mit der Rolle des Opfers oder des Täters identifiziert.

Ein Mensch mit einem solchen Bewusstsein erlebt das, was du heute in deinem Traum erlebt hast. Er sieht und bezeugt alles, aber er sucht keinen Verursacher und gibt niemandem die Schuld. Er sucht die Ursache für seinen Schmerz und sein Leid weder in einem anderen noch in sich selbst. Deshalb muss er auch keinem Vergeben und schon gar keine Sühne verlangen. Und aus seinen Erfahrungen entsteht kein falsches Selbstbild, dem er immer und immer wieder als Projektion in der Welt der Erscheinungen begegnet. Sein Leben ist keine Schleife aus endlosen unerwünschten oder erwünschten Wiederholungen, sondern ein Leben, das frei fließen kann. Er glaubt nicht daran, dass der, der leidet, Opfer und der, der Leiden zufügt,

Täter ist, weil er aus einer Perspektive auf das Leben schaut, die Täter und Opfer als die zwei Seiten einer einzigen Erfahrung begreift, die wie ein Januskopf ist, der immer zwei Gesichter hat. Er sieht beide Seiten, beide Köpfe des Janus und weiß, dass sie eins sind und dass die Identifikation mit der einen Seite auch die Identifikation mit der anderen Seite bedeutet – den Fall unter den Sog der Dualität und die Illusion der *Maya*."

Die Stimme schwieg und mein träumendes Selbst saß in Rozabal in tiefer, gedankenleerer Meditation. In diesem Zustand war mein Herz befreit von dem Druck der Frage, die mich hergeführt hatte und befreit von Leid. Und erst aus dieser Perspektive begriff ich, dass Issa ebenso frei gewesen war, dass er keinen Groll gegen die gehegt hatte, die ihn ans Kreuz geschlagen hatten. Issa hatte nicht nach Schuldigen gesucht, er war kein Opfer gewesen und deshalb auch kein Märtyrer, obwohl seine Anhänger ihn gerne dazu machen wollten, weil sie glaubten, dass Märtyrern eine unerreichbare Größe innewohne. Doch Issa war tatsächlich noch viel größer, als sie sich vorstellen konnten. Sein Bewusstsein war viel größer, als das eines Märtyrers: es war in jedem Augenblick seines Lebens frei von Ursache und Wirkung gewesen, frei von dualistischer Wahrnehmung.

Als ich am nächsten Morgen zeitig und ungewöhnlich frisch erwachte und in der Klinik nach Parham suchte, sagte mir eine der Schwestern, er sei kurz nach Hause gefahren und wolle dann bei der Polizei vorbeifahren, um seine Aussage zu machen.

Ich sah nach den Verletzten, die alle zusammen in einem der größeren Räume lagen. Schon als ich den Raum betrat, spürte ich die Kühle, die Klarheit und den Frieden, der ihn erfüllte. Die meisten Patienten schliefen noch und selbst die, die schon wach waren, warteten ruhig auf das Frühstück. Man konnte kaum glauben, dass sie die Schmerzen von körperlichen Brandwunden und seelischer Qual zu ertragen hatten. Ich ging von Bett zu Bett und kontrollierte die Infusionen. Die Dosis, die Parham in der Nacht bestimmt hatte, lag weit unter der Hälfte des Üblichen.

Gegen elf fand Parham mich im Büro.

„Wie geht es dir, Ellen?", fragte er ruhig und unbesorgt.

„Gut. Es ist, als wäre nichts geschehen. Kein Fieber, keine Schmerzen. Ich hatte einen sehr intensiven, sehr bedeutsamen Traum."

Parham nahm sich einen Stuhl und setzte sich zu mir. Er legte eine Hand auf mein Bein.

„Ich war eben bei der Polizei. Ein Freund von mir arbeitet dort. Er sagt, die Attentäter seien dreiundzwanzig und vierundzwanzig Jahre alt gewesen. Sie kamen aus Pakistan, aus dem Grenzgebiet zu Afghanistan. Dort leben viele radikale Milizen, die sich im ständigen Krieg gegen Indien befinden. Sie gehörten wohl einer Gruppierung an, die sich *Dushman Hindustan ka,* Feind Indiens, nennt und sich irgendwo in den Bergen hinter Drosh verschanzt hat. Diese Gruppe hat schon viele Attentate – auch auf indischem Hoheitsgebiet selbst – verübt. Sie hat sich im Kern schon 1949 gebildet, als der Maharaja von Kashmir, Hari Singh, nach dem Ende der Britischen Regentschaft in Indien und der Zweiteilung in die Staaten Pakistan und Indien zunächst versucht hatte, seine Unabhängigkeit zu wahren, und dann doch der Indischen Union beigetreten war. *Dushman Hindustan ka* will die Feindschaft zwischen Hindus und Moslems schüren und Indien dazu treiben, in einen dritten Krieg nach 1949 und 1999 gegen Pakistan einzusteigen. Die Gruppierung will auf keinen Fall den Anspruch auf die Region Jammu und Kashmir aufgeben und sieht in Indien eine nichtlegitimierte Besatzungsmacht, deren Uneinsichtigkeit das Selbstverständnis des pakistanischen Staates als „Heimat der indischen Muslime" in Frage stelle, ja sogar negiere."

„Aber die Region Jammu und Kashmir ist doch hauptsächlich Heimat von Hindus ...", warf ich ein.

„Das stimmt. Kashmir wurde geteilt, weil das damals die einzige Lösung war, die zu einem Waffenstillstand führte. Doch der Brand der Kriegslust schwelt weiter. Nun schon über fünfzig Jahre. Selbst für die meisten Bürger Kashmirs ist dieser Konflikt schwer zu verstehen. Alle Gründe, die genannt werden, wirken konstruiert und irrational. Aber Krieg ist nie vernünftig. Er hat seine eigene Energie und Dynamik und ist scheinbar archetypischer Natur." Parham sah nachdenklich aus dem Fenster.

„Ich hatte heute Nacht einen Wachtraum", begann ich zu erzählen. „Ich wusste, dass ich im Bett lag und schlief und träumte gleichzeitig, dass heißt ich erlebte die gestrigen Ereignisse noch ein Mal, aber aus einer anderen, einer erweiterten, unpersönlichen Perspektive. Ich sah die Täter und ihre Gesichter vor dem Aufprall auf den Bus. Sie kamen von zwei Seiten und wirkten völlig kalt und emotionslos bis zu dem Moment kurz bevor ihre Wagen in Flammen aufgingen. Das war ein Triumph für sie. Ich konnte es kaum fassen, doch noch weniger konnte ich fassen, dass ich in meiner Zeugenrolle nichts empfand, weder Abscheu für die Täter noch Mitleid für die Opfer. Ich sah alles ganz neutral und spürte weder den Wunsch einzugreifen noch den Wunsch zu verurteilen. Ich schämte mich und verurteilte mich dafür, doch im nächsten, im letzten Teil des Traumes, fand ich mich in Rozabal wieder. Ich meditierte neben den Fußabdrücken Issas und hörte plötzlich seine beruhigende Stimme. Sie sagte, dass ich aus der Perspektive der Einheit geschaut hätte, was ich sonst nur aus der Perspektive der Dualität sähe. Nur die dualistische Wahrnehmung unterscheide zwischen Täter- und Opferrolle. Tatsächlich seien beide die zwei Köpfe einer einzigen januskopfartigen Erfahrung. Wo kein Opfer, da kein Täter, und wo kein Täter, da kein Opfer. Es gebe eine Erfahrungswelt, die frei von der Täter-Opfer-Dynamik sei und nur diese Erfahrungswelt sei auch frei von dualistischer Wahrnehmung und dem Irrtum der Kausalität. Und jetzt, wo ich darüber spreche, wird mir bewusst, dass gerade wir in unserem Beruf so vollkommen darauf programmiert sind, Opfer zu bemitleiden, Opfer zu retten, Opfern zu helfen, dass wir als Nothelfer diese Dualität viel häufiger unterstützen, als sie aufzulösen, sie zu transzendieren."

Parham sah mich durchdringend an. „Das ist das Schwierige und wahrscheinlich auch die Aufgabe, die unser Beruf mit sich bringt – in den eigenen Patienten keine Opfer zu sehen."

„Wie kann man das, Parham?"

„Indem man das Opfer in sich selbst erlöst und lernt, mit den Augen des Selbst statt mit den Augen des Ich zu schauen. Nur dann sieht man in jedem anderen dieses Selbst und nicht die Rolle, die er gerade im Leben zu spielen glaubt. Wir müssen lernen, hinter die eigenen und die Projektionen der anderen zu schauen. Jeder Mensch hält sich für so etwas wie den Regisseur des eigenen Lebensfilms. Je stärker die Täter-Opfer-Dynamik einen Lebensfilm bestimmt, desto stärker ist das Bewusstsein an die Welt der Erscheinungen gebunden, desto stärker regieren Verlangen und Angst das Verhalten des eingebildeten Regisseurs. *Wir* müssen frei von dieser Illusion sein. Frei von der Illusion, dass das Ich-Bewusstsein der Regisseur des eigenen Lebens ist. Nur dann ist unser Blick felsenfest auf das Eine gerichtet, den wahren Regisseur, der von all diesen Impulsen und Motiven unberührt ist und bleibt, das reine Sein, die Wahrheit, das Göttliche. Es gibt nur eine Ursache. Alles andere ist Wirkung."

Ich atmete tief. Wie oft hatte ich in den letzten Monaten diese oder ähnliche Worte gehört. In diesem Moment wünschte ich mir nichts sehnlicher, als dass ich sie endlich wirklich verstehen und auch umsetzen könnte. Doch ich konnte nicht anders als ehrlich zu mir sein. Meine Gefühle im Traum der vergangenen Nacht zeigten mir sehr deutlich, dass es für mich zurzeit noch viel natürlicher war, Opfer zu bemitleiden und Täter zu verurteilen, Opfern zu helfen und Täter zu bestrafen. Auch wenn ich die Wahrheit fassen konnte, die hinter meinem Traum der letzten Nacht und hinter Parhams Worten lag, war sie noch lange nicht meine erlebte Wirklichkeit.

Parham wirkte nachdenklich. „Viele weltweit bewunderte Helfer waren während ihres gesamten Wirkens niemals frei von dieser Dynamik. Mutter Theresa zum Beispiel hat zeit ihres Lebens unter schweren Depressionen gelitten. Sie hat in jedem Leidenden ihr eigenes Leid bekämpft, obwohl ihre Absicht vollkommen rein war: Sie wollte Gottes Werk tun und sie wollte Gutes tun. Aber sie war niemals frei von sich selbst."

Gerade Mutter Theresas Selbstaufopferung hatte ich immer als Hingabe gedeutet. Wollte Parham mir etwa sagen, dass diese Deutung falsch war? Ich wollte Mutter Theresa und mein Bild von ihr verteidigen, fand Parhams Worte fast ungeheuerlich, doch meine innere Stimme sagte mir, dass ich schweigen und Parhams Erklärung unvoreingenommen auf mich wirken lassen sollte.

Auch Parhams folgende Worte erstaunten mich, denn sie lösten ein Rätsel, das ich lange nicht zu lösen imstande gewesen war. „Wer das Opfer in sich vollständig aus seinem Bewusstsein verdrängt hat, empfindet für Opfer kein Mitleid, sondern Verachtung und wird ihnen gegenüber erneut zum Täter!"

Irene!, schoss es mir durch den Kopf. Das war Irene. Sie hatte unsere Patienten gehasst. Sie hatte sie gequält und sogar geschlagen und ihnen notwendige Medikamente verweigert. Es war ein eigenartiges Gefühl, dass eine wichtige Begebenheit erst nach so langer Zeit Sinn machte. Fast war mir, als hätte sie seitdem in den tieferen Schichten meines Bewusstseins gearbeitet und nun sei die Zeit reif, sie zu verstehen. Oder war es anders? War sie vielmehr so etwas wie die vorweggenommene Zusammenfassung des mir bevorstehenden Entwicklungsweges gewesen und wenn ich Augen gehabt hätte, dies zu erkennen, hätte ich es erkennen können?

Und als wären diese Einsichten nicht schon genug für einen Tag, setzten Parham und ich unsere Unterhaltung fort.

„Warum haben diese Leute sich ausgerechnet den Bus ausgesucht?“, fragte ich.

„Weil sie wussten, dass in diesem Bus ausschließlich Hindus saßen. Eine bessere Zielscheibe hätte *Dushman Hindustan ka* sich nicht aussuchen können. Es ist fast so, als hätten sie in Delhi ein Attentat verübt. Die Leute fuhren arglos zur Arbeit oder irgendwohin, sie ahnten nichts von ihrem Schicksal. Diese Arglosigkeit ist kennzeichnend für jede Opferdynamik. Je argloser und unschuldiger die Opfer, desto stärker die Opferenergie. Wirkungsvoller wäre nur ein Selbstmordattentat auf eine Schulklasse gewesen.“

„Gibt es Hinweise auf weitere geplante Attentate?“

„Mein Freund sagt, nein. Er sagt auch, dass gerade diese Gruppe extrem überwacht werde und dass es eigentlich ein unglücklicher Zufall sei, dass die Sicherheitsbehörden von ihren Plänen keine Kenntnis hatten. Die Polizei habe in den letzten Jahren neun von zehn geplanten Attentaten verhindert.“

„Das klingt nach einer politischen Zahl. Manchmal ist es für mich ein Wunder, dass irgendein Mensch sich in diesem Land noch sicher fühlt ...“

Parham lachte. „Man gewöhnt sich auch daran, und das ist das größte Problem, das dem Erwachen im Wege steht. Die meisten Menschen haben ihr natürliches Bedürfnis nach Sicherheit verdrängt. Sie halten es für normal, sich mit lebensbedrohlichen Umständen arrangieren zu müssen. Aber ein Leben, das keine Sicherheit kennt, ist ein Leben, das kein Urvertrauen kennt. Wer kennt schon die Sprache der Seele und kann ihre Symbole deuten?“

Dritter Teil

VERWIRKLICHUNG

„Das Leben hatte mir ungefragt sein Geheimnis offenbart.
Die Liebe hatte mir die Seele der Welt enthüllt,
die ich als meine eigene Seele erkannte.
Staunend und dankbar nahm ich das Geschenk an,
das viel einfacher und natürlicher war,
als man vermutet.
Ich war heimgekehrt.
Die Wirklichkeit war von nun an mein Zuhause,
wo ich vorher in Illusion und Täuschung umhergeirrt war.
Ich wusste, dass ich geheilt war,
befreit,
selbstverwirklicht.
Von nun an floss nicht nur Blut in meinen Adern,
sondern der Strom der Göttlichen Liebe,
deren Botin und Verkörperung ich geworden war."

Om Issa-bin-Maryam Premadeva Namaha

Dreiundzwanzigstes Kapitel

Seit der Nacht, in der ich von dem Attentat geträumt hatte, sah ich jegliches Leid und meine Aufgabe als Ärztin mit völlig anderen Augen. Nicht immer war mein Bewusstsein so klar, dass ich jedes Detail erkannte, doch ich sah immer alles aus einer erweiterten Perspektive, aus der ich auch mich selbst wie ein Objekt meine Rolle spielen sah. Ich fiel nicht mehr aus der Zeugenperspektive heraus, wie es vorher immer geschehen war. Der Sog der Dualität schien schwächer geworden zu sein. Er zog mein Bewusstsein nicht mehr hinab in die Identifikation mit dem Ich-Bewusstsein und seinen Handlungen. Eigenartigerweise spielte ich meine Rolle seither besser, vollkommener. Je weniger ich mich einmischte, je weniger ich selbst zu erreichen suchte, desto mehr geschah und desto perfekter geschah es. Alles, was aus dem Lot geraten war, schien auf wundersame Weise wieder seinen Platz zu finden.

Wann immer ich Zeit für mich fand, setzte ich mich an einen ruhigen Ort, schloss die Augen und erlaubte meinem Bewusstsein, still zu werden. Jedes Mal sah ich dann das Symbol des Medaillons vor meinem inneren Auge und fast täglich spürte ich eine Intensivierung meiner Achtsamkeit. Sie wurde stabiler, ruhiger und konzentrierter. Nur selten störten Gedanken meine Konzentration. Selbst wenn ich Gedanken wahrnahm, blieb meine Achtsamkeit davon unberührt. Die achtsame Wahrnehmung löste sie einfach auf, so wie die Sonne, wenn sie stark genug brannte, Tautropfen augenblicklich zu trocknen imstande war. Das Gefäß meines Unterbewusstseins, in dem unendlich viele prägende Eindrücke gespeichert waren, leerte sich mehr und mehr. Immer häufiger erlebte ich Momente des Nicht-Denkens, des Nicht-Fühlens, des Nicht-Planens. In diesen Momenten erhob sich das reine Bewusstsein, reckte sich empor zu seiner vollen Weite und Größe.

Nur noch selten fragte ich mich bei der Betrachtung des Davidsterns und des Kreuzes, wer Issa wirklich gewesen war und ob er tatsächlich in Kashmir gelebt und gelehrt hatte. So vieles, was mir vor drei oder vier Monaten vollkommen unvorstellbar erschienen wäre, war mir heute vorstellbar, ja sogar selbstverständlich. Mein Bewusstsein verband sich immer deutlicher mit dem Energiemuster, das die Zusammensetzung der verschiedenen Dreiecke des Medaillons formte. Das Medaillon und ich wurden eins, so wie ich eins mit Parham war.

Eine Woche nach dem Selbstmordattentat fuhr ich abends mit einer Rikscha zu Parhams Hausboot. Ich wollte dort auf ihn warten, weil er noch einen dringenden Hausbesuch machte. Als ich gerade mit zwei schweren Einkaufstüten über den Steg auf das Boot balancierte, kam ein Mann aufgeregt auf mich zugelaufen. Er sprach schnell und unter Tränen auf Hindi. „Kommen Sie schnell, *gora dactara*." Manche Einheimische nannten uns „weißer Doktor", weil unsere Kittel und unsere Haut weiß waren. „Meine Frau. Sie bekommt ein Kind. Etwas stimmt nicht. Schnell, *gora dactara*. Schnell!"

„Wo?", wollte ich wissen.

„Am Stadtrand. Ich habe ein Auto. Bitte kommen Sie."

Ich überlegte nicht lange, warf die Einkaufstüten an Deck und folgte dem Mann, obwohl ich keinerlei Ausrüstung dabeihatte. Doch eine Geburt konnte ich notfalls auch ohne Notfalltasche bewältigen. Der Mann fuhr einen alten, klapprigen Maruti. Ich sprang auf den Beifahrersitz und er raste los. Wir fuhren quer durch die Stadt, vorbei am Khanyar-District, wo Issas Grabmal stand, und hinauf in die Hügellandschaft. Ich verlor bald die Orientierung, denn so weit außerhalb Srinagars war ich nur bei meinen Besuch in Yuz Marg gewesen. Es war stockdunkel und uns kamen nur noch wenige Autos entgegen. Die Gegend wirkte wohlhabend, die meisten Häuser waren von großen Mauern umgeben. Der Wagen hielt vor einer beleuchteten Einfahrt und ein schweres Eisentor öffnete sich auf Knopfdruck. Ich wunderte mich, dass der einfach gekleidete Mann neben mir so wohlhabend war und um meine Hilfe bat, denn die meisten unserer

Patienten waren mittellos. Das Tor schloss sich hinter uns und der Wagen hielt vor einem imposanten Anwesen im maurischen Stil. Der Mann sprang aus dem Wagen und lief aufgeregt ins Haus. Ich folgte ihm so schnell ich konnte. Drinnen war es sehr still. Ich hörte keine Frau, die in den Wehen lag, kein Stöhnen, kein Schreien. Doch noch bevor ich nach dem Mann rufen konnte, spürte ich eine Bewegung hinter mir. Dann verlor ich das Bewusstsein.

Irgendwann wachte ich in völliger Dunkelheit wieder auf. Zuerst erinnerte ich mich daran, wer ich war, doch es dauerte einige Zeit, bis mir bewusst wurde, wo ich war. Ich lag gegen eine eiskalte, feuchte Wand gelehnt auf kaltem Boden. Mein Kopf schmerzte. Eine Haarsträhne klebte blutverkrustet an meiner Schläfe. Langsam kehrte die Erinnerung an die vergangenen Ereignisse zurück. Eine Welle der Angst erfasste mich, die sich schnell zu blinder Panik steigerte, um bald darauf einer Woge des Selbstmitleids zu weichen. Ich war unwissend und unbedarft in eine Falle geraten, weil ich gutgläubig meiner Arbeit nachgegangen war. Wie oft hatte Victor mich davor gewarnt. Mir war klar, dass ich mich irgendwie beruhigen musste. Ich durfte mich nicht als Opfer fühlen, als Objekt, das anderen hilflos ausgeliefert war. Ich musste bei mir bleiben, mahnte ich mich, in dem Bewusstsein, das jede Erfahrung als Spiegel des aktuellen Bewusstseins und Lektion auf dem Weg zu einem höheren, weiteren Bewusstsein, begriff. Gab es wirklich etwas, das mich diese furchtbare Situation lehren konnte, fragte ich mich ungläubig.

Die neuen Gedanken und die neutralere Sicht meiner Situation wirkten entspannend auf Körper und Geist. Das wiederum wirkte sich entspannend auf meine Emotionen aus. Nüchterner versuchte ich, meine Situation zu erfassen. Ich war an Armen und Füßen gefesselt und fror entsetzlich. Die Temperatur war nicht höher als in einem Kühlschrank und es war sehr feucht. Das verkürzte die Zeit, bis eine Unterkühlung einsetzen würde, erheblich. Die letzte Mahlzeit, die ich zu mir genommen hatte, war ein kleiner Snack am Mittag gewesen. Wie lange war das her, fragte ich mich. Doch aufgrund der Dunkelheit und der längeren Bewusstlosigkeit konnte ich unmöglich die Tageszeit schätzen. Um die Größe des Kellerraumes zu erfassen, versuchte ich, auf die Knie zu kommen und von einer Wand zur andern zu kriechen. Doch nach kurzer Zeit gab ich auf, weil meine

Knie schmerzten und ich das andere Ende des Raumes noch lange nicht erreicht hatte. Verzweifelt versuchte ich es mit der akustischen Methode. Ich sang einen kurzen Ton, der in einem weiten Raum verhallte. Mühselig robbte ich zurück an meinen Platz und lehnte mich wieder an die kalte Wand. Als der Schlaf der Erschöpfung mich übermannte, gab ich ihm nur zu gerne nach.

Ich wurde von einem lauten Geräusch geweckt, dem rostigen Quietschen eines Metalltores. Dann hörte ich Schritte auf einer Treppe und sah den Schein einer Taschenlampe, der mich kurz darauf mitten ins Gesicht traf. Ich kniff die Augen zu, um sie vor der beißenden Helligkeit zu schützen. Eine rabiate Hand griff nach mir und zog mich hoch. Jemand schnitt meine Fußfesseln durch. Es mussten zwei Männer bei mir sein. Noch immer leuchtete einer von ihnen direkt in mein Gesicht. Dann zerrten sie mich stolpernd die Treppe hinauf – wie ein Stück Vieh. Ich rang nach Luft, als wir eine Tür passierten und einen Raum betraten, in dem es endlich angenehm warm war. Ich spürte warme Teppiche unter meinen eiskalten Füßen. Einer der Männer ließ nun von mir ab und der Lichtschein der Taschenlampe senkte sich. Langsam und vorsichtig öffnete ich die Augen, die nach der gleißenden Helligkeit zunächst nur formlose Schwärze wahrnahmen. Langsam kehrte meine Sehfähigkeit zurück. Blinzelnd blickte ich in einen Raum, der mit Teppichen und Sitzkissen sehr wohnlich wirkte. Auf den Kissen hockten drei Männer, deren Köpfe und Gesichter in Palästinensertücher gehüllt waren. Sie sahen mich ungerührt an. Wieder stieg Furcht in mir auf. Einer der Männer erhob sich langsam und kam auf mich zu. Ich war noch immer an den Händen gefesselt und wurde von hinten fest an beiden Armen gehalten, damit ich mich nicht bewegen konnte. Der Druck wurde verstärkt, wie um mir zu zeigen, dass ich mich still zu verhalten hatte. Der Mann blieb kurz vor mir stehen. Er kam mir zu nah, doch ich widerstand dem natürlichen Impuls, einen Schritt zurückzutreten. Kalte braune Augen musterten mich durch seine fest gebundene Kopfbedeckung. Er taxierte mich, fixierte mich. Es war ein kurzes visuelles Kräftemessen. Ich erwiderte seinen Blick standhaft und versuchte, nicht zu kämpferisch zu wirken. Er sollte wissen, dass ich ihm weder unterwürfig noch dominant begegnete. Endlich trat er einen Schritt zurück. Ich atmete auf. „*You are one of the western doctors?* Sie sind eine der westlichen Ärzte!?"

„*Yes.*" Ich nickte.

„*Come*!", sagte er und ging voraus. Der Mann, der meinen Arm hielt, schob mich zuerst grob vor sich her, um mich kurz darauf hinter sich herzuzerren. Wir betraten einen langen Gang, in dem die Temperatur leicht abkühlte. Es roch feucht und muffig. Mir stockte der Atem. Der Mann öffnete eine Tür am Ende des Flures und wir betraten zu dritt einen Raum, der kleiner und noch wärmer als das erste Zimmer war. Er wurde von einer warmen Lichtquelle sanft erhellt. Es war angenehm ruhig hier. In der Mitte des Raumes stand ein großes Krankenhausbett. Ich staunte und versuchte gleichzeitig völlig emotionslos auszusehen. Ein blasser Mann lag in dem Bett. Ihm standen große Schweißperlen auf der Stirn. Er hatte offensichtlich Fieber und war bewusstlos..

„Sie müssen meinen Bruder operieren", befahl mir der Mann, der uns hergeführt hatte, mit weicher Stimme. Er war offenbar sehr besorgt. „Er ist bei einem Schusswechsel vor drei Tagen angeschossen worden. Unsere Ärzte haben versucht, die Kugel zu entfernen, doch sie sitzt so gefährlich, dass sie aufgeben mussten."

Ich sollte diesen Mann retten? Er war sicher ein Rebell, ein Drogenhändler, ein Milizenführer. Schlimmstenfalls ein Terrorist. Auf jeden Fall ein Islamist. Mein Herz raste und ich wusste nicht, was ich denken sollte. Um Zeit zum Nachdenken zu gewinnen, fragte ich: „Wo sitzt die Kugel?"

„Irgendwo neben der Halswirbelsäule, ziemlich weit oben."

„Kann ich mit einem ihrer Ärzte sprechen?"

Er sagte etwas auf Arabisch zu dem Mann, der mich hergetrieben hatte. Die Hierarchie zwischen diesen Männern war eindeutig. Einer gab Befehle, der andere führte sie aus. Der Befehlsempfänger verschwand.

„Wie ist das passiert?", wollte ich wissen.

„Das geht Sie nichts an", entgegnete der Bruder des Verletzten scharf.

„Ihr Bruder hat sehr hohes Fieber. Vielleicht hat er sogar schon eine Sepsis. Bei einer Schussverletzung in der Lage, die sie mir beschreiben, wird eine Blutvergiftung mit Sicherheit tödlich sein."

Ich werde nie den Blick des Mannes vergessen, der einige Jahre jünger als ich sein musste. Es war der Blick eines Mannes, dem ein

Menschenleben eigentlich nichts wert war und für den andere Werte galten als die mir bekannten; Werte wie Bruderschaft und Ehre. Und doch, oder gerade deshalb, war ihm das Leben seines Bruders alles wert. Für ihn hätte er sogar sein eigenes Leben gegeben, das spürte ich.

„Wenn mein Bruder stirbt, sterben Sie auch, *gora dactara*!"

Zuerst spürte ich, wie sich ein hysterisches Lachen meiner Kehle entringen wollte. Ich konnte es gerade noch zurückhalten. Ich musste nachdenken, dachte ich verzweifelt, doch ich konnte noch immer keinen klaren Gedanken fassen. Ich war nicht einmal in der Lage zu begreifen, dass mein Leben in echter Gefahr war, denn um den Verletzten stand es offenbar sehr schlecht. Nur ein Wunder konnte ihn retten. Aber wie zum Teufel sollte hier unter solchen Bedingungen ein Wunder geschehen? Ich war viel zu verkrampft für ein Wunder.

Langsam trat ich an das Bett heran. Es widerstrebte mir innerlich, den Angeschossenen zu berühren. Wie viele Menschenleben mochte er schon ausgelöscht haben, fragte ich mich. Vielleicht war dieser Mann der Anführer von *Dushman Hindustan ka,* der Feinde Indiens, dachte ich mit einer Mischung aus Abscheu, Zorn und Furcht. Um das Leben ihres Anführers zu retten, waren sie sogar bereit, eine westliche Ärztin zu entführen. Sie glaubten, mit Gewalt alles erzwingen zu können. Sogar ihr eigenes Leben. Nie in meinem Leben war ich einem solchen Aggressionspotenzial begegnet. Eine leise, aber sehr bestimmte Stimme mahnte mich, bei mir zu bleiben, die Situation allein aus subjektiver Perspektive zu betrachten. „Denke nicht über diese Männer und ihr Leben nach. Frage dich nicht, warum sie so sind, wie sie sind. Dies ist *deine* Lektion", sagte sie mir. „Du hast die Liebe kennengelernt, jetzt begegnest du dem grundlosen Hass und der Gewalt. Die Wahrheit liegt auch hinter diesen Gegensätzen."

Mein Gesicht war versteinert, wie eine Maske, als ich mich endlich durchrang, den Puls des Verletzten zu fühlen. Er war sehr schwach, kaum spürbar. Sein Schweiß war kalt, obwohl er hohes Fieber haben musste.

„Haben Sie Fieber gemessen?", fragte ich mit analytischer Nüchternheit.

„Der Arzt. Er wird gleich hier sein."

„Wie alt ist Ihr Bruder?"

„Fünfundvierzig."

„Ist er gesund?"

Er nickte. „Absolut."

„Wir müssen ihn in mein Krankenhaus bringen. In Srinagar habe ich ein Team von hervorragenden Ärzten, mit dem ich ihn operieren könnte."

„Das wird nicht gehen. *Sie* müssen ihn *hier* operieren. Allein."

„Hier? Sie sind verrückt!", entgegnete ich impulsiv, zu impulsiv fürchtete ich.

Er sah mich eiskalt an. „Wenn Sie ihn nicht hier operieren wollen, werden Sie Srinagar nie wiedersehen. Sie werden ihren persischen Mann nie wiedersehen."

Ein Schauer des Entsetzens lief mir durch den ganzen Körper, als mir bewusst wurde, dass diese Männer wussten, wer ich war, was ich tat und mit wem ich meine Zeit verbrachte. Sie hatten mich ausgesucht! Tiefe Verachtung für ihre Durchtriebenheit erfüllte mich. Sie benutzten, manipulierten und nötigten mich. Mir wurde übel. Ich hielt diesen Mann für einen Mörder und Verbrecher. Ich konnte ihm nicht helfen. Vielleicht war es seine gerechte Strafe, lebensgefährlich verwundet worden zu sein. Gottes Wille.

„Ich werde mindestens einen Assistenten brauchen", hörte ich mich sagen.

„Unser Arzt wird ihnen assistieren."

Mein Entführer hatte mir die Grenzen meiner Handlungsmöglichkeiten unmissverständlich klargemacht. Ich spürte den Erfolgsdruck wie eine tonnenschwere Last. Ich hatte schon oft auf Leben und Tod operiert, doch niemals auf *mein* Leben und *meinen* Tod.

Endlich kam der Arzt herein, ein kleiner Mann, der sehr emsig und sehr unterwürfig wirkte, viel unterwürfiger als der Mann, der ihn herbrachte. Offenbar stand der Arzt in der Hierarchie noch unter ihm.

„Haben Sie einen Namen, Doktor?", fragte ich und hielt mich für sehr schlau.

„Nennen Sie ihn Doktor", befahl der Anführer barsch. „Ich lasse Sie jetzt allein, damit Sie alles Notwendige besprechen können.

Ich wandte mich an den Arzt, um möglichst wenig Zeit zu verlieren. „Wie hoch ist seine Temperatur?"

„39,5 Grad Celsius. Vor einer halben Stunde gemessen. Sein Puls ist sehr schwach."

„Wo sitzt die Kugel?"

„Rechts neben der Wirbelsäule."

„Was? Wie nah?"

„0,5 bis 1 cm."

„Das ist unmöglich zu operieren. Der Mann wird bleibende Schäden davontragen. Ich bin keine Neurologin und keine Mikrochirurgin."

„Aber Sie sind mehr als eine Ärztin, Doktor!" Die Augen des Arztes leuchteten eigenartig, als er das sagte.

„Was?", fragte ich erstaunt.

„Die Leute in Srinagar reden über Sie und Ihren Mann und in unserem Land haben die Leute eine sehr gute Menschenkenntnis. Sie erzählen sich, dass Sie eine Heilerin sind, eine Schülerin Issas."

„Das ist ja lächerlich", entfuhr es mir.

„Im Vergleich zu Ihrem Volk ist mein Volk den Umgang mit spirituellen Menschen gewöhnt. Es erkennt einen Gottsucher, wenn er vor ihm steht. Nur deshalb sind Sie hier, Doktor, weil Sie über das westliche Know-how der Medizin und das östliche Wissen um die innere Heilkraft verfügen."

„Sie sind ja verrückt! Ich bin eine deutsche Ärztin, nicht mehr und nicht weniger."

Der Arzt wirkte plötzlich sehr selbstsicher und selbstbewusst. „Glauben Sie, was Sie wollen, aber helfen Sie Amir. Er kämpft für eine gute Sache."

„Eine gute Sache", rief ich verächtlich, die lange aufrechterhaltene Selbstbeherrschung völlig verlierend. „Er ist ein Rebell, ein Terrorist. Er tötet Unschuldige und lebt ständig im Krieg", rief ich aufgebracht, ohne wirklich zu wissen, wer mein Patient war und was er tat.

„Sie kennen Amir nicht. Er ist gut und gerecht und Sie verstehen nichts vom *Djihad*, vom Heiligen Krieg. Maßen Sie sich kein Urteil an!"

Die Worte des Arztes waren messerscharf. Sie schnitten tief in mein Bewusstsein und lösten eine endlose Kette von Assoziationen aus, die blitzschnell durch meinen aufgewühlten Geist schossen. Ich sah Imans Sufimeister und Dadaji vor meinem inneren Auge und spürte, dass *sie* wahre Heilige Krieger waren, die niemals in ihrem Leben gegen einen äußeren Feind gekämpft hatten, weil ihnen bewusst gewesen war, dass *Djihad* den inneren Krieg gegen die inneren Feinde bedeutete, gegen die Leidenschaften und Irrtümer, die die Täuschung der Dualität, der *Maya* erregte. Sie hatten gegen Verlangen, Zorn, Geiz, Unwissenheit, Hochmut, Neid und Eifersucht und gegen ihre eigenen Projektionen gekämpft, weil sie wussten, dass die Welt nicht so war, wie sie zu sein schien, und der Mensch nicht so schwach und hilflos war, wie er sich fühlte. Diese beeindruckenden Männer waren niemals Opfer des Lebens oder eines anderen Menschen gewesen, weil sie stets gewusst hatten, dass der, den sie als anderen wahrnahmen, nur ein Spiegel war, der ihnen das eigene wahre Gesicht zeigte. Plötzlich wurde mir bewusst, dass es eine Zeit gegeben hatte, in der auch ich gewusst hatte, dass der Feind niemals im Außen zu bekämpfen war. Ich erinnerte mich an die Stimme der Weisheit, die in jedem Menschen verborgen war, als erhaschte ich eine Ahnung von der Fülle der Weisheit der geistigen Linie, mit der ich verbunden war. In diesem Moment wurde mir klar, dass diese Weisheit wirklich in mir lag. Niemand konnte sie mir vermitteln, wenn ich sie nicht selbst in mir hörte, doch wenn ich sie einmal wahrnähme, hatte ich immer und überall Zugang zu ihr und brauchte keinen Vermittler, keinen äußeren Lehrer, keinen äußeren Führer.

Auf dem Gang näherten sich laute Schritte, der Vorhang wurde zur Seite geschoben und der Rebellenführer stand vor uns.

„Was ist hier los?", rief er wütend. Der Arzt sackte in sich zusammen und nahm wieder seine unterwürfige Haltung ein.

„Nichts. Nur ein kleiner Streit."

„Ein Streit?!" Sein wütender Blick traf mich. „Ich glaube, Sie missverstehen Ihre Lage, *dactara*!"

„Nein, ganz im Gegenteil!", zischte ich. „Die Operation wird sehr schwierig. Haben Sie die nötigen Anästhesiemöglichkeiten und Geräte?"

„Meine Männer sind gerade dabei, sie zu beschaffen."

„Wie lange wird das dauern?", fragte ich sehr nüchtern.

„Sie werden vor Sonnenuntergang wieder hier sein."

„Dann würde ich mich gerne bis dahin zurückziehen. Ist das möglich?"

Die beiden Männer starrten mich an. Es dauerte eine ganze Weile bis sie begriffen, dass ich Forderungen stellte.

„Kommen Sie!", forderte der Anführer mich auf und brachte mich in einen weiteren Raum neben dem Krankenzimmer

„Ich muss etwas trinken und essen, wenn ich Ihren Bruder bestmöglich operieren soll."

Der Anführer reagierte nicht auf meine zweite Forderung. Er postierte einen Wächter vor dem Eingang und ließ mich allein, doch wenig später brachte man mir ein Tablett mit einer warmen Suppe, Tee und Wasser. Ich aß hungrig, doch konnte ich dabei weder meine Angst noch meine schwierige Lage vergessen. Fortwährend grübelte ich darüber nach, wie ich hier lebend herauskommen könnte. Vielleicht fliehen, bevor die OP-Geräte eintrafen? Der Fluchtgedanke war lächerlich – ich wurde bewacht, ich war eingesperrt. Alle Fenster waren mit Gittern verschlossen. Ich war diesen Männern ausgeliefert. Jeder Gedanke führte mich wieder an diesen Punkt und deshalb löste jeder Gedanke eine tiefe, existenzielle Angst in mir aus.

Wenn ich nicht fliehen konnte, musste ich Amir operieren. Unabhängig von den schwindend geringen Erfolgsaussichten dieser Operation konnte ich der Frage nicht ausweichen, ob ich dazu bereit war, einem Mann das Leben zu retten, sodass er weitere Glaubenskriege führen und sinnlose Morde begehen konnte. Machte ich mich damit nicht mitschuldig an all seinen Opfern? Andererseits fragte ich mich, ob ich das Recht hatte, über das Leben Amirs auf diese Weise zu richten, ohne ihn persönlich zu kennen.

Meine innere Stimme mahnte mich zur Vorsicht. „Das ist eine Falle des linearen Verstandes. Denke an deinen Eid, du bist verpflichtet, jedem Menschen Hilfe zu leisten, unabhängig von seiner Religion, seiner Rasse und seinen Handlungen. Jedes Menschenleben ist immer und unter allen Bedingungen schützens- und erhaltenswert." Das war die Theorie, dachte ich. Doch in der Praxis stieß sie auf viele emotionale und moralische Hindernisse. Ich erinnerte mich an den Tag, als ich das Genfer Gelöbnis, das dem Eid des Hippocrates nachempfunden war, gesprochen hatte. Nichts hatte ich damals über das Leben und die Konflikte gewusst, die meine Arbeit mit sich bringen würde. Mir war, als wäre die Situation, in der ich heute steckte, schon damals latent präsent gewesen, als ich mich kurz gefragt hatte, ob ich jemals in die Lage kommen würde, mich an den Eid erinnern zu müssen. *„Ich werde jedem Menschenleben von Beginn an Ehrfurcht entgegenbringen und meine ärztliche Kunst selbst unter Bedrohung nicht in Widerspruch zu den Geboten der Menschlichkeit anwenden"*, hatte ich geschworen. Meine aktuelle Situation erschien mir wie die nötige Folge dieses elementaren Schwurs. Das Leben lehrte mich am eigenen Leib, was als idealistisches Modell für den Heilberuf galt. Was gebot mir hier und jetzt die Menschlichkeit, ganz unabhängig von der Frage der Moral, fragte ich mich.

Da wurde die Tür geöffnete. Einer der Handlanger befahl mir mitzukommen und brachte mich zurück ins Krankenzimmer, in dem der Arzt bereits in Operationskleidung stand. Draußen im Gang hörte ich laute Geräusche, vermummte Männer trugen schwere OP-Gerätschaften herein. Die Ausrüstung war besser als in unserem Nothospital und sie schien neu zu sein. Amir stöhnte, als die vielen Männer hinein- und herausliefen. Sie versuchten, so leise wie möglich zu arbeiten, dennoch verursachten sie einen schier unerträglichen Lärm für den Bewusstlosen.

„Hier! Ziehen Sie das an!" Der Arzt gab mir einen Kittel, ein Kopftuch und Handschuhe. „Dort drüben finden Sie Wasser und Desinfektionsmittel."

Ich tat, wie mir geheißen, und beobachtete weiterhin, wie alles zur Operation Notwendige hereingeschafft wurde. Es grenzte an ein Wunder, dass diese Männer in so kurzer Zeit in der Lage waren, diese Spezialgeräte zu beschaffen. Fast war es, wie ich es bei Iman und Parham beobachtet hatte: Was gebraucht wurde, war verfügbar. Doch hier hatten unzählige Männer wahrscheinlich mit Waffengewalt oder bei Nacht und Nebel das OP-Material gestohlen. Bei Iman und Parham tat niemand etwas, damit die notwendigen Dinge zur Verfügung standen. Nein, sie waren plötzlich da oder sie wurden gar nicht mehr gebraucht, weil das Leid sich im Angesicht der Reinheit und der Liebe des höchsten Bewusstseins augenblicklich aufzulösen begann. Diese Männer hier waren vollkommen verstrickt im Bewusstsein der Dualität. Sie glaubten zwar, dass man alles erreichen konnte, das unterschied sie sehr von anderen Menschen, doch sie glaubten, dass man dieses Alles mit Gewalt erzwingen müsse. Sie nahmen sich, was sie zu brauchen glaubten. Sie griffen nach den Dingen, weil sie die Kraft nicht kannten, die hinter den Dingen lag. Sie wussten nicht, dass der Mensch für sein Wohlergehen nicht kämpfen musste. Wahrscheinlich war ich niemals in meinem Leben Menschen begegnet, die von der göttlichen Wahrheit weiter entfernt gewesen waren.

Langsam kehrte Ruhe in den Raum ein. Ein sehr dünner, junger Mann schloss die letzten Geräte an und brachte sie in beachtlicher Kürze zum Laufen. Ich sah mir das Equipment nun genau an und checkte die Geräte.

„Wir operieren allein?", wandte ich mich noch einmal fragend an den Arzt.

„Ja. Ich mache die Anästhesie und assistiere!"

„Das ist sehr riskant."

„Wir haben keine andere Wahl." Er sah mich an und sein Blick schwankte. „Auch ich werde getötet, wenn wir das nicht schaffen, *gora dactara*." Fast war mir, als füge er schweigend hinzu: „Nun haben Sie schon zwei Gründe, Amir zu retten!"

Brauchte es diese Gründe wirklich, fragte ich mich. Während ich äußerlich routinemäßigen die Geräte und Werkzeuge überprüfte, folgte ich innerlich meinem sehr deutlichen Selbstgespräch. „Warum bin ich hier? Ich muss wissen, warum ich ausgerechnet jetzt hier bin!" Aus rein subjektiver Perspektive, war ich nicht der Willkür von gewalttätigen Männern ausgeliefert, nein, aus dieser Perspektive erlebte ich einen Bewusstseinszustand der Getrenntheit, der Dunkelheit und Unwissenheit, den ich nie zuvor erlebt hatte. Ich hatte eine Erfahrungswelt der Furcht betreten, einen dunklen, engen Raum, in dem das Licht des Bewusstseins nicht schien. In diesem Zustand glaubte ich, mein Leben sei bedroht. *Ich* erlebte diesen Bewusstseinszustand. Er manifestierte sich in *meiner* Erfahrungswelt. Er war Teil des Bewusstwerdungsprozesses, den Iman und Dadaji Individuation nannten. Deshalb erlebte ich ihn in dem Wissen um die Einheit, die ich zuvor kennengelernt hatte. Ich wusste, dass das Leben nicht so war, wie Amir und seine Leute glaubten und mich glauben machen wollten; dass der Mensch nicht so ohnmächtig war, dass er mit Waffengewalt für sein Leben und seine Ideale kämpfen musste; dass alle Ideale im menschlichen Bewusstsein verborgen lagen und daraus hervorgingen. Dort musste er sie suchen und von dort würden sie sich in der Welt der Erscheinungen manifestieren. Damit dies geschehen konnte, musste er vertrauen und loslassen. Er musste aufhören zu kämpfen. Alles, was der Mensch brauchte, war bereits da, im Selbst enthalten. Er musste es nur annehmen. Ich hatte die Bedeutung der Hingabe an das Göttliche erfahren, während diese Männer zwar behaupteten, für Gott zu kämpfen, doch ihre Handlungen bewiesen, dass sie Gott niemals begegnet waren. Sie kämpften für das Ich-Bewusstsein mit den Mitteln des Ich-Bewusstseins. Sie folgten nicht dem Selbst mit den Mitteln des Selbst, mit dem einzig wirksamen Mittel des Selbst, der Kraft der Hingabe, die eine heilige Kraft jenseits des Gegensatzpaares Liebe und Hass war.

„Du bist dem starken Sog der Dualität im Muster der Sucht begegnet und hast es gemeistert. Nun begegnest du dem stärksten Sog, dem der Mensch auf dem spirituellen Pfad begegnen kann, dem Sog der Aggression. Du musst die Wurzel der Aggression erkennen, um dich von diesem Sog zu befreien. Diese Wurzel liegt in dir, nicht außerhalb von dir. Der stärkste Impuls des Menschen ist der Impuls der Selbstverteidigung und Selbsterhaltung. Wenn du glaubst, dass dein Leben bedroht ist und du mit dem sterblichen Selbst, dem Ich-Bewusstsein, identifiziert bist, ist dein Widerstand am größten und mit ihm die Versuchung, gegen den Aggressor zu kämpfen. Wenn du diesen Widerstand spürst, weißt du, dass deine Wahrnehmung dualistisch ist. Du siehst den Drohenden und bist die Bedrohte. Doch auch der Aggressor ist nur ein Spiegel für das Ich-Bewusstsein, das sich im Licht des Selbst auflösen muss, damit die Wirklichkeit des Einheitsbewusstseins durchscheinen kann. Was die Menschen gemeinhin für das Böse halten, ist der Spiegel ihres eigenen Schattens. Die Menschen fürchten ihre zerstörerische Kraft. Aggression ist die stärkste Rechtfertigung des Menschen für aggressive Abwehrmechanismen. Wer angegriffen wird, glaubt fast immer, er habe das Recht, sein Leben bis zum Tod des Angreifers zu verteidigen. Der Mensch lebt nach dem Grundsatz „Auge um Auge". Er nennt ihn das Gesetz der Notwehr, das jede Verteidigungstat rechtfertigt. Doch wenn wir auf dem spirituellen Pfad der Aggression begegnen, beweist dies nur eins: dass unsere Hingabe an die göttliche Liebe, die der göttliche Wille ist, noch nicht vollständig sein kann! Vollkommene Hingabe ist vollkommene Gewaltlosigkeit. Das umfasst auch die Freiheit von passiver Gewalt in Form der Verweigerung notwendiger Hilfe."

Nie hätte ich für möglich gehalten, dass die Stimme der Intuition so klar zu mir sprechen würde. Ich zweifelte nicht an ihrer Weisheit und je stärker ich ihr vertraute, desto klarer und deutlicher vernahm ich sie. Ich war den Zeichen der spirituellen Liebe gefolgt, hatte ihren Fluss immer stärker gespürt und mich von ihm tragen lassen. Diese Hingabe hatte das Erwachen meines Bewusstseins zur Weisheit bewirkt. Nun musste ich der inneren Weisheit folgen, um zur vollständigen Wahrheit zu erwachen, obwohl ich mich in der schrecklichsten und gefährlichsten Situation meines Lebens befand. Augenblicklich wurde ich ganz ruhig. Eine tiefe Stille breitete sich in mir aus, während ich die letzten Handgriffe zur Vorbereitung der OP tat. Ich wusste nicht, ob ich in der Lage war, Amir zu retten, doch ich war bereit, es zu versuchen, weil ich begriffen hatte, dass Amir und sein Bruder nicht meine Feinde waren. Sie waren der Spiegel meiner eigenen Gewaltbereitschaft, deren Wurzel die Todesangst, der Selbsterhaltungstrieb war. In ihnen begegnete ich niemand anderem als mir selbst, meinem Ich-Bewusstsein und seiner Wurzel.

Der Arzt sah mich an, weil er die Veränderung in der Atmosphäre spürte. „Können wir, Doktor?", fragte ich konzentriert.

„Ja", sagte er fest, doch seine Hände zitterten, als er die Narkose vorbereitete.

„Wir schaffen das", sagte ich ehrlich zuversichtlich. „Wir werden etwas über zwei Stunden brauchen. Bereiten Sie die Anästhesie entsprechend vor."

Wir drehten den Patienten in die Bauchlage und ich rasierte seinen Nacken und seinen Rücken, bevor ich den Operationsbereich desinfizierte. Im verlängerten Rückenmark befinden sich die Kontrollzentren des autonomen Nervensystems, des Blutkreislaufs, des Herzschlags der Atmung sowie aller Reflexe. Sollte ich sie verletzen, würde wahrscheinlich innerhalb weniger Sekunden Amirs Atmung aussetzen.

Mittels modernster Computertechnik, die wer weiß wo herkam, konnte ich sehen, wo die Kugel steckte. Ich operierte am Bildschirm. Jede kleinste Bewegung hatte bei dieser Form der Chirurgie große

Wirkung. Es dauerte eine Weile, bis ich ein Gefühl dafür bekam, wie meine Bewegungen wirkten. Dem Doktor stand der Schweiß auf der Stirn. Doch je länger er mich beobachtete, desto ruhiger wurde er. Meine Nervosität hingegen steigerte sich mit jedem Millimeter, dem ich der Kugel näher kam. Ich wagte kaum noch zu atmen. Mir wurde heiß und für einen Moment wurde mir schwindelig. Ich versuchte, mich zu beruhigen, legte die Geräte aus der Hand, um wieder Luft zu holen. Amirs und mein Leben waren in diesem Moment untrennbar miteinander verknüpft. Ich konnte dem Druck dieser Verstrickung kaum standhalten.

„Sind Sie in Ordnung?“, fragte der Doktor, der wieder nervöser wurde.

„Ja, ja“, log ich. „Ich brauche nur einen kleinen Moment ...“ Der Schwindel wurde stärker. Um mich herum drehte sich alles.

„Du musst loslassen!“, mahnte mich die Stimme der Weisheit. „Lass los und sieh, was geschieht! Sein Leben liegt genauso wenig in deiner Hand wie dein eigenes. Jetzt ist der Zeitpunkt gekommen, dem unsterblichen Selbst vollkommen zu vertrauen.“

Der Schwindel wurde immer stärker und ich hatte das Gefühl, nicht mehr atmen zu können. Der Doktor starrte mich blass an. Ich glaube, er wähnte sich schon tot. Ich versuchte loszulassen, wieder Herrin der Situation zu werden. Ich kämpfte verzweifelt darum, das Beobachterbewusstsein wiederzufinden, das ein sicheres Zeichen dafür war, dass ich losgelassen hatte. Aber je mehr ich darum kämpfte, desto schlimmer, desto schwieriger wurde das Loslassen. Das Beobachterbewusstsein war eben nur Ausdruck des Loslassens und nicht Mittel, um loslassen zu können. „Du musst loslassen, Ellen. Du musst sofort loslassen!“, hörte ich mein Ich-Bewusstsein von mir verlangen. Vergebens, denn Loslassen konnte man nicht machen. Loslassen geschah, wenn man sich sicher fühlte. Aber ich fühlte mich nicht sicher. In dieser verfluchten Situation konnte sich niemand sicher fühlen. Ich musste etwas tun, um Sicherheit zu gewinnen. Die Zeit lief uns weg. Amir lag nun schon über eine Stunde in der Narkose und sein Blutdruck sank.

„Geben Sie die kleinste Dosis Adrenalin“, forderte ich den Doktor auf. Er zog eine Spritze auf und ich kämpfte immer noch meinen inneren Kampf um das Loslassen.

„Habe keine Angst vor der Angst. Widerstehe dem Widerstand nicht", hörte ich wieder die innere Stimme, deren Anweisung ich nicht verstand. Mein Herz klopfte bis zum Hals und auch mein Adrenalinspiegel stieg, parallel zu dem Amirs. Ich staunte über diese innere Verbundenheit. Plötzlich konnte ich wieder durchatmen. Das Gefühl der Koinzidenz hatte mir etwas zu Bewusstsein gebracht. „Was kannst du noch fürchten, wenn du in allem nur dich selbst siehst, dein eigenes Bewusstsein, dein eigenes Weltbild und wenn du weißt, dass vollkommene Hingabe, vollkommenes Loslassen jedes Leid und jede Gefahr beseitigt?" Ja, was konnte der Mensch dann noch fürchten, was konnte er dann noch festhalten, wenn er diese fundamentale Qualität der Erfahrungswelt begriffen hatte? „Du gibst nicht auf, du legst dein Leben in die Hände einer Macht, die es wirklich zu schützen vermag. Das göttliche Selbst ist allmächtig. Nur in ihm gibt es wirkliche Sicherheit jenseits von Leben und Tod, jenseits der Grenzen des sterblichen Selbst."

Der Schwindel löste sich auf. Gleichzeitig stabilisierte sich Amirs Blutdruck. Der Doktor sah mich fragend an. Ich nickte wieder, um ihn zu beruhigen. Ich selbst war nun vollkommen ruhig und geerdet. Mühelos ging ich wieder ans Werk. Jeder Handgriff saß, obwohl ich mir mehrmals den Schweiß von der Stirn abtupfen musste und immer wieder Unsicherheit und Zweifel spürte.

Es war eine eigenartige Situation, die fast magisch anmutete. Alles, was hier während der Operation geschah, machte mir die subtilsten meiner inneren Regungen bewusst. Ich spürte den Kampf zwischen Ich-Bewusstsein und Selbst, zwischen sterblichem und unsterblichem Selbst. Das Ich-Bewusstsein war ganz und gar in der Situation gefangen, fürchtete den Tod Amirs und seines Bruders Rache, meinen eigenen Tod. Doch das Selbst war frei davon. Es fühlte sich trotz dieser Bedrohung sicher. Ja, es war die Quelle der inneren Sicherheit, die trotz der größten äußeren Unsicherheit fortbestand. In diesem Moment war mir, als operierte ich nicht Amir, nein, mir war, als operierte ich mein eigenes Bewusstsein. Die äußere Situation war nur der Katalysator für meine eigene Transformation, die ohne den äußeren Druck, die Angst, die Drohung mit Gewalt niemals möglich gewesen wäre. Ich fühlte mich wie eine Olive, die durch schwere Mühlräder gepresst werden musste, um zu sanftem geschmeidigem, goldfarbenem Öl zu werden. Ja, es schmerzte, auf diese Weise ausgepresst zu werden, und es löste Angst aus. Doch als sich der Widerstand gegen die Veränderung meines Bewusstseinszustands auflöste, ergriffen Vertrauen und Liebe erneut Besitz von mir. Das war es, was vollständige Hingabe bedeutete, auch in der größten Unsicherheit Sicherheit zu empfinden und zwar auch dann, wenn es eine vollkommene Veränderung der eigenen Persönlichkeit, der eigenen Identität bedeutete.

Endlich hatte ich die Kugel links von Amirs verlängertem Rückenmark erreicht. Ich sah sie klar und deutlich auf dem Bildschirm. Nun musste ich sie vorsichtig freilegen, um sie dann langsam und sicher herausziehen zu können. Sie war etwa drei Zentimeter lang. Ich brauchte über eine halbe Stunde, um sie vorsichtig zu lockern. Nur ein einziges Mal kam ich dem kritischen Bereich gefährlich nahe. Ich hielt den Atem an und korrigierte die Position des Skalpells sofort. Ich atmete erst wieder ein, als ich sah, dass Amir keine Reaktion zeigte. Langsam zog ich die Kugel aus dem Gang, den ich zuvor gegraben hatte. Er war breit genug, so dass die Kugel leicht herauszuziehen war. Erleichtert warf ich sie in eine Schüssel und begann sogleich damit, die Wunde zu verschließen. Jetzt, als die größte Anspannung nachließ, wurde der Doktor kreidebleich. Er sah aus, als ob er jeden Moment ohnmächtig würde.

„Halten Sie durch, Doktor?", fragte ich, ohne den Blick von meiner Arbeit abzuwenden.

„Ich versuche es ...", sagte er erleichtert lächelnd.

Amirs Kreislauf blieb stabil. Wir hatten es geschafft. Doch es war so viel mehr geschehen als die Rettung eines Menschenlebens. Ein anderer Mensch hatte zu sich selbst zurückgefunden, er hatte inmitten der größten Täuschung zur Wirklichkeit zurückgefunden.

„Das war großartig, *gora dactara*", lobte mich der Doktor euphorisch. „Die Leute haben recht, Sie arbeiten jenseits des Körperlichen!"

Ich verstand nicht, was der Doktor meinte, doch ich war zu erschöpft, um ihn danach zu fragen.

„Sie müssen sich jetzt, ausruhen, *gora dactara*. Ich werde bei Amir bleiben, bis er aus der Narkose erwacht. Gehen Sie nach nebenan und legen Sie sich hin."

„Meinen Sie?"

„Gehen Sie, gehen Sie!"

Noch während ich meine Handschuhe auszog und das Kopftuch abnahm, schlurfte ich schweren Schrittes in den Raum, in dem ich vor der Mammut-OP gegessen hatte, legte mich in eine Ecke, die mit Kissen gepolstert war, und schlief fast augenblicklich ein.

Doch auch dieser Schlaf, war kein tiefer, bewusstloser Schlaf, sondern der bewusste Schlaf der inneren Wandlung. Ich sah mich wieder wie von oben auf den Kissen liegen und betrat wissend, wach und bewusst, die Welt des Traumes. Dadaji stand plötzlich vor mir und sah mich mit strahlendem Lächeln an. „Ich bin sehr stolz auf dich, mein Kind", sagte er und seine Worte machten mich verlegen. „Warum, Dadaji? Ich habe nichts getan. Ich weiß nicht, wie ich in diese Situation gekommen bin und ich weiß nicht, warum ich in ihr nicht verzweifelt bin und aufgegeben habe. Ich weiß nicht einmal, warum ich diesen Amir operiert habe."

Dadaji lachte laut. „Bescheidenheit und Demut sind wichtige Tugenden. Aber Selbstverleugnung ist keine Tugend, mein Kind. Du darfst Selbstvertrauen haben und Selbstbewusstsein. Das bedeutet nicht, dass du hochmütig und stolz bist. Du musst dich nicht klein machen, wenn du die Grundsätze der Wahrheit und der Liebe angewendet hast, denn diese Anwendung beweist erst, dass du zum Selbst geworden bist."

„Es ist eigenartig, Dadaji. Erst heute verstehe ich, was Individuation, was Transformation und was Selbstverwirklichung bedeutet."

„Ja, so ist das mein Kind. Man kann es erst verstehen, wenn man es erlebt hat. Die Lektion der Gewaltlosigkeit ist eine der wichtigsten Lektionen auf dem spirituellen Pfad. Der Adept ist zur Gewaltlosigkeit nur fähig, wenn er das Prinzip der Projektion vollständig durchdrungen hat und begreift, dass er den eigenen Schatten nicht dadurch erlösen kann, dass er ihn im Außen bekämpft oder tötet. Der Schatten muss als Teil des eigenen Wesens erkannt und als solcher angenommen werden, sonst wird er immer größer, mächtiger und destruktiver. Durch Annahme löst sich die Projektion auf und die Welt wird friedlich. Es ist dieser Frieden, nach dem sich jeder Mensch sehnt. Die ganze Welt strebt danach, doch sie weiß nicht, wie er zu erlangen ist. Nur wer den Zustand der Erkenntnis, also der spirituellen Liebe, und den der Unwissenheit, den Zustand von Verlangen und Widerstand, kennengelernt hat, ist fähig diesen Frieden zu finden, denn wer das Böse für real hält, wird seiner Macht sicher erliegen. Wer jedoch begreift, dass das Böse das größte Verlangen ist, dem er in der Welt begegnen kann, der wird diesem Verlangen keinen Widerstand entgegensetzen, selbst wenn das Verlangen sein Leben fordert. Wer ohne Widerstand ist, ist unverletzbar. Er ist nicht mit dem sterblichen, sondern mit dem unsterblichen Bewusstsein identifiziert. Für einen solchen Menschen gibt es kein Gut und kein Böse mehr, keine Täter, keine Opfer, keine Schuld und keine Strafe. Jetzt, da du die stärkste Projektion überwunden hast, betrittst du ein neues Gebiet; das eines anderen, weiteren Bewusstseins der feinen, reinen Wahrnehmung. Das ist die Welt der Wirklichkeit. Hier wirst du lernen, dass dein Wesen reines Bewusstsein ist, und dieses reine Bewusstsein wird dir alle Geheimnisse enthüllten, nach deren Enthüllung deine Seele verlangt."

Mein Schlaf wurde tiefer und ich verlor das Bewusstsein, als ich vom Traumschlaf in den Tiefschlaf glitt.

Der Doktor weckte mich sanft. „Kommen Sie, *dactara*. Amir wacht auf. Sie sollten nach ihm sehen."

„Ich komme. Wie ist sein Zustand?"

„Stabil. Er schwitzt nicht mehr und atmet sehr ruhig und gleichmäßig."

Wir betraten gemeinsam den eigenartigen Operationsraum und ich sah auf den ersten Blick, dass alle Messungen zufriedenstellend waren. Amir bewegte sich, seine Beine zuckten. Er brauchte noch eine Viertelstunde, dann öffnete er langsam die Augen. Er suchte nach einem bekannten Gesicht. Ich war nicht sicher, ob er wusste, wo er war, und sprach leise und beruhigend mit ihm. „Amir, mein Name ist Ellen Jansen. Ich habe Sie operiert, nachdem Sie angeschossen worden waren. Ihr Bruder hat mich herbringen lassen."

Amir sah mich an. Mir war, als sähe ich eine Träne in seinem rechten Augenwinkel. In diesem Moment war mir dieser Fremde so nah wie sonst nur Parham. Es war völlig gleichgültig, wer er war und was er getan hatte. Ich sah nichts als das Menschliche in ihm, das uns über alle Unterschiede hinweg verband, betrachtete ihn ohne Wertung, ohne Urteil, ja selbst ohne Vergebung. Vergebung war nur dort nötig, wo dualistische Wahrnehmung herrschte, wo man einen anderen für schuldig und sich selbst für unschuldig hielt. Vergeben musste nur, wer sich als Opfer eines anderen fühlte. Doch ich war nie das Opfer Amirs gewesen und auch nicht das Opfer seines Bruders. Dadaji hatte recht gehabt. Mit dem Widerstand, löste sich all das auf. In mir herrschte Frieden.

Draußen wurde es laut, als Amirs Bruder in den Frieden hereinplatzte und den Doktor und mich barsch zur Seite stieß. Auch er weinte. Er ergriff die Hand seines Bruders und redete wild auf ihn ein. Ich beobachtete die beiden Brüder und ihre enge innere Verbundenheit. Wann hatte ich jemals eine solche Liebe zwischen zwei Männern gesehen? Sie berührte mich so sehr, dass ich erst bemerkte, dass sich mir einer von Amirs Männern von hinten näherte, als es zu spät war. Ich sah noch das erschrockene Gesicht des Doktors, als man mir eine Spritze in den rechten Oberarm rammte und ich in Sekundenschnelle bewusstlos wurde. Für Amir und seinen Bruder spielte ich da schon keine Rolle mehr.

Vierundzwanzigstes Kapitel

Als ich wieder zu mir kam, war es tiefschwarze, eiskalte Nacht. Die Kleidung klebte klamm und feucht an meinem Körper. Mein Kopf schmerzte höllisch und der rechte Arm gehorchte mir nicht. Erst nach geraumer Zeit des betäubten Daliegens dämmerte mir, dass ich irgendwo in der freien Natur lag. Allein.

„Sie haben dich tatsächlich weggeworfen", dachte ich. „Sie haben dich benutzt und einfach in den Dreck geworfen. Ausgesetzt! Es ist ihnen völlig egal, was aus dir wird."

Diese Einsicht brachte einen ungeheuren Schmerz von einer Kraft und Tiefe mit sich, der bis ins Mark, bis an die Seele reichte. Er nahm mir auch das letzte bisschen Kraft, das ich noch hatte, und ließ mich erneut das Bewusstsein verlieren.

Ich weiß nicht, ob ich je wieder aufgewacht wäre, wenn nicht eine Bergziege an meinem Ohr geleckt hätte. Ihr Kitzeln und Schmatzen riss mich aus der Unbewusstheit, die nur durch einen hauchfeinen Grad vom Tod getrennt war. Ich wollte aufspringen, doch meine Beine waren zu schwach und knickten einfach weg. Ich wollte die Ziege anschreien: „Geh weg!" Aber ich konnte nur flüstern. Die Ziege blieb stur an meiner Seite. Sie leckte weiter begeistert an meinem Ohr, meiner Wange, meinem Gesicht. Doch sie war herrlich warm. Ich rückte näher an sie heran, um meinen vollkommen unterkühlten Körper aufzuwärmen.

Ich lag auf einem sehr schmalen Felsplateau in einer Art Nische. Der Himmel wusste, wie Amirs Leute mich hierher gebracht und wie lange sie dafür gebraucht hatten. Eine zweite Ziege fand den Weg zu mir. Sie bog auf einem sehr schmalen Pfad um die Ecke. Die Ziegen bewegten sich auf dem vereisten Schotter völlig sicher, fast grazil. Sie sprangen von Stein zu Stein, ohne dem Abgrund, der unter uns an die hundert Meter zu einem kalten graugrünen Gebirgsbach hinunterstürzte, auch nur die geringste Beachtung zu schenken.

Plötzlich spürte ich brennenden Durst. Ich versuchte, mich mit der Kraft des linken Armes, der rechte war noch immer taub und unbeweglich, aufzusetzen und gleichzeitig die leckende Ziege zur Seite zu schieben. Diese einfache Bewegung kostete mich mehr Kraft, als ich noch hatte. Erschöpft gab ich den Versuch auf und griff nach einem spitzen Stein, den ich ohne größeren Kraftaufwand erreichen konnte, um ein Stück Eis aus einem Klumpen zu hauen, der an meinen Füßen lag. Es dauerte ewig, bis ich ein kleines Stück herausgebrochen hatte, an dem ich sofort durstig zu lutschen begann. Die Kälte des Eises durchzog meinen ganzen Körper, doch der Durst war stärker als die Angst vor der tödlichen Kälte. Die Ziege beobachtete mich mit intelligentem Blick und schob sich erneut dicht an mich heran, diesmal, um an meinen strähnig herabhängenden, verklebten Haaren zu kauen. Vielleicht war ich in der Lage zu kriechen, überlegte ich. Langsam und sehr vorsichtig versuchte ich, auf die Knie zu kommen. Der linke Arm stützte mich, doch der rechte begann brennend zu schmerzen und knickte weg, sobald ich ihn nur ein wenig belastete. „Wenn du nicht ganz erfrieren willst, musst du hier weg", mahnte mich meine innere Stimme, die in diesem Moment nichts Weises, sondern etwas sehr Pragmatisches hatte. Die Ziege stupste mich mit der Nase und ich kämpfte um mein mühsam aufrechterhaltenes körperliches Gleichgewicht. Mit letzter Kraft bekam ich das lange Fell der Bergziege zu fassen, hielt mich daran fest und zog mich an ihr hoch auf alle viere. Mein Atem ging schnell und schwer, doch ich war auf den Knien. Ich zog mich an der Felswand hoch und empfand es wie einen Triumph, als ich auf meinen zwei Beinen wackelig an die Wand gelehnt zum Stehen kam. Als die Bergziege mich stehen sah, sprang sie über den Pfad davon. Ich begann langsam in Richtung des Pfads, aus der die zweite Ziege zu mir gekommen war, vorwärtszuwanken. Je mehr ich mich bewegte, desto wärmer wurde mir. Die Kraft kehrte langsam zurück in meine Beine, als mein Kreislauf in Bewegung kam. Ich schleppte mich mühsam vorwärts, Schritt für Schritt, in der Hoffnung, dass dieser Pfad irgendwohin führte. Vielleicht ins Tal, vielleicht in ein Dorf oder zu einem Hirten, dem die Ziegen gehörten.

Auch wenn die Temperatur unter null lag, war sie mit Bewegung doch erträglich. Je wärmer mir wurde, desto mehr schmerzte mein rechter Arm. Das Blut wollte zurück in die Adern, doch die Kälte hatte die Durchblutung bereits geschädigt, mutmaßte ich, während ich mich unermüdlich vorwärtsschleppte. Immer wieder, wenn ein größerer Stein meinen Weg kreuzte, auf den ich mich setzen konnte, machte ich eine kurze Rast, um meine Kräfte zu sammeln.

Minuten wirkten wie Stunden, Stunden wie Tage hier oben im Niemandsland. Ich verlangsamte mein Tempo und hoffte inständig, dass ich ein passendes Schlaflager fand, bevor mich die Kräfte verließen. Nach einer weiteren Biegung, der zehnten an diesem Tag – ich hatte sie alle gezählt und jeder Stein, jede Kurve, jeder Felsvorsprung hatte sich mir tief ins Gedächtnis gebrannt, fand ich zwei Felsen, zwischen denen ich mich sehr vorsichtig niederlassen konnte. Sie schützten mich vor Wind und am Morgen würde ich mich an ihnen hochziehen können, um meine Wanderung fortzusetzen. Innerhalb von Sekunden schlief ich an einen der Steine gelehnt ein.

Wenn ich nicht bereits das höhere Bewusstsein kennengelernt hätte, wenn ich nicht mit absoluter Gewissheit gewusst hätte, dass dieses umfassende Bewusstsein mein wirkliches Wesen war, dessen wohlwollender Wille immer und überall geschieht, ich hätte nicht den Mut gehabt loszulassen und in der eisigen Wüste einzuschlafen. Doch trotz der widrigen Umstände, die meinen Körper an den Rand des Erträglichen brachten und meinen Geist nicht minder herausforderten, fühlte ich mich geborgen. Nicht eine Sekunde hatte ich Angst zu sterben. Das Göttliche wollte mir die wahre, unvorstellbare Größe des universellen Lebens enthüllen, die erst dann sichtbar werden konnte, wenn ich nicht mehr um meine individuelle körperliche oder geistige Existenz bangte und kämpfte. Und so schlief ich wie ein Kind im göttlichen Schoß, geschützt von zwei eiskalten Steinen.

Sobald ich eingeschlafen war, kühlte mein Körper weiter ab. Gleichzeitig verlangsamten sich Atmung und Stoffwechsel. Mein Puls sank unter sechzig Schläge die Minute. All das waren eigentlich körperliche Reaktionen des Tiefschlafs. Doch ich schlief keineswegs tief, befand mich ganz und gar nicht in einem Zustand der Bewusstlosigkeit. Trotz der Anstrengung der Wanderung eines ganzen Tages war mein Bewusstsein wach, viel wacher als jemals zuvor; sogar wacher als in den Wachträumen, die ich in Srinagar erlebt hatte. Wissend, sehend, bezeugend betrat ich die Ebene der Seele. Kurz war mir, als liefe mein gesamtes bisheriges Leben wie im Zeitraffer vor meinem inneren Auge ab, und als ich das sah, dachte ich doch: „Jetzt stirbst du! Das ist die Gesamtschau, von der du schon so oft gehört hast, von der dir schon so viele Patienten erzählt haben, die während einer OP das Jenseits erlebt hatten." Aber ich starb nicht, denn ich nahm immer noch Veränderungen in meinem Bewusstsein wahr. Plötzlich sah ich ganz klar und deutlich den Tag meiner Geburt mit dem Bewusstsein des neutralen, allwissenden Zeugen. Ich sah meine Mutter mit eigenen Augen, erlebte ihre Wehen, ihre Glücksgefühle, ihre Liebe. Als sie mich in den Armen gehalten hatte, hatte sie zuerst und vor allem Stolz gefühlt, dieses kleine Wesen, *ihre* Tochter, „gemacht" zu haben, so wie die Menschen immer stolz auf ihre Werke waren. Ich erschrak, als ich meinen eigenen Schmerz darüber fühlte. Ja, tatsächlich war der erste Blick, den meine Mutter mir als Säugling geschenkt hatte, für mich mit dem tiefem Schmerz erfüllt, nicht als das erkannt zu werden, was ich wirklich war. Sie hatte geglaubt, ich sei ihr und meines Vaters Werk, doch tatsächlich war ich nicht von ihnen, sondern von ganz anderem Wesen. Bei meiner Geburt erinnerte ich mich noch daran, wer ich war und woher ich kam. Ich kam von hier, aus einem Land und einer Gemeinschaft, in der alle und alles auf das höchste, göttliche Bewusstsein gerichtet waren. Ich kam aus einer Gegend, in der die Menschen wussten, dass sie nichts als Bewusstsein waren; in der niemand glaubte, dass er die eigenen Kinder gemacht hatte. Hier kannte niemand das Gefühl des Stolzes und setzte es an die Stelle der Liebe. Hier glaubte niemand, selbst der Handelnde zu sein; jeder wusste, dass er nur der Zeuge der Erscheinungswelt war. Hier, in meiner alten, neuen Welt, sahen die Mütter in den Kindern allein das reine Bewusstsein, das Göttliche, den Schöpfer, der sich in einer neuen Form offenbarte, und wenn ihre Kinder sie das erste Mal ansahen, denn sahen diese in den Augen der Mütter diese Hingabe, die Ausdruck der ewigen inneren ununterbrochenen Verbindung zum Schöpfer war.

Warum, fragte ich mich, war ich in die westliche Welt, die die Verbindung zum Göttlichen verloren hatte und nicht einmal bewusst genug war, um nach ihr zu suchen, geboren worden, wenn ich doch schon bei meiner Geburt ein spiritueller Mensch gewesen war? Mein inneres Bewusstsein nahm die Form der Antwort an. Es zeigte mir eine Szene, die mir noch viel unglaublicher schien, als die Erinnerung an meine eigene Geburt – meinen letzten Tod.

Ich lag schwach und müde auf einem großen Sofa in einem Haus, das mir sehr vertraut war. Meine Haare waren weiß und sehr lang und auf meinem Gesicht, auf dem das Leben nur wenig Spuren hinterlassen hatte, lag ein gütiges Lächeln. Meine Augen strahlten und mein gegenwärtiges Selbst war erstaunt über die Kraft und Vitalität, die sie ungebrochen versprühten, und die Tiefe, die in ihnen lag. Ich fühlte mich sehr wohl in diesem alten Körper, an diesem sehr ruhigen Ort. Doch ich war von leichter Unruhe ergriffen, denn ich wusste, dass ich meinen Körper bald verlassen würde. Ein junger Mann saß bei mir und weinte still, während er meine Hand hielt. Der junge Mann war Dadaji. Ich sprach nicht mit ihm, weil alles gesagt und getan war, was in diesem Leben gesagt und getan werden wollte. In meinem Geist hielt ich auf dem Sterbebett ein sehr deutliches Bild mit absoluter Konzentration. Ich sah mich als Ärztin in Deutschland. Ich würde den Heilberuf erlernen, um in der modernen Zeit das zeitlose Wissen der Heilung mit den neuesten Techniken zum Wohle der Leidenden zu verbinden und anwenden zu können, genauso wie Amirs Arzt mich beschrieben hatte. Das Bild, das ich während des bewussten Sterbens in meinem Bewusstsein gehalten hatte, war der Same für mein jetziges Leben gewesen und die Liebe zu Gott und zu den Menschen, die diesen Samen hervorgebracht hatte, war die Kraft gewesen, die diesen Samen in Form meiner jetzigen Person zum Leben erweckt hatte. Ich spürte diese Liebe, die mein ganzes Wesen durchdrang, das Wesen meines letzten sterbenden Selbst, das Wesen meines heutigen und das Wesen des unsterblichen Selbst. Und dieser Dreiklang, die Begegnung dieser drei „Wesen", zeigte mir, dass im unsterblichen Selbst, in der Seele des Seins, alle und alles eins waren – alle Leben und alle Individuen. Plötzlich war ich mit keinem Körper und keinem Geist mehr identifiziert. Ich war nur noch das, was jeden Körper und jeden Geist miteinander verband, eine lange Reihe von Körpern und eine lange Reihe von Persönlichkeiten, die meiner jetzigen Inkarnation vorausgegangen waren.

Ich erwachte, sobald sich das Schwarz der Nacht in das Grau der morgendlichen Dämmerung färbte. An einem Eiszapfen lutschend zog ich mich an den Felsen hoch und begann die zweite Etappe meines mühseligen Marsches. Schritt für Schritt. Noch nie in meinem Leben waren mir das Laufen und das Halten des Gleichgewichts so schwergefallen. Doch gegen Nachmittag hatte ich Glück. Ich fand einen Stock, der stark genug war, dass ich ihn als Krücke nutzen konnte. Endlich konnte ich mich freier und sicherer bewegen, obwohl ich mich nur mit dem linken Arm darauf stützen konnte; der rechte wurde immer gefühlloser.

So wanderte ich noch zwei weitere volle Tage, ohne noch mehr Kraft zu verlieren und ohne das geringste Hungergefühl. Am Ende des vierten Tages hörte ich das leise Klingeln von Glöckchen. Dann sprang eine der Bergziegen über mich hinweg und lief – beinahe aufgeregt – vor mir her den Pfad entlang. Sie sah sich nach mir um, als wollte sie mich auffordern, schneller zu laufen, um mir etwas zeigen. Und tatsächlich, nach einem steilen Anstieg des Bergpfades, sah ich plötzlich von einer Anhöhe hinab in ein bewohntes Tal. Ich war gerettet. Ich hatte es geschafft.

Zaghaft klopfte ich an die niedrige Tür des erstbesten Hauses.

„Hilfe! Ich brauche Hilfe", rief ich schwach.

Langsam öffnete ein Mann die Tür. Mein Anblick erschreckte ihn und er rief irgendetwas in den hinteren Raum der Hütte. Eine Frau erschien und beide stützen mich und führten mich in ihr einfaches Häuschen, in dessen Mitte ein herrliches wärmendes Feuer brannte.

„Parham Azar, Srinagar", stammelte ich noch, bevor ich ohnmächtig wurde.

Als ich wieder zu mir kam, nahm ich alle Gegenstände um mich herum nur schemenhaft wahr. Jedes Geräusch drang leise wie durch Watte gedämpft zu mir hindurch. Ich war so erschöpft, dass mich sogar das Wachwerden anstrengte. Ich musste darum kämpfen, die Augen zu öffnen und sie scharf zu stellen. Es dauerte einige Zeit, bis ich mehr als Schatten erkennen konnte. Doch langsam begriff ich, wo ich war. Auf Parhams Hausboot! Mühsam versuchte ich, mich aufzusetzen. Durch meinen rechten Arm fuhr ein stechender Schmerz, der mir fast wieder das Bewusstsein nahm. Ich stöhnte laut. Jemand lief zu mir herüber und legte mir ein kühlendes Tuch auf die Stirn, das nach Rosenwasser duftete. Ich kämpfte noch immer mit meiner Sehkraft, die meinem bewussten Willen einfach nicht gehorchen wollte. Doch endlich gelang es mir, mehr als Schatten und Umrisse zu erkennen.

„Iman!"

Sie nahm meine Hand.

„Du musst schlafen, Ellen."

Das Sprechen fiel mir noch schwerer als das Sehen. Mit geschwollenen, trockenen Lippen fragte ich: „Wie bin ich hierhergekommen?"

„Pst! Schlaf dich aus. Du musst erst gesund werden."

Iman hatte recht. Schon die wenigen Worte hatten mich so sehr angestrengt, dass ich meine schweren Lider bereitwillig zufallen ließ und in einen tiefen, heilenden Schlaf fiel.

Als ich das nächste Mal wach wurde, erneuerte Iman einen Verband an meinem rechten Arm, der vom Ellenbogen abwärts bis in die Fingerspitzen blau und grün war. An einigen Stellen zeigten sich schwarze Verfärbungen, vor allem an den Fingerkuppen. Ich stöhnte, als Iman den Arm mit einer wohlriechenden Paste einrieb. Iman hatte die Augen geschlossen und sang sehr leise ein Mantra, während sie den Arm so vorsichtig wie möglich massierte. Ich wollte etwas sagen, doch ich konnte nicht. Irgendetwas an Imans Tätigkeit wirkte so Besonders, so kraftvoll und heilig, dass ich mich nicht traute, den Mund aufzumachen. An manchen Stellen war der Schmerz unerträglich, an anderen spürte ich gar nichts. Das waren die kritischen Stellen. Ich folgte Imans Aufmerksamkeit, die inzwischen meinen ganzen Körper umfasste, interessiert. Noch nie hatte ich einen meiner Kollegen so konzentriert und so achtsam einen Patienten untersuchen sehen. Wir lernten nicht, unser Gegenüber in aller Ruhe mit dem inneren Auge anzusehen. Statt zuerst den Patienten und sein Leiden zu erfassen, lernten wir möglichst schnell das richtige Medikament und die notwendige Behandlungsmethode zu benennen. Heute erlebte ich am eigenen Leibe die Kraft der konzentrierten Aufmerksamkeit. Je länger Iman zuerst die verschiedenen Teile und dann meinen Körper als Ganzes betrachtete, desto mehr Energie fühlte ich in mir. Meine linke, gesunde Handfläche wurde warm und begann zu kribbeln und auch an meinen Fußsohlen spürte ich ein leichtes, angenehmes Gefühl der verstärkten elektrischen Impulse.

„Der Körper wird durch Prana geheilt. Prana ist Energie, die im Astralkörper, dort wo auch die Emotionen zu finden sind, wirkt. Erfrierungen sind auf dieser Ebene heilbar. Doch manche Krankheiten liegen tiefer, auf kausaler Ebene. Der Kausalkörper ist nicht elektrisch, sondern magnetisch. Hier muss man andere Techniken anwenden, um die falsche Vorstellung aufzulösen, die eine Krankheit oder ein Leiden manifestiert! Eine Zuführung von Energie bewirkt dort nur das Gegenteil von dem, was man erreichen will."

Iman schloss wieder die Augen und summte erneut das Mantra, während sie meinen Arm in kreisenden Bewegungen massierte. Dann pustete sie in ihre Hände und legte sie vorsichtig an verschiedenen Stellen auf meinen verletzten Arm. Nun berührte sie die Haut kaum, doch die Wärme der Energie, die durch ihre Hände floss, spürte ich klar und deutlich. Ich erinnerte mich an das Erlebnis in Rozabal, als Issas Energie durch seine Fußabdrücke in meine Hände geflossen war. Und hatte nicht Schwester Baquiya zu mir gesagt, man könne an den Händen eines Menschen erkennen, ob er Heilkraft besitze? Iman pustete noch mehrere Male in die Hände und legte sie auf die Haut meines Armes. Immer wieder stimmte sie das Mantra an, dessen Vibration ich nun in meinem Brustkorb so stark spürte, als sei er des Mantras Resonanzraum. Auch während Iman einen blütenweißen Wollverband anlegte, summte sie weiter. Erst als sie den Verband oberhalb des Ellenbogens fest verknotet hatte, verstummte sie und wurde ganz still. Und wieder ging von der Stille nach Imans Gesang eine ganz besondere, bewusste Kraft aus. Sie hüllte mich ein, erfasste meinen Körper, meinen Geist und mein Bewusstsein und ich versank in ihr und vergaß alles. Mein Bewusstsein erschien mir wie ein Gefäß, das normalerweise randvoll war; gefüllt mit Gedanken, Gefühlen, Zielen, Plänen, Vorstellungen, Überzeugungen und Ideen. Doch die Stille leerte dieses Gefäß so vollständig, dass meine Aufmerksamkeit – nun nicht mehr an irgendeinen Inhalt gebunden – das Gefäß selbst erkennen konnte. Als Iman sich zu bewegen begann, nahm ich sehr deutlich die erste Form wahr, die sich in dem leeren Gefäß bildete – das Ich-Bewusstsein, meine persönliche Identität.

Iman wirkte strahlend schön, als sie mich ansah. „Das Mantra, das ich gesungen habe, stärkt die Abwehrkräfte. Jemand hat dich verletzt und erschreckt, dich angegriffen und gedemütigt, dich benutzt und wie ein seelenloses Ding weggeworfen und dem Schicksal überlassen. Du hast diese seelische Verletzung überlebt, doch die Negativität dieser Erfahrung steckt noch in dir. Dieser geistige Zustand drückt sich in körperlichen Symptomen aus, deshalb ist dein Arm nun taub und schmerzt, weil du ihn zu deinem seelischen Schutz wie einen Schild gebraucht hast. Die körperlichen Veränderungen können nur dort, wo ihre Ursachen liegen, geheilt werden. Das Mantra wird die fremde Kraft aus dir vertreiben und dein Geist wird danach eine unzerstörbare Rüstung tragen. Er wird gegen jede Negativität gefeit sein."

„Was ist denn mit mir, Iman? Was habe ich und wie bin ich hierhergekommen?"

„Du hast eine starke Unterkühlung und sehr viel Gewicht verloren. Dein Arm zeigt schwere Erfrierungssymptome. Die Leute, deren Hütte du nach deiner Entführung mit letzter Kraft erreicht hast, haben sogleich Parham gerufen, nachdem du ihnen seinen Namen genannt hattest und ohnmächtig geworden warst."

Ich erinnerte mich schwach und undeutlich.

„Parham hat dich dann abgeholt. Die Hütte, zu der du dich geschleppt hattest, lag nördlich von Srinagar. Du musst sehr weit durch die Berge gewandert sein."

„Und was machst *du* hier, Iman? Wie kommst du nach Srinagar?"

„Ich war auf dem Weg zu Dadaji, der mich hergerufen hat. Er wusste, dass du entführt worden bist, und hat nur auf einen Hinweis gewartet, wo du zu finden bist."

„Er hat auf einen Hinweis gewartet? Ich verstehe das nicht."

„Streng dich nicht so sehr an, Ellen. Dadaji ist mit jedem von uns verbunden, so wie jeder von uns mit allen anderen verbunden ist. Wer mit dem inneren Auge sieht, weiß was jeder andere von uns erlebt und erleidet."

„Du meinst, Dadaji wusste die ganze Zeit über, wo ich bin? Ich habe einmal sehr intensiv von ihm geträumt, als ich bei den Entführern war."

„Das war kein herkömmlicher Traum, Ellen. Auf der astralen Ebene bist du Dadaji wirklich begegnet."

„Genauso hat es sich angefühlt. Und als ich in den Bergen fast erfroren bin, habe ich noch etwas gesehen, Iman. Dadaji war bei mir, als ich meinen letzten Körper verlassen habe."

„Wir alle sind über die Zeiten hinweg in verschiedenen Rollen miteinander verbunden. Doch wer wir waren und wer wir heute sind, ist nicht das Wichtigste in unserer Beziehung zueinander. Das Wichtigste ist das Selbst, mit dem wir uns identifizieren und auf das wir alle bezogen sind. In diesem Selbst sind wir ein Wesen, nicht zwei, drei oder vier. Es ist unsere Aufgabe, die Erinnerung an das Selbst immer und unter allen Umständen aufrechtzuerhalten. Wer es einmal erkannt hat, wird sich in unserer Gegenwart sicher daran erinnern, und auch der, der es noch nie wahrgenommen hat, wird es in unserer Gemeinschaft erkennen können, wenn er bereit dafür ist."

Eine Welle der Freude lief mir wie ein wohliger Schauer durch den ganzen Körper. Ich sah Iman dankbar an. „Danke, Iman. Danke für alles."

Sie lachte. „Du weißt, dass du nicht mir danken sollst."

In der Nacht bekam ich hohes Fieber. Ich wälzte mich im Schlaf hin und her, schwitzte und fror abwechselnd. Quälende Unruhe ließ mich zappeln. Ich stöhnte und weinte. Parham kam leise an mein Bett und fühlte meinen Kopf. Er flößte mir ein kühlendes Getränk ein und wickelte kalte Umschläge um meine Waden. Doch das Fieber sank nicht. Am Morgen war es noch immer sehr hoch, nur knapp unter vierzig Grad. Schemenhaft nahm ich wieder Iman wahr, die die Bandage an meinem Arm mit geübten Handgriffen abwickelte. Trotz der extremen Verschlechterung meines Gesundheitszustandes zweifelten weder sie noch ich an meiner Genesung. Vertrauensvoll sang sie weiter das heilige Mantra zur Stärkung der Abwehrkräfte, legte die Hände auf, erneuerte Salbe und Verband. In mir herrschte gähnende Leere. Kein Gedanke durchkreuzte meinen Geist.

„Manche Krankheit ist ein Segen, denn sie befreit uns von altem Ballast, der unsere Seele beschwert. Diese Reinigung setzt auf der Ebene der Erfahrung, die du gerade erst betreten hast, automatisch ein. Du musst dir keine Sorgen machen, Ellen. Schlaf, so viel du kannst, und hab Vertrauen in den Gang der Dinge."

Ich lächelte. „Ich kann gar nicht anders als schlafen. Ich wünschte, das würde endlich aufhören. Ich kann nicht einmal denken. Mein Geist ist total leer. Wenn ich wach bin, schaue ich in die Gegend und erkenne keine Bedeutung in den Dingen. So schwach habe ich mich noch nie gefühlt."

„Das ist keine Schwäche, Ellen. Das ist eine Phase der Bewusstwerdung, die man Auflösung nennt. Zuerst lösen sich alle Gedankenstrukturen und dann die tieferen Bewusstseinsmuster auf, so dass das reine Bewusstsein durchscheinen kann. Lass auch diesen Prozess bezeugend geschehen."

Iman hatte recht, wie immer. Obwohl mir die geistige Leere wie Apathie und Lethargie erschien, war sie eine wichtige Station auf dem Weg zu einem höheren Bewusstsein. Nach sieben Tagen begann Iman ein anderes Mantra zu singen, wenn sie an meinem Bett saß, und oft wurde ich nachts wach und hörte Parham neben mir sitzen und leise dasselbe Mantra singen. Schon als ich es das erste Mal hörte, war es mir so vertraut wie mein eigener Name, als hätte ich es mein Leben lang gekannt, ja sogar über die Grenzen meines jetzigen Lebens hinaus. *„Om Issa-bin-Maryam Premadev Namaha"*, sangen Iman und Parham und ich spürte die beruhigende, zentrierende Wirkung, die dieses neue Mantra auf mich hatte. Nie zuvor hatte ich mich sicherer, aufgehobener und geliebter gefühlt als in diesen Tagen der Genesung unter der liebenden Fürsorge von Iman und Parham.

„Ich habe das Gefühl, dieses Mantra schon ewig zu kennen, Iman. Es ist wie ein Teil von mir. Was bedeutet es?", fragte ich, als ich langsam wieder zu Kräften kam.

„Es ist das Mantra Issas und bedeutet so viel wie ‚Om, sei gegrüßt, Herr der Liebe, Sohn der Maria'. Du kannst gerne mitsingen, wenn du schon genug Kraft dafür hast."

Mit sehr leiser und zunächst heiserer Stimme stimmte ich in Imans Gesang mit ein. Sie nahm endlich den Verband von meiner Hand ab und ich wagte einen ersten vorsichtigen Blick auf die Erfrierungen. Es war unglaublich: Die Haut war fast durchgehend rosa und gut durchblutet. Nur an den Fingern waren noch dunkle Verfärbungen zu erkennen.

„Das sieht sehr gut aus", sagte Iman und nahm eine Portion Heilsalbe aus ihrem Kupfertiegel. „Das ist Marham-i-Issa, der

Jesusbalsam, den die Moslems auch Marham-i-Rasul, Balsam des Propheten, nennen. Mit dieser Salbe sind die Kreuzigungswunden Issas bestrichen worden, vor und während seiner langen Wanderung nach Kashmir."

Mir stockte der Atem. Ich hatte gar keinen weiteren Beweis für den Aufenthalt Issas in Kashmir gesucht, doch er fand mich, drängte sich mir förmlich auf.

„Ich erinnere mich noch genau an den Tag, als Dadaji mir das erste Mal den Marham-i-Issa zeigte. Einer meiner Brüder war sehr krank und ich wollte nach Hause reisen, um für ihn da zu sein. Dadaji ließ mich am Jesusbalsam riechen und ich hatte noch nie etwas Herrlicheres gerochen. Die Salbe duftete frisch nach Kräutern und Weihrauch und mir war sofort ihre heilende Kraft bewusst. Ich bat Dadaji, sie in die Hände nehmen zu dürfen, und augenblicklich durchströmte mich ein goldenes Licht, das in meinen Herzraum drang. In diesem Moment war alles heil. Ich war heil und die Welt, die mich umgab, war ebenso heil. Dadaji beobachtete sehr genau, wie ich reagierte und was ich tat, denn er wollte wissen, wie stark meine Intuition bereits war und was oder wie viel ich noch zu lernen hatte. Und dann erzählte er mir, wie der Jesusbalsam hierher gekommen war. Issa selbst hat diesen Tiegel mit nach Kashmir gebracht. Er kam nach Srinagar, weil er dem göttlichen Willen folgte und sich als Teil unserer Gemeinschaft fühlte, die direkt mit Shiva verbunden ist. Issa soll gesagt haben, dass er hier endlich zu Hause sei, in der Nähe des Göttlichen, das sich auch in seinem Namen spiegele. Is, Ish, Isha oder Issa ist einer der Namen Shivas, nicht des Shivas der hinduistischen Trimurti, sondern des Shivas, der das reine göttliche Sein symbolisiert. Dieselbe Silbe zeigt sich auch in vielen hebräischen Namen, die sich auf das Göttliche beziehen, vor allem aber in dem Namen Is-rael. Is-rael bedeutet „Gott streitet" oder „Gott herrscht". Als Issa sich hier am Fuße des Himalayas niederließ, führte er ein einfaches, unauffälliges Leben. Wer zu ihm kam und Hilfe oder Unterweisung suchte, erhielt sie. Eigenartiger Weise fand keiner seiner ehemaligen Jünger jemals wieder den Weg zu ihm, obwohl er ihnen viele Zeichen gab. Issa selbst nutzte den Marham-i-Issa nie, aber er hinterließ ihn einem Vertrauten, der ihn danach wiederum an seinen Vertrauten weitergab. Seitdem sind schon viele Wunden und Krankheiten mit dem Jesusbalsam behandelt worden, doch der Tiegel ist niemals leer geworden. Der Balsam versiegt nie. Es gibt keine Rezeptur, mit der wir den Balsam selbst herstellen könnten, doch solange wir im Sinne des Höchsten die reinen Prinzipien der Heilung anwenden, wird der Balsam nicht versiegen."

Ich spürte, dass das Göttliche immer wieder Wege fand, auf Erden zu wirken, überall dort, wo es Menschen gab, die an seine Fülle und seine Allmacht bedingungslos glaubten und sich zu seinem Werkzeug machten. Iman war ein solches Werkzeug und ich war sicher, dass derjenige von uns, der den Heilbalsam einst von Issa erhalten hatte, ein ebensolches Werkzeug gewesen war.

Iman stimmte wieder leise das Mantra an, dessen Klang augenblicklich den Raum und dann das ganze Hausboot füllte. Er schien gleichermaßen von innen, aus Iman, und von außen zu kommen, einem Außen, das hinter allem zu liegen schien. Der Klang entstand auf einer anderen Ebene des Bewusstseins, dort, wo das Göttliche sich selbst als Klang manifestierte. Es war das erste Mal in meinem Leben, das ich einen göttlichen Klang hörte. Automatisch stimmte ich wieder in den Gesang mit ein und ein Schauer der Liebe regnete auf uns herab, erfüllte unsere Gemüter und unsere Seelen und nahm jeden Schmerz, jedes Leid, das wir jemals empfunden hatten, von uns. Imans Wahrnehmung war sehr fein und sie spürte die subtilsten Regungen in ihrem Gegenüber. Deshalb sah sie, dass mein Bewusstsein eine Art Quantensprung machte, der nur hier, nur jetzt und nur mit ihr gemeinsam möglich war: Es öffnete sich ein Tor zum höheren Bewusstsein und ich schritt mühelos hindurch. Für einen kurzen Moment war ich da in der Lage zu erkennen, dass auch das Leiden des Menschen so etwas wie ein Erfahrungsmuster war. Obwohl der Mensch glaubte, unzählbare verschiedene Erfahrungen des Leids zu machen, ebenso wie er glaubte, zig verschiedene Erfahrungen der Freude zu machen, war das Leid an sich doch nur eins: ein bestimmtes Muster, das die verschiedensten Früchte trug, sich in immer neue Gewänder kleidete und daher als viele erschien. Deshalb kämpfte der Mensch so ohnmächtig, so unbändig gegen immer neue, unendlich viele Formen des Leids, statt das eine Muster des Leids an seiner Wurzel ein für alle Mal aus seinem Bewusstsein zu reißen. Doch wie ging das, wie machte man das, wie befreite man sich vom Muster des

Leids? Wie befreite man seinen Geist vom Samen des Leids, bevor dieser ein weiteres Mal aufging, heranwuchs und Früchte trug? Ich wusste es längst und ich erlebte es in diesem Moment: durch vollkommene Hingabe des Ich-Bewusstseins, durch bedingungsloses Loslassen jeglichen Verlangens, jeglichen Eigenwillens.

„Ich muss dir noch etwas erzählen, Ellen. Ohne diese Geschichte ist die Geschichte von Marham-i-Issa nicht vollständig. Dadaji erzählte sie mir noch am selben Tag, als er mir den Tiegel für meinen Bruder mitgab und mich in das Mantra einweihte, und ich habe seitdem jeden Tag an sie gedacht, so wie ich jeden Tag meines Lebens das Mantra rezitiert habe. Issa selbst soll die Geschichte erzählt haben. Sie entspricht seinem typischen Lehrstil in Gleichnisform und stammt aus der Zeit, als er durch Indien wanderte. Dort muss er einem Heiligen begegnet sein, den er den „wunschlosen Heiler" nannte. Dieser Mann lief als bettelnder Wandermönch durch Indien. Er war stets in Gott versunken, trug stets den göttlichen Namen auf den Lippen und wanderte von Ort zu Ort. Die Leute gaben ihm reichlich zu essen, wenn er seine Schale an ihre Tür hielt, und er segnete daraufhin das Haus. Bald sprach sich herum, dass sein Segen allen Kummer und alle Schwierigkeiten von den Hausbewohnern nahm, und die Leute begannen, sich darum zu reißen, seine Bettelschale füllen zu dürfen, um im Gegenzug seinen Segen zu empfangen. Dem Wandermönch wurde das bald zu bunt und er zog sich eine Höhle zurück und suchte noch intensiver die Nähe zu Gott, denn er glaubte, Gott nicht nah genug zu sein, wenn die Leute ihn so begehrten und ihm Almosen nur deshalb gaben, weil sie sich eine Gegenleistung erhofften. Eines Nachts erschien ihm das Göttliche in Form von Shiva, den er zeit seines Lebens verehrt und angebetet hatte, und beruhigte seine Ängste. ‚Dein Geist ist rein und dein Herz ebenso. Ich spüre deine Liebe zu mir jede Sekunde deines Daseins und um dir zu danken, habe ich dir etwas gegeben und möchte ich dir noch etwas geben. Die Gabe des Segnens hast du bereits von mir erhalten, nun möchte ich dir die Gabe der Heilung schenken.' ‚Aber Herr, Shiva, gütiger Lord, ich möchte diese Gabe nicht und ich bitte dich inständig, nimm auch die Gabe des Segnens wieder von mir. Ich möchte nur eins – mit dir sein. Ich verlange nichts von dir. Ich liebe dich.' Shiva spürte, wie ernst es dem Heiligen war, und er wusste, dass er ihm keine Gabe reichen konnte, die dieser ablehnte. Also ersann er einen Trick: Er gab dem Schatten des Heiligen die Gabe zu heilen und zu segnen. Bald war der Geist des wandernden Heiligen wieder in Frieden und er verließ seine Höhle und setzte seine Wanderung fort. Überall, wohin er kam, auf jedes Haus und auf jeden Menschen, auf die sein Schatten fiel, verteilte er Segen und Heilung. Doch er selbst hatte keine Ahnung von seinem Tun. Er bemerkte es nicht einmal und wenn ihn jemand lobte oder nach seiner Gabe fragte, dann sagte er stets voller Überzeugung: ‚Ich tue nichts, ich habe nichts.' *Das* sei die richtige, die einzige Art zu heilen, soll Issa gesagt haben. Immer unschuldig, niemals absichtlich und stolz. Der Geist ist allein auf das Göttliche gerichtet und nur das Göttliche vermag zu handeln und zu heilen. Wenn es das durch dich tun will, wird es das tun. Wer nur einmal, eine Sekunde glaubt, dass er selbst eine Gabe besitzt, die er nach eigenem Willen anwenden kann, wird fallen. Neue Schleier werden sich über sein Bewusstsein legen. Issa hat gesagt: ‚Der Vater ist der Einzige, der handelt. Nur der ist ein wahrhafter Heiler, der weiß, dass er selbst keine Heilkraft besitzt.'"

Drei Tage später war jegliche Erfrierung aus meinem rechten Arm gewichen. Ich war noch sehr schwach, hatte aber genügend Kraft, um aufzustehen, und saß nun warm zugedeckt auf dem Diwan in Parhams Wohnzimmer. Ich sah in mich hinein und versuchte herauszufinden, wer ich nach all den existenziellen Erlebnissen der letzten Wochen geworden war. Ich wollte wissen, wo ich stand und was noch vor mir liegen könnte. Mein innerer Blick war klar und geschärft. Er fiel auf einen kleinen dunklen Flecken, eine letzte Ungewissheit in mir, die mein Vertrauen blockierte und meine Hingabe unvollständig machte. Nachdenklich versuchte ich, Parham meinen inneren Zustand zu beschreiben.

„Es ist, als fehle mir noch ein letztes Teil des Puzzles. Ich weiß nicht, wo ich danach suchen soll, aber ich weiß, dass ich es brauche, damit ich mich selbst wirklich erkennen und die Geschichte Issas, die ich hier gehört habe, glauben kann. Ohne dieses Puzzleteil kann ich meinen eigenen Erfahrungen nicht vertrauen. Manchmal ist alles so riesig, so wundersam, dass ich denke: Das kann mir einfach nicht passieren, das kannst nicht du sein, die all das erlebt. Aber es passiert mir und ich bin es und dann glaube ich, das beweise nichts, als dass ich langsam den Verstand verliere. In diesen Momenten reicht es nicht, dass ich Menschen wie dich kenne, durch die die Wahrheit für mich sichtbar wird. Dieses eine kleine Puzzleteil, das mir fehlt, hat tatsächlich die Kraft, das ganze Bild als Trugbild erscheinen zu lassen und mich dazu zu bringen, mich von diesem Trugbild abzuwenden. Ich muss das fehlende Teil finden, sonst finde ich keine Ruhe. Mein altes Leben gibt es nicht mehr. Ich kann nicht mehr nach Deutschland zurück, ich werde den Beruf der Ärztin nie mehr so ausüben können, wie ich es einmal getan habe. Es gibt also nur den Weg nach vorn, die Suche nach der letzten Wahrheit. Wenn ich sie nicht finde, bin ich verloren."

Parham sah mich verständnisvoll an. „Jeder von uns braucht Heilung, Ellen, denn jeder von uns hat seine Ganzheit verloren. Heil zu sein bedeutet, ganz zu sein, und ganz zu sein bedeutet, die eigene göttliche Natur verwirklicht zu haben. Für jeden, der Issa folgt, heißt heil zu sein, das eigene Christusbewusstsein verwirklicht zu haben. Dieses Christusbewusstsein ist ein Archetyp, der erkannt und gelebt werden will. Wenn die Transformation vollendet ist, sieht man das ganze Bild, das stimmt. Dann gibt es keine fehlenden Puzzleteile, keine dunklen Flecken, keine Fragen mehr. Und genau deshalb bist du ja hier. Um alle Dunklen Flecken in dir mit Licht, mit Bewusstsein zu füllen. Ich werde dich morgen zu Dadaji bringen. Du bist jetzt so weit."

„Ich bin so weit?"

„Dadaji wird dich tiefer führen, als Iman und ich das können. Er wird dir Spiegel für die letzte Wahrheit sein."

Fünfundzwanzigstes Kapitel

„Pack ein paar Sachen ein, Ellen. Dadaji erwartet dich", sagte Parham am nächsten Morgen in aller Frühe, als er mich weckte.

„Ich kann doch nicht einfach weg, Parham. Ich werde im Nothospital gebraucht. Ich bin bald gesund genug, um wieder zu arbeiten."

„Ellen! Du wirst nirgendwo gebraucht. Das Nothospital läuft seit Wochen ohne dich. Ich habe alles mit Victor und Martin besprochen. Du musst jetzt an dich denken."

„Aber deshalb bin ich nicht hier. Ich bin für die Erdbebenopfer hier, nicht für mich selbst."

Parham lachte laut. „Was ist das denn für ein Quatsch. Niemand lebt nur für andere und nur für sich selbst. Es muss immer ein Gleichgewicht herrschen. Du hast dich monatelang aufgeopfert. Jetzt bist du selbst krank gewesen und es wartet eine noch größere Herausforderung auf dich. Wenn du diese annimmst, wirst du anderen erst wirklich helfen können. Also geh zu Dadaji – ohne schlechtes Gewissen."

Parham rief ein Taxi und brachte mich zu Dadajis Haus. Iman öffnete die Tür.

„Dadaji wartet auf dich. Ich selbst fahre mit Parham ins Nothospital", sagte sie kurz und stieg mit Parham ins wartende Taxi. Ich stand allein im Flur des großen Hauses und wusste nicht, was mich erwartete.

„Komm, Ellen. Ich bin hier im Wohnzimmer", rief Dadaji herzlich.

Ich folgte seiner Stimme und fand ihn rauchend in einem Sessel sitzend.

„Iman hat Tee für uns gemacht. Setz dich zu mir."

Schweigend setze ich mich Dadaji gegenüber.

„Wie geht es dir, mein Kind?"

„Besser. Ich bin noch etwas schlapp, doch mein Geist ist klar und sehr leer. Mein Herz ist ruhig und unaufgeregt. Ich bin ein anderer Mensch, als der, der nach Kashmir kam. Aber ich spüre, dass ich noch nicht am Ziel meiner inneren Reise angekommen bin."

„Als ich bei dir war, als du deinen letzten Körper im Alter von achtundachtzig Jahren verlassen hast, hast du mich um zwei Dinge gebeten. Ich sollte dich an deinen hinduistischen Namen erinnern und darauf bestehen, dass du dem Pfad Issas bis zum Ende folgst, wenn wir uns wiederbegegnen. Dass ich dein Medaillon aufbewahrte, war ebenso selbstverständlich. Jeder von uns wird aus jedem Winkel der Welt immer wieder zu den anderen finden. Das ist ein inneres Gesetz – das Gesetz der Resonanz. Nun bist du hier und hast alle Konditionierungen durch die materiell geprägte Gesellschaft, in der du bisher gelebt hast, erkannt und überwunden. Du erinnerst dich wieder an deine wahre Natur und hast viele Projektionen von Verlangen und Angst zurücknehmen können. Doch du fragst dich immer noch, wie es sein kann, dass Issa die Kreuzigung überlebt und in Kashmir ein unerkanntes, erfülltes, langes Leben gelebt hat – ja, dass sein wirkliches Leben erst nach der Kreuzigung begann. Diese letzte Ungewissheit besteht nur, weil du das höchste Bewusstsein noch nicht vollständig erfasst hast. Es liegt noch ein Schleier vor deinem Bewusstsein, der die Wahrheit als Täuschung erscheinen lässt."

Dadaji schenkte uns Tee ein und bot mir Milch und Zucker an.

„Mir ist, als fehle ein letztes Teil des inneren Puzzles. Es ist nicht groß, doch es verzerrt das ganze Bild."

„Wer Issas Geschichte unabhängig vom Bewusstsein begreifen will, wird sie niemals verstehen. Sein Leben zeigt uns das höchste Bewusstsein, das in uns selbst zu finden ist. Doch bevor du mehr über dich und gleichzeitig über Issa erfährst, möchte ich meiner Aufgabe nachkommen und dich an deinen hinduistischen Namen erinnern. Er lautet Ishama. ‚Isha' ist eine Abkürzung von ‚Ishvara' und bedeutet Herr, Gott, Shiva, höchstes Bewusstsein, wie du bereits weißt, und gleicht ‚Issa' im arabischen Sprachgebrauch. ‚Ma' ist die Kurzform von ‚Mata' und bedeutet Mutter. ‚Ishama' heißt also göttliche Mutter. Der Name verbindet weibliche Energie und männliche Bewusstheit und ist ein Zeichen für die höchste Verwirklichung, die alle Gegensätze transzendiert. Gleichzeitig erinnert er auch an Maria, die im Christentum Mutter Gottes genannt wird, und an Maria Magdala, die einzige Frau an Issas Seite. Dein wirklicher Name zeigt dir, wer du bist, der weibliche Ausdruck Gottes, die Shakti Shivas."

„Ich glaube, ‚Ellen' heißt ‚die Strahlende'."

„Das ist auch ein sehr passender Name für dich, doch er erreicht nicht die Tiefe von ‚Ishama', der die Vollendung des weiblichen Weges symbolisiert."

„Ich danke dir, Dadaji. Wenn ich nicht selbst gesehen hätte, dass du bei meinem Tod an meinem Bett gesessen hast, könnte ich deinen Worten keinen Glauben schenken."

„Ist das nicht fantastisch, Ishama? Sobald wir aus Erfahrung lernen, stärkt sich unser Glaube und wird irgendwann zu Wissen. Das Leben ist überwältigend geheimnisvoll und heilig, und keiner merkt es."

Wir tranken gemeinsam einen Schluck Tee.

„Wir machen jetzt einen Ausflug, wenn du stark genug bist. Ich möchte dir einen weiteren heiligen Ort zeigen, an dem Issa seine Spuren für uns hinterlassen hat."

„Natürlich bin ich stark genug."

„Das wird die letzte äußere Etappe auf deiner Reise sein. Danach geht es nur innerlich weiter. Bist du bereit?"

Ich nickte bestimmt. „Ich bin bereit."

Vor dem Haus wartete dasselbe Taxi, das Parham und mich vorhin hergebracht hatte. Der Fahrer verneigte sich ehrfürchtig vor Dadaji und nahm unsere Taschen leicht unterwürfig entgegen. Ich wusste noch immer nicht, wie lange wir fort bleiben würden, aber ich fragte auch nicht danach. Irgendetwas sagte mir, dass die Dauer unseres Fortbleibens einzig von mir und meinem inneren Fortschritt abhing. Der Wagen fuhr auf der Hauptstraße in Richtung Südosten, das war die Richtung, in der ich nach Yuz Marg gefahren war.

„Ich war schon einmal hier", berichtete ich. „Ich bin nach Yuz Marg gefahren, weil ich dringend nach Antworten über Issas Aufenthalt in Kashmir suchte."

„Hast du sie dort gefunden?"

„Yuz Marg ist ein heiliger Ort. Ich hatte das Gefühl, dass die Zeit dort außer Kraft gesetzt ist. Das allein war eine besondere

Erfahrung. In Yuz Marg konnte ich mir sehr gut vorstellen, wie Issa nach Srinagar gekommen ist. Kurz nachdem ich dort war, habe ich Rozabal entdeckt und dort habe ich zum ersten Mal die Gegenwart Issas tatsächlich gespürt."

Dadaji schwieg und ich bemerkte wieder die starke Gegenwart der beobachtenden Präsenz, die ich lange Zeit nicht wahrgenommen hatte.

Kurz vor Mittag erreichten wir ein altes Kloster auf einem Hügel weit oberhalb des Tals, aus dem wir kamen. Das Taxi hielt vor dem Tor und der Fahrer entlud schweigend unser Gepäck. Dadaji nickte nur, ohne zu zahlen, und der Fahrer fuhr in schnellem Tempo davon.

„Das ist Aishmuqam, die Raststätte Issas. Hier machte er auf seiner ersten Reise durch Kashmir Rast. Das Kloster ist heute ein muslimischer Schrein. Doch wir sind willkommen hier. Einer der Sufis, die das Kloster leiten, gehört zu unserer Gemeinschaft. Komm, mein Kind."

Dadaji öffnete das Tor und wir standen vor einem prächtigen alten Bau, der sehr gut erhalten war. Sicher hatte Aishmuqam zu der Zeit, als Issa sich hier erholte, ganz anders ausgesehen. Heute waren nur wenige Leute hier, hauptsächlich Männer mittleren Alters, die wirkten, als wüssten sie nichts mit sich anzufangen, und uns neugierig ansahen. Ich folgte Dadaji ins Innere des eindrucksvollen Gebäudes, noch immer unter den sehenden Augen des beobachtenden Bewusstseins. Es schien mir hier noch präsenter, noch klarer, meinem eigenen Bewusstsein viel näher, irgendwie unmittelbarer. Es füllte mich mit Energie, mit Leichtigkeit und Freude, die fast so stark war wie Seligkeit, Glückseligkeit. Wir liefen durch eine große Halle, den Gebetsraum vermutete ich. Aus der Ferne hörte ich einen Chor tiefer männlicher Stimmen.

„Om Issa namaha,
Om Manas Putraya namaha,
Om Agneya namaha,
Om Kavalya namaha …"

Der sonore Klang erfasste mich und hüllte mich ein. Für einen Moment war es mir unmöglich zu erkennen, ob er von außen an mein Ohr drang oder nur in meinem Bewusstsein zu hören war. Ich war dieser Klang, der Klang war ich.

Endlich erreichten wir einen Nebentrakt des Klosters. Am Ende eines langen Flures klopfte Dadaji an eine gewaltige Tür.

„Herein", rief eine freundliche Stimme.

Dadaji öffnete die Tür und wir betraten einen hohen Raum mit weiß gekalkten Wänden. Hinter einem großen Schreibtisch saß ein Mann im Sufigewand und lächelte uns an.

„Dadaji! Es ist mir ein Freude, dich und Ishama als Gäste zu begrüßen."

Ich legte die Hände vor der Brust zusammen und verneigte mich.

„Dadaji hat mir von Ihnen berichtet. Sie sollen eine hervorragende Ärztin sein."

Ich lächelte. „Dadaji übertreibt."

„Das ist Nizram, ein guter alter Freund und der Abt von Aishmuqam. Nizram, ich bringe Ishama her, weil wir einen Ort brauchen, an dem wir ungestört sind. Außerdem wollte ich ihr den Jesusstab zeigen."

„Natürlich! Jeder, der auf den Spuren Issas wandelt, sollte den Jesusstab gesehen haben. Kommt, ich führe euch hin und dann zeige ich euch eure Zimmer."

Der Abt führte uns durch eine kleine Tür am anderen Ende seines Arbeitszimmers. Es war kühl in Aishmuqam und ich fror ein wenig, doch mein Geist war klar und hellwach. Der Abt hielt vor einer sehr alten hölzernen Tür im Untergeschoss. Während er einen Schlüsselbund zückte, sah Dadaji mir direkt in die Augen. Er schien mich zu prüfen, wissen zu wollen, wie ich die Dinge um mich herum wahrnahm.

Die Tür öffnete sich schwer und Nizram trat mit einer tiefen Verbeugung in den dunklen Raum, in dem die heilige Insignie aufbewahrt wurde. Neben dem Eingang stand eine Kerosinlampe, die er in aller Ruhe anzündete. Der Lichtstrahl der Flamme fiel auf eine gläserne Vitrine, doch mehr als von dieser wurde meine Aufmerksamkeit von der Atmosphäre des Raumes gefangen genommen. Die Tür zu diesem Raum, war wie das Tor in eine andere Welt, zu einer neuen Erfahrungsebene, und als ich die Türschwelle passierte, war ich mir der Tatsache absolut bewusst, dass ich in diesem Moment eine neue Bewusstseinsebene betrat – die äußere Handlung machte die innere Wandlung erst sichtbar. Große Dankbarkeit erfüllte mich, als ich mich von der Energie des Raumes durchdringen ließ und mein Bewusstsein sich mühelos auf die neue Erfahrungsebene einstellte. Der Abt öffnete die Glasvitrine, entnahm ihr ein in alte Tücher gehülltes längliches Objekt und übergab es Dadaji. Dadaji legte die Reliquie vorsichtig auf einen kleinen Tisch und nachdem der Abt die Lampe abgestellt hatte, wickelten beide Männer vor meinen Augen sehr vorsichtig einen hölzernen Stab aus dem Tuch. Ich traute meinen Augen nicht, denn der Stab schien von innen heraus zu leuchten und im ersten Moment war mir, als winde sich eine Schlange um ihn. Das Bild, das sich in meinem Bewusstsein abzeichnete, erinnerte mich an den Äskulapstab, das Symbol für alle Heilberufe. Ich streckte meine Hand aus, um den Stab zu berühren, und sah Dadaji fragend an. Er nickte und ich berührte das warme, weiche Holz. Von ihm ging eine ebenso hohe Energie aus wie von den Fußabdrücken Issas in Rozabal, und augenblicklich fühlte ich mich eins mit dem Stab und dem höheren Bewusstsein, in dem Formen Leere und Leere Form war. Ich zweifelte nicht daran, dass der Stab ein heiliger Gegenstand war, doch woher nahmen Nizram und Dadaji die Gewissheit, dass Issa ihn hergebracht hatte?

„Das ist der Stab Mose", erklärte Nizram flüsternd. „Doch wir nennen ihn Assa-i-Issa, Jesusstab. Es ist der Stab, den Gott Moses, den die Araber Mussa nennen, am Berg Sinai übergab und mit dem er viele Wunder vollbracht hat, die in der Bibel und im Koran erwähnt werden. Der Stab hat sich in eine Schlange verwandelt, als Moses auf den Pharao traf, und dessen Priester wendeten sich daraufhin von ihm ab und folgten stattdessen Gott und Moses, so dass das israelische Volk befreit werden konnte. Mit diesem Stab hat Moses das Meer geteilt und er besitzt noch heute die Kraft, Krankheiten zu heilen, Dürren zu vertreiben, und schweres Leid vom Volk abzuwenden. Issa hat ihn bei seiner ersten Wanderung als junger Mann mit nach Kashmir gebracht und als Versprechen hier gelassen, dass er wiederkommen wird. Als er später nach seiner Kreuzigung in Kashmir lebte, war er häufig in Aishmuqam und hat vielen seiner Schüler den Stab gezeigt und von seiner Wundertätigkeit berichtet, um ihren Glauben und ihre Erkenntnisfähigkeit zu stärken."

„Wie kam Issa denn in den Besitz des Stabes? Moses hat doch viele Generationen vor ihm gelebt."

„Die Überlieferung sagt, dass Gott selbst Issa den Stab übergab, so wie er ihn einst Moses übergeben hatte, weil auch Issa auf göttlicher Mission aus Palästina auszog und nach Indien wanderte", erklärte mir der Abt. Dann sah er Dadaji und mich an. „Ich lasse euch nun mit dem heiligen Symbol allein. Es ist besser, die großen Dinge unwissend zu betrachten und der eigenen Seele zu erlauben, ihre Symbolik zu enthüllen."

Dadaji nahm den Stab mit dem Tuch und legte ihn vorsichtig auf den Boden. Dann setzte er sich mit verschränkten Beinen davor. „Komm, Ishama. Setz dich. Nizrams Worte sind wahr. Niemand kann dir mehr über diesen Stab und seine Bedeutung für dich sagen als die innere Stimme."

Ich setzte mich vorsichtig neben Dadaji und betrachtete den Stab aufmerksam und achtsam. Er war aus dunkelbraunem knorrigem Olivenholz und lang genug, einen Mann von Parhams Größe zu stützen. Mein Geist war so konzentriert und allein auf den Stab gerichtet, dass jegliches Denken und Fragen zum Stillstand kam.

„Es ist eigenartig, Dadaji. Ich sehe immer eine Schlange, wenn ich den Stab ansehe."

„Der Stab hat sich mehr als ein Mal in seiner Geschichte in eine Schlange verwandelt. Es gibt nur wenige Symbole, die in der Religion und in der spirituellen Wissenschaft bedeutsamer sind als sie."

Mehr wollte Dadaji mir offenbar nicht erklären und so blickte ich erneut auf den Stab, ihn immer wieder mit den Händen berührend. Seine Kraft war enorm. Er erzeugte einen starken Strudel, der mein Bewusstsein immer weiter nach innen zog, und ich ließ es geschehen. Plötzlich sah ich fließende Bilder vor meinem inneren Auge. Ein Mann hielt den Stab fest in seiner Hand. Von dem Mann, den ich wie in einem Film klar und deutlich vor mir sah, ging unerschütterliches Gottvertrauen aus, die absolute Gewissheit, dass Gott durch ihn handelte. Ich sah die Bilder klar und deutlich, war mir aber weiterhin der Tatsache bewusst, dass ich neben Dadaji in Aishmuqam saß und auf den Jesusstab herabblickte. Der Mann, der Moses sein musste, stand an einem Berg und war von einer ungeheuren Bewusstheit umgeben. Er war von seiner Aufgabe überwältigt, das Volk Israel aus Ägypten zu führen. Und plötzlich fragte er das Göttliche nach seinem Namen. „*Ehjeh 'ascher 'ehjeh* – ich bin, der ich bin", erfasste er da und ich mit ihm. Mir liefen Tränen über die Wangen und ich zitterte am ganzen Körper, weil ich dem Göttlichen und seiner unvorstellbaren Präsenz nie zuvor näher gewesen war.

Dadaji berührte mich mitfühlend und liebevoll. „Es ist gut, Ishama. Alles ist gut."

Ich schluchzte erschüttert, berührt, überwältigt von der göttlichen Gegenwart und ihrer alles übersteigenden Größe, die ich so plötzlich und unvorbereitet wahrgenommen hatte.

„Was hast du gesehen?", fragte Dadaji ruhig und tröstend.

„Ich habe Moses gesehen, als er den Auftrag erhielt, sein Volk aus Ägypten zu führen. Er hat Gott nach seinem Namen gefragt und Gott antwortete: ‚Ich bin, der ich bin!'"

Mein Geist war leer. Das Gefühl des Suchens hatte sich unmerklich aufgelöst. Ich saß auf dem Boden neben Dadaji vor dem Jesusstab und sah mich aus der Distanz des Zeugenbewusstseins dort sitzen. Ich spürte eine Tiefe und eine Ruhe, die aus der Quelle des Bewusstseins, weit jenseits meiner Persönlichkeit kamen. In diesem Moment projizierte der Geist keine Bilder auf die innere Leinwand des Bewusstseins. Die Energie, die alle Worte, Gedanken und Bilder entstehen ließ, hatte sich in ihre Quelle zurückgezogen, und was blieb, war das reine reflexive Bewusstsein des Beobachtens, des Sehens, des Erkennens. Dennoch hörte ich Dadajis Worte klar und deutlich, als er wieder zu mir sprach.

„Die Achtsamkeit ist der Schlüssel zu jedem Erfahrungsfeld – vergangen, gegenwärtig und zukünftig. Alles, was wir wissen müssen und wissen wollen, kann von der Achtsamkeit erreicht werden. Sie ist wie ein Fernsehgerät, das man nur auf die richtige Frequenz einstellen muss, um auf dieser Frequenz zu sehen und zu hören. Ich erinnere mich noch sehr gut daran, dass du einmal in deiner letzten körperlichen Gestalt zu mir gesagt hast, dass du zu allem wirst, worauf du deine Achtsamkeit richtest. Du wirst es, hast du gesagt, nicht du siehst es. Auf jeder Stufe des Lebens steht eine Frage, eine Aufgabe, manchmal auch ein Problem im Vordergrund. Diese Frage lässt sich am schnellsten beantworten, wenn man das Licht der inneren Achtsamkeit darauf richtet. Issa kann nicht mit dem weltlichen Verstand erfasst werden. Er ist eine vielschichtige Figur, die symbolischen und tatsächlichen Charakter hat. Jesus ist der Menschensohn und Christus ist der Gottessohn. Beide Qualitäten sind in Issa vereint. Er ist zugleich eins mit Gott und eins mit den Menschen. Er hat seine Einheit mit Gott, mit der Quelle allen Lebens, dem Schöpfer, nie verloren, weil er ein sogenannter *Avatar* war, eine menschliche Form Gottes. Ein solcher *Avatar* wird immer dann geboren, wenn die Welt in Unwissenheit und Sünde versinkt, wenn der kollektive menschliche Wille sich vom göttlichen Willen trennt, wenn *Adharma* herrscht. Er wird geboren, um das *Dharma*, die göttliche Ordnung, das göttliche Gesetz, wiederherzustellen. Das war Issas Auftrag, der sich in seiner Passion und in seinem Kreuzestod erfüllte. Seine Aufgabe war immer universell. Deshalb hat Issas Leben Bedeutung für jeden. Er ist ein Symbol der menschlichen Beziehung zu Gott und zugleich das konkrete Fenster, durch das der Einzelne schauen kann, um die ursprüngliche Einheit mit Gott wiederzuerkennen. In diesem Sinne ist Issa nicht nur ein *Avatar*, sondern auch ein Meister, ein Hohepriester. Durch die Identifikation mit ihm schauen wir die Welt aus seiner Sicht, schauen wir Gott aus seiner Sicht und uns aus Gottes Sicht ..."

Als Dadaji diese Worte sprach, veränderte sich die Energie im Raum, wurde klarer und reiner, weicher und noch liebevoller. Issas Präsenz durchdrang mich, mein Herz, meine Seele und mein ganzes Sein. Tränen der Erleichterung liefen mir über die Wangen. Issas Energie spendete den Trost der reinen göttlichen Liebe, die die letzten Spuren des Bewusstseinsmusters von Verlangen und Angst, das die Illusion der Dualität fortwährend nährte, auflöste und den illusorischen Kampf des Lebens ein für alle Mal beendete. Und erst in diesem Moment bemerkte ich, dass mein ganzes Wesen immer auf eine Zukunft ausgerichtet gewesen war. In dieser Zukunft wollte ich Issa erkennen. In dieser Zukunft wollte ich mich selbst erkennen, das Selbst verwirklichen. Doch plötzlich löste sich jedes ferne Ziel auf. Auf dem Pfad der Liebe, dem Pfad der Selbstverwirklichung gab es tatsächlich kein Ziel und deshalb gab es keine Notwendigkeit des Handelns. Das Selbst war immer gegenwärtig. Man konnte es nicht finden. Jede Form der Suche führte einen nur fort von dem, was man in Wirklichkeit selber war. Meine Geschichte setzte sich nicht mehr fort, weil Verlangen und Angst schwiegen und sich in der Liebe, dem Bewusstsein der Einheit, aufzulösen begannen. Ich ließ mich fallen, weil es das einzig Natürliche, das einzig Richtige war. Diese Liebe, die mein Herz durchdrang, war weit größer und reiner als jede menschliche Liebe. Sie war stärker als alle Formen der Liebe, die mir bisher hier in Kashmir begegnet waren. Es war die Liebe des Schöpfers, der sich eins mit seiner Schöpfung wusste.

Sie heilte und reinigte mein Herz, das nur in diesem Zustand der Liebe bereit war, das Tor zu seinen wohl gehüteten Geheimnissen zu öffnen. Endlich zeigte es mir, was es in unendlichen Wiederholungen ohne mein Wissen belastet hatte. Etwas zu wollen und es nicht erreichen zu können, hatte mein Herz rau gemacht. Etwas nicht zu wollen und es doch tun oder zulassen zu müssen, hatte meine Seele schwer gemacht. Etwas tun zu müssen und es nicht zu können, hatte mich eng gemacht. Etwas tun oder erreichen zu wollen, es aber nicht zu dürfen, hatte mein Herz leblos gemacht. Ich blickte zurück auf Tausende von leidvollen Lebenssituationen, in denen ich mich als getrennt erlebt hatte – getrennt von Gott und deshalb getrennt von der Welt. Der Schmerz war so stark, dass mein Herz sich wie eine Schnecke zusammengezogen hatte und hart und fest geworden war. Jetzt löste sich mein versteinertes Herz wie eine Faust, die sich zögerlich öffnete. Es dehnte sich aus, der Liebe vertrauend, und es zog sich wieder zusammen, aus Angst, Misstrauen und alter Enttäuschung. Doch die Enge des ängstlichen und misstrauischen Herzens war mir in diesem Moment schier unerträglich. Ich konnte mir nicht vorstellen, jemals wieder so zu fühlen, und so überwand ich Angst und Misstrauen immer mehr, fühlte, wie mein Herz sich immer weiter ausdehnte, bis es der Reinheit der Liebe entsprach, die es aus einer unsichtbaren Sphäre durchdrang und erfüllte.

Dadaji beobachtete genau, was in mir vor sich ging. Er hatte an jedem Gefühl, jeder Bewusstseinsveränderung teil. Er bezeugte den Prozess meines Erwachens stumm und wissend – genauso wie die beobachtende Präsenz, die noch immer mit uns war. Erst als er sicher war, dass ich alles gesehen und durchlebt hatte, was der Assa-i-Issa für mich bereithielt, stand Dadaji leise und behände auf, wickelte den Stab wieder in sein Tuch und legte ihn zurück in die Vitrine.

Stumm erhob ich mich. Als Dadaji die Tür hinter uns schloss, warf ich einen letzten Blick in den Raum und sah noch immer das Licht, das von dem Jesusstab in der Glasvitrine ausging.

Ein junger Novize wartete auf uns. Er verneigte sich leicht und führte uns schweigend zu unseren Schlafräumen. Das Gepäck stand bereits in den kleinen Zimmern, die nur mit dem Nötigsten ausgestattet waren – Bett, Schrank und Teppich für das Gebet.

„Wir treffen uns um sechs zum Abendessen. Ruh dich aus. Du brauchst noch viel Erholung", riet mir Dadaji, bevor er sich in seine Klosterzelle zurückzog. Müde, aber körperlich erfrischt ließ ich mich auf das harte Holzbett fallen.

„Das ist das Ende deiner Reise! Hier in Aishmuqam wirst du die letzten Antworten finden", dachte ich. Es kam mir vor, als hätte ich an diesem Ort in der Gegenwart Dadajis das Ende meines Lebens erreicht, als sei mein Leben ebenso erfüllt und befreit wie mein Herz. Ich befand mich in einem Zustand, den ich in meinen kühnsten Träumen niemals für möglich gehalten hätte. Freiheit, schoss es mir durch den Kopf, das ist Freiheit. So fühlt es sich an, wenn man Befreiung aus dem Kreislauf des Strebens findet.

Schon nach wenigen Minuten war ich in einen leichten Schlaf gefallen, in dem ich wechselnde Bilder des Jesusstabes vor mir sah, der sich in eine Schlange verwandelte. Die Schlange schien über mein Bett zu kriechen und mich von allen Seiten anzusehen. Ihre Augen waren klar und stechend und ihr Blick war so bewusst wie der Blick eines Weisen, der den Sinn der Welt und den Sinn des menschlichen Lebens vollkommen erfasst hatte.

Wir aßen gemeinsam mit zehn Mönchen ganz unterschiedlichen Alters in einem einfachen Speisesaal schweigend auf dem kalten Steinboden. Dadaji hatte mich gebeten, ein Kopftuch zu tragen, weil wir in einer heiligen Stätte der Moslems zu Gast waren. Ich hatte kaum Hunger, so erfüllt war ich von meinem Erlebnis und dem neuen Bewusstseinszustand, in dem ich mich mehr und mehr zu Hause fühlte. Das innere Selbstgespräch schwieg fast vollständig. Wenn ich doch einmal ein inneres Bild sah oder ein Wort dachte, korrespondierte es unmittelbar mit einem äußeren Ereignis. Das war die Synchronizität, von der Dadaji vor so vielen Wochen zu mir gesprochen hatte. Ja, mein Bewusstsein hatte sich synchronisiert und ich begann, die Welt so zu sehen, wie sie wirklich war – eins mit dem Wahrnehmenden und nicht getrennt von ihm.

Nach dem Essen führte Dadaji mich in eine Bibliothek. Es roch staubig und muffig. Die mit Tausenden von Büchern gefüllten Regale reichten vom Boden bis zur Decke. Nizram kam hinzu und kletterte eine alte, knarzende Leiter herauf, um aus dem vorletzten Fach kurz unter der stuckverzierten Decke ein dünnes Heftchen herauszuziehen. Ich beobachtete ihn sehr genau, während Dadaji und das beobachtende Bewusstsein mich aufmerksam betrachteten. Leichte Neugier regte sich in mir. Nizram setzte sich in einen Sessel und staubte das Heftchen mit seinem Ärmel ab. Dann pustete er versonnen darüber, während Dadaji uns zwei Stühle zu Nizram heranschob.

„Wenn man aus dem Westen kommt, ist es nicht leicht, unsere Berichte über Issa und sein Leben vor und nach der Kreuzigung zu glauben. Noch schwerer ist es, sie auch zu verstehen. Für euch Christen ist die Zeit zwischen seinem zwölften und dreißigsten Lebensjahr ebenso unwichtig wie die Zeit nach seinem Tod. Die Bibel sagt nichts darüber, also müsst ihr nichts darüber wissen, denkt ihr. Wir hingegen halten gerade diese Perioden seines Lebens für ausschlaggebend, um die Natur und die Aufgabe Issas zu begreifen. Doch wir hüten unser Wissen über diese Zeiten wie einen kostbaren Schatz, weil nur wenige das Bewusstsein haben, ihre wahre Bedeutung zu erfassen. Das Leben ist ein Spiel und ein Rätsel zugleich. Und nur, wer selbst erwacht ist, hat die Fähigkeit einen Erwachten zu erkennen; nur wer selbst befreit ist, hat die Fähigkeit, einen Erlösten zu erkennen. Nichts führt an der Aufgabe des Menschen vorbei, vor allem anderen sich selbst zu erkennen. Deshalb bist du hier, Ishama."

Mein Herz klopfte aufgeregt und ich spürte eine Gänsehaut am ganzen Körper, als Nizram sehr ruhig und sehr eindringlich zu mir sprach.

„Es ist Zeit, dass du mehr über Issa erfährst, damit du dir ein eigenes umfassendes Bild von seinem Leben und seinem Wesen machen kannst. Doch selbst wenn du alle Erzählungen über Issa kennst, wird es noch eine letzte Ungewissheit für dich geben, weil Berichte immer nur die Erkenntnis des Berichtenden wiedergeben. Die letzte Antwort kann nicht in irgendeiner äußeren Gestalt zu dir kommen. Die Wahrheit ist kein Objekt im Bewusstsein des Menschen. Der Mensch ist auch kein Objekt in der Wahrheit. Den letzten Quantensprung, der alle Dualitäten und Gegensätze vereint und überwindet, wird das Bewusstsein automatisch vollziehen, wenn alle Schleier der Täuschung gelüftete sind. Dann wirst du begreifen, dass Schöpfer und Geschöpf einander nicht als Subjekt und Objekt gegenüberstehen, sondern eins sind."

Der Abt sah auf das Heftchen, das er in der Hand hielt, und schwenkte es in der Luft.

„Das ist eine Abschrift des Tibetischen Evangeliums, das in einem Kloster in Ladakh aufbewahrt wird. Ich selbst habe als junger Mann eine Pilgerreise dorthin unternommen, weil ich an den Legenden um Issas Aufenthalt in Kashmir zweifelte. Viele Pilger und Suchende haben verzweifelt nach diesem Evangelium gesucht. Nicht wenige haben ihr Leben riskiert, um es zu finden. Zwei Russen und ein Inder haben es bisher in Händen gehalten. Einer der Russen, Nicolas Notovitch, war Ende des neunzehnten Jahrhunderts lange in Ladakh und hat es vollständig aus dem Pali ins Russische übersetzt und in seiner Heimat veröffentlicht. Damals wollten ihm nur wenige glauben. Niemand konnte sich vorstellen, dass Jesus schon als junger Mann von Palästina nach Sindh gereist war und bis nach Puri und Varanasi kam, zu den heiligen Städten der Hindus. Von unserer Abschrift weiß niemand und ich habe sie bisher nur denjenigen gezeigt, von denen ich sicher wusste, dass der göttliche Wille zur Selbstoffenbarung sie hergeführt hat."

„Wenn das wahr ist, dann ist die ganze Christenheit im Irrtum!", warf ich aufgebracht ein.

Nizram lächelte milde und berührte die handschriftlichen Aufzeichnungen. „Jeder normale Mensch ist im Irrtum über sich, über das Leben, über Gott. Warum sollten die Kirchen und die Religionen davon ausgenommen sein?"

„Weil sie über die letzte Wahrheit sprechen und die Deutungshoheit für sich beanspruchen!"

„Ja, so ist das leider. Die Menschen sprechen zu viel und geben ihren Worten zu viel Bedeutung! Und genau das ist es, was du hier lernen wirst. Das, was gesagt werden kann, ist nicht die Wahrheit. Zur Wahrheit muss man werden, um sie zu erfassen. Willst du das Evangelium hören, um Issas Leben besser zu verstehen?"

Ich sah Dadaji an, froh über seine Begleitung. „Deshalb bin ich hier!"

„Gut", sagte Nizram und begann das erste Kapitel des heiligen Textes frei zu übersetzen. Ich saß erstarrt auf meinem Hocker und fror. Der Text

hatte eine Unmittelbarkeit, die meine Seele erschauern ließ. Nizram sprach flüssig und mit kraftvoller Stimme, die mich bis ins Mark erschütterte. Plötzlich war das Leben Issas wirklich und fassbar für mich, greifbar und echt, nicht mehr bloße Legende oder blind hingenommener Bericht. Mir schien, wir blickten nicht in der Zeit zurück, sondern holten die Vergangenheit in die Gegenwart. Wir wurden Augenzeugen der Geschichte Issas und seines Volkes – jetzt und hier.

„Das Volk Israel lebte in Ägypten entgegen den göttlichen Geboten und erntete die Früchte negativen Karmas, als es unter die tyrannische Herrschaft der Pharaonen fiel. Moses befreite sein Volk aus der Sklaverei der ägyptischen Herrscher und seinem Leid und führte es mit Hilfe der von Jahwe erhaltenen Gebote zurück zum Dharma, zu Rechtschaffenheit und Gottesglauben. Doch viele Generationen nach Moses' Tod kamen die Menschen wieder von den göttlichen Geboten und vom Dharma ab und ernteten erneut die Saat negativen Karmas. In ihrer Not beteten sie wieder zu Gott um Hilfe und fanden ein weiteres Mal Gehör. Das reine Bewusstsein löste sich vom göttlichen, unbewegten Sein, um selbst eine menschliche Form anzunehmen, die das Volk Israel zurück zur Einheit mit Gott und seinem vollkommenen Plan führen sollte."

Der Raum war plötzlich von absoluter Klarheit und hellstem Licht erfüllt. Nizram sah mich an und ich bemerkte, dass seine Hände, die das Heftchen mit den Aufzeichnungen hielten, zitterten. Tränen standen in seinen Augen und im selben Moment, als ich das sah, spürte ich selbst die Macht der Rührung, der Berührung.

Dadaji verlieh meinen Gedanken Ausdruck, als er mit leiser Stimme sagte: „Es ist, als wären wir Zeuge dieser Inkarnation, als würde sie hier und jetzt zwischen uns geschehen – die Geburt eines Avatars. Erinnerst du dich, dass wir darüber gesprochen haben, dass Issa eine göttliche Inkarnation ist?", fragte er dann ein wenig gefasster, nüchterner.

Ich nickte stumm und atemlos.

„Der Name des letzten großen hinduistischen Avatars, Krishna, basiert auf dem gleichen indogermanischen Wortstamm wie ‚Christus' – ‚kri'. Die Sanskritsilbe ‚kri' bedeutet reine Handlung, reine Bewegung. Damit ist genau die Bewegung im unbewegten Sein gemeint, die zur göttlichen Inkarnation führt und deren Zeuge wir gerade geworden sind – eine göttliche Bewegung."

„Das Göttliche erklärt sich selbst, es enthüllt sich selbst", führte ich unsere Gedanken fort. Es war, als würden wir durch alle Schleier, die sich vor die höchste Bewusstheit gelegt hatten, hindurchsehen, und zum ersten Mal sah ich die Welt nicht im Spiegel des menschlichen Bewusstseins, sondern in dem ungespiegelten, reinen Bewusstsein, das man überall auf der Welt, zu allen Zeiten, in allen Kulturen und allen Religionen göttlich nannte.

Nizram fuhr mit der Übersetzung des Pali-Textes fort. „Der christliche Avatar kam als Sohn einer einfachen Familie zur Welt und sprach schon als Kind von seinem göttlichen Vater, von der Seele des Menschen und der Notwendigkeit der Reinigung von Sünden, und viele suchten seine Nähe und seinen Rat. Im Alter von dreizehn jedoch verließ er seine Heimat und wanderte auf der Seidenstraße Richtung Sindh, um an Weisheit zu gewinnen."

Dadaji machte ein Handzeichen, um die Übersetzung kurz zu unterbrechen.

„Hier ist das Tibetische Evangelium unvollständig. Es gibt noch andere alte Texte, die davon berichten, dass Issa schon als Kind in Israel zu einer spirituellen Gruppe um Johannes den Täufer, der Issas Meister gewesen sein soll, gehörte. Doch bald kam die Zeit, als Issa sich als zu fortgeschritten erwies, und man beschloss, ihn ins ferne Indien zu schicken, das als das spirituellste und weiseste Land galt. Eine Überlieferung spricht sogar davon, dass die Heiligen Drei Könige tibetische Meister gewesen seien, die in Issa ihren Schüler erkannt hätten und deshalb zu seiner Geburt nach Jerusalem reisten, um das Band zwischen Schüler und Meister zu knüpfen. Auf ihren Ruf hin sei Issa dann im Alter von dreizehn nach Indien und Tibet gereist und von ihnen unterwiesen worden."

Das Bild Issas, das für mich immer fragmentarisch und unvollständig gewesen war, gewann endlich an Konturen und an Tiefe. Ich sah plötzlich den Menschen Issa, sah seine Geschichte, spürte, was ihn geleitet und wer ihn begleitet hatte. Aus einer nebelhaften Vorstellung formten sich ein klares Gesicht und ein individuelles Bewusstsein.

„Mit ungefähr vierzehn Jahren muss Issa Sindh erreicht haben und dann weiter bis an die Ostküste Indiens, bis an den Golf von Bengalen, gereist sein. In Puri soll er im Kloster der berühmten Jagannath-Priester gelebt und die Veden und Puranas studiert haben. Er soll dort in den Orden aufgenommen worden sein und den Namen Ishanath erhalten haben. Man sagt, dass Issa auch die Weisheit der führenden indischen Gelehrten und

Weisen bei Weitem übertraf. Aber noch größer als seine Weisheit war stets sein übermenschliches Mitgefühl und sein Wunsch, den Leidenden vom Leiden, den Sündigen von der Sünde zu befreien."

Wenn man Issa begegnete, dann begegnete man zuerst seinem eigenen Menschsein, dem, was einen mit allen Menschen zu allen Zeiten verband, was das menschliche Leben und Sehnen ausmachte, begriff ich. Auf dieser kollektiven Ebene hatte ich mich noch nie zuvor erlebt. Erst heute wurde mir klar, dass ich selbst schon viele Leben zwischen Freude und Leid erlebt hatte, aber vor allem begriff ich, dass jetzt, in diesem Augenblick, unendlich viele Menschen in demselben Kreislauf steckten und sich nach nichts mehr sehnten als nach Verständnis und Erlösung. Beides verkörperte Issa in vollkommener Gestalt.

Nizram nahm den Faden der Geschichte wieder auf und wir folgten Issa nach Indien. „Issa reiste innerhalb von sechs Jahren in viele heilige Städte Indiens. In allen seinen Predigten betonte er die Einheit des Göttlichen, das hinter der Vielfalt – nicht nur der Religionen und Kasten, sondern hinter jeglicher Vielfalt – verborgen ist. Einheit bedeutete für ihn auch Gleichheit. Alle Menschen seien vor Gott gleich. Auch die Unberührbaren hätten dieselben Rechte wie alle anderen, denn von dem einen Gott würden alle gleich geliebt. Sein Wille sei das einzige Gesetz, das die Handlungen der Menschen leite. Issa warnte schon während seiner Lehrzeit in Indien vor der Gefahr, Dinge oder Götter, Objekte, anzubeten und zu idolisieren. Die Anbetung sichtbarer Götter verhindere die Begegnung mit dem unsichtbaren Einen. Jedes Opferritual, jede Opfergabe entferne den Menschen von Gott. Er beschuldigte die Priester, die Gläubigen absichtlich in die Irre zu führen. Seiner Meinung nach lehrten sie die Unwahrheit um ihrer eigenen Macht willen. Natürlich brachte er so die Priesterschaft gegen sich auf und Issa musste vor ihren Angriffen nach Nepal fliehen, wo er sechs Jahre blieb und die buddhistischen Schriften studierte. Dann verließ er Nepal gen Heimat, weil auch hier einige Lamas seine universelle Lehre kritisch beurteilten, um ihre Macht zu erhalten.

Überall, wo er Rast machte, lernte er Neues und sprach stets leidenschaftlich von der höchsten Perfektion des Menschen, der Notwendigkeit, Gutes zu tun und das Herz rein zu halten. Issa wandte sich unermüdlich an die einfachen Leute und mahnte sie, nicht danach zu streben, Gott mit eigenen Augen zu sehen, sondern ihn im eigenen Herzen zu fühlen und die Seele zu reinigen, um seiner Gegenwart würdig zu werden. Dies führe zu Glückseligkeit und zurück zur ursprünglichen Vollkommenheit, versprach er."

„Als ich Iman das erste Mal traf, hat sie mir gesagt, dass ich meine wahre Natur nur vergessen hätte. Ich würde mich bald an sie erinnern, an die Qualitäten des Selbst, an Wahrheit, Weisheit und Liebe. In Issa sehe ich diese Qualitäten und zum ersten Mal spüre ich, dass sie die ursprüngliche Vollkommenheit sind, die jedem zu eigen ist. Wie kann der Mensch das vergessen?"

Auch Dadaji und Nizram mussten sich diese Frage auf ihrem eigenen Weg oft gestellt haben. Doch anders als ich hatten sie längst die Antwort darauf gefunden. „Im menschlichen Bewusstsein wirken zwei konträre Kräfte, die beide durch die Schlange symbolisiert werden: die Kraft der Maya, die herabzieht, verschleiert, täuscht und die dualistische Illusion ständig neu kreiert und die befreiende Kraft, die reine Shakti, die göttliche Energie, die die Christen den Heiligen Geist nennen. Der Heilige Geist ist die Ausdruckskraft und Schöpferkraft Gottes. Der Heilige Geist erhebt, reinigt, befreit, heilt, erleuchtet und löst die Täuschung auf. In Issa sehen wir, dass der Mensch ganz Mensch sein kann, ohne von der Maya getäuscht zu werden. Er zeigt uns, dass die beiden konträren Kräfte Maya und Shakti in der Einheit mit dem göttlichen Vater vollkommen überwunden sind. Wir haben die Wahl, ob wir uns der Maya anvertrauen und in die Welt der Dualität herabziehen lassen oder ob wir uns dem Heiligen Geist anvertrauen und erheben lassen in das Bewusstsein Gottes."

Hinduismus, Islam, Buddhismus und Christentum trafen sich hier und jetzt und als ich einen Moment innehielt, wurde mir klar, dass auch der jüdische Glaube sich mit den anderen Religionen traf, denn Issa selbst war Jude, seine Geschichte war eine jüdische Geschichte. Sein Ziel war nicht, eine neue Religion zu schaffen, sondern Gott für jeden sichtbar zu machen und den heiligen Bund mit Gott zu erneuern, dessen wahre Bedeutung die Menschen seiner Zeit vergessen und vernachlässigt hatten. Durch Issas Präsenz kam das Göttliche zu den Menschen und zeigte sich ihnen. Mehr als Issas Predigten, seine Worte und Gebote, lehrte seine bloße Gegenwart, denn in ihr war die Täuschung der Maya aufgelöst. In Issas Nähe wurde man auf sich selbst zurückgeworfen, löste sich jegliche Projektion auf, sah man das eigene Selbst ungespiegelt, so wie es war, als rein und göttlich.

„Auch in Persien geriet Issa in Streit mit den Priestern des herrschenden Sonnenkultes. Die Sonne sei kein Gott, sondern ein Götzenbild und

nichts als Teil der materiellen Schöpfung Gottes, kritisierte er ihre Lehre. Der Streit eskalierte und die Priester trachteten ihm nach dem Leben. Am Ende setzten sie Issa in der Wüste aus und hofften, dass er dort ums Leben kommen werde."

„Das Muster wiederholt sich. Es wundert mich kaum noch, dass Issa in seiner Heimat das letzte Mal der Gotteslästerung und der Aufwiegelei beschuldigt wurde. Kein Priester der Welt sah Gott mit seinen Augen."

„Natürlich nicht. Issa war ja kein Priester. Er war eine Form Gottes. Vielleicht hat er damals so etwas wie einen Paradigmenwechsel erlebt oder bewirkt. Er war der Wegbereiter für ein völlig neues Bewusstsein, eine neue Beziehung zu Gott, die sich in einem neuen Glauben mit ganz anderen Ritualen ausdrücken musste. Doch wenn ich heute zurückblicke, muss ich mich unwillkürlich fragen, ob er erreicht hat, was er erreichen wollte, oder ob sein Volk wieder dem Adharma verfallen ist. Auf seinen Lehren basiert eine neue Religion, die Gott, den Vater, der zu einem weiteren Götzen geworden ist, noch immer im Außen sucht. Auch diese neue Religion, die aus dem Judentum erwachsen ist, wendet sich nicht nach innen, um Gott zu finden. Sie sucht nicht die Einheit mit dem einen Gott, ja sie hält diese sogar für Blasphemie. Sie kommt nicht einmal auf die Idee, dass das Göttliche nur im Bewusstsein zu finden ist, weil es eine andere, eine reinere Form des Bewusstseins ist. Es ist eine neue Priesterschaft entstanden, die dieselben alten Machtstrukturen lebt und verteidigt wie die Brahmanen, die Lamas, die Zoroaster- und die jüdischen Priester. Und diese Priester, ja selbst einige Evangelisten, haben Issas Botschaft nie verstanden und deshalb falsch gedeutet. Sie sind Boten der Maya, statt Boten des Heiligen Geistes zu sein."

Ich schluckte, während mein Herz raste und ich vor Aufregung ganz rote Wangen bekam. Alles machte endlich Sinn. Alles, was ich erlebt hatte, und alles, was ich gehört hatte.

„Issa war neunundzwanzig, als er nach Jerusalem zurückkehrte. In Palästina herrschte großes Leid. Er zog drei Jahre lang durch das Land, beruhigte die Leidenden und spendete den Hoffnungslosen Hoffnung. Doch wieder stellte er sich gegen die Priester und die herrschenden religiösen Gebote und Rituale. Er hielt das Volk dazu an, nicht im Tempel zu beten. Das Herz des Menschen sei der einzige, der wahre Tempel Gottes. Der Mensch sei nach göttlichem Bilde geschaffen, unschuldig und rein. Wer aus Mitgefühl, Demut und Liebe handele und nicht aus Profitsucht und zum persönlichen Nutzen, der handele im Sinne des Göttlichen."

Dadaji unterbrach die Übersetzung erneut, um mir die Übereinstimmungen der Gotteswege zu erklären. „Das ist der hinduistische Gedanke des Karma Yoga. Während Karma die selbstsüchtige, bindende Handlung ist, meint Karma Yoga die befreiende Handlung, die nicht nach dem eigenen Nutzen fragt und nicht das eigene Ich, sondern das Ganze im Blick hat."

Meine Hände brannten, mein Mund war trocken. Ich musste endlich wissen, wie die Geschichte ausging.

„Viele schlossen sich dem zurückgekehrten Issa an. Mit Argwohn überwachten Priester und weltliche Herrscher jede seiner Handlungen. Als die Furcht vor seinem Einfluss wuchs, befahl Pilatus, der römische Präfekt, seine Gefangennahme wegen Volksaufwiegelei. Zuerst sollte das Hohe Tempelgericht über seinen Fall entscheiden. Vor den Priestern und Weisen trat Issa selbstbewusst und gottesfürchtig auf und wies alle Anschuldigungen zurück. Er wolle sein Volk nur an seine göttliche Herkunft erinnern und daran, dass jeder nur auf dem göttlichen und nicht auf dem weltlichen Pfad vollständige Glückseligkeit und Befreiung von Leid finden könne. Er erinnerte an die Gebote Mose, die Vergebung lehrten, nicht Vergeltung. Issas Auftritt überzeugte den Hohen Rat von seiner Unschuld.

An dieser Stelle unterscheidet sich das Tibetische Evangelium fundamental von den Aussagen der biblischen Evangelisten – zeitlich und inhaltlich. In unserem Text geschieht die Befragung durch den Hohen Rat schon relativ bald nach Issas Heimkehr einige Jahre vor seiner Hinrichtung. In den kanonischen Evangelien geschieht die Anhörung durch Priester, Älteste und Schriftgelehrte unmittelbar vor dem weltlichen Prozess. Der Hohepriester fragt Issa direkt, ob er der Messias, der Gesalbte gotterwählte König Israels, sei. Und Issa antwortet klar und deutlich, das sei er. Daraufhin wird er direkt der weltlichen Gerichtsbarkeit überstellt: Er war der Blasphemie eindeutig schuldig.

Im Tibetischen Evangelium dagegen wird vor dem Hohen Rat allein ein möglicher aufrührerischer weltlicher Herrschaftsanspruch verhandelt und die Anhörung endet mit einer – eigentlich unerwarteten – Fürsprache der religiösen Führer, denn auch sie hatten Issa ja bisher kritisiert und angegriffen.

Auch im folgenden Abschnitt unterscheidet sich das Tibetische Evangelium von den anerkannten Evangelien. Während dort die Priester und Weisen als treibende Kraft der Hinrichtung Issas und Pontius Pilatus als besonnen und zunächst für Issa und seinen Freispruch eintretend beschrieben wird, zeichnet das Tibetische Evangelium das Bild von Pilatus als durchtriebenen Feind, der nichts unversucht lässt, um Issas Todesurteil zu erwirken und seine eigene Macht zu erhalten, während die Priesterschaft zu Issa steht. Pilatus konnte ihn wegen des priesterlichen Urteils nicht sofort vor ein weltliches Gericht stellen lassen. Deshalb ließ er Issa heimlich überwachen. Dieser zog mit wachsender Anhängerschaft weiter durch das Land und sprach von den Qualitäten Gottes, von falschen Wegen zu Gott und von der nahenden Erlösung. Aber nichts ließ auf ein Vorhaben schließen, die Regierung zu stürzen. Da sah Pilatus nur noch einen Weg, sich und seine Position vor Issas wachsendem Einfluss zu schützen: Er befahl einem seiner Sklaven, Issa anzuzeigen, und ließ ihn sofort verhaften, einkerkern und foltern. Der Hohe Rat der Priester trat erneut für Issa ein und bat darum, ihn anlässlich des nahenden Passahfestes freizulassen. Doch der Statthalter zeigte sich gnadenlos. Und so wurde Issa vor das weltliche Gericht gestellt. ‚Aufrührerisches Verhalten' lautete die Anklage. Issa beanspruche den Titel ‚König von Israel' und die Herrschaft über das Land. Aus eigenem Willen könne niemand König werden, brachte Issa zu seiner Verteidigung hervor. Er habe dem Volk geraten, die herrschende Ordnung zu achten. Die wirkliche Unordnung herrsche nicht im Staat, sondern in Herz und Geist der Menschen. Karma habe sie in diese Situation gebracht, weil sie sich von Gott abgewendet hätten.

Pilatus rief verschiedene Zeugen auf, die von Issas Predigten berichteten und plädierte auf Verurteilung. Doch die Richter sahen in Issas Worten und Handlungen keinen Gesetzesbruch und keine aufrührerischen Absichten. Da sah Pilatus nur noch einen Ausweg, sich Issas zu entledigen: Er rief einen gedungenen Zeugen auf, der aussagte, Issa nenne sich rechtmäßiger König Israels, der auf Geheiß seines göttlichen Vaters das israelische Volk auf seine Befreiung vorbereiten solle. Issa wandte sich an Pilatus und fragte ihn, warum er einen Unschuldigen für eine Lüge missbrauche, wenn er doch die Macht habe, ihn auch ohne Beweis zu verurteilen. Diese Provokation brachte Pilatus so auf, dass er augenblicklich Issas Hinrichtung anordnete. Der Hohe Rat, die Priester und Weisen distanzierten sich von diesem Urteil und gaben Pilatus die alleinige Verantwortung dafür."

Mein Herz raste, meine heißen Hände wurden feucht vor Aufregung. Wir näherten uns der Stelle der Wahrheit. Ich fieberte mit Issa, mit seinen Anhängern und den Priestern, als mir klar wurde, dass die muslimische Version der Ereignisse, dass Pilatus Issa wohlgesinnt gewesen und ihm zur Flucht verholfen habe, mit diesem Evangelium nicht übereinstimmte. Wie viele Versionen ein und derselben Geschichte es gab. Wie sollte man erkennen, welche die echte, die wirkliche Version war?

Nizram übersetzte konzentriert weiter. „Issa wurde kurz darauf mit zwei Dieben zum Hinrichtungsplatz gebracht und ans Kreuz genagelt. Den ganzen Tag lang hingen die Körper der Gekreuzigten auf dem Berg von Golgatha von Soldaten bewacht und Menschen umringt. Gegen Abend verlor Issa das Bewusstsein, seine Seele löste sich von seinem Körper und vereinte sich mit dem Göttlichen, aus dem es hervorgegangen war. So endete das irdische Leben der göttlichen Inkarnation.

Pilatus, der fürchtete, Issas Anhänger könnten rebellieren, erlaubte ihnen, seinen Leichnam mitzunehmen und zu begraben. Viele kamen an das Grab, um weinend Abschied zu nehmen. Drei Tage später sandte Pilatus Soldaten zur Grabstätte, weil er fürchtete, dass sie zu einem Kultort werden könnte. Doch das Grab war geöffnet und leer. Es hieß, Engel hätten den Körper Issas in den Himmel getragen."

Nizram schloss das Heftchen.

„So ähnlich enden auch die vier Evangelien", flüsterte ich ernüchtert.

„Ja!"

Wir schwiegen, doch in meinem Geist tobte ein Sturm, angefacht durch die bittere Enttäuschung. Nichts in dieser Version der Kreuzigungsgeschichte sprach dafür, dass Issa die Hinrichtung überlebt haben könnte. Sie machte einzig seine Lebensgeschichte verständlicher und verdeutlichte sein Einheitsbewusstsein. Doch das reichte mir nicht. Ich musste wissen, ob Issa nach diesen Erlebnissen in seiner Heimat noch einmal nach Kashmir zurückgekehrt war. Müde sah ich Nizram an. „Ich hatte so sehr gehofft, dass dieses Manuskript über Issas späteres Leben in Kashmir berichten und es erklären werde."

Die Augen des Abtes strahlten vor Mitgefühl. „Ich weiß. Aber wäre das nicht zu einfach?"

„Warum zu einfach?", fragte ich fassungslos.

„Du solltest bedenken, dass du eine Schülerin Issas bist. Als dein Meister hat er nur eine Aufgabe: dich Vertrauen zu lehren und zum Vater zurückzuführen! Egal wie", sagte Dadaji.

Ich sah ihn hilflos an. „Ich bin eine Schülerin Issas? Wie kommt ihr denn darauf?"

„Du trägst das Amulett mit dem Kreuz und dem Judenstern wie wir!"

Ich griff unter meine Kleidung und fühlte das warme Metall in meiner Hand, als ich das Medaillon herauszog.

„Ich habe hier noch ein Manuskript", sagte Nizram ruhig. „Es beschreibt die Aufgabe Issas nach seinem Tod. Er ist der Hohepriester, der Meister der Christen, der sie zurück zur Einheit mit dem Göttlichen führt. In diesem Manuskript ist genau aufgezeichnet, was einen Schüler Issas auszeichnet. Er trägt das Medaillon mit dem Kreuz und sein Herz kennt kein Gefühl außer Liebe und Mitgefühl." Nizram machte eine kurze Pause, um seine Worte auf mich wirken zu lassen. Dann fügte er hinzu: „Willst du das Manuskript sehen?"

Ich nickte niedergeschlagen. Nizram stand auf und winkte mich an einen Tisch heran, auf dem eine kunstvoll verzierte Handschrift lag. Er öffnete sie geschickt auf einer Seite, auf der tatsächlich eine Zeichnung unseres Medaillons zu sehen war. Es strahlte ungeheure Kraft und Energie aus, die sich in meinem Körper und in meinem Geist ausbreitete, sobald mein Blick darauf fiel.

„Diese beiden Zeichen symbolisieren das Leben Issas. Er ging den Kreuzweg und war ein Vermittler zwischen Himmel und Erde. Er brachte das Göttliche auf die Erde, in die materielle Welt, weil er es vollkommen verkörperte. Diese beiden Zeichen bedeuten Leiden und Erlösung. Erst wenn du das Leiden verstehst, bist du zur Erlösung bereit.

Jeder *Avatar* ist auch ein Seelenführer, der die Unwissenden von der Unbewusstheit zur Bewusstheit, von der Täuschung zur Wahrheit führt. Als solcher hat er ungewöhnliche Fähigkeiten. Er kann das Karma seiner Schüler erkennen, es beschleunigen, auflösen oder selbst tragen. Genau das hat Issa im Kreuzestod für ein ganzes Volk und alle, die ihm folgen, getan. Im Kreuzestod hat er die Sünden seiner geistigen Familie abgetragen. Das heißt mit anderen Worten, er hat sie vom Karma, vom Leiden erlöst."

Etwas regte sich in mir. Ich wusste nicht, ob es Verständnis war oder das Gefühl, dass Nizrams Worte wahr waren.

„Für den, der mit hinduistischen und buddhistischen Lehren aufgewachsen ist, ist das Leben Issas leichter zu verstehen, weil er die Lehren von Karma und Wiedergeburt kennt und weiß, dass Sünde Karma schafft und Wiedergeburt erzwingt. Deshalb erkennen wir in Issas Tod das Ende des Karmas, denn er verließ die Welt frei und ungebunden. Wir verstehen den Begriff ‚Sünde' anders als Christen und Moslems. Die Karmalehre hat bei uns nicht nur moralische Bedeutung, sondern vor allem praktische. Wir sehen alle Handlungen, die uns von Gott trennen als Karma, als Sünde, die zu Leiden und zum Kreislauf von Geburt und Tod führt. Wie kann man diesen Begriff richtig verstehen? Christen und Juden haben die Antwort schon seit langem im Alten Testament, doch die meisten verstehen sie nicht.

Adam hat ihnen gezeigt, was Sünde bedeutet. Obwohl er wie Issa eine göttliche Inkarnation war, hat er sich vom Vater getrennt, indem er seinen eigenen Willen über den Willen des Göttlichen stellte. Diesen Weg müssen wir zurückgehen, wenn wir die Einheit mit dem göttlichen Selbst wiederfinden wollen. Statt vom Baum der Erkenntnis von Gut und Böse müssen wir unsere Früchte vom Baum des Lebens pflücken. Statt die Frucht der Gegensätze müssen wir die Frucht der Einheit pflücken. Wir müssen lernen, unseren Willen wieder dem göttlichen Willen unterzuordnen und uns selbst wieder als Teil des göttlichen Seins zu sehen. Dann geschieht ein Wunder. Wir erwachen zum Christusbewusstsein, zur Einheit mit dem göttlichen unsterblichen Selbst."

„Adam und Eva griffen eigenmächtig nach der verbotenen Frucht, trotz Gottes Warnung. Warum?", flüsterte ich.

„Weil sie gottgleich und unsterblich sein wollten. Im Paradies standen viele Bäume und in deren Mitte der Baum der Erkenntnis von Gut und Böse, der Baum der Dualität. Adam und Eva pflückten und aßen eine Frucht von diesem Baum der Erkenntnis von Freude und Leid, weil die Schlange der *Maya* Eva versprach, dass sie danach wie Gott und unsterblich sein würden, obwohl sie längst nach seinem Bilde geschaffen waren und alle seine Eigenschaften verkörperten. Dadurch verstrickten sie sich in dualistischer Wahrnehmung, in der Welt der Illusion, in Freude und Leid und dem Verlangen und der Angst, die daraus erwachsen, und es kam sogar so weit, dass sie sich vor ihrem Schöpfer versteckten und sich ihrer Nacktheit schämten. Dies ist das wichtigste Zeichen für ihre verlorene Unschuld, ihre verlorene Einheit. Infolge dieser ursündigen Handlung verdunkelte sich das Bewusstsein der beiden weiter, spaltete sich ihre Erfahrungswelt immer weiter: Das Männliche trennte sich vom Weiblichen und beide trennten sich vom Schöpfer. All das geschah nur, weil der Mensch seinen eigenen Willen göttlich machen wollte, statt dadurch göttlich zu werden, dass er Gottes Willen tat. Diese Trennung ist die Ursache jeglichen Leids, Ursache der Sterblichkeit des Menschen und seiner Gefangenschaft im ewigen Rad von *Samsara*, im Rad der Täuschung.

Issa kehrte diesen Ungehorsam um. Am Kreuz ergab er sich ganz und gar dem Willen des Vaters und heilte dadurch die Erbsünde ein für alle Mal. Als er am Kreuz hing, wunderten sich viele, warum er sich nicht mit seiner Wunderkraft befreite, wenn er doch Gottes Sohn war. Nicht wenige verloren danach ihren Glauben an ihn. Doch Issa wusste, dass dies seine letzte Prüfung war. Erst dadurch, dass er der weltlichen Ungerechtigkeit nicht widerstand, sondern auf den Willen seines Vaters auch im größten Leid vertraute, bewies er seine Einheit mit ihm. Er fürchtete den körperlichen Tod nicht, weil er um die Unsterblichkeit des Bewusstseins wusste."

Mein Herz bebte, weil sich nun doch ein lange unlösbares Rätsel für mich zu lösen begann. Plötzlich sah ich Adam und Issa nicht mehr als zwei voneinander verschiedene Personen, getrennt von vielen Zeitaltern und Generationen, sondern als Teil eines größeren Erfahrungszusammenhanges. „Könnte man sagen, dass Issa und Adam zwei völlig verschiedene Stadien der menschlichen Entwicklung verdeutlichen?"

Dadaji und Nizram wackelten nachdenklich mit dem Kopf.

„Ich meine, Adam scheint so etwas wie das normale menschliche Bewusstsein zu sein, das Ich-Bewusstsein, das auf seiner Autarkie besteht und seinen eigenen Weg gehen will. Er repräsentiert eine Stufe der menschlichen Bewusstseinsevolution, die den Eigenwillen über die Liebe stellt, und der Preis, den man auf dieser Stufe des Daseins bezahlt, sind Leid und Sterblichkeit. Doch wenn man langsam erwacht, zu sich kommt und die Güte und Fürsorglichkeit des göttlichen Selbst zu erkennen beginnt, spürt man, wie leidvoll es ist, immer dem eigenen Willen zu folgen und ihn oftmals gegen den höheren Plan durchsetzen zu wollen. Man spürt irgendwann, dass einem alles entgleitet und man eigentlich über nichts die Kontrolle hat – weder über die Natur noch über die eigenen Erfahrungen. Man hat für die Durchsetzung des eigenen Willens mit der Geborgenheit bezahlt, die das Paradies, der Garten Eden symbolisiert. Nach und nach lernt man, die Liebe des göttlichen Selbst wieder zu fühlen und seine Führung zu erkennen. Erst dann kehrt sich der ganze Prozess um und man wird fähig, sich schrittweise zu ergeben, loszulassen, sich hinzugeben, bis man bereit ist, selbst im größten Leid ohne Widerstand dem Willen des Göttlichen zu folgen – wie Issa im Kreuzestod. Dadurch wird man frei. Man wird frei und spürt, dass man gar nicht Teil der verworrenen, schmerzhaften oder freudvollen Erfahrungswelt ist, sondern ein Bewusstsein, das dahinter verborgen lag, der Zeuge, der alles beobachtend hinnimmt. Dann erfährt man sich nicht mehr als Handelnder, sondern als Bewusstsein, das erlebt wie Handlung geschieht."

„Ja, das ist die vollständige Hingabe, die uns auf eine neue Stufe des Bewusstseins, auf eine neue Ebene der Erfahrung trägt. Im Koran heißt es, Issa habe gesagt: ‚Nach meinem Tod werde ich euer Zeuge sein!'"

Etwas in mir bebte und ich rang nach Luft, als mir klar wurde, dass mich dieses Zeugenbewusstsein seit meiner Ankunft in Kashmir jeden Tag begleitet hatte. Ich hatte es bemerkt, aber ich hatte es nicht begriffen.

Nizram sah mich nachdenklich an. Irgendwie schien es ihn zu beeindrucken, dass ich diese Erfahrungsebene kannte. „Diese Ebene der Erfahrung spiegelt sich in zwei hinduistischen Philosophien: dem *Samkhya* und dem *Tantra*. Beide beschreiben *Purusha*, das beobachtende Bewusstsein, und *Prakriti*, die Welt der Erscheinungen, als komplementäre Elemente des Bewusstseins. Sie gelten als die zwei Ausdrucksformen des höheren Bewusstseins, das in sich beide Elemente vereint."

Meine Gedanken schwiegen und mit ihnen alle Fragen, selbst die Enttäuschung, die ich noch vor wenigen Minuten so stark empfunden hatte. Ich verlor jegliches Zeitgefühl, als ich mich in die Leere des reinen Bewusstseins fallen ließ.

Irgendwann begann Dadaji erneut zu sprechen, und ich folgte hellwach und aufmerksam seinen Worten. ‚Adam' bedeutet in der Schöpfungsgeschichte zunächst allgemein ‚Mensch'. Er erscheint als weiblich und männlich. Im Bewusstsein steht das für die Ebene der reinen göttlichen Ideen, denen wir auf der Kausalebene begegnen. Der bereits erwähnte *Tantra* nennt diese Urformen *Shiva* und *Shakti*. Mit der Schaffung von Eva aus Adams Rippe wird er zu Isch, dem Mann, und sie wird zu Ischa, der Frau. Dieser hebräische Wortstamm gleicht dem Arabischen ‚Issa' und dem Sanskritbegriff ‚Isha'. Auch Issa, Ishanath ist also der Mann an sich, der männliche Archetyp, die männliche Gussform!"

„Bedeutet ‚Isha' in Sanskrit nicht ‚Herr' oder ‚Gott' statt ‚Mann'?"

„Ja, so ist es, und doch sind die sprachlichen Wurzeln dieser Wörter ganz offenbar miteinander verwandt. Sie spiegeln die Verbindung von Mann und Frau, von Mensch und Gott, die Einheit von Mensch und Gott, die der Mensch nur durch Hingabe wiedererlangt." „Hingeben kann man sich nur an die Liebe", warf ich ein.

„Ja, so ist es und auch das wird durch ein weiteres verwandtes Wort deutlich, das in Hindi und Urdu benutzt wird – ‚Ishq, Liebe'. Nur die Liebe vermag Ish und Isha wieder zu vereinen und den Menschen zurück zur Einheit mit dem Schöpfer zu führen. Nur in der Liebe vermag der Mensch seinen Eigenwillen aufzugeben und dem Schöpfer zu vertrauen."

Als Dadaji von der Liebe sprach, veränderte sich die Atmosphäre im Raum. Die Luft wurde weicher und wärmer und mir war für einen Moment, als sähe ich einen goldenen Schein, der die Bibliothek erhellte.

„Mal angenommen, Issa wäre mein Meister und es wäre zu einfach, die Wahrheit über seinen Tod und sein Leben in Kashmir von euch oder aus diesem Manuskript zu erfahren, wie soll ich dann jemals die Wahrheit herausfinden?" Unter meine Enttäuschung hatte sich wieder ein Funke Forschergeist gemischt.

Nizram und Dadaji sahen sich an und antworteten wie aus einem Munde. „Frag nicht uns, sondern Issa!"

Sechsundzwanzigstes Kapitel

Ich war so sehr daran gewöhnt, dass mir alles in den Schoß fiel, Erkenntnis ebenso wie Beweise, dass ich die Prüfung nicht erkannte, als sie mir gestellt wurde. Vielleicht war mein Vertrauen nicht echt, wenn ich auch heute noch Beweise forderte, obwohl ich schon so viele erhalten hatte. Der letzte war der gewichtigste Beweis gewesen. Während Nizram das Tibetische Evangelium erzählt hatte, hatte ich begriffen, dass Issa das Zeugenbewusstsein war, das jeden meiner Schritte begleitete und das seit dem Moment, als ich Srinagar mit Dadaji verlassen hatte, immer gegenwärtig war. Wenn ich danach ging, war ich auf dem richtigen Weg. Diese beobachtende Präsenz war inzwischen Teil meiner Erfahrungswelt und wenn Issa dieser allgegenwärtige Beobachter war, dann war auch er Teil meines Lebens. Er begleitete mich, wenn auch nicht in physischer Form.

Dennoch brannte der drängende Wunsch in mir, zu wissen, ob Issa die Kreuzigung tatsächlich überlebt hatte. Dieser Wunsch war so wichtig und stark, dass er alles andere unwichtig und unbedeutend machte. Dadaji hatte recht gehabt: Wer an den Kreuzestod glaubte, lebte mit einem anderen Issa als der, der an seine Erlösung und ein langes Leben und Wirken in Kashmir glaubte. Wenn Issa am Kreuz gestorben war, wie alle Christen glaubten, war er dann überhaupt erlöst worden und hatte er dann überhaupt sein Volk von seinen Sünden, seinen Leiden befreit? War er dann nicht selbst am Leid zerbrochen?

Ich legte mich auf das Bett in meiner Kammer und versuchte, zu entspannen, die Frage loszulassen. Doch das brachte mich der Antwort kein Jota näher. So verbrachte ich eine unruhige Nacht in Aishmuqam und kämpfte mit dem wieder entflammten Verlangen, das sich nicht nur auf Dinge, sondern auch auf Wissen und Erkenntnis richten konnte. Mein Herz brannte, mein Kopf schmerzte. Wenn ich einschlief, sah ich im Traum wieder die Schlange, die sich um den Jesusstab wand. Heute wusste ich nicht, ob sie Weisheit und Erkenntnis oder Unwissenheit und Täuschung brachte. Erst gegen vier Uhr morgens fiel ich endlich in einen tiefen traumlosen Schlaf. Doch dieser war nur von kurzer Dauer, denn schon bald weckte mich Dadajis eindringliches Klopfen. Draußen war es noch dunkel.

„Ishama! Wach auf. Zieh dir etwas Warmes an und pack deine Sachen. Ich warte auf dich."

Innerhalb von zehn Minuten war ich fertig und traf Dadaji vor der Tür meines Zimmers. Er sah mich aufmerksam an, sagte aber kein Wort. Ich folgte ihm den Gang entlang, die Treppe hinunter, durch das halbe Kloster und wir traten durch einen Hinterausgang ins Freie. Dadaji wanderte einen Trampelpfad den Hügel hinauf und ich folgte ihm schweigend. Instinktiv wusste ich, dass alles, was ich nun erleben würde, nicht in den Bereich der Worte, sondern in den Bereich der unmittelbaren Einsicht gehörte. Dadaji erschien mir in diesem Augenblick noch beeindruckender, noch weiser, noch bewusster als jemals zuvor. Er wusste genau, auf welcher Ebene ich mich bewegte und auf welcher Ebene er zu lehren hatte.

Gegen Mittag brach die Sonne durch und wir machten eine kurze Rast an einem kleinen Shiva-Schrein. Dadaji kniete davor nieder und mir war, als bete er für mich. Wir waren schon sehr hoch und mein Blick glitt über die schneebedeckten Ausläufer des Himalayas, die uns umringten. Diese Landschaft war so unwirtlich und doch so erhaben. Eigentlich konnte man angesichts dieser Herrlichkeit gar nicht anders als in einen Zustand der Verzückung geraten.

Dadaji betete noch immer und ich schloss die Augen und ergab mich dem Gefühl der Weite, das die Grenze zur Erfahrung der Unendlichkeit überschritt. Plötzlich war mir, als umfasse mein Bewusstsein all das, was mich umgab. Die Erfahrung von Innen und Außen vermischte sich, ja verkehrte sich. Ich wusste nicht mehr, ob mein Bewusstsein in der Welt oder die Welt in meinem Bewusstsein war. Es dehnte sich immer weiter aus, über Aishmuqam, Srinagar und Kashmir hinaus bis hin nach Pakistan und Indien. Selbst Europa schien plötzlich in meinem Innersten erkennbar und erfahrbar. Jedes Land, jeder Ort, an den ich dachte, auf den ich mich konzentrierte, erschien vollkommen realistisch und echt in meinem Bewusstsein.

Erst als Dadaji sanft meine Schulter berührte, kehrte mein Bewusstsein zu seiner normalen Begrenztheit zurück und ich nahm es wieder in meinem Körper und in der Welt wahr. Doch der Moment der Ausdehnung hatte sich tief in meine Erinnerung eingeprägt. Ich hatte zum ersten Mal eine leise Ahnung davon, was es bedeutete, wenn man davon sprach, dass das göttliche Selbst allumfassend war.

Wir marschierten weitere zwei Stunden, bis wir einen Berggipfel umrundeten und auf dessen Rückseite eine in die Wand gehauene Treppe hinaufstiegen. Bevor wir die letzte Etappe unserer Wanderschaft begannen, zeigte Dadaji nach oben. „Dort oben ist unser Ziel. Siehst du die Höhle?"

Beim Aufstieg wurde mir mehrmals schwindelig und wir mussten Halt machen. Dadaji drängte mich nicht und ließ mir Zeit, mein Gleichgewicht wiederzufinden. Er atmete langsam und ruhig und nahm jede Stufe sehr achtsam und bedächtig. Ich versuchte, es ihm gleichzutun. Je ruhiger der Atem wurde, desto leichter war es, schwindelfrei zu klettern. Aus Spaß zählte ich die Stufen: zweihundertfünzig. Dadaji war kein bisschen außer Atem, als wir oben ankamen und meine Mühsal belohnt wurde. Unsere Blicke glitten gemeinsam über das Tal und erfassten es in seiner ganzen rauen Schönheit. Dadaji deutete in die Ferne und lächelte glücklich.

„Dort hinten liegt Srinagar!"

Dann führte er mich zur Höhle, deren Außenwand mit islamischen und hinduistischen Symbolen und Schriftzeichen kunstvoll verziert war. Er setzte sich vor den Höhleneingang und packte einen kleinen Alutopf mit Suppe aus seinem Rucksack. Er hatte auch Reisig mitgebracht und entzündete nun geschickt ein kleines Feuer, auf dem er unsere Mahlzeit und Wasser für Tee erwärmte.

Erst nach dem Essen zeigte er mir die Höhle. Auf dem Boden lagen Teppiche und es gab eine Feuerstelle und zwei Bettnischen. Neben dem rechten Bett war ein Altar mit zahlreichen Heiligenbildern aller Religionen aufgebaut. Ich erkannte Krishna, Mohammed, Johannes den Täufer, Shiva und Issa. Dadaji entzündete andächtig eine Kerze und ein Räucherstäbchen. Der starke Rosenduft erinnerte mich an Imans Haus.

Warum wussten diese Menschen so viel mehr über Christus als wir? Warum war er ihnen so viel näher als uns? Fast alle, denen ich in Kashmir begegnet war, sprachen respektvoll von ihm und verehrten ihn. Er war stets neben ihren Heiligen präsent, ja er war für sie einer der ihren. Wie fremd war Christus uns westlichen Menschen. Wie wenig verstanden wir seine Worte und wie wenig wussten wir von seinem Wirken und seiner Mission. War es einem westlichen Menschen vorstellbar, dass Jesus ihm den Weg der Befreiung von Karma wies? War es vorstellbar, dass Issa das Karma all seiner Anhänger auf sich genommen hatte? Warum lebte dann kein Christ ein wirklich befreites Leben?

Dadaji wies mir das linke Bett zu und richtete sich selbst in der rechten Schlafstätte ein. Er war schnell fertig und setzte sich dann auf den rechten der beiden kleinen Teppiche, die neben der Feuerstelle lagen. Er entzündete ein Feuer, um die Feuchtigkeit aus der Höhle zu vertreiben. Als es rauchlos und knisternd brannte, setzte er sich gelenkig in den Lotussitz, schloss die Augen und begann zu meditieren. Er hatte die Augen leicht geöffnet und sah tief hinein ins innere Bewusstsein. Sein Körper schien zu glühen und von innen heraus weißlich zu leuchten. Ich konnte mich an seinem Anblick kaum sattsehen.

Weil ich nicht wusste, was ich tun sollte, setzte ich mich auf den zweiten Teppich neben das Feuer und schloss die Augen. Im Raum des Bewusstseins hinter meiner Stirn zuckten Lichtblitze in allen Farben. Ich war noch nie an einem Ort mit so hoher Energie gewesen und so tat ich das Einzige, was mir richtig erschien, ich versuchte die Energie wahrzunehmen und mich auf sie einzustellen. Ich spürte die Diskrepanz zwischen der Frequenz meines eigenen Energiekörpers und der Energie meiner Umgebung ganz klar und deutlich. Das höhere Energiefeld übte einen leichten, kaum spürbaren Sog auf das niedrigere Energiefeld aus. So bemerkte ich, wenn ich mich der Schwingung meiner Umgebung annäherte oder wenn ich sie wieder verlor.

Je besser ich mich dem höheren Energieniveau anpasste, desto klarer wurde mein Geist, desto bewusster wurden mir Tiefe und Ruhe von Dadajis Bewusstsein. Es dauerte nur wenige Minuten, bis sein Atem zuerst ganz flach wurde und dann vollkommen stillstand. Als ich das zum ersten Mal bemerkte, erschrak ich fürchterlich, weil ich dachte, er sei tot. Ich war drauf und dran aufzuspringen, um nach ihm zu sehen und seinen Pulsschlag zu fühlen, als ich einen starken Widerstand spürte, der mich daran hinderte.

Am nächsten Morgen erschien mir unser gemeinsames Frühstück extrem karg. Gerstenbrei mit Tee. Doch Nahrung war hier oben nebensächlich. Hier war etwas ganz anderes wichtig: die innere Beziehung zwischen Dadaji und mir. Immer klarer begann ich, die wenigen Regungen und Gedanken meines Gegenübers wahrzunehmen. Noch nie hatte ich mit einem Menschen auf diese subtile Weise kommuniziert, eine Art, die viel klarer zu sein schien als jeder sprachliche Ausdruck, der die Diskrepanz von Wort und Gefühl erlaubte. Hier herrschte absolute Einigkeit von Gedanken, Gefühlen und den wenigen Handlungen, die Dadaji vollzog. In seinem Energiefeld gab es keine Dissonanzen und Widersprüche. Diese innere Einigkeit hatte ich selbst bei Parham nie erlebt. Obwohl er ein aufrichtiger Mensch war, war er doch irgendwie den weltlichen Bedingungen angepasst.

Die Einigkeit Dadajis tat mir gut. Sie baute Spannungen ab, die sich meinem Nervensystem tief eingeprägt hatten. Und ich sah, wie oft ich selbst anders gefühlt als gehandelt, anders gedacht als gesprochen hatte. Ich hätte auch mich als aufrichtig bezeichnet, doch in der stummen Gegenwart Dadajis musste ich mir eingestehen, dass ich mich weit von mir selbst entfernt hatte. Ich hatte echte Gefühle und Handlungsimpulse verdrängt und kontrolliert, weil ich die Außenwelt als Maßstab für richtige und falsche Handlungen genommen und mich angepasst hatte. In Dadajis schweigender Gegenwart begann ich wieder, ehrlich zu sein, mich wahrhaftig und echt zu fühlen, denn er setzte einen neuen Maßstab, der aufrichtig und authentisch war.

Die Gehirnwellen schienen zu verebben und mit ihnen alle Erscheinungsformen auf allen Ebenen der Existenz. In diesem Zustand gab es keinen Beobachter und kein Beobachtetes, er war jenseits von *Purusha* und *Prakriti*, deren Wesen Nizram mir erklärt hatte. Es war, als zeige die Aktivität meines Gehirns eine Nulllinie und für einen Moment fürchtete ich, auch ich sei tot, so wie ich Dadaji in tiefster Meditation für tot gehalten hatte. Doch ich konnte nicht tot sein, denn meine Wahrnehmung war messerscharf, sie nahm etwas wahr, das kein Etwas war – ihren Urgrund, der sie selbst zu sein schien und doch etwas ganz anderes: Bewusstsein, dass sich seiner selbst bewusst war. Dieser Bewusstseinszustand überwältigte mich derart, dass ich sofort wieder aus ihm herausfiel. Ich nahm wieder das Beobachterbewusstsein, Gedanken und Objekte wahr, doch ich spürte zugleich die beruhigende, ermutigende Gegenwart Dadajis, der noch immer regungslos und atemlos an seinem Platz saß, versunken in ein Bewusstsein, das mir unerreichbar erschien. Da hatte ich für einen Moment das Gefühl, dass er sein leises Einverständnis gab, so als drücke er den Startknopf für einen virtuellen Film, der nun vor meinem eigenen inneren Auge ablief. Ungläubig wurde ich Zeugin der Möglichkeiten des geistigen Weges, der Nähe, die zwischen zwei völlig fremden Menschen möglich war, und des Einflusses, den ein anderer auf meine Wahrnehmung und mein Bewusstsein hatte.

Plötzlich sah ich zuerst meinen Körper, dreidimensional, wie von außerhalb, ganz ähnlich der Erfahrung, die ich nach der Bombenexplosion in Srinagar im Traum gemacht hatte. Ich sah den Körper in einem Bild, nicht nur Hände und Füße, wie ich es durch die geöffneten Augen tat. Dann wurde dieser Körper transparent, so dass ich Blutgefäße, Muskeln, Knorpel und innere Organe erkennen konnte. Ich sah die Lungen, die sich nur ganz leicht, kaum wahrnehmbar, mit dem feinen Einatem dehnten, und ich sah das Herz, das sehr ruhig, an den Rhythmus des Atems angepasst, schlug. Langsam wurde die Wahrnehmung noch feiner und ich sah die Energieströme, die in Tausenden von leuchtenden Bahnen durch den Körper flossen. Sie waren teils weißlich, teils bläulich. Manche flossen von unten nach oben, andere von oben nach unten. Mein ganzer Körper schien von Energiebahnen wie von Adern durchzogen. Die stärkste Konzentration der Energie sah ich in der Wirbelsäule. Fasziniert betrachtete ich das Spiel der Energien, die meinen Körper belebten, ohne dass ich mir dessen bisher jemals bewusst gewesen war.

Plötzlich hörte ich die klaren, sanften Worte: „Lass dein Auge einfältig sein und du wirst mich und meinen Vater erkennen!"

Ich erinnerte mich dunkel, dass diese Worte die Abwandlung einer Aussage Issas sein mussten. Im Original hieß es im Matthäus-Evangelium: „Dein Auge ist das Licht des Leibes. Wenn aber dein Auge einfältig ist, so wird dein ganzer Leib licht sein!" Genau das sah ich gerade, das Licht des Leibes.

Ich erschrak so sehr, dass ich aufsprang und aus der Höhle lief. Die Kälte tat mir gut, sie kühlte meinen erhitzten Geist, der von dem, was er gesehen hatte, zugleich beeindruckt und erschreckt war.

„Das ist das Tor zum höchsten Bewusstsein", hörte ich Issas Stimme und ich erschrak abermals, als mir klar wurde, dass ich nicht vor ihr weglaufen konnte, weil sie in mir war, in meinem Geist, in meinem Bewusstsein. Ich fiel auf die Knie und begann zu weinen und zu schluchzen. Noch nie in meinem ganzen Leben hatte ich so herzzerreißend, so markerschütternd geweint. Ich stand vor der Tür zum Himmel und erschrak, weil ich den Weg dorthin gefunden hatte. Das wurde mir bewusst, noch während ich Tausende von Tränen weinte, mehr Tränen, als ein Mensch haben konnte. Ich war nach langer Reise nach Hause zurückgekehrt, stand mit schwerem Gepäck, der Last vieler Leben und des Ich-Bewusstseins, vor der Tür und war so überwältigt davon, dass ich im Labyrinth der weltlichen Erscheinungen dorthin gefunden hatte, dass ich an der Schwelle zusammenbrach. Instinktiv spürte ich, dass vor mir schon viele Menschen dasselbe erlebt hatten, ja, es schien eine seltsame Eigenart dieser himmlischen Türschwelle zu sein, dass man bereits vor ihr das Gefühl hatte, zu Hause angekommen zu sein und nicht weiterschreiten zu können. Man hatte das göttliche Selbst, das Heim der Seele bereits erblickt und schon dieser Anblick erfüllte einen derart, dass man meinte, mehr davon nicht zu brauchen. Wenn ich allein gewesen wäre, ohne Dadaji, der alle Tücken und Hindernisse des inneren Weges kannte, hätte ich meine Bemühungen hier abgebrochen.

Als die Tränen versiegten und ich langsam wieder zu mir kam, stand ich erschöpft auf, trat an den Rand des Berges und blickte hinab ins Tal. Es war ein kalter Tag mit Temperaturen weit unter dem Gefrierpunkt. Doch ich fror nicht und hatte auch keinen Hunger, obwohl wir nur zwei sehr einfache Mahlzeiten zu uns genommen hatten. Wie schön es hier oben war, wie ruhig und wie rein. Der dunkelblaue Himmel berührte die schneebedeckten grauen Riesen des südlichen Himalayas und ich sah glasklar das Ich-Bewusstsein, meine Person, in Beziehung zu all den Erscheinungsformen, die es umgaben. Es wirkte klein und völlig unbedeutend. Die riesige, gewaltige Natur um mich herum relativierte mein Ich-Gefühl bis zu einem Punkt der vollkommenen Unwichtigkeit. Wie anders fühlte dieses Ich sich in der Stadt, in der Klinik, bei der Ausübung meines Berufes. Dort hatte ich mich stets bedeutend und gewichtig gefühlt, weil ich bis zu dem Tag im letzten Sommer, als ich die Klinik verließ, geglaubt hatte, dass wir Ärzte in der Lage waren, Leben zu retten. Und auch als ich schon nicht mehr an diesen Irrtum erlegen war, hatten viele meiner Patienten geglaubt, dass ich ihr Leben retten könne. Heute wusste ich, dass das nicht wahr war. Als Ärztin spielte ich nur eine Rolle im Spiel des Lebens und konnte kein Leben retten, wenn es nicht Gottes Wille war. Doch nach allem, was ich in den letzten Tagen über das göttliche Sein gelernt hatte, stellte sich mir hier und heute eine neue Frage, die nicht weniger wichtig war als die Frage, die mich zu der Einsicht geführt hatte, dass der göttliche Wille über die Geschicke des Menschen, über Leben und Tod, entschied. War es nicht ein weiterer Irrtum, dass Gottes Wille über den Tod entschied? Entschied nicht das Karma des Menschen über dessen Tod? Stand das Göttliche nicht für Unsterblichkeit?

Mein Herz raste wieder, als eine Frage die nächste ergab und die gesamte Kette der Fragen einen tieferen, wichtigen Sinn ergab. Wenn der Sündenfall Adam und Eva sterblich gemacht hatte und Issa für die Heilung der Getrenntheit von Mensch und Gott stand, stand Issa dann nicht für den reinen göttlichen Willen, der den Menschen nach seinem Bilde gemacht hatte, nämlich frei von Geburt und Tod, frei von den Wandlungen der Zeit?

Ich ahnte, dass die Zeit ein wichtiges Element auf der Suche nach Gott war, ein Element, das das Geheimnis des Göttlichen Lebens enthüllen konnte, wenn man bis auf seinen Grund, bis an seine Wurzel stieß. So, wie der Raum heimlich und versteckt die Erfahrung der Unendlichkeit barg, so barg die Zeit die Erfahrung der Ewigkeit. Dort, wo die Ewigkeit war, konnte es keine Sterblichkeit geben. Ich beschloss, dieser Frage zu folgen, die mir wie eine weitere Perle an einer Gebetskette vorkam, die mich irgendwann über alle Fragen hinausführen würde. Schon viele Perlen am roten Faden meiner inneren Mala, meiner Gebetskette, lagen hinter mir. Ich war ihnen intuitiv gefolgt und mein Leben hatte dadurch an Tiefe und Sinn gewonnen. Nun lag das nächste große Rätsel vor mir, das mich von Gott zu trennen schien: das Rätsel der linearen Zeit, das eine Erfahrung von Ursache und Wirkung, von Karma, erst möglich machte. Einige Male schon hatte mein Bewusstsein Sprünge auf der linearen Zeitachse gemacht und in die Vergangenheit oder die Zukunft geschaut. Doch ich war sicher, dass die Zeit noch ein weiteres Geheimnis barg.

Dadaji saß noch immer in tiefer Meditation versunken, als ich in die Höhle zurückkehrte und mich wieder auf meinen Teppich neben dem Feuer setzte. Er atmete in einer Frequenz, die mir übermenschlich erschien, doch nachdem ich selbst erlebt hatte, dass das äußere Atmen in den höheren Bewusstseinszuständen einfach aussetzte, verängstigte mich sein Anblick nicht mehr. Ich richtete meinen Blick wieder nach innen. Ist die Ewigkeit ein Teil der Zeit oder liegt sie jenseits der linearen Zeit, fragte ich mich, als mein Bewusstsein immer ruhiger wurde und sich dem Punkt jenseits des Denkens, jenseits des Ich-Bewusstseins, des individuellen Geistes näherte.

„Das Höchste Bewusstsein ist jenseits der Erscheinungswelt, jenseits der scheinbaren Gegensätze von linearer Zeit und Ewigkeit. Während die lineare Zeiterfahrung alle Ereignisse chronologisch voneinander trennt, ist die Erfahrung der Ewigkeit die Gleichzeitig aller Ereignisse. Die Gleichzeitigkeit ist ein Punkt. Wer diesen Punkt im Bewusstsein findet, vermag Vergangenheit und Zukunft ebenso zu erkennen wie alle Ereignisse der Gegenwart. Doch er ist noch nicht bis zum Höchsten Bewusstsein vorgedrungen, das jenseits aller Erscheinungen liegt", hörte ich dieselbe sanfte und durchdringende Stimme erklären, die mich auf die Notwendigkeit der Einpunktigkeit des Geistes während der Meditation hingewiesen hatte. „Auf dem Weg zur Vereinigung mit dem göttlichen Selbst gibt es drei höhere Wahrnehmungsebenen", erklärte mir Issa, mein geistiger Lehrer. „Konzentration ist die erste Stufe. Hier konzentriert sich der Übende mithilfe eines Symbols auf das dritte Auge. Dein Symbol ist das Zeichen deines Medaillons. Suche die Mitte in diesem Zeichen und du wirst deine innere Mitte mühelos finden. Dann wird dein Auge einfältig sein.

Wenn das Objekt der Konzentration mit der Wahrnehmung des Konzentrierenden verschmilzt, ist der Zustand der Meditation erreicht. Dies ist die erste Ebene nicht-dualistischer Wahrnehmung. Ich und Objekt scheinen miteinander zu verschmelzen und den Blick auf ein anderes Bewusstseinsfeld freizugeben. Das Bewusstsein wird dort als subjektiv und allumfassend erkannt. Der Meditierende hat das Gefühl, das Objekt der Betrachtung und alle anderen Objekte selbst zu sein.

In einem nächsten Schritt löst sich auch diese Einheitserfahrung auf und der Übende betritt die Ebene der Leere. Die Erscheinungen sind in diesem Bewusstsein nicht vorhanden und je tiefer der Meditierende in das nicht-dualistische, erscheinungslose Bewusstsein sinkt, desto deutlicher wird seine Wahrnehmung vom reinen Bewusstsein, mit dem er sich nach und nach zu identifizieren beginnt.

Die nächste Stufe, die er betritt, ist die Stufe des *Samadhi*, die wiederum aus drei verschiedenen Formen besteht. *Samadhi* heißt Versenkung, Sammlung. Der Meditierende versenkt sich, sammelt sich im Bewusstsein des Selbst, das Nicht-Ich und Nicht-Erscheinung ist, der erfahrungslose Urgrund jeder Erfahrung.

Die erste Stufe des *Samadhis* hast du bereits kennengelernt: *Savikalpa Samadhi*. Obwohl im *Savikalpa Samadhi* die Dualität von Subjekt-Objekt-Wahrnehmung, von Ich und Welt bereits aufgehoben ist, bleibt doch die Dualität von Ich-Bewusstsein und Gottesbewusstsein noch bestehen. Deshalb ist dieser Zustand auch nicht von Dauer. Das Bewusstsein wird immer wieder auf die Ebene dualistischer Wahrnehmung herabgezogen. Es unterliegt noch dem Sog der *Maya*, der durch das regelmäßige Versenken in diesen Zustand aufgelöst werden kann. Hier begegnet der Übende den Phänomenen von Raum und Zeit und dem Gefühl, ein von Gott getrenntes Wesen zu sein. Wenn er diese Phänomene in der Versenkung und in der Erfahrung ergründet hat, schreitet er zur nächsten Stufe des *Samadhi* fort."

Ein überwältigendes Gefühl des Glücks überkam mich. Endlich verstand ich, was die Erfahrung der Einheit mit Parham, die Erfahrung im Shankaracharya-Tempel und das Erlebnis von Rozabal bedeuteten. Mit Parham hatte ich vor allem die Einheit von Subjekt und Objekt erlebt. Einige wenige Male hatte ich danach einen Zustand der Leere betreten, der Abwesenheit von Ich-Bewusstsein und Welt und der stillen Anwesenheit des Göttlichen. Doch jedes Mal war ich aus der Leere und der Erfahrung der Nicht-Dualität wieder herausgefallen, hatte den Sog von Verlangen und Angst gespürt und mich im Strudel der Ereignisse verstrickt, bis erneut ein Moment der Liebe und Bewusstheit mein vorübergehendes Erwachen bewirkt hatte. So war ich stets tiefer gelangt, näher an die Wurzeln von Erfahrung und Wahrnehmung, näher an die Wirklichkeit, die man im Zustand dualistischer Wahrnehmung nicht erkennen konnte, ganz gleich wie sehr man sich auch bemühte. Es war, als läge eine undurchsichtige Wand zwischen ihr und dem Ich-Bewusstsein und erst heute begriff ich, dass es nur eine Methode gab, diese Wand für immer aufzulösen: Konzentration, die zu Meditation wurde. Und so saß ich geduldig im Lotussitz, eingehüllt in eine Wolldecke und blickte auf das Symbol des Medaillons, das sich wieder, sobald ich unbeweglich saß, im Raum des Bewusstseins vor meinem inneren Auge manifestierte. Obwohl ich diese Übung schon häufig gemacht hatte, hatte sie hier oben in der Ruhe und Ausgeglichenheit der meditativen Atmosphäre und der Gegenwart Dadajis eine andere Wirkung. Mein Geist kam schneller zur Ruhe, das Symbol stand länger unbeweglich vor mir.

Zuerst bemerkte ich, dass meine Atmung sich verlangsamte, dann mein Herzschlag. Bald wurde mir bewusst, dass ich nicht mehr blinzelte, sondern mit klarem Blick das Symbol zwischen meinen Augenbrauen hielt. Dann konnte ich den winzigen Punkt in der Mitte, dort wo sich beide Linien des Kreuzes trafen, erkennen. Ich fokussierte meine Aufmerksamkeit präzise auf diesen Punkt und hielt sie dort, so gut ich konnte. Energie stieg in meinen Körper empor, mein Herzraum weitete sich. Ich entspannte mehr, ließ mich tiefer in die Konzentration fallen. Da trat der Punkt aus dem Kreuz heraus, schien auf mich zuzukommen und wie ein Laserstrahl in mich einzudringen. Helligkeit breitete sich vor meinem inneren Auge aus. Licht. Mein Blick blieb ungerührt auf den Punkt gerichtet.

So saß ich zeitlose Tage da, immer wieder die innere Aufmerksamkeit Dadajis auf mir spürend, der mich mal zustimmend, mal leicht korrigierend ansah. Zumeist erreichte ich schnell die scheinbare Verschmelzung mit dem Objekt meiner Betrachtung, dann war alles in mir hell erleuchtet und Gedanken und Gefühle lösten sich auf bis nur noch Nichts, vibrierendes lebendiges Nichts, vor mir stand. Die Momente dieser Erfahrung dehnten sich aus und kamen immer häufiger vor, doch immer noch spürte ich etwas, das mich wieder herauszog, das mir den letzten Akt des Loslassens verwehrte. Trotz der vielen Lektionen und Erkenntnisse der letzten Zeit, war ich noch immer nicht wesentlich weiter gekommen. Mit dem Fahrzeug der Konzentration erreichte ich Meditation und *Savikalpa Samadhi*. Ich ging hinein und fiel wieder heraus. Doch ich ließ mich nicht von meiner Konzentration abbringen. Noch nie in meinem Leben war ich so diszipliniert gewesen, obwohl das Resultat meiner Übung nach meiner persönlichen Empfindung eher frustrierend als befriedigend war.

Eines Abends holte Dadaji mich ans Feuer und gab mir einen Becher Gerstenbrei, den ich lange in den Händen hielt, bevor ich zu essen begann.

„Du machst gute Fortschritte, Ishama. Es fehlt nicht mehr viel. Auf dieser Ebene des Bewusstseins kann ein Sandkorn ein unüberwindliches Hindernis sein."

Hatte ich diese Metapher nicht vor wenigen Wochen noch selbst gebraucht!?

„Deshalb ist es gut, wenn ein geistiger Führer mit uns ist, der den kritischen Punkt schon überschritten hat. Er kann uns von der anderen Seite hinüberziehen. Das ist die Aufgabe eines echten spirituellen Lehrers. Er hilft dem Suchenden, die Hindernisse aus dem Weg zu räumen. Hindernisse sind die Wünsche des Menschen. Du kennst den Psalm ‚Der Herr ist mein Hirte, mir wird nichts mangeln …' Mir wird nichts mangeln bedeutet, ich habe keine Wünsche; ich bin frei von Verlangen. Der Herr ist Erfüllung und führt uns zur Wunschlosigkeit, zur Bewusstheit jenseits von Verlangen und Angst.

Ich weiß, dass du noch einen wichtigen Wunsch hast, den Wunsch, der dich hierher geführt hat. Du möchtest wissen, ob Issa tatsächlich in Kashmir gelebt und gelehrt hat und ob er hier gestorben ist. Du möchtest wissen, ob das möglich ist, und wenn ja, wie. Vergiss diese Frage nicht, wenn du übst. Nimm sie mit in die Konzentration und sei dir bewusst, dass diese Frage für deine Seele wichtig ist. Sie ist nicht nur für deine Seele wichtig, sondern für die Seele jedes Christen.

Du hast die Relativität der Zeit bereits erlebt und weißt, dass vom Standpunkt der Ewigkeit aus alle Ereignisse in der Vergangenheit und der Zukunft sichtbar werden können. Du kannst auch die Erlebnisse Issas direkt erkennen, wenn das dein wichtigster, glühender Wunsch ist und wenn er dich zur endgültigen Befreiung führen kann."

Wie oft hatte ich diesen Wunsch schon geäußert, diese Frage gestellt? Wie viele Male hatte ich sie behutsam wie ein Samenkorn in mein Bewusstsein gelegt und doch jedes Mal die endgültige Antwort verpasst. Ich wusste nicht einmal, ob der Same gewachsen war, ob er gedieh und ob er jemals Früchte tragen würde. Doch ich vertraute Dadaji.

„Noch etwas … Nimm den Marham-i-Issa zur Hilfe. Mache dir jeden Tag, bevor du deine Meditation beginnst, einen kleinen Punkt auf die Stirn zwischen deinen Augenbrauen. Wenn du dann das Symbol deines Medaillons in Raum des Bewusstseins siehst, sieh es genau an diesem Punkt. Spüre die Vibration des Punktes und lasse dich ganz auf die Schwingungsfrequenz des Jesusbalsams ein. Es ist ein Geschenk Issas und es trägt seine sehr besondere Energie. Je mehr du mit dieser Energie in Einklang kommst, desto leichter wirst du Issas geistigen Spuren folgen können. Glaube mir, jedes Erlebnis Issas ist im universellen Bewusstsein gespeichert. Du musst nur lernen, auf der richtigen Ebene zu schauen, um zu erkennen, was du sehen willst."

Dadaji übergab mir den Kupfertiegel mit dem Marham-i-Issa, den Iman gebraucht hatte, um meine Erfrierungen zu behandeln. Ich spürte die Energie und die heilende Kraft des Jesusbalsams, als ich den Tiegel in den Händen hielt.

Es schien von Bedeutung, dass Dadaji erst jetzt wieder mit mir sprach und konkrete Anweisungen gab. Nun erst hatte ich seine Ebene des Bewusstseins erreicht, hatte ich mich auf seine Schwingungsfrequenz eingestellt. Und so folgte ich seinen Anweisungen genau, malte mir vor jeder Meditation mit dem Jesusbalsam einen Punkt auf die Stirn. Dann setzte ich mich auf den Teppich und nahm meinen letzten Wunsch mit hinab in den Zustand der Meditation.

Und tatsächlich, das Marham-i-Issa bewirkte eine Veränderung: Zuerst spürte ich nur kühl und leicht kribbelnd den Punkt zwischen den Augenbrauen. Er schien die Mitte der inneren Leinwand, auf der ich die Bilder der Gedanken sah, von außen zu markieren. Genau dort nahm ich nun den Davidstern mit dem Kreuz wahr. Ich konzentrierte mich auf das kühle, angenehme Kribbeln, das sich von dort in meinem Körper auszubreiten begann, während ich den inneren Blick auf die Mitte des Konzentrationsobjektes gerichtet hielt. Der Punkt wurde klarer, heller und größer und für weniger als eine Sekunde schien er die Form eines Auges anzunehmen.

Dann sah ich *ihn* auf der inneren Leinwand des Bewusstseins. Ich sah vor meinem inneren Auge, wie Issa als junger Mann nach Sindh reiste, bis nach Puri und Tibet. Ich sah ihn, wie er im Tibetischen Evangelium beschrieben wurde, als Mensch, der zugleich Gott war und der nie etwas anderes getan hatte, als durch seine Worte und seine Handlungen auf Gott zu zeigen. Sein ganzes Leben war ein einziger Fingerzeig auf Gott und die göttliche Gegenwart auf Erden gewesen. Viele seiner Anhänger hatten das verstanden. Sie liebten ihn, sie liebten Gott in ihm, doch nur wenigen gelang es, zu erkennen, dass der Gott, den sie in ihrem Meister, ihrem Rabbi, sahen, auch in ihnen wohnte. Die meisten liebten ihren Rabbi in der Welt mehr als Gott in sich.

Ich sah, dass Issa immer wieder versucht hatte, seinen Jüngern und vielen anderen zu zeigen, dass nicht er die Antwort auf ihre Fragen, dass nicht er das Ziel ihrer Suche war, sondern der, der in ihm wohnte; der, der in ihm für sie eine Form angenommen hatte. Viel zu oft wurden seine Worte missverstanden, doch er wusste, dass es schwer war, die Menschheit vom Irrtum zu befreien und das göttliche Bewusstsein in ihr zu wecken. Und er kannte seine Aufgabe genau, deshalb kehrte er mit neunundzwanzig Jahren nach Jerusalem zurück, um die alten Opferriten abzuschaffen und die Gläubigen wieder an Gott zu erinnern; ein ganzes Volk wieder mit Gott zu vereinen. Als er zurück in seine Heimatstadt kam, wusste er längst, dass er nicht lange dort leben und lehren würde. Er wusste, dass er in Jerusalem für seine Aufgabe sterben würde; ja, seine Aufgabe war der öffentliche Tod vor aller Augen. Er kannte die alten Prophezeiungen, er kannte den Willen Gottes, und er kannte die Rolle, die er im Spiel des Bewusstseins zu spielen hatte. Er war bereit für diese Aufgabe.

So, wie er von vielen Gläubigen missverstanden wurde, wurde er auch von den Herrschenden missverstanden. Sie begriffen nicht, dass er vom Königreich Gottes im Inneren der Seele sprach, wenn er sich als König bezeichnete. Sie fürchteten, dass er ihre Position angreifen und nach der weltlichen Herrschaft greifen würde. Alles, was Issa sagte, wurde gegen ihn ausgelegt, weil die weltlichen Herrscher Gott nicht kannten und voller Angst waren. Sie verstanden nicht, von wem er sprach, und fürchteten den Verlust ihrer Macht – zuerst an Issa und schließlich an Gott.

Issa war sich dieses Widerstands und seiner notwendigen Folgen bewusst. Er wusste, dass dieser ihn ans Kreuz bringen würde, und er trug dieses Kreuz selbst auf den Berg Golgatha, nachdem Barrabas die Freiheit gewährt worden war – einem Verbrecher statt dem König des Friedens. Dieses weltliche Urteil war nicht gerecht, doch Issa nahm es an, längst auf die größere Aufgabe vorbereitet, die noch vor ihm lag.

In einer entlegenen Höhle in den Bergen von Kashmir war ich Zeuge eines Ereignisses, das zweitausend Jahre zuvor stattgefunden hatte. Ich sah es so klar, als wäre ich Issa selbst. Die Grenzen von Raum und Zeit waren aufgehoben. Nur hier an der Seite Dadajis durch wochenlange Übung geschult und nur, weil es mein letzter dringendster Wunsch war, war ich zu dieser Rückschau fähig.

Ich sah die Nägel, die sie in Issas Füße und Hände schlugen. Ich sah sein Blut, ich roch den Schweiß, und trotz der Schrecklichkeit dieses Anblicks blieb ich der Zeuge, der jenseits des Leidens war, so wie auch Issa mit dem Bewusstsein des Beobachters sehen konnte – vor, während und nach der Kreuzigung. Er sah die Menge, die ihn umringte, die Soldaten, die ihm später am Tag ungerührt das Essigwasser reichten. Issa sah die beiden verurteilten Räuber links und rechts von sich am Kreuz und er war Zeuge, als einer von ihnen ihn kurz vor seinem Tod bat, an ihn zu denken, wenn er in sein Reich komme. Ich hörte Issas Stimme, die ihm versprach, dass er mit ihm zusammen im Paradies erwachen werde.

Der Geist Issas war fortwährend auf das Göttliche gerichtet, das er als seine wahre Natur sah, und so verlor er nicht das Bewusstsein, sondern trat in einen Zustand des höheren Bewusstseins hinüber, als sein Kopf vornüberfiel und die Umstehenden ihn für tot hielten. Er hatte seinen Körper verlassen, war ganz Bewusstsein geworden und seine Atmung verlangsamte sich ebenso wie sein Herzschlag, bis diese ganz aussetzten und die Unwissenden sich seines Todes sicher waren …

Die Bilder wurden schwächer. Lange Zeit sah ich diese letzte Szene. Issa hing regungslos, leblos am Kreuz. Und gleichzeitig nahm ich die Qualität, die Reinheit seines Bewusstseins wahr, das jenseits des Ich-Bewusstseins im höchsten Bewusstsein verankert war. Der christliche *Avatar*, die christliche Form Gottes, hatte das *Dharma*, das göttliche Gesetz und die göttliche Ordnung, wiederhergestellt und den Menschen, der als Adam sein Gottesbewusstsein verloren hatte, wieder mit Gott vereint. Am Kreuz offenbarte sich das Paradies erneut.

Als ich das Bewusstsein Issas in diesem Bild wahrnahm, spürte ich das göttliche Sein so deutlich wie nie zuvor. Ich spürte Gott, ich sah das Selbst und für einen kleinen Moment fühlte ich weder Freude noch Angst über diese Begegnung und ergab mich, ließ mich hineinfallen in das Meer der Göttlichkeit, das im Inneren der menschlichen Seele brandete und das das Ich nicht erfahren konnte. Bewusstsein und Energie, die mir auf meine Reise ins Innerste des Seins lange als getrennte Ausdrucksformen des Göttlichen erschienen waren, verbanden sich wieder zu ihrer ursprünglichen Einheit. Dieser Moment der Transformation, des Übergangs, bedeutete den Tod des Ichs.

Die Begegnung mit dem göttlichen Sein ohne Form, das Überschreiten jeder Subjekt-Objekt-Beziehung – auch der Beziehung zwischen Ich und Gott – führt das Geschöpf zurück zum Schöpfer, der nichts als reines Sein ist, das sich seiner selbst bewusst ist. Das ist der Zustand vor jeder Form, vor jedem Wunsch, vor jeder Teilung, vor jeder Erscheinung; jenseits von all dem und doch in all dem als erste und einzige Ursache verborgen.

Dadaji berührte sanft meine Stirn, als ich auf dem Boden liegend erwachte. Er sah mich beruhigend an und half mir, mich aufzusetzen. Mein Körper schien leicht wie eine Feder, mein Geist hellwach und mein Herz mit der stummen Freude der Glückseligkeit erfüllt.

„Du hast ihn gesehen …", stellte er wissend fest.

Ich nickte nur, noch ganz in der Welt versunken, die jenseits aller Erfahrung und jedes Erfahrenden lag. „Ich habe seine Kreuzigung gesehen und seinen Tod. Er ist nicht gestorben. Die Kreuzigung war ein Moment der Transformation, des Übergangs von einem Zustand des Bewusstseins zu einem anderen."

„Die Kreuzigung war der Übergang zur nächsten Stufe des *Samadhi*, zu *Nirvikalpa Samadhi*."

„Ja!"

Mein Atem ging immer noch sehr langsam. „Dort sind Schöpfer und Geschöpf eins. Dort ist nichts als reines Sein", versuchte ich dieses Unbeschreibliche in Worte zu fassen.

„Im Zustand von *Nirvikalpa* löst sich jede Unterscheidung von göttlichem Bewusstsein und Ich-Bewusstsein auf. Dort wird der Sog jeder dualistischen Erfahrung und Wahrnehmung vollkommen transzendiert und in sein Gegenteil verkehrt. Von dort an wird das Bewusstsein niemals mehr zur Vielheit, sondern nur noch zur Einheit zurückgezogen. Vater, Sohn und Heiliger Geist sind dort eins. Der Vater ist das reine Sein, der Sohn das wahrnehmende Bewusstsein und der Heilige Geist die Energie, die allen Dingen – auch dem menschlichen Ich – die Form gibt. Im Hinduismus nennt man diese Dreifaltigkeit *Sat, Chit, Ananda* – Sein, Bewusstsein und Glückseligkeit. Im Tantra heißt sie *Paramshiva, Shiva* und *Shakti*. Issa hat dich zur Einheit mit dem Vater geführt. In ihm hast du gesehen, wie sie sich anfühlt, so wie du in mir gesehen hast, wie sich Meditation anfühlt. Du wirst von nun an leicht dorthin finden und *Nirvikalpa* wird zu deinem eigenen Bewusstseinszustand, deiner eigenen Verwirklichung werden."

Nur langsam wurde mir bewusst, wie fein meine Wahrnehmung plötzlich war, wie sehr ich mir meiner selbst bewusst war. Mein Herz erfüllte stille Freude und in allem, was ich tat, erkannte ich nun den göttlichen Handelnden, während ich nichts als der Zeuge jeder Handlung war. Das reine Sein blieb von nun an auch im Wachbewusstsein stets wahrnehmbar und wenn ich mich setzte und meine Augen schloss, zog es mich sofort an wie das Licht die Motte und ich ließ es geschehen. Weiterhin trug ich vor der Meditation den Jesusbalsam zwischen den Augenbrauen auf und betrachtete die Mitte des Meditationssymbols. Schon nach wenigen Atemzügen betrat ich das göttliche Sein, das licht und bewusst und trotzdem eigenschaftslos war.

Doch obwohl ich nun unmittelbarer Zeuge von Issas Kreuzestod geworden war und viel besser verstand, was damals wirklich geschehen sein mochte, war meine Frage noch nicht vollständig beantwortet und so versenkte ich mich weiter und bat um Einsicht und Erkenntnis der Wahrheit. Erst jetzt wurde mir klar, was es bedeutete, dass ich seit Monaten nach der Wahrheit suchte. Der Wahrheit über Issas Leben nach der Kreuzigung, aber auch der Wahrheit der göttlichen Wirklichkeit. Es gab eine relative Wahrheit, die alle unbeantworteten Fragen in Raum und Zeit betraf, und es gab eine absolute Wahrheit: Gott. In meiner letzten Frage, meinem letzten dringendsten Wunsch trafen sich relative und absolute Wahrheit, die in Issas Leben miteinander verbunden waren. Leise hörte ich die Erinnerung an Imans Stimme an meinem inneren Ohr. „Du hast vergessen, wer du bist und welche Qualitäten dich ausmachen: Wahrheit, Weisheit und Liebe." Dieser Dreifaltigkeit war ich bis hierher gefolgt. Zuerst hatte ich die Liebe entdeckt. Sie hatte mich zur Weisheit geführt und die Weisheit hatte mich zur Wahrheit geleitet. Heute sah ich auch diese drei als eins und ich wusste, dass sie tatsächlich das Wesen des Selbst waren, das so sehr vom Ich verschieden und doch zutiefst menschlich war. Es war das Wesen des Menschen, während das Ich nur das falsche Selbstbild des Menschen war. Längst hatte ich dieses Selbstbild verworfen und nach nichts mehr verlangt als nach vollständiger Selbsterkenntnis. Und mit diesem Wissen sah ich erneut das letzte Bild, das ich von Issa gesehen hatte.

„Die Menschen werden diesen Tod nicht verstehen. Sie werden denken, dass ich dich verlassen habe, mein Sohn. Sie werden denken, dass du von mir abgefallen bist und dich in deinem Leid nicht von ihnen unterscheidest. Andere werden glauben, dass jeder, der zu mir finden will, ebenso leiden muss wie du und dem Leid verfallen, statt die Bewusstheit zu suchen, die deine Natur ist und die Glückseligkeit zu finden, die in mir liegt."

Der Vater sprach mit dem Sohn. Ihr Gespräch war kein Gespräch in Worten, es war direkter, feiner. Issa erfasste den göttlichen Plan und den göttlichen Gedanken und auch mir war er klar, intuitiv statt intellektuell.

„Deine schwierige Aufgabe wird erst erfüllt sein, wenn dein Körper auferstanden ist. Doch dann wird es eine neue Aufgabe für dich geben."

Mein Herzschlag erhöhte sich, als ich aufgeregt registrierte, dass dies der erste Hinweis auf eine weitere Aufgabe Issas gewesen war. Unerschütterlich hielt ich meine Achtsamkeit auf den Punkt in der Mitte des Kreuzes gerichtet. Da begannen die inneren Bilder erneut, sich zu beleben.

... In der Todesminute Issas entlud sich die ganze Kraft des Schöpfers und der Rückkehr des Sohnes zu seiner Quelle: der Tempelvorhang riss in zwei Teile, die Erde bebte und die Sonne verdunkelte sich. Der Hauptmann der römischen Soldaten erkannte als Einziger die Bedeutung dieser Zeichen: Dieser Gekreuzigte war tatsächlich der Sohn Gottes. Doch die Einsicht kam zu spät. Die Henker zerschlugen bereits den beiden Räubern die Knochen und einer stach Issa eine Lanze in die Herzseite, aus der Blut und Lymphe flossen.

Pontius Pilatus verfügte, dass die Anhänger Issas ihren Rabbi nach jüdischem Brauch unversehrt beerdigen durften. So nahm Josef von Arimathäa, ein Anhänger, der sich zu Lebzeiten nicht zu Issa bekannt hatte, seinen geliebten Rabbi vom Kreuz und brachte ihn in ein Felsengrab unweit der Kreuzigungsstätte, das Josef gehörte. Dort wurde der leblose Körper Issas in ein weißes Grabtuch gehüllt. Die Mutter Issas, Maria, und Maria Magdalena waren bei dem Begräbnis dabei. Die Frauen blickten erschüttert und doch erleichtert auf den Leichnam. Ihr Blick spiegelte die tiefe Liebe, die sie für Issa empfanden, und das unerschütterliche Vertrauen, dass sie in Issa und Gott hatten. Als ich in die Augen der beiden Frauen blickte, sah ich, dass sie die Einzigen in all den Szenen, die sich vor meinem inneren Auge abgespielt hatten, waren, die Issa wirklich kannten und das Göttliche in ihm sahen. Ihre Liebe zu ihm war ebenso vollkommen wie ihre Hingabe an Gott. Wie Issa sein Los akzeptiert hatte, hatten auch sie die Notwendigkeit dieses transformatorischen Ereignisses erkannt und angenommen. Alle anderen waren verzweifelt, fühlten sich von Issa getrennt, von ihm verlassen und von den Römern gedemütigt. Doch diese beiden Frauen wussten, dass sie auf ewig mit

Issa verbunden waren, dass der Tod sie nicht trennen konnte, und so gingen sie nach Hause, um am nächsten Tag, dem Sabbat, zu ruhen und den Leichnam ihres Geliebten ruhen zu lassen.

Erst am Sonntag, dem ersten Tag der jüdischen Woche, kamen die Frauen mit Ölen zum Grab zurück, um den Leichnam zu balsamieren. Doch das Grab war geöffnet und leer. Die Frauen blickten sich fragend an. War der Leichnam etwa gestohlen worden? Plötzlich standen zwei Männer neben ihnen, von denen eine besondere Ausstrahlung ausging. Es waren unverkennbar spirituelle Menschen, denn ihr Charisma war der Glanz der göttlichen Liebe. Allein der liebende Blick der beiden Männer beruhigte das Herz der Frauen und sie wussten, dass alles gut war.

„Euer Sohn ist nicht mehr hier. Erinnert ihr euch nicht an seine Prophezeiung? Er selbst hat euch vorausgesagt, was geschehen und dass er am dritten Tage auferstehen wird. Euer Sohn lebt. Er hat den Tod überwunden. Der Kreis seines Lebens ist vollendet, er ist zum unsterblichen Selbst zurückgekehrt. Deshalb könnt ihr ihn hier bei den Toten nicht finden. Sein Körper wird niemals in einem irdischen Grab verwesen, denn er ist göttlich."

Die Frauen sahen sich an und weinten stumme Tränen der Freude, denn sie wussten, dass Issa diesen Weg auch für sie gegangen war. Jeder, der an seine Göttlichkeit glaubte, konnte ihm nachfolgen.

„Er wird euch bald besuchen und dann nach Galiläa vorausgehen. Folgt ihm, so wie ihr ihm bis hierher gefolgt seid, und auch ihr werdet noch in diesem Leben zum unsterblichen Selbst erwachen, weil es der Wille des Vaters ist, sich jedem zu offenbaren."

Die Frauen liefen zu den verbliebenen Jüngern, doch die wollten ihnen nicht glauben. Erst als sie selbst das leere Grab sahen, begriffen sie, dass der Körper Issas verschwunden war, doch dass er das Grab selbst verlassen hatte, dass er auferstanden war, begriffen sie nicht.

Issa war Zeuge all dieser Ereignisse und in diesem Moment, als er den Unglauben und den Irrtum seiner Jünger sah, schmerzte sein Herz und er begriff, warum er sie hatte verlassen müssen. Keiner von ihnen war fähig, das Selbst in seinem eigenen Inneren zu erkennen. Keiner von ihnen glaubte, dass die Werke, die er getan hatte, göttliche Werke waren, die jeder tun konnte, wenn er sich ganz der Liebe des Vaters hingab. Vielleicht würden sie jetzt, da ihr Vorbild und Führer fort war, beginnen, den Vater im eigenen Herzen zu suchen. Vielleicht würden sie jetzt zu erkennen beginnen, dass er ihnen nur Spiegel für die menschlichen Möglichkeiten, für die Möglichkeiten eines jeden, der zum Christusbewusstsein erwachte, gewesen war. Issa, der Mensch, war nie von ihnen verschieden gewesen, doch Issa hatte das Wissen um den Christus in sich nie verloren. Vielleicht würden auch sie sich an den Christus in sich erinnern, wenn sie sahen, dass er nach dem Tod noch unter ihnen weilte.

Als Ersten näherte sich Issa zwei Jüngern, die auf dem Weg nach Emmaus waren. Doch sie erkannten ihn nicht. Er ging lange mit ihnen und sie erzählten ihm verzweifelt die Geschichte ihres Rabbis, dessen Tod all ihre Hoffnungen auf eine Erlösung Israels zerstört hatte. Auch sie hatten geglaubt, dass er eine weltliche Herrschaft über das Volk Israel anstrebte. Wie wenig sie doch über ihn und seinen Tod wussten, obwohl sie so viele Jahre an seiner Seite gewandert waren! Die Jünger luden ihn ein, mit ihnen zu essen, und erst, als er am Tisch das Brot brach und es ihnen auf die gleiche Art reichte, wie er es immer getan hatte, erkannten sie ihn, doch da verschwand er sofort, ebenso augenblicklich, wie er gekommen war. Und so versuchte er es nur wenige Stunden später erneut, als die Emmausjünger nach Jerusalem zu den Aposteln zurückgekehrt waren, um von ihrer Begegnung zu berichten. Plötzlich stand er in ihrer Mitte und sie erschraken, weil sie glaubten, dass nur ein Geist auf diese Weise einen Raum betreten könne. Er lachte und neckte sie.

„Ihr glaubt, ich bin ein Geist, dessen Seele keine Ruhe findet? Nein, meine Seele hat meine Heimat nie verlassen und ich stehe in Fleisch und Blut vor euch. Dies ist derselbe Körper, den ihr kennt. Ihr könnt ihn berühren. Seht ihr denn nicht meine Wunden?"

Und alle fassten ihn an, denn sie trauten ihren Augen nicht. Die Berührung war echt, ebenso wie die Kreuzigungsmale an Händen und Füßen und der Lanzenstich an seiner rechten Seite. Issa fühlte sich an wie ein lebendiger Mensch. Doch er sah jünger aus, irgendwie alterslos. Seine Gesichtszüge waren entspannter und sein Herz schien von noch größerer Ruhe und Liebe erfüllt zu sein.

„Das ist kein Zaubertrick, keine geistige Projektion oder eine Materialisierung eines geistigen Körpers. Dies ist mein wirklicher irdischer Körper, den ich dahin mitgenommen habe, woher ich gekommen bin, zum Schöpfer; dorthin wo Form und Formlosigkeit eins sind. Das Ziel meines Lebens unter euch ist erfüllt, diese Gegensätze, die Gegensätze von Diesseits und Jenseits, für immer zu vereinen. Von heute an werde ich bis ans Ende der Zeit immer wieder zu denen kommen, die Hilfe brauchen oder nach mir und meinem Schöpfer rufen. Viele von ihnen werden ebenfalls das ewige Leben finden, statt im Kreislauf von Auflösung, Geburt, Tod und erneuter Auflösung in immer neuen Körpern stets dieselben leidvollen Erfahrungen zu machen. Es ist nur ein kleiner Schritt von der Sterblichkeit zur Unsterblichkeit, ein Schritt, den jeder gehen kann, dessen Herz von Liebe erfüllt ist."

Die Jünger sahen einander an und einigen standen Tränen in den Augen. Manch einer schämte sich, weil ihm die Vorstellungskraft für die Worte Issas fehlte. Doch er segnete alle, bevor er den verschlossenen Raum auf die gleiche Weise verließ, wie er hereingekommen war.

In den folgenden Tagen erschien er den Aposteln immer wieder an verschiedenen Orten, beruhigte sie und gab ihnen spirituelle Unterweisungen von einer Kraft, die noch größer war als zuvor. Wie es seine Art war, machte er zahlreiche Prophezeiungen, die sich alle erfüllten – so auch die, dass der Heilige Geist über sie kommen werde und sie seine Lehre in aller Welt verbreiten würden. Er sagte ihnen auch, dass er nicht mehr lange in ihrer Nähe bleiben könne, weil eine neue Aufgabe auf ihn warte.

„Es ist meines Vaters Wille, dass ich ausziehe, die jüdischen Stämme wiederzuvereinigen. Ich habe das Symbol des Kreuzes gelebt, nun muss ich das Symbol des Sterns Davids verwirklichen. Ihr wart zwölf Schüler und die Zwölf wird die Zahl sein, die mein weiteres Wirken bestimmt. Dort wo nur zwei von euch in meinem Namen versammelt sind, werde ich sein, und wer um meine Hilfe bittet, wird stets erhört werden. Vergesst niemals, dass dieser Körper, ebenso wie dieser Geist auferstanden ist. Weder Raum noch Zeit existieren für mich. Wer mir nachfolgen will, soll sich in Hingabe und Vergebung üben!"

Als er diese Worte gesprochen hatte, zeigte er ihnen, was nach seinem Begräbnis geschehen war. Die Szene erschien wie eine geistige Projektion vor ihnen in der Luft. Sein Bewusstsein war von reinster Qualität gewesen, eins mit der Quelle allen Lebens, eins mit den

Prinzipien der Schöpfung. Und als der Grabstein vor das Felsengrab geschoben wurde, war das höchste Bewusstsein wieder in seinem geschundenen Körper zurückgekehrt, so wie man am Morgen seine Kleider wieder anzieht. Doch dieses reine Bewusstsein kannte kein Leid und keinen Makel, es kannte keine Verletzungen und keine Todesangst. Es war frei von Wünschen und jedem Verlangen und als es Issas Körper erblickte, war dieser augenblicklich genesen und wirkte strahlend und jung. Dieser Körper war nun wie das Bewusstsein in ihm auf die höchste Ebene erhoben und frei von den Begrenzungen von Raum und Zeit. Issa vermochte nach Belieben in die begrenzte Welt zurückkehren, doch ihre Begrenzungen beschränkten ihn nicht.

So erschien er nach einigen Wochen auch seiner Mutter und Maria Magdalena. Er sprach zu ihnen: „Es ist Zeit für unsere gemeinsame Wanderung. Ich brauche euch an meiner Seite. Wir werden in Raum und Zeit Spuren für viele Suchende hinterlassen, die an mich glauben wollen, doch an meiner Existenz zweifeln, und wir werden noch viele Jahre dort leben, wo niemand Angehörige unseres Volkes vermutet – unter den Meistern des Himalayas. Dort leben Menschen aller Religionen, die mit dem Vater verbunden sind und seine Werke tun. Mein Vater hat bestimmt, dass ich diese Welt noch nicht ganz hinter mir lasse, sondern in körperlicher Form als Brücke zu ihm für jeden Suchenden diene."

Und dann sah ich Issa auf der Wanderschaft nach Kashmir. Er errichtete seiner Mutter in Muree ein Grab, doch auch sie hatte längst durch ihre Liebe zu Gott und die geistige Kraft und Führung ihres Sohnes das unsterbliche Selbst verwirklicht. Jedoch war es nicht ihre Aufgabe, weiter für die Welt sichtbar zu bleiben, und so betrat sie die Welt in ihrem Körper nur noch sehr selten zu sehr gewichtigen spirituellen Anlässen. Ihr Grab in Muree war, wie das Felsengrab in Jerusalem, ein Zeichen für die Auferstehung und das ewige Leben.

Dann kam Issa mit Maria Magdalena über Aishmuqam und die Jesuswiese nach Srinagar und ließ sich gemeinsam mit ihr dort nieder. Er fand neue Jünger und besuchte die Ableger der jüdischen Stämme, die er lehrte und anleitete. Er richtete sich nie wieder gegen die Herrschenden und die regierenden Mächte, sondern lehrte den einfachen Pfad der Demut und der Liebe. Es war nicht mehr seine

Aufgabe, aufzubegehren, sondern zu versöhnen. Er lehrte seine Schüler, zuerst die Wahrheit in sich zu erkennen und dann in jedem, in jeder Erscheinungsform.

Dort, wo er in Srinagar gelebt hatte, ließ er einen Schrein errichten, in dem er seine Fußabdrücke mit den Kreuzigungsmalen hinterließ. Erst fünfzig Jahre nach seiner Kreuzigung in Jerusalem verließ er die weltliche Sphäre endgültig, um auf anderen Ebenen die Menschen zu führen und zu leiten. Auf den geistigen Ebenen, auf denen ich ihm begegnet war.

Mein Herz floss über vor Dankbarkeit und Liebe. Issa zu erkennen bedeutete für mich tatsächlich, mich selbst zu erkennen. Jetzt, wo ich die Geschichte der Apostel kannte, war ich noch dankbarer für meinen Weg, der von Anfang an ein innerer Weg, eine innere Kommunikation und Kommunion mit Issa gewesen war. Alle meine Zweifel waren beseitigt, meine Fragen versiegt. Heute verstand ich Issas Leben und Sterben und ich wusste, dass ich es ohne die muslimische und hinduistische Sicht, die andere, tiefere Erklärungen fand als die christliche, niemals verstanden hätte.

Am Abend saß ich mit Dadaji am Feuer. Während ich den Gerstenbrei kochte und geklärte Butter hinzufügte, betrachtete er mich sehr eindringlich.

„Dein Wunsch ist erfüllt worden!", stellte er dann fast ein wenig zu sachlich fest.

Ich nickte. „Ich habe die Auferstehung Issas mit eigenen Augen gesehen. Ich habe gesehen, wie sein Körper nach der Auferstehung aussah, wie schön und wie jung er war. Er hat danach noch über fünfzig Jahre gelebt und sah nie alt aus."

„Issa ist der einzige Meister in der Geschichte der Menschheit, von dem überliefert ist, dass er seinen Körper mit in das Himmelreich genommen hat. In Indien und Tibet gibt es viele Yogis, deren Bewusstsein so weit entwickelt ist, dass sie ihren Todeszeitpunkt voraussehen. Nur wenige von ihnen haben *Nirvikalpa Samadhi* verwirklicht und können in diesem Moment ihren irdischen Körper willentlich aufgeben und sich auf der Ebene des Bewusstseins mit dem Höchsten vereinen. Der Körper dieser Meister, der in der Welt der Erscheinungen zurückbleibt, zeigt oftmals noch Wochen nach ihrem *Mahasamadhi*, ihrem Dahinscheiden, keine Verwesungsmerkmale. Manchmal duftet er sogar frisch nach Sandelholzöl oder Rosen. Aber es gab unter ihnen noch keinen, der seinen Körper auf die Ebene des Göttlichen erhoben hat. Ihr Bewusstsein konnten viele mit Gott vereinen, aber ihren Körper nicht. Auch diese Meister führen – wie Issa – ihre Schüler selbst nach ihrem Tod weiter. Der eine oder andere mag auch für kurze Zeit einen geistigen Körper annehmen, wenn sein irdisches Erscheinen nötig ist, doch das ist nicht dasselbe. Issa beweist uns mit seinem Tod die Unsterblichkeit des Körpers. Er beweist uns nicht die Unsterblichkeit des Bewusstseins, das ist ein großer Unterschied. Erst diese Auferstehung des Körpers beweist die Einheit von Issa und Schöpfer."

„Ich muss ehrlich sagen, selbst nachdem ich Issas Tod und Auferstehung mit eigenen Augen gesehen habe, fällt es mir schwer, an die Unsterblichkeit des Menschen zu glauben. Dass Issa auferstanden ist, kann ich jetzt glauben, aber dass jeder Mensch das ewige Leben in sich trägt, erscheint mir unvorstellbar."

„Ja, so geht es jedem. Doch ist es nicht das, wonach alle streben? In fast jeder menschlichen Handlung zeigt sich der große Wunsch nach Unsterblichkeit, an dessen Erfüllung niemand glaubt. Wenn wir die Bibel wörtlich nehmen und bei Adam beginnen und mit Issa enden, dann muss die Unsterblichkeit Teil der menschlichen Natur sein. Doch selbst die Jünger konnten es nicht glauben. Deshalb war Issa für sie nach seiner Transformation unsichtbar und unerreichbar."

„Gibt es irgendeine Theorie, die Issas Unsterblichkeit glaubhaft macht?"

„Die gibt es, aber es ist noch zu früh, darüber zu sprechen."

„Zu früh?"

„Dein letzter Wunsch hat sich erfüllt, die letzten Samen, die dein Bewusstsein an die materielle Erscheinungswelt binden, haben sich aufgelöst. Nun wird deine Meditationspraxis fortschreiten. Das ist das Wichtigste. Alles andere wird sich von selbst ergeben."

Siebenundzwanzigstes Kapitel

Und so saß ich auch an den folgenden Tagen wieder auf meinem Teppich und konzentrierte den Geist, der mir inzwischen mühelos gehorchte, auf den Punkt in der Mitte des Kreuzes. Schnell verschmolzen Wahrnehmender und Wahrgenommenes zu einer Einheit. Ich hatte die Ebene der Meditation betreten, auf der mir das göttliche Selbst immer klarer zu Bewusstsein kam. Während die Bewusstseinswellen, die das Muster der individuellen Existenz bildeten, immer flacher wurden und schließlich ganz verebbten, trat ich in der Aufgabe meines Ich-Bewusstseins über die Schwelle zum Ozean der Liebe, auf dessen Grund die Quelle aller Dinge sprudelte. Tiefe Ruhe herrschte dort, wo das Bewusstsein völlig frei von Vorstellungen und Wünschen war. Für einige Tage war dieser Zustand mein Zuhause. Ich lernte ihn kennen, gewöhnte mich an ihn und ließ mich mehr und mehr auf ihn ein.

Nach etwa einer Woche, veränderte sich meine Wahrnehmung erneut, als es in meiner Wirbelsäule zu kribbeln begann. Ich spürte eine leichte, angenehme Hitze von unterhalb des Steißbeines in ihr aufsteigen, als der Mittelpunkt des Kreuzes vor meinem inneren Auge immer heller und klarer wurde. Plötzlich sah ich wieder eine Form, die energetische Form der Wirbelsäule. Sie erinnerte mich an den Hermes-Stab, den geflügelten Schlangenstab, der dem Äskulapstab ähnlich sah. Zwei Energiebahnen wanden sich wie zwei Schlangen spiralförmig umeinander, trafen sich an sieben Punkten und endeten in der Fontanelle. Sie begannen stärker zu leuchten, als sich Energie unterhalb des Steißbeines sammelte. Sie schien sich zusammenzuziehen, wie eine Welle, die gleich aufbranden wollte. Meine Konzentration war unerschütterlich auf die Mitte des Kreuzes gerichtet.

Plötzlich schien sich alles zu einem Punkt, zu dem Punkt der Konzentration, zu verdichten. Dann sah ich, wie sich beide Energieströme unterhalb des Steißbeines vereinten und in einer geraden Linie, die genau in ihrer Mitte lag, nach oben bis zur Krone des Kopfes strömten – das Symbol des Jesusstabes. Alle Formen und ihre potenziellen Möglichkeiten kehrten zu ihrem Ursprung zurück, zum reinen Sein, das sie alle enthielt und aus dem sie entstanden waren. Bewusstsein und Energie kehrten in den Schoß des Schöpfers zurück und als dies geschah, sah ich den Ursprung aller Dinge, meine Quelle, aus der Sicht der Quelle selbst. Das reine selbstbewusste Sein, zu dem Issa mich im Kreuzestod geführt hatte. Heute sah ich das, was Worte nicht beschreiben können, aus eigener Kraft, verband mich mit ihm und ging ganz darin auf. Ich war es und es war ich.

Irgendwann kehrte sich der ganze Prozess um. Zuerst entstanden Bewusstsein und Energie, dann ein Gefühl von Raum und Zeit, dann das Gefühl, in dieser vierdimensionalen Welt ein bestimmtes Bewusstsein zu sein. Die Energie floss nun in der Mitte meiner Wirbelsäule in einer sehr feinen Bahn von oben nach unten. Je stärker ich mich auf die Fontanelle konzentrierte, desto mehr Energie sah ich leuchtend in meinen Körper fließen wie Wasser in ein Gefäß. Der erste Gedanke, den ich dachte, war sehr klar und er spiegelte die Erkenntnis, die ich gewonnen hatte. Er war die Vervollständigung eines Leitsatzes, den mir Iman mit auf den Weg gegeben hatte – der dritte und letzte Schritt, der den Kreis der Erkenntnis vervollständigte. „Mein Vater im Himmel lebt und er ist größer als ich. Nicht mein Wille, sondern sein Wille geschieht. Doch mein Vater und ich sind eins. Sein Wille ist der meine. Er ist ich. "

Göttliches und menschliches Sein vereinten sich und wurden zu einem Ausdruck, zu einem Willen und ich war Zeuge davon, dass dieses energetische Feuerwerk alle Gegensätze, alle Paradoxien überwand und vereinte, die Gegensätze von Mensch und Gott, Schöpfer und Geschöpf, Diesseits und Jenseits, Himmel und Erde, Körper und Geist, männlich und weiblich, Gut und Böse, heilig und profan, Einheit und Dualität. Mehr als einmal hatte ich gespürt, dass Gegensätze sich als Paradoxie auflösten, heute löste sich die Gegensätzlichkeit in der einen umfassenden Wirklichkeit auf. So erlebte ich das göttliche

Selbst als heilendes, einendes Prinzip, das alles gleichzeitig denkbar und erfahrbar machte – alles und doch nichts.

Mit den Gegensätzen löste sich jedes Problem auf, mit der Einheit lösten sich jedes Verlangen und jeder Widerstand auf. Dankbar dachte ich an Issa, an Ishanath, den Sohn des Herrn. Da erinnerte ich mich an das christliche Glaubensbekenntnis, dessen Inhalt sich von meiner eigenen Erkenntnis fundamental unterschied: „Er sitzt zur Rechten Gottes und wird wiederkommen in Herrlichkeit zu richten die Lebenden und die Toten …"

Wie missverständlich dieser Satz war, wie irreführend. Er entsprach dem alten Paradigma, dem alten Welt- und Menschenbild, das auf einem dualistischen Gottesbild gründete, das sich dem Bewusstsein der Gläubigen fest eingeprägt hatte. Nach diesem Bild war Gott noch immer ein Objekt im fernen Himmel und er und sein Sohn waren eine moralische Instanz, die über Gut und Böse befand, belohnte oder bestrafte. Doch der, dessen Wesen jenseits von Gut und Böse war, hatte nichts zu richten. Seine Natur war liebende Güte. Seine erste Handlung war stets die Vergebung, seine Aufgabe war die Versöhnung mit Gott und seinem höchsten Willen. In seinem Bewusstsein spiegelte sich das reine höchste Sein absolut vollkommen wider. Dort war der Wille des Menschen vom göttlichen Willen niemals verschieden, weil das Herz des Menschen in Einklang mit dem göttlichen Herzen schlug.

Dann ergriff vollkommene bewegungslose Ruhe Besitz von mir. Ich hätte mich nicht bewegen können, auch wenn ich es gewollt hätte. Mein Wille war ganz im höheren Willen aufgegangen. Nichts unterschied uns mehr. Alles geschah durch eine innere Intelligenz, die allem innewohnte. Ich spürte, dass ich frei war, befreit von Verlangen und Angst, befreit von Freude und Leid, aber vor allem befreit von dem Zwang zu handeln und mein Leben nach meinen eigenen Vorstellungen bestimmen zu wollen. Das war die Gnade der Liebe, sie erlöste uns aus dem Hamsterrad der eigenen Vorstellungen und Ziele. Ich wusste, dass ich die Welt von nun an so sah, wie sie wirklich war, als perfekte Schöpfung eines perfekten Schöpfers, der in allen Erscheinungen mit sich selbst spielte – auch in mir. Nie war ich mir der Einheit von Schöpfer und Geschöpf bewusster gewesen.

Dadaji hatte stummen Anteil an meiner inneren Heimkehr. Mir war, als erwarte er mich hinter der Schwelle, die ich in meinen ersten Tagen in dieser Höhle noch nicht hatte überschreiten können. Und obwohl es sich wie die natürlichste Sache der Welt anfühlte, als endlich alle Hüllen der Täuschung von meinem Bewusstsein abfielen, hatte ich doch das Gefühl, als ging ein stilles Aufatmen durch alle Teile der Schöpfung, weil endlich zusammengefunden hatte, was zusammengehörte.

Mein Blick war klar und von schneller Auffassungsgabe, als ich die Augen öffnete und mich in der Höhle umsah. Über allem und in allem sah ich einen zarten leuchtenden Schein, dasselbe Licht, das ich bei meinem ersten Treffen mit Iman und Parham im eingestürzten Keller gesehen hatte. „Das ist das Licht des Bewusstseins", wusste ich. Mein Herz fühlte sich frei und vollkommen ruhig an und mir war klar, dass es kein weltliches Ereignis gab, das diese Ruhe stören könnte.

Dadaji kam zu mir und berührte wieder sanft meine Stirn. „Es gibt noch eine dritte Form des *Samadhi,* von der ich dir heute berichten will – *Sahaja Samadhi*. Man nennt es auch *Sahaja Stithi*, den natürlichen, spontanen Zustand. Nur in *Sahaja Samadhi* vermag der Mensch zugleich in der Welt zu leben und das höchste Bewusstsein zu erfahren. Das ist der Zustand Issas gewesen und zu diesem Zustand führt er jeden seiner Schüler zurück. Es gibt viele Meister, die die vollkommene Negierung der Erscheinungswelt lehren. Sie sagen, die Welt sei unwirklich, Gott allein sei wirklich und wer Gott erkennen wolle, müsse die Welt der Namen und Formen vollkommen überwinden und hinter sich lassen. Issa hat immer gesagt: ‚Mein Vater und ich sind eins, mein Vater und die Welt sind eins. Die Welt und ich sind eins.'"

„Unwirklich ist allein die Wahrnehmung, die der Mensch von der Welt hat – die dualistische Wahrnehmung. Wenn ich jetzt auf alles blicke, dann ist alles ein Teil von mir, Teil meines eigenen Bewusstseins, und gleichzeitig bin ich der Zeuge all dieser Dinge, obwohl also alles unmittelbar mit mir verbunden ist, ist mein Bewusstsein dennoch vollkommen frei davon. Wenn ich die Augen schließe und mich nur mit dem Bewusstsein verbinde, trete ich automatisch in einen Zustand der Leere, in dem die Dinge zwar als Möglichkeit, aber nicht als Form vorhanden sind."

„Wenn das Bewusstsein durch Konzentration auf das Auge *Shivas* erhellt und gereinigt ist und die beiden Pranaströme rechts- und linksseits von *Shushumna Nadi*, dem Energiestrom des höchsten Bewusstsein, sich vereinen, hat der Mensch alle drei Welten durchschritten, die körperliche Welt, die Astralwelt, die Welt der Energie, und die Kausalwelt, die Welt der reinen, ursprünglichen Ideen, das biblische Paradies. Erst dann sieht er sich so, wie der Schöpfer ihn gemacht hat, und erkennt die immerwährende Einheit mit ihm, die auch auf den niederen Stufen des Bewusstseins vorhanden, aber niemals erkennbar war. Du bist jetzt bereit, in die Welt zurückzukehren, Ishama."

Ja, die Zeit in der Höhle war vorüber. Ich spürte selbst, dass etwas Neues auf mich wartete. Wir erreichten Aishmuqam nach wenigen Stunden des Abstiegs und ich wunderte mich nicht, dass derselbe Taxifahrer, der uns hergebracht hatte, bereits vor dem Tor des Klosters auf uns wartete. Er unterhielt sich mit Nizram, der uns aufgeregt entgegenlief. „Du hast die Wahrheit erkannt", rief er er freudestrahlend, als er mich herzlich umarmte.

„Ja, Nizram, das habe ich. Und noch viel mehr …" Ich schwieg, als sich um uns herum Kühle, Frieden und Helligkeit ausbreiteten.

Als ich Nizram ansah, nahm ich sowohl das göttliche Sein als auch das reine Bewusstsein und seine individuelle Form wahr. Und mir war bewusst, dass Nizram die Verwirklichung des Selbst in mir sah, so wie ich sie in ihm erkannte. Erst dieser Moment zeigte mir, was sich verändert hatte. Wie ich mich verändert hatte. Wie meine Rolle in der Welt sich verändert hatte. Ich war keine Suchende mehr, keine Fragende, keine Wünschende, keine Leidende. Ich war eine Befreite, die die Wirklichkeit kannte, die Projektion von Wirklichkeit unterscheiden konnte und deren Gegenwart die Wirklichkeit für andere sichtbar machte, weil ich von nun an aus der Perspektive des Selbst auf die Welt schaute, statt mich vom Ich-Bewusstsein blenden zu lassen. Erst in diesem Moment begriff ich, was ich tatsächlich aus der Höhle mit in die Welt der Erscheinungen, in der ich mich mühelos bewegte, hinabbrachte. Ich brachte das höchste Bewusstsein mit – das Wissen um Issa und das Wissen um das göttliche Selbst. Selbst wenn ich mich an einem Ort bewegen würde, wo Trennung und Illusion herrschten, wo niemand Gott kannte und niemand nach ihm suchte, würde ich in ihm gegründet sein und ihn dort verkörpern. Ja, so eigenartig es klingen mag, nach der Transformation, der großen Vereinigung, brachte ich das höchste Bewusstsein in jeden Winkel der materiellen Erscheinungs- und Erfahrungswelt, obwohl es dort schon immer hinter vielen undurchsichtigen Schleiern verborgen gewesen war.

Und noch etwas wusste ich heute. Die Wahrheit teilte sich nicht durch Worte mit, sondern durch Bilder und direkte Erkenntnis, durch unmittelbare Einsicht. Je weniger ich von der Wirklichkeit sprach, desto transparenter wurde sie für andere, denn die Anziehungskraft der verwirklichten Einheit war immer stärker als der Sog der Dualität.

„Danke, Nizram." Ich legte die Hände vor der Brust zusammen und verneigte mich vor dem Abt. Dadaji umarmte seinen Freund und wir stiegen ins Taxi und verließen Aishmuqam, die Raststätte Issas.

Mein Bewusstsein blieb klar und ungetrübt, zugleich in der Welt der Erscheinungen und im reinen Sein gegründet. Mein Herz blieb unbewegt, allein von Liebe erfüllt. Kein Ich-Bewusstsein in mir strebte mehr nach Vertrauen in das göttliche Selbst. Es gab schlicht kein Ich-Bewusstsein mehr, das die Trennung von Gott durch Vertrauen überwinden musste. Die vollständige Hingabe war der letzte Akt des Vertrauens und der Liebe gewesen. Danach war alles anders und doch so wie immer.

Wir erreichten am Nachmittag Srinagar. Auch dieser Ort hatte mir geholfen, tiefer in das Geheimnis des Lebens einzudringen. Er war mir Spiegel für die tieferen Schichten des Bewusstseins gewesen. Hier hatte ich zum ersten Mal für möglich gehalten, dass Issa wirklich in Kashmir gelebt hatte; erst hier hatte ich seine Gegenwart gespürt. Damals hatte ich noch nicht gewusst, dass er mich zu mir selbst führen würde. Wie wenig hatte ich damals gewusst!

Heute sah ich alle Ereignisse der letzten Monate aus ganzheitlicher Sicht. Ich sah, dass sie einem Prozess angehörten, der universeller Natur war. Auch wenn jeder Mensch durch ganz eigene Erfahrungen zur Selbsterkenntnis geleitet wurde, so waren doch die

Schritte dorthin für jeden gleich. Jeder begann zunächst langsam zu erwachen, stellte Fragen nach seiner wahren Natur, lernte begreifen, dass die Wahrheit nur im eigenen Inneren zu finden war, und folgte seinen existenziellen Fragen bis hinab ins innerste Bewusstsein. Erst wenn er lernte, die dualistische Wahrnehmung zu überschreiten und seine Projektionen auf die Welt zurückzunehmen, begann er die Wirklichkeit hinter der Illusion zu erkennen. Mit fortschreitender Meditation, mit fortschreitender Synchronisation lüfteten sich die Schleier der *Maya*, verlor der Sog der Dualität an Kraft und die Liebe, die Einheit, nahm Besitz von dem Suchenden. Je tiefer er sich auf diese Liebe einließ, desto klarer konnte er das göttliche Sein erkennen und desto leichter fiel es ihm, sich mit dem Selbst zu verbinden. Irgendwann kam der Punkt, an dem das Ich-Bewusstsein im Meer der göttlichen Liebe versank, es sank in das Herz des Menschen und löste sich darin auf. Dann erkannte der Mensch seine wahre Natur und begriff auch, dass er niemals von ihr getrennt gewesen war. Sie war als reines, wissendes, beobachtendes Bewusstsein immer zugegen gewesen. Doch sie war leise und unaufdringlich. Sie hielt sich stets im Hintergrund, sie war das Unwandelbare im steten Wandel der Gezeiten und deshalb blieb sie lange, zu lange unbemerkt und unerkannt.

Das Taxi erreichte die Seepromenade. Es war ein warmer Tag, der schon den Frühling erahnen ließ. Die Menschen liefen eifrig durch die Restaurants und Geschäfte. Ich spürte das Leben und sah gleichzeitig das Streben, das hinter all dieser Geschäftigkeit lag. Für einen Moment zog sich mein Herz zusammen, als ich mir des ewigen Strebens der Menschen nach dauerhaftem Glück bewusst wurde. Es schmerzte und es trieb mir die Tränen in die Augen. Ich fühlte Mitgefühl für die Leidenden, denn auch das Streben nach Freude und Glück erkannte ich heute als Leid, und doch sah ich gleichzeitig in allen die Ruhe und die Gelassenheit des reinen allgegenwärtigen Selbst, denn ich wusste, dass in ihnen war, was in mir war; ich selbst war in ihnen und sie waren in mir. Ich wusste, dass sie einer Illusion hinterherjagten, die ihnen niemals Ruhe und Erfüllung bringen würde, und jede Illusion löste sich auf, wenn sie auf die Wirklichkeit traf.

Der Wagen stoppte vor dem Hausboot Parhams, das sauber und frisch geputzt aussah. Ich umarmte Dadaji herzlich und dankbar und winkte noch hinter seinem Taxi her, als es längst außer Sicht war. Dann betrat ich das Boot. Ich kannte jede Planke, jedes Brettchen, jede Schnitzerei, jede Intarsie. Ich öffnete die Tür, ohne anzuklopfen, und betrat den Salon, in dem ich vor Monaten mit Parham Rotwein getrunken hatte. Damals hatte ich zum ersten Mal die Anziehungskraft zwischen uns gespürt und mich verzweifelt gegen sie gewehrt, weil ich geglaubt hatte, dass die sexuelle Energie ein Hindernis auf dem Weg zu höherer Bewusstheit sei. Damals hatte es nach Gewürz-Chai, nach Kardamom, Anis, Pfeffer und Zimt gerochen. Genau wie jetzt. Der Tisch war gedeckt und in der Küche klapperten Töpfe und Pfannen.

All dies war ein Teil von mir, es war ich in meiner reinsten Form. Das war nicht nur meine Welt, es war vor allem die Welt, in der sich mein *Dharma* erfüllte, Gottes Wille und meine wirkliche Bestimmung. Hier gab es keine Fragen wie ‚Was wäre wenn?'. Hier stellte sich nicht die Frage, ob ich an einem anderen Ort glücklicher wäre. Nein, hierher gehörte ich, weil mein Herz hier sein zuhause gefunden hatte. Es gab Orte, die einen zurück zur wahren Natur führten, wurde mir da bewusst, so wie es Orte gab, die einen von der wahren Natur entfernten. Kein Mensch konnte überall auf der Welt glücklich werden. Nein, der Mensch wurde nur dort glücklich, wo er bis auf den Boden seiner Existenz hinab bis zum Sein blicken konnte. Nur dort, wo er wirklich liebte und geliebt wurde, konnte er ein Heim finden, weil nur dort das unruhige Herz zur Ruhe kam und den Mut fand, sich nach innen zur Quelle der Liebe zu wenden.

Plötzlich stand Parham in der Küchentür. Er trug eine weiße Schürze und sah mich mit leuchtenden Augen an. Wir schwiegen, als unsere Blicke sich begegneten. Wir blinzelten nicht und hielten dem liebenden Blick des anderen regungslos stand. Erst jetzt erkannte ich, wer Parham wirklich war, dass er längst vollkommen im Bewusstsein des Selbst gegründet gewesen war, als ich ihn zum ersten Mal traf. Ich hatte es gespürt, aber ich hatte es nicht verstanden, weil ich das Selbst noch nicht erkannt und verwirklicht hatte. Und doch war es nicht Parham, sondern Dadaji gewesen, der die letzten Schritte zur Wahrheit mit mir gegangen war.

Ich ging langsam auf Parham zu und nahm seine Hand. Ein warmer, starker Strom der Energie verband uns miteinander. Und in dem Bewusstsein der vollendeten Liebe küssten wir uns, als begegneten wir uns zum ersten Mal. Beide folgten wir dem Strom der Energie, der unsere Handlungen bewirkte, beobachtend, sehend, erkennend. Als ich Parhams zärtliche Berührung auf meiner Haut spürte und dabei seinen bewussten, liebenden Blick sah, wusste ich, dass er das Gleiche in mir berührte und liebte, was ich in ihm berührte und liebte: das Selbst, Gott. Erst da wurde mir klar, dass seit meinen Erlebnissen in der Höhle alles um mich herum göttlich für mich war. In allem begegnete mir das göttliche Selbst, berührte ich das göttliche Selbst, verehrte ich das göttliche Selbst, das reine Sein, zu dem ich durch die Transformation auf dem Pfad der Liebe geworden war. In jedem Geschöpf sah ich allein den Schöpfer, der die ganze Zeit mein wirklicher Geliebter gewesen war.

Viel später lagen wir nebeneinander in Parhams Bett und erst dann begannen wir, miteinander zu reden.

„Ich bin sehr froh, dass du den Mut hattest, deinen Weg allein zu gehen", sagte Parham, während er mir über den Arm streichelte.

„Mut würde ich das nicht nennen", versuchte ich zu erklären. „Ich hatte gar keine Wahl."

„Du warst bereit, deinen eigenen Weg zu gehen und Issa zu begegnen. Du hast immer an deiner Frage festgehalten. Das hat dich letztlich nach Hause geführt – zur Selbsterkenntnis und zur höchsten Liebe."

Ja, so war es, dachte ich. „Ich war so konzentriert auf meine Fragen wie nie zuvor im Leben. Es war, als hinge mein Leben davon ab, dass ich die Antwort finde."

„Ich weiß, und auch deshalb bin ich stolz auf dich. Es ist schwer, diesen Schritt zu wagen und ausschließlich der Liebe zu Gott zu folgen."

Parham lächelte und küsste mich innig.

Später wärmte er das Essen auf und wir aßen im Salon. Das Mahl war fast zu üppig für mich, nachdem ich so lange von nicht viel mehr als Gerstenbrei und einfachen Suppen gelebt hatte. Ich aß nur wenig, probierte aber alles. Der Geschmack jeder einzelnen Speise wirkte überwältigend. Meine Sinne waren so geschärft wie mein Bewusstsein.

„Was ist mit der Notfallklinik, Parham?"

„Wir haben sie letzte Woche geschlossen. In den Wochen zuvor haben wir fast Übermenschliches geleistet. Iman war die ganze Zeit hier, während du weg warst. Die Grundversorgung in den Erdbebengebieten ist wiederhergestellt und mehr konnten wir nicht tun."

„Wie lang war ich denn fort?"

„Vier Wochen."

„Vier Wochen?! Das kann nicht möglich sein!"

„Aber es ist wahr. Willst du den Kalender sehen?"

Ich lachte. „Nein, nein. Ich glaube dir. Es kam mir nur nicht länger vor als höchstens eine Woche."

„Victor ist noch in Muzzaffarabad. Er fliegt erst nächste Woche zurück und wartet auf deinen Anruf."

Ich erinnerte mich an meine ersten Tage in Muzzafarabad, als es kalt und feucht gewesen war und ich hilflos mit meinen Gefühlen und um Verständnis meiner Situation gerungen hatte. Wie weit war der innere Weg, der zwischen diesem Tag und heute lag, dachte ich. Jeden Tag hatte ich neue Erkenntnisse gewonnen und doch war schon damals das Selbst allgegenwärtig gewesen, unbemerkt von meinem Bewusstsein, das nichts als die Welt der Erscheinungen gekannt hatte. Bewusstsein und Liebe waren ihm fremd gewesen. Es war wirklich eigenartig, was der Mensch in der Welt zu sehen in der Lage war, welche Fata Morganen und Illusionen. Nur die Wirklichkeit sah er nicht, bis ihm etwas oder jemand die Augen öffnete.

Letztes Kapitel

Wenige Tage später rief ich „meinen" Taxifahrer an und ließ mich nach Rozabal bringen. Ich musste diesen Ort unbedingt noch einmal sehen – aus Dankbarkeit und Neugier. Ich wollte wissen, wie ich ihn heute wahrnahm und welche Bedeutung er heute für mich hatte.

Der Fahrer strahlte über das ganze Gesicht, als er mich sah.

„Madame. Sie sehen sehr gut aus. Zehn Jahre jünger."

Nach einem kurzen Stopp am Bazar, wo ich eine frische Blumenkette kaufte, hielt der Wagen in der kleinen Altstadtgasse, in der sich einige Touristen neugierig um das Grabmal Issas herumdrückten. Man sah ihnen an, dass sie nicht glauben konnten, was man ihnen erzählt hatte. Sie wirkten scheu und zurückhaltend, so als trauten sie sich nicht, näher nachzuforschen, ob die Legenden Wahrheiten bargen. Ich konnte sie nur zu gut verstehen.

„Wir sollten warten, bis die weg sind, Madame. Zu viele wollen Issas Grab sehen."

„Ich weiß, ich weiß. Und das ist gut so", antwortete ich lächelnd, mir der Aufgabe dieses Ortes noch immer bewusst. „Wer nur aus Neugier kommt, wird schnell aufgeben. Wer aber von Herzen nach der Wahrheit sucht, wird sie finden."

„Yes, Madame. Sie sprechen immer mehr wie eine Hindu. Und manchmal wie eine Muslimin. Meistens aber wie eine Christin. Sie sind eine eigenartige Mischung."

Ich lachte laut und lud den Taxifahrer zu einem Chai ein, den wir an einer kleinen Teeküche tranken, bis die Touristen die Gasse endlich verlassen hatten.

„Die Luft ist rein, Madame!" Der Taxifahrer winkte mich heran und öffnete die Tür zu Rozabal. Sofort durchdrangen mich die Kraft und die Reinheit dieses Ortes. Ich hatte eine Taschenlampe mitgebracht und fand mühelos allein den Weg zu Issas Fußabdrücken. Augenblicklich flossen die Bilder der Erinnerung an meinen letzten Besuch in mein Bewusstsein. Ich zündete eine Kerze an und während ich begann, die Blumengirlande auf Issas Wundmale zu legen, sang ich das Mantra *Issa-bin Maryam*. Mein Herz floss über vor Dankbarkeit.

„Om Issa-bin-Maryam Premadeva namaha
Om Issa-bin-Maryam Premadeva namaha
Om Issa-bin Maryam Premadeva namaha
Om Issa, Om Issa Premadeva namaha
Om Issa, Om Issa Premadeva namaha."

Der Raum füllte sich wieder mit goldenem Licht und ich spürte die Präsenz Issas noch deutlicher als bei meinem ersten Besuch. Wieder legte ich meine Hände in seine Fußabdrücke. Heute war mein Herz von Dankbarkeit erfüllt.

Ich verneigte mich vor den Fußabdrücken und ließ die brennende Kerze und meine Blumenkette zurück; die Kerze als Symbol für das höchste Bewusstsein und die Blumen als Symbol meiner Hingabe.

Am nächsten Abend lud uns Dadaji ein. Als Parham und ich sein Haus kurz nach Einbruch der Dunkelheit erreichten, war es festlich hell erleuchtet. Ein Wagen hielt gerade vor dem Haus, als Parham seine neue Vespa parkte.

„Iman!", rief ich laut und rannte stürmisch auf sie zu, um sie zu umarmen. „Iman. Ich habe so oft an dich gedacht."

„Ishama! Wie ich sehe, hat sich alles gefügt."

„Ja, dank dir."

„Nein, Ishama. Das Selbst hat dich zurück zu sich geführt. Dort, wo alles begonnen hat, hat alles geendet. Wir, denen du begegnet bist, haben nichts dafür getan. Wir waren nur die Schauspieler auf der Bühne des Lebens, auf der Bühne der Liebe, die dich zu dir selbst zurückgeführt haben."

„Ich weiß und doch spüre ich Dankbarkeit gegenüber jedem, der eine Rolle in diesem Spiel gespielt hat."

Wir betraten zu dritt das Haus. Ajanta und ihr Mann begrüßten uns herzlich.

„Ishama!" Offenbar kannte hier jeder meinen spirituellen Namen. „Wie schön, dass du wieder da bist und in Srinagar bleiben willst. Kommt herein. Dadaji erwartet euch!"

Im Haus durchströmte mich kühle Klarheit. Auch dieser Besuch weckte viele wichtige Erinnerungen. Viel mehr als bei meinem ersten Besuch war ich mir heute der spirituellen Kraft seiner Bewohner bewusst. Das Haus war für mich ein heiliger Ort, so wie Rozabal, der Shankaracharya-Tempel, Aishmuqam und die Meditationshöhle. Hier wurde das Höchste auch in der Erscheinungswelt sichtbar, hier herrschten Bewusstheit und Liebe.

Wir versammelten uns im Wohnzimmer und ein Diener reichte uns einen kühlen Aperitif. Sogar Nizram war da und begrüßte mich wie eine alte Freundin.

Als unsere Gespräche ruhiger wurden, erschien Dadaji. Seine Gestalt wirkte weich und freundlich, sensibel und hilfsbereit. Mit einer kleinen Handbewegung signalisierte er seinen Gästen, dass sie sich setzen mögen. Er war wie ein Dirigent, der alle Handlungen nicht selbst dirigierte, sondern voraussah. Ich saß neben Ajanta und Parham, Iman gegenüber. Die Energie im Raum stieg, als Dadaji seinen Platz einnahm und zu sprechen begann.

„Ich habe euch heute – wie jedes Jahr am Ostersonntag, dem Tag der Auferstehung – eingeladen, um Issas zu gedenken. Wir alle sind mit ihm verbunden, unabhängig davon, ob wir als Christen, Hindus, Moslems, Buddhisten oder Juden geboren wurden. Er ist das Symbol für das höchste menschliche Bewusstsein, die Einheit mit dem göttlichen Selbst, ebenso wie er tatsächlich eine Verkörperung dieses Bewusstseins ist. Sein Leben hat uns die Einheit mit dem Vater gelehrt und sein Leiden hat uns gelehrt, dass kein Leid der Welt den Menschen von Gott trennen kann."

Im Raum wurde es heller und heller. Ein weißliches Licht schien sich um Dadaji auszubreiten. Das Licht strömte in Dadajis Fontanelle und breitete sich über sein Herz und seine Hände um ihn herum aus, bis es alles und jeden an seinem Tisch einhüllte wie ein schützendes Tuch.

„Das Christusbewusstsein Issas ist ein Teil jedes Menschen und jeder von euch, der hier an diesem Tisch sitzt, hat dieses Bewusstsein auf seine ganz persönliche Weise verwirklicht und zu seiner wahren Natur, der Einheit mit dem göttlichen Selbst zurückgefunden.

Erst mit Issas Kreuzigung am Karfreitag ist die Heilung des Getrenntseins von Mensch und Gott vollendet. Er war nicht das menschliche Opferlamm, das an die Stelle des tierischen Opfers trat und das viele Gelehrte in ihm sehen wollen. Nein, die Kreuzigung ist die durchlebte Vollendung der Menschwerdung des Göttlichen. Sie ist kein Akt des Leidens, sondern ein Akt der Befreiung vom Leiden; ein Akt der Transformation, die zur Transzendenz führt, die erst in der Auferstehung sichtbar werden konnte.

Erst in der Kreuzigungsszene wird dem Suchenden das Wort ‚Hingabe' vollkommen entschlüsselt. Nur wer bereit ist, diesen letzten Schritt der Transformation vorbehaltlos selbst zu tun, wird die symbolische Handlung ganz verstehen.

Issa hat gesagt, dass der Mensch ihm nachfolgen solle, und er hat viele auf dem Weg zur Wahrheit und zur Liebe geführt. Er hat auch gesagt, dort, wo zwei in seinem Namen versammelt sind, werde er sein. Deshalb versammeln wir uns heute hier in seinem Namen."

Dadaji begann zu singen.

„Om Issa-bin-Maryam Premadeva namaha
Om Issa-bin-Maryam Premadeva namaha
Om Issa-bin Maryam Premadeva namaha
Om Issa, Om Issa Premadeva namaha
Om Issa, Om Issa Premadeva namaha."

Wir anderen stimmten alle in den Gesang mit ein. Tränen liefen mir über die Wangen, als ich die Liebe Issas spürte, die sich nun über alle Anwesenden legte. Ich schloss die Augen und blickte nach innen, während mein Herz vor Liebe in Tränen überfloss.

„Schau!", hörte ich die mir vertraute Stimme Issas. „Sieh!"

Ich öffnete die Augen und sah Parham an. Auch er weinte. Selbst Dadaji weinte Tränen der Liebe.

Plötzlich sah ich eine Kerzenflamme, die sich scheinbar in der Luft manifestierte. Sie wanderte über den Tisch und ließ sich auf der Stirn des Bildnisses von Issa nieder, das Dadaji in der Mitte des Tisches mit Blumen dekoriert hatte. Die Flamme setzte sich genau zwischen die Augenbrauen Issas, an den Punkt, auf den ich den Jesusbalsam aufgetragen hatte, blieb dort und tauchte den Raum in weiß-goldenes Licht, während wir sein Mantra sangen.

„Ich bin das Licht des Bewusstseins, der Zeuge allen Lebens", sagte Issa zu mir, und ich schloss die Augen wieder und sah, dass mein Bewusstsein vom reinen Licht des Christusbewusstseins erfüllt war.

„Dieses Licht ist das Herz aller Dinge, das jenseits von Leben und Tod allgegenwärtig ist! Ich kenne keine Zeit, keine Vergangenheit und keine Zukunft, ich bin allgegenwärtig und unsterblich, denn ich bin, der ich bin – *Ehjeh ascher ehjeh*! Wer mich erkennt, ist erleuchtet, befreit und geheilt und er wird durch jede seiner Handlungen erleuchtend, befreiend und heilend wirken."

Über die Autorin

Daniela Jodorf, geb. 1969, Volljuristin. Seit fast dreißig Jahren beschäftigt sie sich mit Psychologie sowie verschiedenen Methoden der Achtsamkeitsschulung, Meditation, Yoga und Tantra, tibetischem Buddhismus und Advaita Vedanta. Nach einer tiefgreifenden und transformierenden Erfahrung des reinen Seins und der Liebe 1997 verlor ihr bisheriger beruflicher Werdegang vollkommen seine Bedeutung und sie begann, vom Leben, der alles verwandelnden Liebe und vom Bewusstsein zu schreiben und gleichzeitig dadurch immer tiefere Bewusstseinsbereiche zu erforschen.

www.daniela.jodorf.de